[澳]萨蒂亚吉特·达斯（Satyajit Das）— 著

魏薇 — 译

从大衰退到大停滞

全球经济危机剧变与后果

HOW WE GOT INTO THE MESS WE'RE IN
AND WHY WE NEED TO ACT NOW

中国出版集团
中译出版社

图书在版编目（CIP）数据

从大衰退到大停滞：全球经济危机剧变与后果 / (澳) 萨蒂亚吉特·达斯 (Satyajit Das) 著；魏薇译. -- 北京：中译出版社，2022.8

书名原文：A Banquet of Consequences RELOADED: How we got into the mess we're in, and why we need to act now

ISBN 978-7-5001-7155-3

Ⅰ. ①从… Ⅱ. ①萨… ②魏… Ⅲ. ①世界经济—经济危机—研究 Ⅳ. ① F113.7

中国版本图书馆 CIP 数据核字（2022）第 146168 号

A Banquet of Consequences Reloaded
Text Copyright © Satyajit Das, 2015, 2021
First published by Penguin Random House Australia Pty Ltd.
This edition published by arrangement with Penguin Random House Australia Pty Ltd.
Simplified Chinese translation copyright © 2022 by China Translation & Publishing House
ALL RIGHTS RESERVED

著作权合同登记号：图字 01-2022-1258

从大衰退到大停滞
CONG DASHUAITUI DAO DATINGZHI

著　　者：［澳］萨蒂亚吉特·达斯
译　　者：魏　薇
策划编辑：于　宇　朱小兰　薛　宇
责任编辑：朱小兰
文字编辑：王海宽
营销编辑：朱　涵　王希雅
出版发行：中译出版社
地　　址：北京市西城区新街口外大街 28 号 102 号楼 4 层
电　　话：（010）68002494（编辑部）
邮　　编：100088
电子邮箱：book@ctph.com.cn
网　　址：http://www.ctph.com.cn

印　　刷：北京中科印刷有限公司
经　　销：新华书店
规　　格：787 mm×1092 mm　1/16
印　　张：27.25
字　　数：330 千字
版　　次：2022 年 10 月第 1 版
印　　次：2022 年 10 月第 1 次印刷

ISBN 978-7-5001-7155-3　　　　定价：79.00 元

版权所有　侵权必究
中译出版社

真相在思想市场上并没有什么竞争力，因为真相是复杂的、不令人满意的、充满困境的，而且总是很容易被人误解和滥用。

——乔治·凯南

在四处遍布谎言的时代，道出真相才是有力的行动。

——乔治·奥威尔

中文版推荐序

从通胀到衰退的概率

中译出版社社长乔卫兵先生邀我为萨蒂亚吉特·达斯的《从大衰退到大停滞》一书中文版作序，说本书与我的《全球通胀与衰退》探讨了同样维度的问题，但结论不完全一样。

当我通读完这本书后，的确发现了这个有趣的现象：我们都在研究全球货币持续超发与债务问题、经济全球化倒退与贸易保护主义、经济增长不平衡与不平等、人口老龄化与工资上涨、全球能源与原材料供给等问题，但本书作者从这些问题而得出全球经济"大衰退、大停滞"的结论，而我的研究结论却是通胀与衰退的交替。

金融与债务驱动的风险

《从大衰退到大停滞》强调，美国的私人债务占GDP（国内生产总值）的比重，到2008年次贷危机的时候高达290%，日本、加拿大、英国、德国、法国、意大利、澳大利亚、中国的债务占GDP比重都在

200%以上，且如此巨额的债务，很大部分是被各国央行购买的。例如，2009—2014年，美联储购买了美国政府发行的超过50%的政府债券，即使现在美联储仍然持有超过10%的美国债。2013年，日本央行也曾经宣布购买了当年新增政府债券的70%，2014年，其购买的日本政府债券相当于GDP的16%。2015年1月，欧洲央行也宣布了直接购买政府债券的计划，这些都是央行通过量化宽松政策、向经济注入货币的方式。

我的《全球通胀与衰退》一书，从这些因为量化宽松带来的货币流动性的流向和影响入手，来研究美联储的资产负债表自2008—2021年扩张了近8倍的后果：大量增发的货币虽然在过去10多年都被美国的房地产市场和股市吸收，但在连续多年推高了美国房地产和股市价格并形成泡沫后，必然回流到消费市场来推高物价，进而引发通货膨胀——就算缩表（资产负债表缩小）、经济增长、物价上涨能够逐步吸纳过剩的货币，但恐怕一两年之内也难以吸收完。仅从美国的"单位货币供应量"这一指标观察，该指标回到疫情之前的水平，至少需要3年以上的时间。

可能是因为近40年没有发生过明显的通胀，以至于美国和欧洲的学者们，包括本书的作者，在谈到上述央行用量化宽松的方式购买国债时，并没有对货币量化宽松可能带来的通胀问题引起足够重视，而是直接开始从高债务的效率推导出大衰退的风险。作者提到，在次贷危机发生之前，美国需要用5美元的经济债务才能驱动1美元的经济活动，这个数字比1950年的时候增加了5倍。借债如果能够带来增量的产出，对经济自然就是有好处的，但反过来如果负债的投入产出小于负债本身，那么最终会造成债务危机，进而带来经济衰退。

上述从金融债务驱动到经济衰退的演化路径，与我提出的传导路径有所不同。我认为，长期超发货币的滞后影响，首先会带来通货膨胀，而为了治理高通胀，央行必须持续加息或大幅加息，很可能会造成股市与房地产泡沫的破裂，进而打击消费与投资，并有可能形成经济衰退——资产泡沫和通货膨胀是必然的。通胀之后常常伴随着衰退，且经济衰退概率在增加。

逆全球化先带来的是衰退还是通胀

20世纪90年代以来的这一轮全球经济长期上涨，与经济全球化是分不开的。20世纪80年代中国开始改革开放，20世纪90年代印度也开始经济改革，之后东欧的一些国家也加入了市场经济的行列。中国、印度、俄罗斯和东欧国家融入世界经济，使全球劳动力储备从大约15亿人增加到近30亿人。拉丁美洲国家在被免除了大量债务之后，也加入了增长的行列。再加上军费开支的减少、计算机技术的普及以及金融经济的崛起，各种有利因素叠加，造成了20世纪90年代以来全球经济较长的繁荣周期。

而这一美好时光，在美国前总统特朗普上台之后，正在逐渐远去。作者认为，只要全球贸易和资本流动加快，就会带来更多增长的机会；反之就预示着衰退即将来临。

我的看法是，经济全球化总体毫无疑问是带来经济增长的动力，但是全球化的蛋糕分配的确未必是均衡和公平的。对美国而言，在全球化中获利的主要是一些跨国公司和他们的股东及利益相关者，而很多美国的传统制造业和传统服务业的从业者，却因为全球化而失去了之前的就业机会。如果那些在全球化当中受益的跨国公司及其利益相关人不愿意把他们得到的蛋糕，以某种方式来补偿本国在全球化中利益受损的人，那么经济全球化就会受到抵制——特朗普正是利用这一点，在全球掀起了反全球化浪潮，一旦反全球化这个"魔鬼"被释放出来，就再也不会回到瓶子里了。

同样的问题是，全球化的受阻会直接带来经济衰退吗？如果没有叠加前面讨论的货币超发的滞后影响、新冠肺炎疫情造成的供给冲击，也许全球化倒退的主要后果就是破坏国际分工、降低全球经济增长效率，后果是引发衰退，但是叠加上货币因素、供给冲击因素，率先爆发的就不是作者预言的大衰退，而是2021年以来的全球通胀。

能源、劳动力等多重供给冲击

新冠肺炎疫情的外部冲击后果，关键取决于对疫情的防控模式。在西方，疫情自2020年以来造成生产和供应链的中断，消费品供给减少，同时美国、欧洲为应对疫情影响采取巨大的需求刺激政策，供给收缩叠加需求扩张，自然会带来通货膨胀。而在中国，由于2020年没有采取量化宽松政策刺激需求，而是靠扩大投资来稳增长，结果并没有引发通胀。然而由于扩大投资的不可持续性，以及持续的封控政策打击了消费，因而加剧了经济下行压力。

人们对环境的忧虑，以及对碳排放目标的激进追求，造成传统能源的供给受限，进而提高了煤炭、石油等价格。而俄乌战争所带来的石油和天然气等能源的供给格局的变化，以及对全球粮食供给的影响，无疑加重了上游的供给冲击。这样的供给冲击是直接造成经济衰退还是会首先带来通货膨胀？

在欧洲和美国，能源价格直接抬高了生产者价格指数（PPI）和消费者价格指数（CPI），德国的PPI甚至创下1951年以来的新高，美国的CPI也创下了1981年以来的新高；而在中国，由于中下游存在严重的供给过剩，上游PPI涨幅很难传导到下游消费品——这种情况加剧了下游中小微企业的困难，造成相关行业的衰退。

劳动力的供给冲击同样既作用于物价又影响增长。短期的劳动力供给冲击会抬高物价，长期的劳动力供给冲击则一定会带来经济衰退。对于美国而言，由于其劳动者报酬总额占GDP的比重超过50%，因而工资对物价的冲击很明显。而对中国及至全球而言，人口增速的放缓甚至减少，尤其是人口老龄化，必然会带来经济增长的放缓。近几年，中国的人口增速拐点已经出现，预计2035年全球的人口增长也会到达一个高峰。从这个角度讲，本书关于大衰退和大停滞的警告，不管是否正确，至少是值得警惕的。

经济繁荣的脆弱性和痛苦指数

本书认为，2008 年的金融危机之后，尽管发达经济体的房价和股市节节攀升，但增长、就业、收入和投资并没有恢复到危机前的水平，因而作者称之为长期停滞和新平庸时代。而新兴市场的问题也许更值得重视，在疫情暴发之前的 2019 年，发展中国家的经济增长率降至 2009 年以来的最低水平。2001 年曾经大放异彩的"金砖四国"中，俄罗斯的经济和巴西的经济已经陷入衰退，中国的经济增速已经放缓到十年前的一半，印度、南非等新兴市场的经济问题则更加复杂，谈到新兴市场经济，挂在人们嘴边的已经不是"金砖四国"，而是"脆弱五国"，因为在印度、印度尼西亚、土耳其等国家，其增长的脆弱性暴露无遗。

综合了货币超发和债务问题、全球化倒退、能源供给冲击、劳动供给冲击，以及新冠肺炎疫情的影响之后，我在《全球通胀与衰退》一书中更愿意提示给读者的结论是：一个低通胀和高增长的时代可能结束了，很多国家可能要面对高物价和低增长的时代。而本书的作者则直接警告：如果这些问题得不到改变，世界经济将陷入大衰退、大停滞。

我既认可本书作者对全球经济问题的剖析，但又不像他那么悲观，因为首先，通胀与衰退的到来并不同步。其次，明年有通胀与衰退同时带来的滞胀风险，其程度应该不会比 20 世纪 70 年代更严重。因为当下的欧洲、美国虽然有货币超发，但毕竟还是有基准的，而 20 世纪 70 年代布雷顿森林体系崩溃后，一个时段内美元甚至失去了锚定基准；现在的能源供给冲击虽然比之前 20 年严重，但油价上涨幅度和供给短缺程度远远小于 20 世纪 70 年代；从劳动力供给冲击的角度，20 世纪 70 年代英国等国家工人罢工是"家常便饭"，每年造成很多工作日的损失；此外，所谓全球化倒退，无论如何也不会倒退到 20 世纪 70 年代的冷战时代——那个时代，人们把滞胀当成痛苦指数。简单来说，就是把通胀率和失业率相加，美国的痛苦指数那时候徘徊在 15%~20%，远高于今天。

对我们的启发

20 世纪 90 年代美国的很多学者曾认为他们已经永远战胜了经济周期；进入 21 世纪以后，他们认为商品过剩的时代再也不会有通胀。事实上，全球通胀与衰退就像白天与黑夜一样交替出现，反而过去几十年来人们已经习惯的低通胀、高增长在几百年的近代经济史中并不常见，超过 20 年的繁荣更值得珍惜。

在经济繁荣发展阶段，种种暗流涌动的问题常常被视而不见，而一旦问题暴露，就会出现很多新的解释。事实上，历史虽然没有完全重复，但是却一再重演。如同今天美国和欧洲面临着 40 年未见的通货膨胀，虽然程度与 20 世纪 70 年代有所不同，但其本质原因不都来自货币、能源供给冲击、劳动力冲击、国际贸易格局等方面的影响吗？中国面临着需求收缩、供给冲击、预期减弱等前所未有的经济下行压力，这些问题是今天才有的吗？

如果把《从大衰退到大停滞》这本书当成对未来的预测，恐怕并没有太多现成的答案，但如果跟着作者穿越第二次世界大战以来全球经济的繁荣与衰退周期，并从作者对过去和现在的问题剖析中深化对全球经济问题的认识，那阅读完本书一定会有很大收获！

滕　泰

2022 年 6 月

于北京

前　言

2015年，我的《大停滞？》（美国和印度版本名为 The age of stagnation）一书在全球出版。这本书卖得还算不错，但并没有得到充分的报道，也没有引起广大读者强烈的兴趣。

我一直没想明白，为什么这本著作的反响会如此平淡，而读者面对书中提及的顾虑，积极回应者也寥寥无几。即使评论家和媒体提起了兴趣，也是充满敌意。一连串的事实和证据就活生生地摆在我们面前，而人们却不惜耗费大量精力和智慧，将这些针对现状的不受欢迎的质疑转移开来。生活肯定会一如既往地继续下去，就算改变，也会变得比以前更好。没什么让人不踏实的理由，难道不是吗？

本书诞生于属于它的时代之前。本书的出版恰逢一个充满乐观情绪的时期。而当时的乐观，实则是由层叠的谎言和腐朽的结构支撑起来的。这本著作，不出所料地遭遇到了希腊神话中卡桑德拉[①]的命运：书中的谆谆告诫，人们却视而不见。不幸的是，事实证明，书中的担忧和恐惧，是有真凭实据的。这世上积存已久的顽疾，已经开始发病。如今发生在我们眼前的一桩桩事件，都使得这部作品成为解读过去、现在和未来的

[①] 卡桑德拉是古希腊神话中一位受神诅咒的女子，神赋予她预言的能力，却不能改变未来发生的事，只能眼睁睁看着痛苦的事一件件发生。而最为凄楚的是，无论她怎么呼喊，都没有人相信她，哪怕她永远只说真实的预言。——译者注

密码。

《从大衰退到大停滞》这个书名，可能会让人想到文学家罗伯特·路易斯·史蒂文森（Robert Louis Stevenson）的名言："每个人，迟早都要面对一场自食其果的盛宴（Sooner or later, everybody has to sit down to a banquet of consequences）"。书中列举出了可能影响到未来社会繁荣和进步的几大因素：

- 存在严重缺陷的经济模式，因债务、人口老龄化趋势和医疗福利而负担过重，如今已无法为人们提供他们自认为理应享受到的生活水平提升。
- 生存环境问题，需要全人类付出高昂的代价，对整个社会格局进行重新调整，但最终这个问题会威胁到全球很大一部分人口的生死存亡。
- 食物和水等有限资源，无法满足不断增长的人口需求和不断改善的生活方式。
- 不平等加剧，危及社会凝聚力。
- "民主缺失"，即现有的政治制度和领导人没有能力应对挑战，存在由此引发社会崩溃的风险。

本书的担忧，已得到了证实：

- 一厢情愿的经济政策，未能将社会恢复到2007年之前的状态。各国均将自身发展目标放在优先级的首位，实际上已经偏离了第二次世界大战后全球经济扩张的关键路线——发展全球化，维持国际贸易秩序。
- 环境问题，正以惊人的速度快进。全球粮食和水资源的短缺问题，正以多种形式呈现出来。

前　言

- 不平等问题在全球各地引发抗议运动，经常演变为暴力冲突。
- 由于国家领导人找不到简单而成本低廉的应对挑战的方法，政治体系正处于崩溃的边缘。这就为民粹主义和威权领导人的发展壮大提供了一片沃土，并且任由这些新趋势对民主制度和自由社会肆意践踏。

2020年的新冠肺炎疫情，使这些问题变得更加尖锐。意料之中的突发性公共卫生事件，揭露了许多国家没有做好准备的事实。问题百出的响应措施，突显出各国基本政体内部的深层裂痕。为控制病毒而采取的对策，导致了随后的金融问题，也暴露了结构不健全的经济体系的脆弱本性。

由于实体经济和金融经济同时崩溃，疫情危机比2008—2009年的全球金融危机还要严重。唯一可以与之相提并论的，可能只有大萧条[①]了。由于无视之前的教训，家庭、企业和政府在应对这场全新的混乱局面时，没有缓冲的余地，发挥能力的空间也极为有限。

新冠肺炎疫情最终一定会过去，持续时间可能会比预期长得多。而我们脆弱的体系却需要更长的时间才能恢复。未来的危机将会一波未平，一波又起，使得问题愈加复杂化。传染病疫情可能会变得更加频繁。由气候变化、资源短缺和金融问题引发的各类危机事件，将成为未来道路上的常客。

此次修订，在疫情之前就已经筹备了。书中对内容进行了更新，涵盖了2015年以来发生的许多事件，尤其是上述要点问题，同时，本书也对新冠肺炎疫情进行了大量分析。为了避免马后炮之嫌，本书主干内容保持不变。新内容统一整理在长篇后记——《游戏的终结》之中。参考文献已更新。

---

① 大萧条，the Great Depression，特指1929—1933年发源于美国的经济大危机。

在本书最初面世之时，书中的主题可能会让人觉得太过理论化，内容距离现实生活未免有些遥远。而如今，本书呈现的思想已成为眼前发生的一桩桩活生生的现实事件。

这些事件可谓祸不单行，多年来累积的"因"，如今一股脑地爆发出"果"。而在未来很长一段时间，这些后果都将持续影响着全人类，影响着人们生活中的方方面面。2015年出版时本书所强调的内容，现在可能会成为公共讨论的主题和茶余饭后的谈资。也许直到现在，人们内心才能真正点燃面对残酷真相的欲望，拿出面对自己和整个世界困境的勇气。在人类历史上，从未有一个时代像如今这样，如此迫切地需要人们超越狭隘的自私自利，超越否定真理的冲动。

就像温斯顿·丘吉尔当年在面临另一场生存危机时，向人们发出的警示一样：这个时代，充满拖延、折中、麻痹和令人困惑的权宜之计，如今马上就要结束了……我们即将进入一个自食其果的时代。

萨蒂亚吉特·达斯

2021 年

于澳大利亚，悉尼

序 言

现实很骨感

世界正在进入一个停滞期与一个平庸时代。经济增长的结束、经济状况的脆弱和不稳定,成为所有社会讨论和政治讨论中人们绝口不提的大背景。对于个人来说,这无异于希望和梦想的破灭。

第二次世界大战结束后,世界上许多国家都开始相信,经济增长没有界限,社会进步不会停滞。人们怀有一种脱缰野马般的乐观情绪,认为一切经济和社会问题都能得到解决。人们忽视了经济繁荣和生活水平改善所需的基础正在日益松动、逐渐瓦解。而就像安·兰德所说的一样:"你可以逃避现实,但无法逃避现实带来的后果。"[1]

***

史无前例的经济扩张时代黯然落下帷幕,而背后是各种影响力的汇合作用。从20世纪80年代初以来,经济活动和增长日益受到金融化的推动。金融化指的是金融交易的权重超越了工业活动,以及为消费和投资进行融资的借贷水平不断上升。到2007年,若想在美国创造出1美元的经济活动,就必须要有5美元的新债务作为支持,这比20世纪50年代的水平增加了5倍。债务水平已经远远超出了借款者的偿还能力，由此引发了2008年的全球金融危机和随后的大衰退。但是，全世界并没有引以为戒，去解决借贷成瘾的问题。不断增加的债务，现在反而成了经济增长的刹车装置。

人口增长放缓和老龄化，生产力发展和创新增长日益放缓，水、食物和能源等关键资源的短缺迫在眉睫，再加上人为因素造成的气候变化和极端天气条件，使得上述金融困境祸不单行。国际贸易和资本流动增长放缓，是另一个阻碍因素。受益于全球经济增长，并在全球经济增长中成为中坚力量的新兴市场，如今的发展速度也在放缓。不平等的加剧对经济活动产生了影响。

官方对全球金融危机的反应，是一种"拖延加假装"政策，政府选择忽视根本问题，加以掩饰，或是采取缓兵之计，制定拖延策略。这些政策，假定政府支出、低利率和货币市场的流动性（或现金）供应会创造出经济增长。这些政策还会增加通货膨胀，通过减少债务价值来帮助降低债务水平。但经济活动对这些传统措施并没有什么反应。通胀仍保持在低位。政府被迫采取从未经过实践检验的政策，不断撑开经济逻辑和理解的上限，试图争取时间，让国家经济实现可持续的复苏，就像以前一样。不幸的是，这些政策没有取得理想的效果。不惜重金所争取到的时间，被白白浪费掉了。必要的改变仍然没有实现。

在那些摆脱掉了全球金融危机的阴霾、已经恢复元气的国家中，金融市场基本都处于危机前的价格水平，或高于之前的水平。但实体经济尚未恢复正常。人手一台最新电子产品，并不能掩盖这样一个事实，大多数人的生活水平依然没有提升。随时可能丢掉饭碗的不安全感比以往更强烈。工资水平维持不变，没有上涨。发达国家公认的生活福利，如教育、住房、医疗、老年护理、储蓄和退休保障，越来越难以实现。未来几代人，和父辈相比，就业机会将越来越少，生活水平越来越低。

美国的经济复苏，比很多国家更加强势，但美国中产阶级却越来越脆弱。现在收入水平处于中间位置20%的美国家庭，收入比金融危机前更少，净资产也更低。2014年，44%的美国人认为自己属于中产阶级，而2008年这一比例为53%。2014年，49%的18~29岁的美国人认为自己属于下层阶级，而2008年这一比例为25%。德国、英国、加拿大、澳大利亚和新西兰也存在类似的情况。

在受全球金融危机影响更严重的国家，情况更糟。在希腊，虽然有说法认为经济增长正在回归，但希腊经济已经萎缩了四分之一。由于工资和养老金水平的下降，希腊人的消费支出缩减了1/4。据报道，希腊失业率占劳动力的26%。青年失业率超过50%。一位评论人士提出，希腊政府可以在教育上节约经费，因为没有必要让人们为根本不存在的工作机会做准备。

2013年，皮尤研究中心在39个国家进行了一项调查，询问人们是否认为他们的孩子将来会享受到更高的生活水平。33%的美国人不这么认为，28%的德国人、17%的英国人和14%的意大利人不这么认为，只有9%的法国人认为他们的孩子会比前几代人过得更好。

在低利率和低政府支出面前，全球债务不降反增。2008年危机之后，人们普遍认为，银行的规模太大，已经到了危险的境地，但自那以后，银行的规模和市场影响力还在继续扩大。在美国，六家最大的银行现在控制着美国金融系统全部资产的近70%，其份额增加了约40%。美国最大的银行——摩根大通，拥有超过2.4万亿美元的资产，比大多数国家的经济规模都要庞大。政府仍然认为银行是太大而不能倒的存在。

一些国家试图将本国问题向外输出，放弃国际合作，采取以邻为壑的战略。破坏性的报复心理表现为一报还一报的降息、货币战争和贸易限制，由此也限制了一个国家获得决定性优势的能力。

这些政策也为新的金融危机埋下了伏笔。宽松的货币政策，人为地将金融资产的价格推高至超出其实际价值的水平。其中相当一部分资金流入新兴市场，破坏了当地市场的稳定。沉迷于政府和央行支持的世界经济，如果没有低利率和过度流动性，可能根本无法存续。当局日益陷入困境而无法自拔，没有回旋余地，没办法停止对经济的支持。

各方都不满意的复杂权衡措施，使得盘根错节的挑战变得愈加复杂。经济增长放缓，有助于减少人类对环境的破坏，有助于资源节约，但却导致人们生活水平的下降和偿债问题的增加。另一种选择是加快经济增长，提高生活水平。然而，在主要由债务驱动的经济扩张过程中，这种做法将进一步增加原本已经处于高位的借贷水平，并加剧环境和资源压力。

大宗商品价格下跌，也将有助于刺激消费和增长。但是，这种情况同样鼓励了人们大量使用不可再生资源，加速了对环境的破坏。较低的大宗商品价格，会导致通胀停滞甚至通货紧缩，也就是价格下降。由此导致的收入增长乏力或收入降低，使得管理高负债水平的任务变得更加举步维艰。一方面，这种情况还会令那些负债沉重的企业收入减少，令依赖销售大宗商品的国家收入减少，影响这些企业和国家的经济增长和偿债能力。另一方面，通胀可以降低债务水平，但却相当于对储户进行惩罚，对较贫穷国家的弱势群体产生不利影响。

减少商品和资本的自由流动，对个别国家有利，但由此导致的国家之间的经济战争，会让每个人都陷入贫困。

***

虽然必要的改变实际操作起来难度并不大，但会带来痛苦，因此需要勇气和牺牲。实际生活水平将会下降。公民需要增加储蓄，减少消费。工作年限将会延长。对许多人来说，退休将成为奢侈享受。政府的税赋和公共服务收费将上升，用来匹配提供这些服务所产生的成本。必须更加重视实体经济，也就是商品和服务的创造和销售。金融机构需要回归到支持经济活动的实际角色上来，而不是参与投机或助长投机活动。

在国家内部，由于众多群体会针对生产得来的有限份额展开争夺，不平等问题可能会进一步加剧。国与国之间，为了获得优势，不择手段的竞争也将进一步加剧。在短期内，由于人们的储蓄被用来抵偿危机的成本，因此奉行勤俭节约理念的人们，会看到他们储蓄的价值出现缩水。未来的后代，将不得不为先辈的错误和挥霍付出代价。

这场调整的规模究竟会有多大，尚未可知。其确切的发展轨迹和时间进度也不得而知。对问题的否认，是普遍现象。更没人愿意承认，我们找不到针对这些问题的解决方案。政府提倡紧缩，有时也实行紧缩政策，同时向民众保证，他们的生活水平可以维持在既往的水平之上。政治家们拒绝承认，公众对公共服务的需求与减税之间，本身就是一对不可调和的矛盾。在各种峰会期间，各国领导人经常高喊国际主义口号，但这样的戏码，与他们实际政策中强烈的民族主义倾向形成鲜明对比。

各类意识形态的政治家和政策制定者都意识到，社会契约对经济增长和社会繁荣有明确要求，因此都不愿公开讨论生活水平下降的问题。他们假借"危机疲劳症"，认为这些问题太过遥远，不需要立即采取行动。因为担心在选举中受到冷落，于是便屈服于民粹主义者对虚假确定性和安慰剂政策的需求。但这样做，只不过是在将问题堆积起来。

银行家和金融顾问，没必要将真实的前景告诉客户。毕竟，坏消息对生意没有好处。在绝大多数情况下，媒体和评论文章都在强调积极的一面。他们认为，事实太过令人沮丧。首要任务是保持正常的外部状态，只有这样才能让人们产生信心。

普通人拒绝承认，可能自己没办法做到面面俱到。但人们对现实的不安和对未来的恐惧却与日俱增。每个人都意识到，一场调整是不可避免的，而最终的代价也将是巨大的。这不仅是经济困难的威胁，更是对失去尊严和骄傲的恐惧。这是一种无处不在的无力感。

就目前而言，整个世界怀着最美好的期望，也藏着最可怕的恐惧。世界各地的人们，都很像动画片《海底总动员》中的皇家蓝唐王鱼多莉。患有短期记忆丧失症的多莉告诉自己要继续游泳，但她的方向完全是随机而漫无目的的。

***

C. S. 刘易斯（C.S.Lewis）曾说过："如果你追寻真理，那么终将获得安慰；如果你寻求安慰，那么既得不到安慰，也得不到真理，只会……以一厢情愿为始，以绝望告终。"[2] 知识是打开改变之锁的钥匙。世界必须先要抬起头来，勇敢面对当下的真实困境。

目 录

第一章
远大前程：
战后的繁荣与萧条

001

第二章
借来的时间：
全球金融危机和大衰退背后的真正原因

023

第三章
逃逸速度：
经济政策的虚与实

049

第四章
增长的终结：
长期停滞和新平庸时代的驱动因素

077

第五章
坐吃山空：
经济增长的资源和环境约束

101

第六章
团结起来，严阵以待：
全球化的倒退

127

第七章
从"金砖四国"到"脆弱五国":
细数新兴市场的起起落落
149

第八章
经济上的种族隔离:
不平等加剧对经济增长的影响
173

第九章
信任的终结:
民主赤字对经济活动的危害
197

第十章
无辜躺枪:
对普通老百姓的伤害
223

尾声:明日危机
245

后记:游戏的终结
261

致谢
377

注释
379

索引
393

第一章
远大前程
战后的繁荣与萧条

第一章
远大前程：战后的繁荣与萧条

在1957年7月的一次政治集会上，英国首相哈罗德·麦克米伦（Harold Macmillan）对同胞们说："我们很多人从未像现在这样幸福过。"[1]他为战后英国的经济描绘了一幅乐观的图景，预言一个空前繁荣的时代即将到来。这句话今天被人们用来嘲笑政治承诺。但在当时，这个说法是准确的：钢铁、煤炭、汽车的产量不断增长；出口收入和投资都在增加；工资和生活水平稳步提升。

在大西洋彼岸，美国的经济增长更快，生活水平也在提高。1960年，第一位20世纪出生的美国总统约翰·肯尼迪在接受民主党提名的演讲中谈到了"征服新边疆"，这也是肯尼迪政府雄心勃勃的施政纲领。肯尼迪遇刺后，他的新边疆政策被纳入继任者林登·约翰逊的"伟大社会"计划之中。

这些政策的野心是无限大的，针对贫困、失业、收入、农业、教育、老年护理、医疗保健、住房、交通、城市问题、文化、环境、种族不公正、国际裁军、军备控制和空间计划等诸多议题。这是自20世纪30年代旨在应对大萧条的罗斯福新政以来，覆盖范围最全面的一次。立法者、技术型官员和公民将共同利用政府资金，期望建设一个新美国。

从怀旧的角度来看，那个时代，曾是美国经济最好的一段时期，充斥着前所未有的乐观主义情绪和远大的期望。如今，普通民众同样渴望这种早已逝去的美好生活，盼着能像当年的人们一样，享受到一辈子的稳定工作、日渐繁荣的经济、不断加强的社会流动性和平等主义。

第二次世界大战之后的几十年里，重点从工业和社会议程逐渐转移到了经济和金融议程之上，创造出了一连串日渐兴旺的繁荣和愈发严重的萧条，最终酿成了全球金融危机。

***

第二次世界大战后经济扩张的最初阶段，人们称之为"长期繁荣""资本主义黄金时代""新镀金时代"，等等，跨越了从1950年到1970年代初的一段时期。在法国，1945—1975年的30年经济扩张，被称为"辉煌三十年"（Les Trente Glorieuses），堪与"美丽时代"（La Belle Époque，从1871年到第一次世界大战开始）并驾齐驱。这段时期的特点是经济繁荣，失业率降低，收入增加，财富积累，社会服务日益充沛，各式家庭用品、休闲活动和充裕假期进入寻常百姓家。

战争结束时，人们曾担心，军事开支的削减会导致社会经济回到战前的停滞状态。相反，被压抑的需求和战后婴儿潮，推动了经济的迅猛增长。老百姓只想继续好好过日子。战时配给和消费品的缺乏，使得家庭持有的现金和流动资产是之前的3倍。在美国，仅到期的战时债券就有2000亿美元。这笔钱为支出提供了充沛的资金。

汽车制造业等产业，此时摆脱了战时需求和原材料短缺的问题，恢复了正常生产。新兴产业，如航空航天和电子产业，也陆续成长了起来。还有从农业和制造业向服务业的转变。低收入的农民逐渐向收入更高的城市转移，这一趋势促进了经济增长。通过高产作物新品种、化肥、杀虫剂和重型农业设备的使用，农业生产力本身得到了提高。在制造业，由于自动化程度的提高、机械设备的改进和先进控制系统的应用，生产力实现了提升。政府对交通和通信等基础设施的投资，改善了物流和分销，提高了生产力。

因为市郊和人口较少区域的土地更便宜，机会更多，于是很多人陆续从城市向这些地区迁徙，由此也增加了经济活动。那个年代，遍地都是非常优秀的工作机会。收入的增加，促进了中产阶级的崛起。大规模生产促使物价下跌，让更多的人能够买得起房子、汽车、电视等大物件。当时的住房市场也出现了繁荣，为退伍军人提供补贴抵押贷款的政策，助长了这波繁荣浪潮。

第一章
远大前程：战后的繁荣与萧条

战时培训和教育机会增加，培养了技术能力更强的劳动力大军，而生产力也受益于此，不断进步。美国《退伍军人权利法案》为退伍军人提供了慷慨的福利，包揽了学费和求学期间的生活费，一年的失业补偿，还有创业的低息贷款。同时，生产力发展也得到了技术进步的助力，其中一部分技术进步源自战时创新：核能、涡轮增压和喷气式飞机、火箭技术、无线电导航、雷达系统、合成材料、计算机、医疗技术等。

在英国，经济增长也得到了许多领域进步的助力。1963年10月1日，工党领袖哈罗德·威尔逊（Harold Wilson）在工党大会上发表讲话，呼吁在技术和科学革命的"白热"锻造中，建立一个新英国。但由于战争的影响，英国的战后复苏与美国不同，而欧洲和苏联的战后复苏，更是与美国差异巨大。德国、意大利和日本的部分地区被完全摧毁，需要重建。从一个事实就能看出战争损失的巨大规模：第二次世界大战结束时，美国生产的所有商品和服务的价值，占全球GDP（国内生产总值）的50%以上。

为了避免重蹈第一次世界大战后《凡尔赛和约》和大萧条时期的覆辙，同盟国希望尽快与战败轴心国实现关系正常化，而在欧洲实现这一目标的手段之一，就是马歇尔计划。从1948年起，"马歇尔计划"为战后重建和现代化建设提供了120多亿美元的经济援助。这个计划并非无私援助，而是为了给美国的出口创造市场和投资机会。

1951年，比利时、法国、西德、意大利、荷兰和卢森堡建立了欧洲煤钢共同体，最终演变成为后来的欧盟。这个想法是由法国外交部长罗伯特·舒曼（Robert Schuman）提出来的，旨在建立一个煤炭和钢铁的共同市场。这一市场将促进地区一体化，降低战争的可能性，增加发动战争的难度。

受战争破坏的欧洲经济得以复苏，并在此过程中实现了转型、现代化和国际化。随着经济活动的扩大、收入和生产力的提高，英国和法国变得繁荣起来。在总理康拉德·阿登纳（Konrad Adenauer）和经济部长路德维格·艾哈德（Ludwig Erhard）的领导下，德国的重生被人们誉为"经济奇迹"。企业和工会之间达成的影响深远的协议，使工业得以快速重建，并实现强劲增长，为经济强国的崛起奠定了基础。意大利也经历了快速增长，享受着属于自身的经济奇迹。

日本也从战争中复苏了过来，开始了经济扩张。发展过程一直持续到20世纪80年代末，几乎没有中断。和德国一样，日本成功地重建了强大的工业基础，成为钢铁、造船和制造业（尤其是汽车和电子产品）的世界级领导者。

然而，资本主义繁荣的表象下，潜藏着危机的苗头。第二次世界大战削弱了西方殖民列强的势力。1941年8月的《大西洋宪章》，承认了被殖民国家的自决权和恢复自治的权利。1945—1960年，许多国家，主要是亚洲和非洲的国家，纷纷通过和平或武装革命，从殖民统治者手中获得了自治权或争取到了完全独立。这些国家之前因其自然资源、劳动力和市场而受到剥削，现在已成为全球贸易体系之中的一部分。他们发展和提高生活水平的努力，进一步助推了全球经济扩张的步伐。虽然这些国家获得了新的自由，但在最初阶段，许多国家依然在继续为西方工业化国家提供原材料、投资渠道、市场和廉价劳动力。

***

1944年7月签署的《布雷顿森林协定》，为战后经济扩张建立了国际货币秩序和基础设施。布雷顿森林体系的成立，旨在确保各国能避免重返大萧条时期的窘境，避免经济、就业和国际贸易的崩溃，避免随之而来的保护主义的兴起。这个阶段的重点是建立起以稳定汇率和货币可兑换为基础的自由贸易。在过去，这个问题是通过金本位制来解决的，即政府或某国的中央银行保证，本国货币与固定数量的黄金等值。

金本位制在战后经济中是行不通的。黄金供应不足，无法满足日益增长的国际贸易和投资需求。除此之外，西方也不希望给予苏联任何优势，因为后者控制着相当大比例的已知黄金储备，而且当时已成为美国

第一章
远大前程：战后的繁荣与萧条

的地缘政治对手。因此，布雷顿森林体系建立了以美元作为储备货币的固定汇率体系。美元和黄金的关系是固定的，每盎司[①]35美元，美国政府承诺，以这个价格将美元兑换成黄金。其他国家的货币将与美元挂钩，从而令美国在全球经济中拥有了空前的影响力。美元作为全世界所有货币中地位至高无上的货币，此时和黄金一样坚不可摧。

布雷顿森林体系还建立了国际复兴开发银行（即大家熟知的世界银行）和国际货币基金组织（IMF）。1947年的关税及贸易总协定（GATT）演变为后来的世界贸易组织，再加上1945年接替国际联盟的联合国，这些机构促进了世界经济在一段时间内保持相对稳定。

但是，经济扩张不得不与政治的不确定性和冷战的对抗共存。具有讽刺意味的是，美国和苏联对武器系统的投资和维持大规模国防设施的需求，助力了经济发展。在1961年1月17日的告别演说中，艾森豪威尔总统对军事—工业复合体发出了警告——政治家、军方和国防工业之间的关系，为他们赋予了巨大的权力。

冷战期间，美国试图通过所谓的多米诺骨牌理论，来限制共产主义对民主制度和资本主义的威胁。反过来，苏联和中国不断寻求机会在国际关系中施加影响，将重点放在新近争取到独立的国家。朝鲜战争提升了日本的国际地位，而日本也受到西方联盟的欢迎，成为联合国部队的军事基地和主要物资供应方。德国也从苏联对欧洲的威胁中受益。与各方的战略重点相关的拨款和技术援助，帮助了许多国家的发展，甚至惠及了那些在冷战中抵制压力而保持中立的不结盟国家。同时，也为越南战争埋下了伏笔。

从社会角度来看，20世纪50年代是一个墨守成规的时代。战后人们的梦想，是找一份好工作、结婚生娃、在市郊买房子，好好攒钱。像大卫·里斯曼（David Riesman）的《孤独的人群》（*The Lonely Crowd*）、

[①] 作为金衡制的一种质量单位，1盎司等于31.1034768克。——译者注

威廉·怀特（William Whyte）的《组织人》（The Organization Man）和C. 赖特·米尔斯（C. Wright Mills）的《白领：美国的中产阶级》（White Collar: The American Middle Classes）这样的著作，记录了当时老百姓生活的狭隘状态，在消费旺盛、物质丰富的同时，人们普遍缺乏深刻的自我认识，否认人类潜能的存在。在斯隆·威尔逊（Sloan Wilson）当时的畅销小说《穿灰色法兰绒套装的男人》中，贝琪·拉斯（Betsy Rath）对丈夫汤姆抱怨说："我不知道我们是怎么了……我们不该总是一副不知足的样子。"[2]

***

20世纪60年代，虽然此时战后经济繁荣的脚步已经放缓，但美国股市依然进入了繁荣期。道琼斯工业平均指数从1962年536点的低点开始上涨，在1966年达到1 000点大关。股票交易量也迅速增长。1960年，纽约证券交易所一天的交易量约为400万股。到1966年，规模增长至约1 000万股。就像在20世纪20年代一样，普通民众又开始热火朝天地议论起股市这个话题。1967年5月，股票经纪商哈里斯·厄帕姆（Harris Upham），甚至发出了一篇文字，将股价和裙子底边的长度联系起来，将股价上涨的原因归结于超短裙的设计越来越短。

当时最受瞩目的人物，就是明星共同基金经理。他们的地位超越了保守的投资专业人士，积极利用市场势头，通过快速买入和卖出股票来追逐增长。当时的模式，在20世纪80年代、90年代和21世纪头十年反复出现，都是在光鲜的科技股、投机潮和金融工程的共同作用下，推动起来的繁荣。沃特公司（Ling-Temco-Vought）、国际电话电报公司（International Telephone & Telegraph）和海湾与西方集团（Gulf & Western）等大型企业集团，预计未来将出现的私人股本公司，在导弹、酒店、房地产、汽车租赁、高尔夫设备和电影制片厂等领域做着五花八门的买卖。低利率和廉价的融资成本，帮助推动了股票和资产价格的快速上涨。

20世纪60年代也是反主流文化盛行的十年。这种文化团结在黑人、

第一章
远大前程：战后的繁荣与萧条

女性和同性恋权利运动周围，寻求更大的社会平等和更强的流动性，反对战争，特别是核战争和越南战争，及其相关的征兵活动。参与者主要是发达国家的白人、中上层阶级青年和叛逆的学生，他们勇于挑战现有的社会规范和他们父母的价值观。

他们的政治议程并不明确。活跃人物汤姆·海登（Tom Hayden）发现，穷人其实也想要过上更好的生活，而不是发动革命。穷人的价值观和抱负与中产阶级没什么不同。而他个人认为，中产阶级是十分空虚的一群人。60 年代的政治活动人士认为，人们需要有人去向他们解释，自身真正的利益是什么。事实上，当时的焦点不是政治问题，而是更多地集中在个人身上，围绕性（避孕药的普及）、灵性与信仰，以及服装和外表的新风格展开。这种文化在毒品和音乐中得到了最清晰的表达，并于 1969 年 8 月的伍德斯托克音乐节（Woodstock）达到顶峰。这次音乐节，标志着一个时代的终结，而非开始，因为当时的许多明星人物，不久之后就相继去世，而反主流文化运动也逐渐消失了。

1967 年 8 月，阿比·霍夫曼（Abbie Hoffman）和杰里·鲁宾（Jerry Rubin）带领一群青年国际党（Yippies）来到纽约证券交易所的访客台，当众谴责贪婪之风和越南战争。在这场政治闹剧中，他们将美钞撒向下面的交易大厅。20 世纪 80 年代，鲁宾以商人的身份重新现身，他提出，市场体系是一种手段，可以用来开展有意义的世界变革。而到了此时，曾经一度为激进理想而斗争的演员简·方达（Jane Fonda），开始制作畅销健身录像。那些认为三十岁以上的人都不可信的一代，在达到这个年龄段时，也改变了他们的想法。20 世纪 60 年代遗留下来的，不是社会变革，而是强烈的以自我为中心、自私自利、逃避社会责任的观念，这些为随后的贪婪和投机时代埋下了伏笔。

20 世纪 60 年代末的真正威胁是日趋严重的暴力事件。这些事件是从城市内部及大学校园里的社会动荡和抗议演变而来的。诸如"地下天气"（Weather Underground）这样的激进左翼组织，目标是推翻政府，他们发动了一场爆炸破坏运动。在欧洲，巴德尔 – 迈因霍夫（Baeder-Meinhof）集团和意大利红色旅（Italian Red Brigades）进行了武装抵抗，对包括德意志银行董事长艾尔弗雷德·赫豪森（Alfred herhausen）和意大利前总理阿尔多·莫罗（Aldo Moro）在内的政界、商界和军方人士实施了计划周密的暗杀。日本也有个别激进组织。

1969 年的电影《逍遥骑士》（Easy Rider），象征着那一代人困惑而迷茫的挣扎，为这一时期画上了句号。片中角色怀亚特（由简·方达的弟弟彼得·方达饰演）在影片的高潮部分承认，他们失败了，搞砸了。

***

20 世纪 70 年代是石油危机的十年。几次石油危机分别爆发于 1973 年和 1979 年，也宣告了低油价时期的终结。在美国，石油产量见顶，可谓祸不单行。

1973 年 10 月，石油输出国组织（OPEC）中的阿拉伯国家为了回应美国在赎罪日战争（第四次中东战争）期间支持以色列，并表达自身支持巴勒斯坦的态度，宣布石油禁运。石油价格从每桶 3 美元上涨到近 12 美元。1979 年，伊朗革命爆发后，石油产量下降，油价升至每桶超 40 美元。油价飙升导致通胀猛增，全球经济急转直下。

这个十年，见证了布雷顿森林体系的瓦解。美国在越南战争和"伟大社会"计划中付出的代价，刺激了物价的急剧上涨，伴随着巨额预算赤字，以及为支付这些开支而不断增加的美元外流。交易者担心美元相对于德国马克和日元出现贬值，纷纷将美元兑换成黄金。到 20 世纪 70 年代初，美元持有者已经对美国用黄金支持其货币的能力失去了信心，因为此时，黄金储备量与美元的比率已经从 55% 下降到 22%。1971 年 8 月 15 日，尼克松总统单方面宣布关闭黄金窗口，令美元不可兑换。1973 年 2 月，世界进入了浮动货币时代，美元和黄金的挂钩不复存在。货币价值的不确定性和利率的上升削弱了经济信心。

同样是在 1973 年，美国股市大跌，随后的近十年时间，都没有反弹

第一章
远大前程：战后的繁荣与萧条

到之前的水平。经济陷入衰退。企业利润下降。与每一次市场繁荣和萧条的交替一样，新近流行起来的许多时髦行当，在此时都被证明是不可持续的，共同基金和企业集团随之信誉扫地。

英国经济也在衰退，增长缓慢、失业率高企、通胀猛增。1973年的石油危机和随后的能源短缺，迫使英国开始实行一周三天工作制。英国与英联邦国家之间的贸易下降了。此时的英国被排除在欧盟（当时称为欧洲经济共同体）之外，法国在1963年和1967年又前后两次否决了英国的加入，这就进一步限制了英国通过改善与欧洲的经济关系来抵消本国经济衰退的余地。英国工业大部分为政府所有，或被政府所控，缺乏全球市场竞争力。工业问题日趋严峻。在爱德华·希思（Edward Heath）的保守党政府执政期间，罢工造成了超过900万个工作日的损失。1976年，英国被迫向国际货币基金组织申请23亿英镑的贷款。此刻的英国，已经成为欧洲病夫。

而德国已稳居经济强国的地位，依靠的是货币稳定、经济增长、强劲就业和贸易顺差的魔力矩形。在经济部长卡尔·席勒（Karl Schiller）的领导下，政府提供全球指导，促进非通胀环境下的持续增长。但在20世纪70年代，由于能源价格上涨，全球经济疲软，德国马克升值，德国经济增长速度也放缓了，由此，德国的国际竞争力也受到了影响。

由于中央计划体制的失败，高额的国防开支，高企的能源价格（对于依赖石油进口的国家），以及对食品进口日益增长的依赖，社会主义国家的经济增速也放缓了。

汽车和电子产品等工业制成品的国际贸易不断增长。一些国家从中受益，另一些国家则因此蒙受损失。北美铁锈地带和联邦德国鲁尔地区，都是矿业和重工业的中心，但随着钢铁需求的下降，西方生产商面临与新兴工业化国家的竞争，这两个地区的经济也在衰退。相比之下，日本、韩国、新加坡、中国台湾和中国香港等亚洲经济体，扩张和繁荣之路越走越顺，因为上述这些国家和地区的商品出口不断增加，而劳动力成本更低、生产力提高、质量更好、产品不断推陈出新。

发达经济体被迫进行调整，专注于高端制造业，牢牢抓住知识产权不放。发达经济体扩大了服务经济，包括信息技术、金融服务、零售、配送和运输物流、医疗和老年护理、教育、酒店、休闲和娱乐等。

战后经济管理的重点是NAIRU，即非加速通货膨胀失业率（non-accelerating inflation rate of unemployment），旨在将失业率维持在和低通货膨胀相一致的水平。此时恰逢滞胀年代，高通胀和高失业率相结合。根据经济学理论，这种现象本是不可能出现的，因为剩余劳动力的存在，会迫使价格下降。但是在美国，1900—1970年的平均年通胀率约为2.5%，而20世纪70年代的通胀率上升至6%左右，在1979年达到超过13%的峰值。经济增长放缓，使失业率上升到很高的个位数上。其他许多发达国家的情况也类似。

用政治语言来说，滞胀就是痛苦指数，可以直接将通胀率与失业率简单相加。在20世纪70年代，美国的痛苦指数徘徊在15%~20%，到1980年达到22%左右的峰值。但很快，政治变革、与以往不同的经济学思想、创新，再加上好运气，很快就带来了"美国的清晨"。其他地方也相继迎来了光明。经济即将复苏，为战后的繁荣注入新的动力。

***

1979年，玛格丽特·撒切尔成为英国首位女首相。1980年，罗纳德·里根当选美国总统。在他们的领导下，英美两国的经济运行方式发生了重大转变。

此时，关于政府对经济的计划和干预，质疑之声愈加响亮。现有的混合经济模式，在政府的大力参与下，已经无法应对滞胀。水门事件迫使尼克松总统下台。越南战争的发动，也引起了人们对权威和政治进程的怀疑。在对加尔文主义的渴望和对自由的向往之间，世界总会出现周期性的情绪波动。此时，西方发达国家将信心放在市场上，希望市场可以解决经济和社会问题。

第一章
远大前程：战后的繁荣与萧条

1984 年，在没有得到公众支持的情况下，洛杉矶奥运会成功举办，麦当劳出资建设的奥林匹克游泳馆更是大放异彩。这是一种全新的模式。诺贝尔经济学奖得主米尔顿·弗里德曼（Milton Friedman）在 1980 年 PBS 十集系列广播节目《自由选择》(Free to Choose)中一战成名，为自由市场的新时代提供了理论剧本。

当时的重点在结构性改革上。税赋得到减免，价格控制相继取消。电信、银行、航空、运输、电力、水和天然气等行业，都解除了管制，以增加竞争。劳动力市场同样也放松了管制。以美国空中交通管制员罢工和英国矿工罢工为代表的残酷对抗，导致了劳动力组织性的逐渐削弱。英国将许多国有企业私有化，逆转了数十年来的国有化和政府所有制。在法国和其他欧洲国家，国家计划及控制经济曾一度是正统的统治手段，而此时，这些国家被迫走上市场化道路，国家对经济的控制也随之减少。

更低的利率、更低的能源成本、快速的技术变革、日益加剧的金融化，以及日新月异的全球一体化进程，对经济增长的重启至关重要。时任美联储主席的保罗·沃尔克大刀阔斧地遏制住了通胀，恢复了稳健货币。为了降低通胀预期，美联储将利率提高到近乎残忍的水平（最优惠利率超过每年 21%）。随着经济放缓、失业率高企，破产猛增，写在砖头和木板上的死亡威胁不断砸向沃尔克。但最终，通胀还是降了下来，由此开创了一段低利率时期。

由于原油供应过剩、经济活动放缓导致的需求下降，以及油价升高背景下形成的节约能源的习惯，此时的油价也出现了下跌。从 1980 年开始，油价在接下来的六年里持续下跌，并于 1986 年达到 46% 的跌幅。直到 21 世纪初，通胀调整后的油价一直保持在低位，助力了经济增长。

计算机和电信技术的迅速发展，提高了生产力，创造了全新的产业。20 世纪 80 年代，计算能力呈指数级增长，个人电脑价格不断下降，掀起了一场商业革命。20 世纪 90 年代，互联网和光纤通信的发展，进一步改写商业版图，也为媒体和娱乐领域带来了天翻地覆的变化。

在过去的几十年里,发达经济体经历了农业、制造业和服务业三个阶段。20世纪80年代中期见证了金融经济的崛起。发挥了推波助澜作用的,包括金融部门放松管制,人们对债务和风险的兴趣和胃口不断增加,可用于投资的财富和储蓄持续增长,在宽松环境中,对波动性越来越大的利率、货币和商品价格敞口进行管理的要求与日俱增,当然还有最重要的,那就是布雷顿森林体系的瓦解。此时,国家和央行控制着货币供应,并通过货币供应来控制经济,这一事实对金融经济的发展至关重要。

在金融化的影响下,债务水平迅速上升。金融工具和服务的范围不断扩大。相对于实体经济的规模,金融行业膨胀得越来越大,成为经济增长的主要贡献方。在以前的时代,商品和服务的创造、生产和销售,才是获得成功的手段。而此时,代表着企业权益和相关活动的金融产品及其构建和交易,成为致富之道。最终,金融工程的重要性远超真正实打实的工程。

***

从20世纪80年代开始,跨境贸易和资本流动出现了前所未有的扩张。美国因越南战争和"伟大社会"计划而产生的巨额赤字,导致大量美元流向海外。美元债的需求,催生了一个以伦敦为中心的新兴国际货币市场——欧元市场。

石油危机催生了石油美元,也就是支付给石油出口国的美元。沙特阿拉伯、科威特和其他国家积累了大量的石油美元盈余,但由于人口稀少和工业化缺乏,这些国家没办法很快将这些盈余派上用场。于是,盈余就被存入欧元市场并借出,主要是借给欠发达国家。1973年至1977年间,这些国家的外债增加了150%,最终陷入债务危机。

一些国家从国际债权人那里借来大量的钱,用来进口石油。还有一些国家则通过借债来为大规模基础设施项目和快速工业化发展提供资金。一些石油出口国以未来的收入为抵押大举借贷,假定油价会持续保持在高位。以巴西、阿根廷和墨西哥为首的拉丁美洲国家,从美国商业银行和其

第一章
远大前程：战后的繁荣与萧条

他债权人那里获得的借款，从1970年的290亿美元增加到1982年的3270亿美元。随着美元利率上升，当一些国家无力偿还债务时，16个拉美国家和世界其他地区的11个发展中国家，都被迫重新设定债务期限。

花旗银行董事长沃尔特·里斯顿（Walter Wriston）曾说过，国家不可能破产。而此时，该行被迫注销了33亿美元的债务，股东资本中的相当大一部分就此人间蒸发。其他银行也纷纷效仿。这些国家自身也陷入了严重的衰退，遭遇"失落十年"。但国际资本流动和全球贸易体系幸存了下来。

随着东欧共产主义政府的倒台，贸易进一步扩大。虽然尼克松总统在20世纪70年代提出的缓和政策有助于缓解冷战的紧张局势，但最终，还是这些国家的内部经济问题和生活水平下降，成为他们放弃中央控制经济体的催化剂。1989年11月，柏林墙倒塌，1991年苏联随之解体，为这些经济体重新融入西欧和全球贸易体系铺平了道路。而德国前总理维利·勃兰特（Willy Brandt）则担心，由此造成的心理障碍会比混凝土墙更加难以推倒。[3]

与此同时，中国以提高老百姓生活水平为目标，谨慎地接受了以市场为基础的改革。由于20世纪五六十年代中国发生了"大跃进"和"文化大革命"，中国老百姓此时依然非常贫困。中国领导人邓小平接受了一种哲学上的转变："贫穷不是社会主义。"

印度也在20世纪90年代开始了经济改革。受20世纪80年代债务危机影响的国家，在债务减免和全球经济复苏的帮助下逐渐恢复元气。焕然一新的中国、印度、俄罗斯、东欧和拉丁美洲，此时都助力了全球经济增长。这些国家，代表着商品、服务和投资的新市场。大量新兴市场劳动力加入了全球劳动力大军，比发达经济体的劳动力便宜得多。随着时间的推移，廉价商品的供应进一步扩大，使通胀得到控制，利率保持在低位。

冷战的结束，也带来了和平红利。其表现形式就是国防开支的大幅下降，腾挪出来的资金用于其他用途。军事研究经费的减少、超导超级对撞机项目的取消，以及贝尔实验室规模的缩减，都意味着大量科学家（其中一些来自东欧和中国）流向金融业。高盛的伊曼纽尔·德曼（Emanuel Derman）创造了一个新词——"华尔街的物理学家"。正是这些人，帮助推动了复杂工具交易的发展，而此时，这些工具已经成为金融经济中的既定组成部分。

这些事件及其影响对战后经济扩张的持续发展而言，发挥着至关重要的作用。

***

从20世纪90年代开始的这段时期，被称为"大缓和"时期。这个时期，经济增长强劲、生产力和就业率处于高位、通胀低、商业周期波动减少，政治家、央行行长和学术经济学家们都沉浸在自我吹捧之中。

英国首相戈登·布朗夸口说，在新工党的领导下，英国经济的盛衰周期已经不复存在。芝加哥大学的罗伯特·卢卡斯（Robert Lucas）教授称，宏观经济学"从所有实际角度出发"，已经解决了经济萧条的问题。[4] 美联储主席本·伯南克称，货币政策的改善，帮助开创了"大缓和时期"。2007年，时任英国央行行长默文·金爵士（Mervyn king）提出，经济的日趋稳定，不仅仅是好运带来的结果。

1999年，《连线》杂志勾勒出了一幅超级繁荣的愿景：到2020年，美国家庭平均收入将是当时的3倍，达到15万美元，家家户户都将拥有自己的私人厨师。道琼斯工业平均价格指数将至少达到50 000点，可能还会逼近100 000点。一个无限扩张的乌托邦式未来在向人们招手，经济每十几年就翻一番，令数十亿人享受到富裕繁荣的生活。经济增长将在不破坏环境的情况下解决贫困问题和政治紧张局势。[5] 资本的力量和流动性、自由贸易和全球一体化经济，此时已成为人们的信仰。政治学家弗朗西斯·福山在1992年出版的《历史的终结与最后的人》一书中，将西方自由民主和市场体系的胜利，视为意识形态进化的终点。

第一章
远大前程：战后的繁荣与萧条

但在现实之中，这段时期穿插着接二连三的泡沫和危机：1987年的股市崩盘，1990年的垃圾债券市场崩溃，1994年的债券市场大屠杀，1994年的墨西哥龙舌兰危机，1997年的亚洲金融危机，1998年的长期资本（LTCM）倒闭；1998年的俄罗斯违约，2000年的网络泡沫崩溃。这些万年一遇的事件，似乎每年都会发生。

1989年，在信贷推动的房地产和股市繁荣崩溃之后，被视为经济典范的日本陷入了长期衰退。新经济模式的辩护者辩称，日本的经历，证实了美国等地更加灵活、更具竞争力和活力的市场模式在实现经济增长方面的优越性。

大缓和时期实际上是"金发姑娘"经济①，在格林斯潘对策（Greenspan Put）的担保下，依赖于债务和金融投机的大规模扩张。格林斯潘对策，指的是美联储主席格林斯潘首创并被各国广泛采用的一种做法，即在金融危机期间，各国央行大幅降低利率，向金融体系注入大量资金，以防止资产价格下跌，并避免经济活动进一步恶化。货币和黄金的脱钩，使得央行在调整货币供应方面有了更大的灵活性。随着时间的推移，人们逐渐形成一种认识，认为央行会为冒险行为提供担保，由此也为越来越多的冒险行为创造了越来越大的动机。

战后经济繁荣的最后阶段，是在2001年之后。在互联网泡沫破裂和"9·11"恐怖袭击导致的美国经济增速放缓之后，格林斯潘大幅下调了利率。格林斯潘在描述这一时期的著作中，自豪地引用了一位经济学家对他政策的评价：房地产繁荣拯救了经济……美国人开始了一场地产狂欢。"他们"不断地小房换大房，不断地拆除、扩建。⁶ 当然，狂欢也注定以灾难收场。

2008年，为了反驳《历史的终结与最后的人》一书中的观点，罗伯

---

① "金发姑娘"经济，指的是高增长和低通胀同时并存的状态，而且利率可以保持在较低水平。"金发姑娘"的比喻源自童话《金发姑娘与三只小熊》，里面讲到姑娘必须要不冷不烫的粥，必须睡不大不小的床。后泛指一切条件刚刚好的情形。——译者注

特·卡根（Robert Kagan）为他的新作起名为《历史的回归和梦想的终结》，可谓是对当时事件的生动描述。

***

2007年，美国次级抵押贷款市场的金融危机一触即发。此时坊间也有很多笑谈，比如贷款给忍者（NINJA）（即没有收入、没有工作、没有资产的三无人员）、贷款给妮娜（NINA）（没有收入、没有资产的人员）、贷款给穿着网眼背心、两手空空去买房子的失业者。

事实上，无论是出于失业、健康状况不佳、残疾还是家庭因素，美国总有一些信用记录很差或没有信用记录的人。向这些人发放次级贷款，长期以来一直都是美国金融体系中的一种操作。这类贷款的利率较高，由此来弥补额外多出来的风险和抵押品的缺失。但到了2006年，在一定程度上受低利率的推动，这类贷款的总量急剧上升，从历史上的8%左右，增至所有抵押贷款的20%左右。可变利率抵押贷款，设计了较低的初始利率，这就使得更多的人可以通过这类贷款借到大笔资金。总体而言，美国家庭的负债越来越多。许多借款人的收入不足以支付他们的抵押贷款承诺，只能依赖于房屋价值的增长来为贷款再融资。

2005年，为了应对石油和食品价格上涨导致的通货膨胀，利率从每年1%上升到5.25%。美国房价先是停止上涨，随后便出现下跌。借款人开始违约，次级抵押贷款的违约问题尤甚。鉴于美国次贷市场的规模（约1万亿美元）相对于全球金融市场的规模不大，专家们一致认为，问题不会太严重，并将问题向周边蔓延开来的风险排除在外。但他们错了，次贷违约大潮迅速向外渗透，波及了欧洲和亚洲的银行和投资者。事实上，次贷危机暴露了全球银行体系的弱点，包括其中复杂的关联、不可持续的高债务水平和千奇百怪的金融工具。

美国私人债务占GDP的比例，从1981年的123%上升到2008年的290%。家庭债务与个人可支配收入的比例，从1990年的77%上升到2007年底的127%。随着消费者不断减少储蓄、增加借贷来为消费融资，

第一章
远大前程：战后的繁荣与萧条

他们的杠杆率已经过高。2001—2007年，随着房屋价值的上升，美国家庭以房屋做抵押而获得的贷款约为5万亿美元。2008年抵押贷款债务占GDP比例为73%，高于20世纪90年代平均的46%。由于信贷条件放宽、借款人的信用度越来越低，再加上掠夺性的放贷行为，债务风险水涨船高。英国、加拿大、澳大利亚和其他一些欧洲国家也出现了同样的现象。

虽然债务驱动的消费对全球经济增长做出了重大贡献，但高风险债务的居高不下，令全球经济变得不堪一击、摇摇欲坠。如果借贷的增长率下降，那么经济增长就会放缓，而由低利率和充裕信贷推动的资产价值也会下降。反过来，人们一旦开始还不起债务，就会引发金融危机，继而信贷供应减少，经济低迷加剧。整个过程会在一连串的负反馈循环中不断往复。

复杂工具将高风险贷款重新包装成质量更高的证券。而这种金融魔法，进一步加剧了问题的严重性。随着这些证券的价值急剧下跌，以此作为抵押进行借款的投资者被迫抛售，继而引发了更大的损失。事实证明，人们严重低估了风险的威胁。没有人真正明白复杂金融创新的潜在问题。似乎所有权威机构，包括国际债券评级机构和银行监管机构在内，都在依赖别人进行风险分析的工作。

20世纪80年代大刀阔斧的管制放松，使得银行系统的资本和准备金降到很低的水平，无法将不断升级的损失吸收掉。而数学模型认为，这种情况发生的可能性极小。银行过度依赖专业货币市场而不是储户的资金。影子银行体系进一步加剧了问题的严重性。影子银行，就是银行为了规避监管而创建起来的和银行有些相似的融资工具和投资基金网络。在金融空壳游戏中，银行为了减少资本，提高回报，而将资产转移到这些工具里。理论上，银行不会因这些交易而遭受任何损失。实践中，在某些情况下，风险又回到了银行身上。如果这些工具的融资能力受损，那么银行将面临巨大损失。

各种利益冲突的存在，令问题更是雪上加霜。这些利益冲突存在于银行和评级机构之间，投资经理和机构客户之间，奖金驱动的交易员和银行经理与股东之间。金融机构和监管机构之间隐秘而不可告人的关系，导致了监管的缺失。

事实证明，自从国际货币市场诞生以来，全球金融体系的相互联系就变得日益紧密，而这正是将冲击和损失传播开来的完美机制。全球金融体系中的很大一部分，因为持有价值下跌的证券，因为与持有这些证券的其他银行或投资者存在千丝万缕的联系，也都逐渐感染了这种致命病毒。金融机构担心其他人都无力偿债，不愿放贷，于是拿到贷款的可能性大幅下降，而贷款的成本也逐渐攀升。流动性蒸发殆尽。宽松的信贷，曾一度是金融系统引擎的润滑剂，推动了繁荣的进程。而这时，润滑剂正从一个大裂缝里不断流淌出来，整个系统逐渐失灵。

危机之初，当贝尔斯登（Bear Stearns）、政府支持的抵押贷款机构房利美（Fannie Mae）和房地美（Freddie Mac）、美林（Merrill Lynch）、雷曼兄弟（Lehman Brothers）和美国国际集团（AIG）等著名美国机构相继被收购或倒闭之时，世界其他地区的吃瓜群众都拿出一副幸灾乐祸的态度等着看热闹。但欧洲和亚洲因为盎格鲁－撒克逊（尤其是美国）资本主义的失败而扬扬自得的阶段，转瞬即逝。

2009年，随着美国经济和金融体系逐渐稳定，人们发现，此时希腊的财政状况变得岌岌可危。希腊的债务水平高到不可持续，预算赤字巨大，政府部门庞大，支出挥霍无度。福利制度，特别是公务员福利制度非常慷慨。生产力低下、税基不足、腐败问题猖獗以及历届政府的无能，都加剧了问题的严重性。投资者后知后觉地发现，其他欧洲国家也存在类似问题。

爱尔兰的问题源于对金融业的过度依赖、贷款体系的拙劣和房地产泡沫。葡萄牙经济增长缓慢、生产力低下、预算赤字庞大、国内储蓄不足。西班牙生产力低下，失业率高企，劳动力市场缺乏弹性，银行体系对房地产和欧洲主权债务敞口很大。意大利经济增长缓慢，生产力低下，

第一章
远大前程：战后的繁荣与萧条

与其他欧洲外围经济体关系密切。欧猪五国（PIIGS）（葡萄牙、爱尔兰、意大利、希腊、西班牙）总共有大约4万亿欧元的债务。

此时，人们对美国、法国、英国和日本的关注也有所增加。这几个国家都有高水平的公共债务、不可持续的预算赤字，而且在大多数情况下，经常项目赤字（无论是绝对赤字还是相对于GDP的赤字）也都很不好看。公共财政的恶化，早在危机爆发之前就已经出现了，但是，为经济衰退发挥缓冲作用的支出，再加上为受困金融机构提供的救助拨款，此时令问题进一步加剧。所有这些国家，都面临人口老龄化，以及养老金和医保资金不足的长期问题。

2007年始于美国的金融危机，后来被人们称为全球金融危机。世界各地的许多大型金融机构，要么倒闭，要么遭遇了致命的打击。房价和股票等金融资产的价值大幅下跌。在实体经济中，经济活动严重低迷，失业率上升，房产止赎和驱逐事件频发，大批企业倒闭。

这一时期，世界经历了前所未有的财富损失。2009年，IMF估计，截至彼时，全球金融危机的成本损失约为12万亿美元，相当于每年世界经济产出的20%左右。另一项估算结果，将产出损失也包括在内，认为最终损失比IMF预期的数值更高，达到年度全球GDP的一倍至三倍，相当于60万亿~200万亿美元。2013年，达拉斯联邦储备银行（Federal Reserve Bank of Dallas）的三位经济学家——泰勒·阿特金森（Tyler Atkinson）、戴维·鲁特尔（David Luttrell）和哈维·罗森布鲁姆（Harvey Rosenblum）初步估计，仅美国经济遭受的损失，就高达6万亿~14万亿美元，相当于每个美国家庭为此付出了5万~12万美元，折合一年经济总产出的40%~90%。在某些假设条件之下，几位经济学家发现，损失甚至能高达25万亿美元。全球金融危机造成的全部损失究竟有多少，我们可能永远也无法得知。

***

全球金融危机及其所导致的余波，被称为大衰退。这是继20世纪

30年代大萧条以来最严重的金融危机。2008年9月18日，在危机最严重的时刻，接替格林斯潘担任美联储主席的本·伯南克是这样向满腹质疑的议员们阐述大规模银行纾困计划的理由的："如果我们不这么做，那么等到周一，美国经济就可能不复存在了。"[7] 三年前，在接受财经新闻频道CNBC采访时，伯南克曾说过："从全国范围来看，房价从未出现过下跌……房价上涨趋势将会放缓，可能会稳定下来，也许能稍微减少一点消费支出。不过，我认为，这种情况不会让美国经济的发展轨迹距离充分就业的道路太远。"[8] 他曾多次表示，房价反映了强劲的经济基本面。

早在2001年，IMF的经济学家普拉卡什·隆加尼（Prakash Loungani），就在一项研究后得出结论，认为经济学家的预测基本都与实际情况偏离甚远。在全球金融危机之后，隆加尼和他的同事海茨·阿西尔（Hites Ahir）发现，2008年的时候，没有一位经济学家预见到了衰退的到来。而2008年这个时刻，危机其实早已开始。全体经济学家的后知后觉，确实令人瞠目。这一现象，也证实了心理学家菲利普·泰特洛克（Philip Tetlock）的研究成果。泰特洛克的研究发现，政治预测和地缘政治分析的结论，并不比闭着眼睛盲猜强到哪里去。

许多评论人士认为，全球金融危机只不过是比正常情况规模稍大一些的回调。全球金融危机终将过去，一个新的扩张时期会再次打响。繁荣的盛况和强劲的经济增长将会回归。各国政府和央行投入了大量资金，成功地稳定住了经济，但并未能实现强劲的复苏。借用丘吉尔对英国远征军逃离敦克尔克的评论，这是解脱，而不是胜利。

2013年9月，西班牙首相马里亚诺·拉霍伊（Mariano Rajoy）对全球金融危机之后的世界进行了总结。受危机影响严重的西班牙经济，终于实现了适度增长。但是经济规模萎缩了约10%，失业率超过25%（年轻人中超过50%），房价比危机前的水平低30%~50%，公共财政和银行系统十分脆弱。拉霍伊首相遗憾地表示，经济衰退已经结束，但危机仍在继续。

第二章

借来的时间

全球金融危机和大衰退背后的真正原因

第二章
借来的时间：全球金融危机和大衰退背后的真正原因

全球金融危机，并非正常的繁荣与萧条周期之中的一部分，而是经济史上的一个重大转折点。亿万富翁、投资人索罗斯称，这是超级繁荣时代的结束。[1] 在四个主要因素的重压下，战后扩张走向了终结。这四个因素分别是极高的债务水平、严重的全球失衡、过度的金融化，以及无力承载的未来福利累积。

***

危机背后的第一个因素，就是全球经济越来越依赖借款来创造经济活动。2015 年一项涵盖了 22 个发达经济体和 25 个发展中经济体的研究发现，2000 年至 2007 年期间，全球债务总额从 87 万亿美元增长到 142 万亿美元，每年增长 7.3%，是经济活动增长规模的两倍。[2] 在许多国家，债务达到了只有战争时期才会出现的水平。当时，每个人貌似都非常认同奥斯卡·王尔德（Oscar Wilde）的观点：量入为出，只能说明你这个人缺乏想象力。

家庭借贷，是因为实际工资水平跟不上生活成本的增长步伐，尤其是在美国。美国人借越来越多的钱，用来买房子，而房产价值也不断上升。美国人通过借贷来维持媒体所描绘的光鲜生活方式。美国人借钱在股票和房地产上搞投机，用这种方法赚钱来筹措医保、孩子的教育费用和退休花销。美国人之所以借钱，是因为他们借钱实在是太方便、太容易了。

金融的便捷和利率的低廉，使得企业得以扩张。公司用债务代替股权，因为债务更便宜，而且利息可以免税。他们借钱买回自己的股票。这种做法提高了股东的回报，也提高了授予关键员工的股票和期权的价值。

政府借钱，是为了建设必要的基础设施，并为公民提供更多的服务。这样的操作在选举中非常有利，比增税更受欢迎。金融机构借钱，是为了满足日益增长的贷款需求。金融机构的工作，就是跟钱打交道，所以贷款量越大，利润和股息就越多。

借款必须靠储蓄来融资。借来的钱，终究要来自因更大规模的经济繁荣和养老、医疗需求所驱动的储蓄增长。以股票和债券形式存在的全球金融资产，从1990年的51万亿美元增长到2014年的294万亿美元（约为全球GDP的3.8倍），年增长率约为8%，远高于实际经济增长率。

银行通过准备金或比例制银行业务，让储蓄流通起来。当储户将钱存入银行，比如存入100美元，那么这100美元的原始持有人仍然拥有这笔钱，但是银行和获得贷款的人，也有这100美元。借出的钱会回到银行或作为存款进入另一家银行。然后，这些钱可以再次出借，并在一个连续的过程中不断循环，扩大货币和债务的供应。唯一的限制，就是要求银行保留一小部分存款作为准备金，以满足取款需求。

银行逐渐变得非常善于加快货币流通，这就进一步增加了信贷供应。其核心，就是影子银行系统。影子银行的规模，估计在25万亿美元至100万亿美元之间（占全球GDP的40%~160%）。其他手段还包括衍生品合约，这是一种杠杆金融工具，可以转移风险，让投资者在贷款、债券、利率、货币、股票或大宗商品的价格上进行押注。截至2014年，全球未偿付衍生品总额约为700万亿美元（超过全球GDP的10倍）。在任何给定时间点，这些合同的实际价值、利润或亏损都要低得多，但通常仍高达30万亿美元（占全球GDP的50%）。

此时，推动经济增长的是债务的力量。因为债务允许人们实现即刻的消费和投资，只要未来某个日子去把钱还上即可。原本在正常情况下需要多年才能完成的支出，此时因为贷款的便捷而提前加快，统统浓缩到了当下。

一些经济学家对这些问题摆出了一副轻描淡写的态度。他们认为，

第二章
借来的时间：全球金融危机和大衰退背后的真正原因

债务不可能增加总需求。一个人因储蓄导致的支出减少，被借款人的支出增加所抵消，因此总支出保持不变。对于每一位债务人来说，都有一位债权人，因此一方只不过是将他们当前的购买力让渡给了另一方，而当贷款连本带利偿还给债权人时，整个过程就会逆转过来。如果说金钱代表了对收入和资源的所有权，那么借款仅仅是对未来资源的所有权的转移。债务人实际上无须偿还，而只需重新借款来偿还到期债务，或者干脆债务违约。

但并非所有人都认同这种观点。美国商业记者亨利·黑兹利特（Henry Hazlitt）在1946年曾写道，除了在自然界中可以免费获得的东西外，所有东西都需要付费。实际上，你不可能不劳而获。你不可能毫无限度地将借款进行下去。他反对那种认为债务可以忽略不计的观点，因为作为一个社会整体，我们欠下的钱，终究还是我们自己的钱。[3]

当债务扶持起来的经济活动足够偿还借款时，债务就是有益的，但自从20世纪80年代后期以来，债务的累积过多，远远超出了偿还能力。这些债务中的很大一部分，是在支持那些无法产生足够收入或价值来偿还本金和利息的活动。

借贷总额中，只有15%~20%用在了投资项目上。剩下的80%~85%都是以"促进平滑消费的生命周期"为旗号，用于企业现有资产、房地产或无担保个人理财上。[4] 在美国、爱尔兰、西班牙和葡萄牙，债务推动的住房投资，提振了建筑业和国家GDP，而这些投资的背后，根本没有需求做支撑。许多其他国家的公共和私人债务水平也有所提升，实现了更高的生活水平和社会福利。在预期价格上涨的情况下，人们频繁通过借贷的途径购买资产，然后再将这些资产作为还贷资金的来源。一旦借贷放缓，就会导致资产价格低于未偿债务，从而造成偿还困难。

债务也必须在固定日期之内得到偿还。资产价值的下降或信誉恶化，都可能降低债务方为偿还初始借款而再借款的能力，从而引发金融危机。欧洲主权债务问题就是鲜明的案例。债务需要定期偿还。因为债务占据了一部分未来收入和财富，所以人们可用于别处的资金就相应减少。由此，债务就形成了对经济活动的拖累。

比例制银行业务，以及影子银行系统和衍生品，都会放大经济内部的风险。银行充当债务中介，通过精妙设计，利用股东资本中的 1 美元来支持高达 30 美元的借款。一旦出现损失，就会迅速威胁到金融机构的偿付能力，对现代经济至关重要的支付体系崩盘的可能性也随之大幅增加。银行系统自身的弱点，会减少对成功企业的信贷供应量，阻碍经济活动。

由于投资者直接或间接地通过银行系统持有借款人的借据，因此储蓄的价值和安全性与借款密不可分。债务违约、债务减免或通货膨胀，会将那些给未来需求（如退休）提供资金的储蓄化为乌有。这就导致政府压力倍增，需要拿出更多的钱来弥补缺口。要么就要去减少储户未来的支出，而这样操作，就会阻碍消费。

最终，繁重的债务就形成了一场庞氏骗局。国家、企业和个人需要不断地高筑债台，才能偿还现有借款，维持经济增长。在 2008 年之前的半个世纪里，美国创造 1 美元 GDP 所需的债务从 1~2 美元增加到 4~5 美元。考虑到人口老龄化、增长放缓和低通胀等因素，这种债务规模的快速增长根本无法持续。

美国经济学家海曼·明斯基（Hyman Minsky）将金融分为三个阶段。在商业周期的早期阶段，只有信誉良好的借款人才能获得资金，他们的收入能够支付债务的本金和利息，这一阶段叫作对冲金融阶段。随着周期的发展，相互竞争的贷款机构将资金发放给边际借款人，这些借款人的收入可以支付利息，但不能支付本金，这就要求他们对债务不断进行再融资，这一阶段叫作投机金融阶段。最后，贷款人向那些收入无法偿还本金和利息的借款人提供融资，他们依赖于不断增加的资产价值来偿还债务，这一阶段叫作庞氏金融阶段。当货币供应放缓或停止时，这个周期就结束了。无法履行金融义务的借款人想要出售资产，导致价

第二章
借来的时间：全球金融危机和大衰退背后的真正原因

格暴跌，引发金融和经济危机。全球金融危机就是这样的一个"明斯基拐点"。

债务和储蓄是同一枚硬币的两面。当债务人无力偿还时，价格虚高的资产就变得一文不值。整个系统随之土崩瓦解。

**

导致2008年金融危机的第二个因素，是全球消费、投资和储蓄的严重失衡。相对于本国收入而言，一些国家出现过度消费或过度投资，积累了大量外债。其他国家消费更少，储蓄更多，由此填补了缺口。

美国是世界消费的最后一道关卡。随着美国经济的强劲增长，美国人比其他国家人民购买的商品和服务更多，由此也刺激了对其他国家产品的需求，保持了世界经济的增长。这一过程从20世纪60年代起就开始了，特别是在1997—1998年亚洲金融危机之后，美国积极参与进来，直接助力全球需求，加速了整个过程的发展。

一开始，美国消费者通过减少储蓄的方式来支持消费。随后，他们的借款规模不断扩大。因为美国老百姓购买了许多进口商品，所以美国出现了巨额贸易逆差，出口低于进口。于是，美国只得从海外借款来填补差额。

在此期间，中国成了出口大国，进口原材料和零部件，然后加工或组装，再以成品的形式输往国外。出口大于进口，中国创造了庞大的外汇储备，总额超过4万亿美元。通过出口和外国投资获得的美元必须兑换成人民币。为了保持出口商的竞争力，避免人民币升值，中国将其外汇投资到海外。超过60%的外汇储备投资于以美元计价的证券，主要是美国政府债券。这反映了美国极高的信用评级和庞大的货币市场流动性。就像20世纪70年代的石油美元一样，回收的美元再次回流到美国，为美国的巨额贸易和预算赤字提供了资金，维持了美国对中国产品的需求。

1997—1998年的亚洲金融危机，鼓励中国建立更大的盈余，以抵御短期外国资本流动极不稳定的波动性。许多亚洲国家险些在这种波动性中毁于一旦。日本、韩国、中国台湾和其他国家与地区也采用了类似的策略来促进经济增长。

19世纪时，中国对英国的出口大于进口。英国东印度公司试图通过强迫中国购买鸦片的方式来纠正这种不平衡。中国限制鸦片进口之后，英国随即发起鸦片战争，以中国的屈辱惨败而告终。这段历史往事，与当前中国和很多国家之间，尤其是和美国之间的贸易不平衡，存在些许相似之处。

这种失衡并不局限在亚洲内部。随着欧洲在1999年引入单一货币——欧元，欧元区实力较弱的成员国从货币稳定和利率大幅下降中获益。由此，这些国家的经济快速增长，也从德国等国购买了更多的进口产品。其结果就是德国贸易顺差和外汇储备的大幅增加。德国将这些外汇储备和大量国内储蓄借给了法国、意大利、西班牙、葡萄牙、爱尔兰和希腊，否则这些国家根本无力支付进口产品的费用。

德国、日本、中国和其他亚洲经济体的高储蓄和外汇储备，形成于节俭的传统价值观、社会福利的缺乏和货币的估值偏低。某些情况下，之所以建立起外汇储备，是为了预防资金来源的不稳定。大宗商品生产国经常将多余的出口收益用于未来矿物资源枯竭时的投资。撇开理由不谈，外汇储备和储蓄转变成了规模巨大的贷款计划，令有盈余的国家能够为贸易进行融资并促进贸易的发展，从而加速全球经济增长。

从20世纪90年代开始，在资本流动性增强和金融市场高度一体化的推动下，这种失衡的程度迅速加剧。到2007年，美国吸收了高达85%的全球资本流动（每年5 000亿美元）。亚洲和欧洲是全球最大的资本净供应国，其次是俄罗斯和中东。跨境债务流动为美国政府和美国私人债务的快速扩张提供了资金。这种全球化的失衡状态，打压了利率，也鼓励了一些国家增加借款。廉价资本的便捷性，令各国不再需要节约，更无须量入为出。

像当下这样，一些国家存钱，而另一些国家借钱来为消费提供资金

第二章
借来的时间：全球金融危机和大衰退背后的真正原因

的经济秩序，本质上就是不稳定的。商品的销售方，直到买家的债务被偿还之后，才能拿到付款。在全球金融危机期间，这些问题顺着金融纽带传播到了全球各个经济体身上。

***

第三个因素是金融化，体现在金融部门的庞大体量和对金融工程的依赖上。

随着债务水平的上升，银行的规模也在不断扩大，相对于经济体的规模而言更是水涨船高。到 2007 年，许多发达国家的银行资产超过了 GDP 的 100%。在美国，银行资产约占 GDP 的 78%。在日本，银行资产约为 GDP 的 160%。在德国，这一比例是 270%。意大利和西班牙分别是 213% 和 269%。英国超过 500%，爱尔兰为 700%，瑞士超过 600%——这些数字，部分反映出了这些国家作为国家间主要金融中心的功能。

银行提供国内信贷，为资产购买、投资和消费以及跨境贷款提供融资。随着银行业日益朝着国际化的方向发展，跨境资本流动不断增加，从 1980 年的 5 000 亿美元上升到 2007 年 12 万亿美元的顶峰，年平均增长约 12%。

在美国金融业的鼎盛时期，其创造的利润占到企业利润的 40%，占股票市值的 30%。大型银行体系本身不见得一定有问题。在英国，金融和保险服务为英国经济贡献了 1 250 亿英镑的总增加值（GVA），占 GVA 总额的 9%，其中约 46% 来自伦敦一个城市。金融服务业对英国贸易顺差的贡献很大。这一行业提供了英国约 4% 的就业岗位，在 2010—2011 年度为英国贡献了 210 亿英镑的税收收入。

银行业涉及的实体经济，包括快捷支付、为储蓄提供安全场所、为实体活动提供融资并管理风险等。而当一个大型银行体系的作用扩展到支持实体经济以外时，确实会产生问题。对增长和更高盈利能力的追求，导致银行不断去承担更大的风险。通过降低贷款标准（美国次级贷款就是一个例子），鼓励发放更多贷款，银行在抵押品不足或没有法律保护的情况下大肆放贷。而银行的重点，转移到了引导资金进入与客户需求无关的投机活动和交易之中。这些活动和交易，通常都是零和博弈，只不过是在交易双方之间进行财富转移，对整体经济活动发挥不了任何增值作用。其中一个问题，就是全球金融体系错综复杂的联系。在2008年，这种联系成了传播顽疾的渠道。这导致跨境资本流动大幅下降，直至目前，仍然远低于危机前的水平。

无论是对单个机构还是对整体系统而言，金融创新都意味着全新的风险。复杂产品的卖方和买方之间存在严重的信息不对称，而金融家正是利用这种信息不对称，才获得了丰厚利润。银行经理、董事和监管方，无法跟上新的发展步伐，也没有实施足够的监督。在全球金融危机之前，几乎没有人真正了解高风险抵押贷款、复杂证券、衍生品和影子银行体系的潜在问题。

在过去的二十年里，银行的资本充足率和流动性储备急剧下降。杠杆率越来越高，股本回报率也越来越不稳定。在全球金融危机期间，资产负债表内外的高杠杆将问题进一步放大。

因为银行规模扩大、复杂性增加而带来的一系列风险，是由政府来兜底的，而评级机构也认清了这一事实情况。政府的保障，通常表现为储户资金保护、流动性保险和隐含的资本支持等形式。鉴于银行在支付和信贷供应方面的核心作用，政府不能允许倒闭的事件发生。在全球金融危机期间，美国、英国、爱尔兰和欧洲各国政府被迫介入，用实际行动支持本国银行。其他国家通过扩大存款担保的范围，间接地支持了当地银行。这就导致政府债务的增加，以及潜在的财政承诺的增加。

英国央行的安德鲁·霍尔丹（Andrew Haldane）在2009年指出，"银行风险逐步上升，国家安全网也随之扩大和深化"。这相当于《爱丽丝镜中奇遇记》中的"红皇后赛跑"，当政府忙不迭地加强金融安全时，银行家们却在马不停蹄地制造出更多风险，整个体系始终在原地踏步。[5]

第二章
借来的时间：全球金融危机和大衰退背后的真正原因

***

企业越来越依赖于通过金融工程的手段来增加收益，提高股价。而金融工程与企业的主营业务，即提供商品和服务，没有半点关系。

企业用到的低成本债务融资越来越多。在私募股权交易中，债务水平尤其高。复杂证券经常利用评级和税收规则的差异来降低资本成本。合并和收购以及各种类型的公司重组（分拆等）也纷纷上演，目的就是创造价值。鉴于这类交易带来的实际效果并不显著，个中的获利方，都是内部人士、银行家和顾问。股票回购和资本回报对股价发挥了支撑作用。2008年1月，美国的公司用来回购自身股票的现金流，占到了近40%。

在一幅呆伯特（*Dilbert*）漫画中，斯科特·亚当斯（Scott Adams）描绘了一家公司放弃生产优质产品，转而采取随机重组的策略——合并、收购、部分业务的剥离、合作、合资，以及支付优秀员工薪酬计划。一番操作下来，股票价格应声上涨。

公司通过金融工具交易来获利。无论石油业务是好是坏，石油价格是高是低，石油公司都能稳赚不赔，都能从不确定性和波动性中获利。实际上，根本没有必要去进行实际生产，没必要去进行石油提炼，就能从价格波动中赚得盆满钵满。

传奇投资者沃伦·巴菲特的伯克希尔哈撒韦公司大量使用金融工程，包括杠杆和衍生品合约。该公司收到的保险费以现金形式支付，这些钱可以用来为投资进行融资。该公司出售国际股票指数和公司违约风险的远期期权（一种保险形式）。获得的期权费增加了其投资资本。在伯克希尔哈撒韦公司采用的两种策略中，杠杆来自预先收到的现金对未来或有支付的承诺。风险是后端的，公司只需要在合同解除或到期时付款，就可以使用收到的现金。

金融化最终会干扰市场机制，创造一个价值被操纵的、不可持续的人为经济环境。股票市场旨在为现存的投资项目筹集资金提供便利。股市允许储户进行投资，并在需要时为现存的投资者提供清算投资的能力。

金融化破坏了这些功能。

股市已经日益与实体经济脱钩。虽然股票代表着对实体经济的权益，但现在的股价与基本面经济因素（如 GDP 增长，有时甚至是盈利）并不相关。

高频交易（High frequency trading，HFT）是利用计算机进行快速股票交易的一种交易方式。在某些市场，高频交易的交易量高达 70%。高频交易的平均持有时间在 10 秒左右。组合投资者的投资期限也缩短了。1940 年，平均投资期为 7 年；20 世纪 60 年代，是 5 年；20 世纪 80 年代，降到了 2 年；到 2014 年，大约是 7 个月。现在占主导地位的，是动量交易，而非长期投资。这就进一步增加了波动性和短期价格大幅变动的风险，打击了真正的投资者。

风险资本的来源，上市的高成本，特别是不断增加的合规成本，公开披露（包括管理薪酬在内）和审查的加强，以及企业所有权向私人股本等不同形式的转移，都改变了股市的本质。私人投资者或内部人士利用全新的融资方式来实现收益积累，在无声处改变了市场的功能。

长期而言，这样的事态发展，会威胁到股市作为企业资金来源和投资途径的可行性，从而损害实体经济。《疯狂》（Mad）杂志的虚构封面人物阿尔弗雷德·E.纽曼（Alfred E. Neuman），展现出了现代金融的超现实世界："我们今天生活在这样一个世界之中，柠檬水是用人造香料做的，而家具上光剂则是用真正的柠檬做的。"

***

第四个也是最后一个因素，就是福利计划。这些计划旨在保护和促进公民的经济和社会福利，特别针对弱势群体而设计。虽然福利计划在战后经济中得到了长足发展，但并非新鲜事物：罗马帝国为那些买不起食物的人提供粮食；16 世纪的英国《济贫法》，引入了对贫困人口的基本照顾；教堂以及其他宗教和慈善组织，为穷人、老人、孤儿、寡妇和残疾人提供帮助；伊斯兰教的五大支柱之一，是义务天课（一种慈善

第二章
借来的时间：全球金融危机和大衰退背后的真正原因

税），其目的就是缓解经济困难和消除不平等。

19世纪，德国总理奥托·冯·俾斯麦为工人阶级开启了第一个国家福利制度，包括养老、疾病、事故和残疾保障等。20世纪30年代的大萧条，导致了经济活动的大幅下降，失业率猛增（占劳动力的四分之一到三分之一），银行倒闭，储蓄损失惨重，收入、税收、利润、农作物和商品价格下降，国际贸易减半，股价暴跌。为了应对这种现状，罗斯福总统的新政引入了基本的社会保险政策，重点放在就业计划和通过对基础设施进行公共投资来刺激经济。

规模最大的一个项目出现在英国，源自1942年的《贝弗里奇报告》。这份报告以威廉·贝弗里奇爵士的名字命名。他在报告中提出，希望创造一个更加美好的世界。该报告以20世纪早期的一些举措为基础，包括养老金、失业、健康福利和免费学校餐食，提出了一系列应对"五大巨人"（匮乏、疾病、无知、肮脏和懒惰）的措施。报告建议政府采取行动，依据个人情况，提供适当水平的就业、收入、住房、保健和教育。

类似的项目在其他地方也很常见，尤其是在发达国家。有些国家还为家里有小孩子的公民提供额外的收入补充和福利。这些项目的基础，是机会平等、财富分配平等、公民权利平等以及对弱势群体的公共责任。战后强劲的经济增长和日新月异的繁荣景象，令福利的增加成为可能。

后来，又出现了雇主支持的养老金和医疗计划，作为普遍而适度的公共福利的补充。高级管理人员和公务员也获得了职业退休计划。在第二次世界大战期间，企业为了规避美国政府工资冻结和对企业利润征收超额利润税，开始向员工提供退休计划。这些计划后来也扩展到初级员工，一部分原因是因为企业想要获得优惠的税收待遇。因为税收优惠的条件，要求退休计划至少对70%的员工开放。在战后竞争激烈的劳动力市场，企业提供越来越多的福利，留住了熟练工人，激励了员工热情。

福利制度涉及收入和财富的再分配，以现金福利或补贴的形式将资金从一个群体转移到另一个群体。这部分的资金来源，必须是税收、工资或受益人的捐款，但企业和政府经常无法为承诺的退休养老金和医疗福利提供充裕的资金。企业和政府都涉及递延成本，在个人退休或需要看病就医时才进行支付，而这些要求随着员工年龄的增长会不断增加。雇主可以在较低的工资和未来福利承诺之间进行权衡，从而降低当前的成本，提高利润。政客们可以向选民承诺未来的慷慨福利，而这些福利根本不需要从当前的税收收入中进行支付，当不得不进行支付时，也可以通过借款来筹集资金。

退休福利或养老金有两种类型，第一种是固定福利计划，受益人无论缴纳过多少金额，都能享有固定的权利，数额通常是其最后薪金的一定百分比，并与通货膨胀挂钩（有人称之为生活费成本調整，COLA）。第二种是固定缴款计划，受益人可以获得他们与雇主/政府共同缴纳款项的投资回报。在退休时，福利可以一次性支付或分批支付，作为退休生活的收入来源。

涵盖退休或医保的福利计划，要么是现收现付，要么是全额支付。在现收现付的情况下，收益来源于基金或发起人的当前收入，对政府来说，这就是税收或借款。在基金计划中，随着时间的推移，工人、雇主或政府会给出具体的、协定的缴款额度。如果某计划的资金已全部到位，那么这只基金的预期负债，就可以通过任何给定时间点的投资价值完全抵销。

退休和医保计划，最初是按现收现付方式供资的确定收益计划。但也有例外情况，主要是在美国，因为美国对福利社会主义的恐惧，甚至超越了对俄国共产主义的恐惧。从理论上讲，美国的社会保障体系是一种资金充足的固定收益体系。雇主和雇员的税收由美国国税局（Internal Revenue Service）征收，并正式委托社会保障信托基金进行投资，从而满足特定的福利配给。

现收现付制是可持续的，相对于缴款规模而言，可用于支付的收益规模不大。这种方式要求社保成员数量不断增加，从而确保新资金的不断流入，以提供足够的现金用于支付。在全额出资的计划中，如果假定

第二章
借来的时间：全球金融危机和大衰退背后的真正原因

的投资回报率或预期的未来负债不够准确，那么就存在资金资源不足的风险。

预期寿命增加和人口老龄化，最终会威胁到退休和医疗福利的可持续性。到21世纪初，全世界的平均预期寿命约为65~70岁，而在20世纪初，平均预期寿命只有30~40岁。发达国家预期寿命更高，达到80岁以上。进步的经济环境、安全的工作场所、清洁的饮水、卫生的环境、改善的营养条件、提升的公共和个人卫生状况以及优质的医疗保健，共同造就了如今的成果。

长寿增加了退休福利的成本，因为此时，必须在更长的时间跨度内支付退休费用。更高的医疗成本，反映出了治疗和手术费用的提高，关节置换、癌症治疗，以及各类新药的价格都非常高昂。同时，这也反映出了很多之前被认定为不治之症的疾病，此时已在早期发现、预防和长期治疗等医疗支出的帮助下，转变为慢性病。出生率下降和人口老龄化，意味着资金流入和税收增长同时下降。

1889年，俾斯麦总理在位之时，德国的法定退休年龄是70岁，而当时的平均预期寿命只有45岁左右。1908年，在劳合·乔治（Lloyd George）首相的领导下，英国人的法定退休年龄是70岁，而当时很少有人能活过50岁。1935年，美国政府规定的领取社会保险养老金的年龄是65岁，而当时美国人的平均寿命约为68岁。到2000年，发达国家的工人预期会在55岁至67岁退休。随着预期寿命接近80岁，退休人员可以获得25年以上的退休金和医疗福利。而这些计划在设立之时，根本没有考虑到劳动力退休后寿命会不断延长，而支持这些计划的劳动力和纳税人数量会越来越少。

***

通用汽车（GM），之前一度是美国工业实力的象征，如今却成了福利项目问题的典型。在董事长阿尔弗雷德·P.斯隆（Alfred P. Sloan）的带领下，通用汽车的产量曾经一度超过所有竞争对手生产量的总和。而讽刺的是，斯隆本人对汽车并没有什么兴趣。1955年，通用汽车的利润达到空前的10亿美元。用通用汽车首席执行官查理·威尔逊①的话来说，对美国有利的事，对通用汽车也有利，而且反过来这个道理也讲得通。

在20世纪40年代末到60年代之间，通用汽车和沃尔特·鲁瑟（Walter Reuther）领导的美国汽车工人联合会，在谈判之后决定提高员工福利。其中包括与生活成本增加和生产率提高相关的工资增长保障，更长的带薪假期，养老金福利（根据政府资助的社会保障福利进行调整），残疾福利，以及在职员工和退休人员的医疗福利。通用汽车提供了就业保障，确保能为因工厂关闭而失业的工人提供补贴。1973年，美国汽车工人联合会谈下了著名的"30年退休"协议。员工的工作年限只要达到30年，就可以在退休后享受全额养老金和医疗福利。

钢铁、铁路和航空工业也为各自的劳动力大军安排了类似的福利。到20世纪60年代末，45%~50%的美国职工有资格领取企业养老金。

在汽车需求旺盛的年代，通用汽车希望能尽量避免劳工骚乱和长时间的破坏性罢工，因为这些事件会造成利润下降。公司认为，就算福利政策导致成本提高，也能轻而易举地转嫁到买家身上。在20世纪70年代和80年代，通用汽车的实力已经有所下降，但还在继续提高员工福利。为保持竞争力，通用汽车没有立即增加成本，而是对福利待遇进行延期支付，并与员工达成协议，改变工作惯例。批评人士对这些未来的负债感到担忧，质疑通用汽车是否有实力履行债务。当时还年轻的管理顾问彼得·德鲁克（Peter Drucker）就曾怀疑过，通用汽车这类公司是否能准确地预测到几十年后的偿债能力。[6]

20世纪50年代和60年代初，通用汽车雄厚的盈利能力和优秀的经济状态，支持了这些福利计划。20世纪60年代末，通用汽车的盈利能力开始下降。随着汽车拥有量达到很高的水平，市场已经饱和。1965年，

---

① Charlie "Engine" Wilson，作者戏称其为"引擎威尔逊"。——译者注

第二章
借来的时间：全球金融危机和大衰退背后的真正原因

拉尔夫·纳德（Ralph Nader）的畅销书《任何速度都不安全》（*Unsafe At Any Speed*），引起了人们对汽车行业的安全问题、机械缺陷和质量问题的关注和质疑，也给汽车行业的盈利带来了新的压力。

紧接着，就是 20 世纪 70 年代的石油危机，以及对紧凑型、节油型汽车需求的增加。美国汽车制造商一直不看好紧凑型汽车，更加青睐车身壮硕、功能强大的"梦幻机器"。这样一来，正好给外国汽车制造商以可乘之机，占领了市场份额。曾经在美国沦为笑柄的日本汽车的质量和特点，此时却受到了偏爱。高端买家开始看好梅赛德斯–奔驰、宝马、保时捷和法拉利等欧洲豪车品牌。

外国汽车制造商也拥有显著的成本优势。到 20 世纪 80 年代初，因为劳动力成本更低，所以即使加上运输成本，日本汽车的总成本也比美国同类汽车低 1 500 美元左右。养老金和医保福利，是成本差异背后的最大原因。单是医保一项，就能让一辆美国制造汽车的成本增加约 400 美元。在日本和欧洲，养老金和医疗费用由国家承担，而不是由企业和个人来承担。就算外国制造商在美国建立生产基地，也并不一定成立工会。这些外国厂商并不是全部都提供退休福利，就算提供，也没有老员工需要赡养，不存在历史遗留的退休员工责任。

通用汽车作为员工福利的先行者，随着在职员工数量开始缩减，而 20 世纪中叶聘用的大量员工开始陆续退休并领取养老金，历史遗留的福利负担也在不断增加。生产力的提高和成本压力意味着通用汽车此时生产的汽车量比 20 世纪 60 年代初要多，但员工数量只有 20 世纪 60 年代初的 1/3 左右。1963 年，通用汽车有 40.5 万名员工，供养 3.1 万名退休人员（每 13 位在职员工供养 1 名退休人员）。到 21 世纪初，员工数量仅有 14.1 万，却要为 45.3 万名退休人员支付福利（1 位在职员工对应 3 位退休人员）。20 世纪 50 年代和 60 年代，通用汽车的巨额利润是以股息的形式派发给股东，但到了 20 世纪末，公司的运营重点变成了履行养老金和医保责任，汽车制造反而成了副业。

通用汽车等公司，后知后觉地向新员工关闭了固定福利计划，也尝试过将现有的退休计划转变为固定缴款计划。虽然通用汽车对业务进行了剥离和重组，买断了医疗福利，并借款为其养老金计划提供资金，但还是被迫在2009年根据破产法第11章申请整顿，引发了历史上最大的工业破产案。这一事件，导致美国工会在薪酬和退休人员医保方面不得不做出重要让步。

***

其他发达国家的政府也面临着类似的问题。这些政府提供的福利越来越慷慨，领取资格不断扩大，退休年龄一再降低。这是由持续繁荣的信念和休闲社会的理念所支撑起来的。

1930年，英国经济学家凯恩斯预测，资本主义最终会让大众享受到每周15小时工作制。技术的进步，将使商品和服务的生产更加快速、高效、廉价。工资会不断上升。人们未来面对的挑战，将是怎么充分利用额外的闲暇时间，而不是为生存而奋斗。

政府的福利，一般属于固定福利计划，通过政府的一般收入按现收现付的方式提供资金。就算是资金充裕的福利计划，政府也很少为未来需要履行的债务预留出足够的资金。与企业不同的是，政府有能力通过增加税收或借贷来履行没有资金准备的福利义务。但是，就像企业一样，由于资金不足、人口老龄化、寿命延长和医疗成本上升导致的债务快速增长，导致未来的支付能力隐患日益凸显，实在堪忧。

从20世纪七八十年代开始，各国政府就陆续推出了慷慨的税收激励措施，鼓励个人为退休进行储蓄，保留了只针对穷人的社保体系。个人缴纳部分来自税前收入，这样就避开了一部分正常的所得税。个人缴纳部分的投资收益，要么不征税，要么按优惠税率征税。在老年阶段提取退休储蓄，特别是以年金形式进行逐年提取，也能享受到优惠的税收待遇。

新的养老金计划，属于固定缴款计划。员工必须向一个基金缴款，

第二章
借来的时间：全球金融危机和大衰退背后的真正原因

依靠这支基金的储蓄和回报，为退休提供资金。20世纪70年代，美国政府以社会保障体系的压力和低储蓄率为由，推出了个人退休账户，后来又推出了"401（k）"——一种可以避税的固定缴款养老金账户。英国、澳大利亚和新西兰等国家也实施了类似的计划。

到2010年，在发达国家，享受固定收益退休计划的员工比例，已经从60%左右下降到10%。拥有养老金固定缴款计划的员工比例为60%~70%。这种转变在美国以外的地区尤为明显。

个人退休投资组合，创造了有迫切投资需求的大规模资金池。截至2014年，仅美国401（k）账户，就超过4.4万亿美元，而澳大利亚的退休储蓄总额也超过了1.5万亿美元，相对于其经济规模来说，这样的养老基金规模，大得不成比例。在全球范围内，养老基金持有的资产超过40万亿美元。

这些计划为人们提供了更多的选择和灵活性，让人们能够在不影响养老金福利的情况下更换工作，但真正的目标，是将风险从政府和公司转移到个人身上。这样一来，退休储蓄的水平，就取决于员工个人的缴纳情况和基金的投资结果。

缴款和投资收益，并不能保证为退休提供足够的资金。从全球范围来看，约一半或更多的退休储蓄都投资到了股市里，那么如果在接近退休时发生股市大幅下跌的情况，就可能会对个人产生不成比例的巨大影响。在低回报时期，储户被迫承担过高的风险，才有可能达到目标回报。在某些情况下，由此产生的亏损，可能会夺去个人储蓄，令储蓄总金额大幅降低。对于政府来说，虽然摆脱了责任，但代价却十分高昂。税收激励的成本，会随着时间的推移而逐渐增加。在储蓄不足的情况下，退休人员又会再次回到公共福利的范畴之内，增加了对国家资源的需求。

2014年，美国政府的未偿债务约为18万亿美元。此外，还需要大约36万亿美元才能确保社保和医保等项目有能力履行其未来责任。这就意味着，联邦政府的债务总额，包括现有债务和对未来的承诺，超过了

GDP 的三倍。此外，美国各州和地方政府的债务总额约为 1 万亿美元，对资金不足的养老金计划的未来承诺约为 3 万亿美元。

平均而言，欧盟国家需要相当于当前年度 GDP 四倍以上的资金投入，才能为其债务融资。要么，就需要在半个世纪的时间里每年预留出 GDP 的 8% 用于偿还债务。如果做不到这一点，就需要对退休、医疗和社会福利项目进行重大改革，否则就必须大幅增加税收。[7]

在其他发达国家，绝大多数的政府养老金和医保计划，特别是针对政府雇员的养老金和医保计划，同样也是资金不足。英国首相丘吉尔确实有先见之明，当年他就对《贝弗里奇报告》中关于未来可能性的那种令人胆寒的乐观言论表示过怀疑。

2012 年，在俾斯麦下台近 150 年后，时任德国总理默克尔对这一问题进行了总结："如果欧洲现在的人口只占世界人口的 7% 多一点，生产的 GDP 占全球的 25% 左右，必须为占全球 50% 的社会支出提供资金，那么很明显，欧洲必须拼尽全力去工作，才能保持住目前的繁荣景象和生活方式。"[8]

**

应对全球金融危机，并将未来再次爆发危机的风险降至最低，需要协调一致的计划，去逐个处理危机背后的病因。需要去削减债务、纠正失衡、逆转金融化，并通过缩减现有福利项目和覆盖未来福利责任的方式来控制福利规模的增长。但因为担心经济崩溃和选举失败，各国政府都在回避这些根本性的改变，就像埃罗尔·弗林（Errol Flynn）那样，拒绝将净收入与老毛病相调和。①

各国政府更倾向于采取权宜之计，通过降低利率和公共支出来刺激需求。公共支出的资金来源，是发行政府债券，或向央行借款。酿成危

---

① 埃罗尔·弗林，20 世纪初著名演员。他的信条是：所有事都要极度放纵。曾说过"我喜欢年份老的威士忌和年纪轻的女人"。正是他这种不计后果的穷奢极欲最终导致了他的堕落。——译者注

第二章
借来的时间：全球金融危机和大衰退背后的真正原因

机的政策，此时又化身为危机的解决方案，这与维也纳评论家卡尔·克劳斯（Karl Kraus）的观点形成生动类比，他认为精神病学这门学科，本身就是一种伪装成治疗手段的疾病。政客和央行官员压上了赌注，指望着随时间的推移，经济增长和通胀上升可以将这些问题自行化解。

主要经济体的公共和私人债务总额不降反增。下表列出了全球经济中债务水平的变化。

表2-1 全球未偿债务存量
（单位：万亿美元，2013年不变汇率）

[复合年增长占GDP百分比（%）]

债务类型	2000年	2007年	2014年	2000—2007年	2007—2014年
家庭	19	33	40	8.5	2.8
企业	26	38	56	5.7	5.9
政府	22	33	58	5.8	9.3
金融	20	37	45	9.4	2.9
总债务	87	142	199	7.3	5.3
总债务（占GDP百分比）	246	269	286	—	—

资料来源：《债务与（为数不多的）去杠杆化》[Debt and (not much) deleveraging]，麦肯锡全球研究所，Richard Dobbs, Susan Lund, Jonathan Woetzel, Mina Mutafchieva（2015）

自2007年以来，全球债务规模增长了57万亿美元，增幅占全球GDP的17%。截至2014年年中，全球债务为199万亿美元，总值占全球GDP的286%。相比之下，2007年全球债务为142万亿美元（占GDP的269%），2000年为87万亿美元（占GDP的246%）。

在此期间，没有任何一个主要经济体降低了实体经济（家庭、企业和政府）的债务占GDP比例，只有5个发展中经济体做到了。相比之下，14个国家的总债务与GDP比例增加了50个百分点以上。目前，20多个国家的债务与GDP之比超过200%，以日本（400%）为首。美国、加拿大、英国、德国、法国、意大利和澳大利亚分别为233%、221%、252%、188%、280%、259%和213%。中国、印度、巴西、俄罗斯、南非和韩国分别为217%、120%、128%、65%、133%和231%。

自2007年以来，发展中经济体的债务增长约占总债务增长的一半。企业、家庭和政府债务都在增长。只有发达市场的金融业降低了杠杆率。企业借钱不是为了投资，而是为了回购自己的股票或收购其他公司。在80%的国家中，家庭借贷（其中约74%是抵押贷款）已经增加。根据债务收入比、偿债比率和房价变化等风险指标，加拿大、荷兰、瑞典、澳大利亚、马来西亚和泰国的家庭，面对经济大环境的风云变幻，很可能不堪一击。

自2007年以来，全球政府债务增长了25万亿美元，达到58万亿美元。包括日本和一些欧洲国家在内的10个国家，政府债务都超过了GDP的100%。日本政府债务超过GDP的240%。鉴于经济增长缓慢、通胀率较低以及税收收入与支出之间的失衡，预计在可预见的未来，美国、日本和许多欧洲国家的政府债务与GDP之比还会继续上升。在这些国家中，许多政府的债务已经达到了不可持续的水平，目前还不清楚该用什么方法削减债务，也不清楚什么时候可以削减债务。

债务，就像悬在全球经济之上的达摩克利斯之剑。

***

全球贸易和资本流动的失衡始终存在。最初的适度缓和并非改革的结果，而是增长放缓和私人与公共投资大幅减少所造成的。德国、日本和中国仍不愿改变依赖出口和巨额经常账户盈余的经济模式。

但是，为出口产品的买家提供融资的策略，存在明显的缺陷。债权人会发现，自己只有向陷入困境的借款人提供更多贷款，才能保护现有投资的价值，防止债务人的货币或证券价值下跌。

在全球金融危机之后，中国等国家发现，自身暴露在美国经济恶化、美国政府债务评级下降、美债和美元贬值的风险之中。时任中国国务院总理温家宝在2008年就表达了中国的担忧。他说："如果美国金融业出了什么问题，我们会很担心中国资本的安全与保障。"[9] 德国、法国、荷

第二章
借来的时间：全球金融危机和大衰退背后的真正原因

兰、西班牙和英国的银行和投资者也发现，他们向风险越来越大的"欧猪五国"贷款时，同样面临着这种风险。这些国家愤怒地拒绝了债务减免的要求，将借贷方说成是想要撕毁合同的缺德臭要饭的。放款人不愿承认自己发放贷款时很不明智，因为他们没有考虑到借款人是否有能力履行义务。

所谓的欧盟慷慨解囊、提供新贷款来拯救借款人的说法，是错误的。这些新增贷款绝大多数都流向了发放原始资金的银行和投资者，而不是借款人。以希腊为例，在超过 2 000 亿欧元的新贷款（约为 GDP 的 125%）中，只有约 11% 直接资助了希腊政府。德国、法国、荷兰和西班牙参与救助希腊、爱尔兰、葡萄牙、西班牙和塞浦路斯，是出于保护本国银行和投资的需要，而这样的行为，也扩大了债主国家对未来损失的风险敞口。

到 2015 年初，美国债务驱动的消费已经恢复，这是自 2006 年（全球金融危机之前）以来，对经济增长做出的最大贡献。虽然此时进口能源的价格低得多，但美国的进口规模再次上升，贸易赤字接近 GDP 的 3%，朝向衰退前 6% 的峰值逐步靠近。德国和中国继续保持着越来越大的贸易顺差，向外出口资本。失衡的状况依然没有得到缓解。

在全球金融危机爆发之后的几年里，"大而不倒"的银行变得越来越大，规模和集中度都在增加。这是"强制合并"（shotgun mergers），有利于大型银行的法规，以及政府将银行作为标杆在国际上大肆推广的结果。客户纷纷涌向这些"安全"的大型银行，替代性资金来源不断减少，来自较小机构的竞争日趋减弱。这些现象，都让大型银行的地位水涨船高。

当年不得不接受政府救助的银行，此时已在央行的协助下，成为政府融资的中坚力量。截至 2014 年，意大利、西班牙和德国的银行，分别持有 24%（超过 4 000 亿欧元）、41%（约 3 000 亿欧元）和 15%（约 2 400 亿欧元）的政府债券。

政策制定者没有采取根本性的改革,而是引入了错综复杂的资本、流动性和交易控制措施,其效果如何,值得质疑。一些新的举措,例如衍生品监管和大型银行的新法规,又引发了复杂的关联和全新的系统风险。

2013年6月,时任英国央行行长默文·金爵士表示:"让银行大而不倒、大而不能坐牢,或者单纯只是规模巨大,这不符合我们的国家利益。"[10] 但是,在政府的支持(以保护存款人和债权人)、有限责任(以保护股东)、利润最大化和对金融家的激励薪酬等种种因素的联合作用下,大银行"理性轻率"的文化得以继续生长。[11]

越来越多"大而不倒"的基金管理公司,也加入"大而不倒"银行的行列。这些基金管理公司手中掌握着超过87万亿美元的退休储蓄和其他储蓄,约占全球银行体系的3/4、全球GDP的150%。全球最大的10家基金管理公司,控制着25万亿美元的资产,其中最大的一家基金管理公司贝莱德就管理着超过4万亿美元的资产,规模超过任何一家银行。为防止未来金融危机爆发而专门设立的国际机构——金融稳定委员会,在2015年1月发表的一篇论文中指出,大型基金管理公司可能会带来系统性风险,需要加强监管。为该行业奔走的说客十分愤怒,坚称资产管理公司与银行不同,并非全球金融危机的始作俑者。但是,就像基金经理在鼓励投资时通常所说的一样,过去的表现,并非未来的保证。

***

金融工程,继续被用来掩盖企业和国家的真实表现和真实地位。为了在困境中维持现状、增加收益,企业会对组织架构和财务状况进行重组,而不会在运营上花心思。企业会不时地搞一搞合并收购。自2009年以来,美国股票回购总额近2万亿美元,其中许多都是通过低成本债务进行融资。这样的操作推高了股价,在交易股票价值中所占比例越来越高。

自从危机爆发以来,各国政府也纷纷诉诸金融工程来解决经济问题。

第二章
借来的时间：全球金融危机和大衰退背后的真正原因

欧盟用各种复杂的金融技术做实验，最初是将这些技术用于重新包装住房抵押贷款，来救助陷入困境的欧盟成员国，为大手笔的基础设施投资计划提供资金。目的是解决现有资金不足的问题。

政府在做账时，将创造力发挥到了极致。在引入欧元之前，意大利和西班牙利用衍生品交易，据说是为了把债务水平往下调。现在，政府利用表外结构和延迟支付来调整借款水平。各国政府一贯压低表面负债，不会将例如未来医保、老年护理和退休福利等未供资承诺明确呈现出来。为了解决银行资本重组的资金短缺问题，西班牙政府转而利用会计手段，同意将价值300亿欧元的税收损失作为银行的监管资本。当欧盟试图通过增加资本储备来提高银行的偿付能力时，西班牙采取了一种金融操纵策略，而这种做法对提高其银行的实际亏损吸收能力而言，基本上没什么帮助。

欧洲各国政府不愿意承认，向陷入困境的欧元区成员国提供的一部分纾困贷款，终究是收不回来的。2012年11月，德国总理默克尔为了遵守当初许下的诺言，保证德国人不会因希腊救助计划而遭受任何损失，便同意了债务重组，以最少的利率和延期偿还到久远的未来等条款，将债务终将归还的故事继续讲下去。为了避免眼前的损失，甚至还曾经考虑过没有固定还款期限的零利率贷款。

全球金融危机之后，各国政府向央行借款并支付利息。央行的收入被记为利润，然后作为股息支付给政府。这些支出计入收入，增加了政府收入，改善了公共财政。这都是金融上的谎言。

虽然坊间总是不时传出关于福利欺诈和中产阶级福利问题的诉求和批判，但事实证明，福利改革困难重重。欧盟迫使希腊、葡萄牙、爱尔兰和西班牙削减福利，作为纾困的一个条件。法国和德国曾尝试过提高退休年龄，但由于公众的反对，被迫进行淡化处理，要么就干脆倒退回之前的状态。即使被采纳，这项温和的措施也需要几十年的时间才能看到效果。强迫员工继续在工作岗位上奋斗更长时间，是假定他们的健康状况可以保持不变，而且工作岗位也不会消失。在现实之中，这些措施，将导致老年员工纷纷去领取失业保障或残疾福利。如果他们真的继续留在劳动力市场，就会减少年轻员工的就业机会。

为应对全球金融危机而采取的各项政策，令那些没有资金准备的养老金和福利问题更是雪上加霜。低利率或零利率降低了储蓄回报，加剧了资金短缺。政府债券等安全投资的极小回报，迫使养老基金和退休人员转向风险更大的投资，加剧了他们在损失面前不堪一击的程度。各国的政客都不愿意告诉选民，这个世界已经走到了"从天而降无尽财富"的尽头。[12]

***

现在，很多政府都在对选民说谎，在经济问题的严重性、无痛解决方案的缺乏，以及纠正措施的高昂成本等问题上不说实话。时任卢森堡首相兼欧元集团主席的让 – 克洛德·容克（Jean-Claude Juncker）曾有过那么一瞬间异乎寻常的坦率，他说道："我们都知道该做什么，只是不知道在做了这件事之后，怎么才能再次当选。"[13]

爱尔兰文学评论家维维安·梅西亚（Vivian Mercier）曾说过，在塞缪尔·贝克特（Samuel Beckett）的话剧《等待戈多》中，两次都是什么都没有发生。弗拉季米尔和爱斯特拉冈只能消磨时间，徒劳地等待戈多的到来。同样，政策制定者也是在等待难以捉摸的复苏的到来。就像剧中的两个角色一样，他们假装自己一切尽在掌握，但根本不知道发生了什么事，这些事又为什么会发生。他们影响事件后续发展的能力是非常有限的。全球金融危机之后的全球经济，像极了贝克特这场荒诞的阴谋。

第三章

逃逸速度

经济政策的虚与实

第三章
逃逸速度：经济政策的虚与实

在资本时代，社会只是个虚幻的概念，只有经济和个人财富，也就是影响到储蓄和投资的房产价值和股票市场，才是人们真正关心的。而将房产价值和股票市场牢牢抓在手中的，则是政府官员和央行行长。

经济政策制定者的影响力，与战后繁荣直接相关。他们常说，战后繁荣是他们智慧与执行力合璧所取得的成果。格林斯潘可谓是政治和公共关系领域的大师级人物。在他的运筹帷幄下，美联储主席这个位置，成了美国仅次于总统的第二大权力之主。在一年一度的达沃斯世界经济论坛上，央行行长成了摇滚明星般的存在，媒体对他们的一言一行进行无比虔诚的报道，分析师们也对他们的句句箴言进行细致入微的解读。

但是，全球金融危机和大衰退，对政策制定者及其理论构成了极大的挑战。

***

许多经济学家都"谦逊"地认为，经济学是全世界重要性排名第一的社会科学，既适用于金融和社会问题，也适用于所有人类行为。[1] 统计数据和用于建模的复杂数学，又给经济学蒙上了一层严谨而科学的面纱。凯恩斯在谈及这一现象时，曾说过："最近，有太大比例的'数学'经济学——仅仅是两个学科的简单混合体，和这种理论最初所依据的假设一样的不明确，让作者在眼花缭乱的自命不凡而无所助益的符号海洋中，忽视了现实世界的复杂性和相互依存关系。"[2] 实际上，经济学就是宗教，还有不同的教派。只要符合政府的意识形态框架，并能带来经济增长和生活水平的提高，政府就会皈依任何一个流行的经济学教派。

不同宗派的经济学家，基本上不会在任何一个议题上达成一致意见。几位著名经济学家之间的恩怨，促生了2013年发表的一篇题为《经济学偏执风格》(*The Paranoid Style in Economics*)的论文。³ 在货币作用和银行功能等基本问题上，经济学家都存在意见分歧。关于人类行为的理性最大化、有效市场、稳定偏好、均衡等关键假设，都与现实完全脱节。模型预测是不可靠的。缺乏商业经验和市场经验的经济学家和央行行长，总是彼此为伴地采取行动，他们将智慧和知识、知识和数据、数据和噪音统统混为一谈。

只可惜，当脱离了模糊的社会学、政治和历史背景时，复杂现象基本上不会和经济模型完全相符。2008年，切斯特顿（G.K. Chesterton）的担忧，让经济学家们措手不及。切斯特顿认为，"我们这个世界的真正麻烦是……表面看来比实际上更有数学特征，更符合规律；它的严谨性是明显的，但它的不严谨性却是隐藏不可见的；其野性正蓄势待发。"⁴

各国央行行长和经济学家，都在努力制订应对危机的方案。政策制定者可用的主要工具有两种：财政政策与预算政策、货币政策和利率政策。政府还可以直接采取行动，对银行业等关键部门进行监管，或对经济活动的模式下达指令。2008年危机之后，政策制定者采取了所有能用得上的措施，这与长期坚持的观点是矛盾的。长期以来，政府一直秉承，在自我监管和自动修正的自由市场中，完全没有必要进行干预。套用伏尔泰对医生的描述：在他们完全不了解的经济体系中，开出他们自己也搞不明白的药方，去治疗他们摸不着头脑的疾病。

***

各国政府预算赤字巨大，以超过税收收入的支出来刺激需求，对脆弱的金融体系进行资本重组。如果政府能调动起国内外投资者的闲置资金来借款，只要不会因此排挤掉其他借款人，就会增加总需求。

但是，财政刺激并不总是能发挥作用。在全球化的世界里，在各国政策缺乏协调的情况下，很可能会增加进口，加剧贸易失衡，而不能促进国内活动。

如果额外支出为消费提供了资金，那么就必须持续下去，才能保持

第三章
逃逸速度：经济政策的虚与实

效果。如果额外支出为基础设施等投资提供资金，那么长期效果究竟如何，就取决于项目本身。如果投资产生的回报较低，那么对经济的影响可能是负面的，因为资本就这样被困在了劣质资产之中。由政治或意识形态驱动的资本配置不当，会损害到收益。在投资问题上，政府和私营企业一样无能而低效。而投资项目一旦竣工，还需要不断进行维护，这也会占用稀缺的财政资源，加剧投资回报率的低迷。

日本、欧洲都有所谓的"鬼城"，有空空如也的建筑和机场、通往荒无人烟之处的公路和桥梁。"鬼城"是这一问题的典型代表。

凯恩斯的著名观点是，雇佣工人在地上挖洞，然后再把洞填上——实际上就是通过创造活动来恢复经济健康，哪怕这些活动除了提供就业以外没有任何价值。这一理论假设，新就业者的消费支出，将引发经济增长、收入增加、就业率上升的良性循环。

这就依赖于财政乘数效应，即政府支出每增加 1 美元，经济活动就会相应成比例增加。如果乘数大于 1，那么就能创造一个自我维系的复苏过程。如果低于 1，那么政府支出可能会带来社会效益，但会影响经济增长，尤其是长期经济增长。

然而，乘数究竟是几，却很难估计出来。IMF 首席经济学家奥利维尔·布兰查德（Olivier Blanchard）和同事丹尼尔·利（Daniel Leigh）发现了一个颇具争议的现象：当政府在危机后通过削减公共支出或增加税收来实行紧缩计划时，乘数比预期的 0.5 要大得多，最高能达到 1.7。如果政府、金融部门、企业和个人同时削减债务，就会导致比预期更剧烈的收缩。同样，在私人部门需求萎缩和债务减少的环境之下，扩张性财政政策可能导致乘数降低，因为政府支出不能完全抵消掉私人经济活动的下降。

***

预算赤字必须得到融资，这就要求政府举债。到了 2009 年，面对不断上升的政府债务，紧张不安的情绪日益强烈。

在对历史上数百年来发生的金融危机进行数据提炼之后,经济学家卡门·莱因哈特(Carmen Reinhart)和肯尼斯·罗格夫(Kenneth Rogoff)认为,占GDP 60%~90%的主权债务水平,会影响到经济增长。[5] 2013年,马萨诸塞大学阿默斯特分校的三位经济学家发表的一篇学术论文(颇有电影《搏击俱乐部》的意味)称,因为莱因哈特和罗格夫采用了非正统的统计数据,并且在电子表格中犯了个错误,所以结论夸大了在较高债务水平之上经济增长的下降幅度。曾经对初始研究表示担忧的批评人士,原本无人问津,此时也成了热门人物。

莱因哈特和罗格夫在明星经济学家俱乐部的成员资格由此受到了挑战,于是只能绝望地辩称,他们在分析过程中没有强调任何一个数字,没有暗示任何因果关系,重新计算仍然支持他们得出的论点。但在之前的评论文章、演讲和采访中,他们并没有提到这几点,而是不断提示债务水平和经济增长之间的关系,支持大幅削减债务水平。罗格夫不乏威胁意味地指责他的批评者,说他们是在策划一场20世纪50年代麦卡锡主义的政治迫害。[6]

申请拨款的压力、商业机会的诱惑、虚荣心的膨胀,已经败坏了学术标准,降低了专业责任。在2010年的纪录片《监守自盗》中,查尔斯·弗格森采访了美联储前副主席弗雷德里克·米什金(Frederic Mishkin)。米什金在冰岛研究项目上,拿到了12.4万美元的报酬。这项研究一开始的主题是《冰岛的金融稳定》,但在全球金融危机摧毁了冰岛这个国家之后,米什金便将这项研究在自己简历中定名为《冰岛的金融不稳定》。米什金坚称,这一差别只是无心之失的错别字,还怪罪纪录片对此小题大做。[7]

实证研究表明,债务与经济增长之间存在负相关的关系,但没有找到明确的临界值。政治家和政策制定者,尤其是欧洲政府,都在利用莱因哈特-罗格夫命题来为紧缩政策进行辩护。这些政府官员不一定读过这份研究论文,只是单纯地抓住了那些先入为主、出于政治动机的政策

第三章
逃逸速度：经济政策的虚与实

支持要点。

实际上，政府债务很少真的能得到偿还。这是一个在偿还债务和保持投资者信心之间做权衡的问题，所以到期债务总是能再融资。可容忍的主权债务水平，取决于多种因素的共同作用。

在以本国货币进行借贷的国家，关键就在于其说服投资者购买债券的能力和印钞的意愿，除此之外，主权债务本身没什么瓶颈。如果某国的货币还用于全球贸易，受到各国央行的欢迎，将其作为外汇储备进行投资，那么借债的空间就会更大。这就使得美国得以继续借入大量资金，为其预算和贸易赤字进行融资。

像日本这样拥有庞大国内储蓄池的国家，政府自身也具备强大的借贷能力。低利率使借贷水平持续提高。虽然短期债务容易受到市场崩溃的影响，但期限较长的债务，以及到期日较为分散的债务，都能提高政府的债务能力。

可持续的债务水平，还取决于该国的经济规模和经济结构，及其预期经济增长。一个有活力、能够实现高水平增长的经济体，以及由此带来的产生额外税收的能力和提供有吸引力投资机会的能力，可以让这个国家比前景不明朗的经济体维持更高的债务水平。正如英国前首相劳合·乔治所言："成功就意味着荣誉。金融家们总会毫不犹豫地借钱给繁荣的实体。"[8]

***

全球金融危机之后，各国央行将官方利率降至历史最低水平，很多都降到零（即所谓的零利率政策，ZIRP）。随着利率降至零，改变货币价格（即利率）的能力也就发挥到了尽头。于是，央行开始通过量化宽松（QE）来增加货币量。

如果一个经济体以现金为基础，那么量化宽松就意味着印钞。在魏玛共和国时期，政府为了满足纸币印刷的巨大需求，连报纸印刷厂都接管了下来。在现代经济体中，量化宽松要求央行购买证券（主要是政府债券），通过这种方式向金融体系注入流动性。

各大央行的资产负债表规模，从2007—2008年之前的5万亿~6万亿美元，扩大到了18万亿美元以上。注入金融系统的资金，足够为地球上的每一个人购买一台大尺寸平板电视。到2015年，在许多发达国家，央行资产占GDP的比重达到20%~30%。在日本，这一比例达到80%。

这里面的底层逻辑属于基础经济学范畴：促进增长、刺激通胀，从而令现有的高债务水平维持在可控的范围内。由量化宽松融资的预算赤字，用来支持经济活动和经济增长。人为的低利率，有助于刺激需求，并通过降低债务成本来进行债务管理。同时，量化宽松还会引发通胀，提振名义增长，通过提高GDP来降低债务与GDP之比。

可持续的借贷水平，取决于现有公共债务水平（占GDP百分比）、当前的预算状况（占GDP百分比）、名义利率和名义增长率：

$$政府债务变化 = 预算赤字 + [（利率 \times 债务）- GDP 增长]$$

假设借贷成本为3%，债务与GDP比率为90%。假设预算平衡，那么这个国家至少需要2.7%的增长率，才能避免增加债务负担。

全球金融危机之后，尽管各国政府扩大了借款规模，但需求长期不足的现实情况依然存在，这就意味着经济增长尚未恢复到所需水平。目前，高水平的债务、结构性预算赤字、低增长率和不断上升的借贷成本，使许多国家的公共财政难以为继。这不是债务的问题，而是增长的问题。目前的政府债务水平，只有在经济增长迅速恢复到高水平的情况下才能持续。因为最近的经济增长是由债务推动的，所以信贷增长一放缓，就会减缓经济活动，这就使得借贷变得不可持续，形成了一个致命的恶性循环。

第三章
逃逸速度：经济政策的虚与实

全球经济停滞不前，而实力较弱的国家就成了"债券义和团"①的攻击目标。一番操作下来，这些国家就很难获得融资，只得被迫提高融资成本。各国别无他法，只得实施紧缩计划，削减开支，增加税收，以稳定公共财政，减少债务，由此陷入衰退或低增长状态，而这种现状，只会令问题进一步恶化。

在基本策略无效的情况下，各国便将工作重点转向保持利率在接近于零的低位，通过制造通胀来增加名义GDP（即不对价格上涨进行调整的GDP数据）。如果预算能够得到控制，那么债务水平就不会上升，或许还会开始下降。

这算不上是什么计划，但也没有其他选择。就像那个老笑话讲的一样：如果你想去那里，那么就不该从这里出发。②

***

这些政策，尤其是量化宽松，通过降低借贷成本，允许债务水平可控，来帮助稳定了形势，但却未能恢复经济增长或创造足够多的通胀。这种可预见的失败，让人想起19世纪普鲁士陆军司令赫尔穆特·冯·莫尔特克（Helmuth von Moltke）的观点："没有一种作战计划能在与敌人的第一次冲突中幸存下来。"

实践中，低利率和经济活动之间的关系是不堪一击的。在需求疲软和产能过剩的情况下，低利率并没有鼓励新的投资。大公司利用低利率来筹集长期债务，为现有借款进行再融资，回购股票或向股东退回资本，进行企业并购。在美国、英国和其他一些欧洲国家，投资大幅下降，低

---

① 债券义和团，由经济学家埃德·亚德尼于20世纪80年代提出，专指那些因为对政府货币或财政政策推升通胀压力而感到不满，于是罢买国债，迫使国债收益率大幅上升，侵蚀政府融资能力的债市投资者。——译者注

② 一个城里来的司机在乡下迷路了，于是问老乡，该怎么走才能回到大城市。老乡指了半天路，因为路程过于复杂曲折而放弃。最后对司机说，如果想去那里（一个象征着成功的地方），就不能从这里（一个朴实卑微的地方）出发。——译者注

于2007年前的水平。伊利诺伊工具公司（Illinois Tool Works）首席执行官大卫·施佩尔（David Speer）谈到公司业务时说道："我明天就能以3.5%的利率借到20亿美元。但我要拿这些钱做什么呢？"[9]

依赖银行的中小企业借贷成本没有明显下降。许多国家的银行提高了信用保证金，由此抵消了整体利率下降的影响。

在住房市场，需求取决于许多因素——要求的存款水平、现有房屋净值（房产价格减去未偿债务）、出售现有房产的能力、收入水平和就业保障。由于债务水平很高、就业前景不确定、收入水平原地踏步、房价下跌（某些国家），家庭负债规模出现了减少而不是增加的现象。经济学家阿蒂夫·米安（Atif Mian）和阿米尔·苏菲（Amir Sufi）在2014年出版的《房债》（House of Debt）一书中提出，自2009年以来，过度负债的消费者需求持续疲弱，支出显著减少。而需求的低迷状态，才是制约经济增长的主要因素。在这种情况下，低利率不太可能发挥作用。

这些政策，增加了金融资产的价值，但对实体经济没有什么帮助。美联储主席伯南克认为，低利率和量化宽松是通过财富效应发挥作用的：房价和资产价格的提高，将鼓励人们进行更多的消费，参与风险更高的投资。实证研究表明，股价上涨和消费增加之间的关联十分微弱。房价和消费之间稍强一些的关联，可能反映的是历史上一个独特时期所产生的影响，也就是20世纪90年代末和21世纪初的那段时间，当时很多房主都用几十年来积累的房屋净值作为抵押，贷款来为消费提供资金。

自2009年以来，美国家庭财富增加了超过25万亿美元，增幅主要来源于房价上涨和股票价格的上涨。只有1%~2%的增长流向了新增消费，低于1952—2009年3%~4%的平均水平。财富的增长也主要流向了富裕人群，而富裕人群的消费习惯变化反而很小。在欧元区和英国，资产价格上涨对消费的影响也很低。

央行连续几轮购买债券的行动，对实际经济活动的影响也是微乎其微。美联储在2010年11月的第二轮量化宽松计划中，购买了价值6 000

第三章
逃逸速度：经济政策的虚与实

亿美元的长期政府债券，在2010年末，可能仅为实际GDP增长贡献了约0.13%，为通胀贡献了0.03%。美国经济状况的改善，很可能与美联储政策的关系非常小，而与自然因素的关系更大："只要人们还在生孩子、资本还在贬值、科技还在进步、品味和偏好还在改变，那么就会存在一种强大的潜在（但被低估的）增长动力……"[10]

***

虽然2009年之后资产价格大幅上涨，但除了受到结构性因素（如美元疲软）影响的大宗商品之外，几乎没有出现通胀的迹象。此时的美国，需要利用通胀来降低债务水平，而实现通胀的手段，就是将名义增长率提高到高于利率成本的水平。通胀还能通过降低购买力和降低外国投资者持有债务的价值来减少债务。消费者对未来物价上涨的预期，可能会加快购买活动，从而促进增长。

政策制定者也在担心通缩的破坏性影响。一旦出现通缩，税收收入就会停止上涨，甚至出现下降，消费和投资活动也会出现推迟。资产价格下跌和债务实际价值上升，使现有的大量借款难以偿还，给银行系统造成压力。萎缩的经济提高了债务占GDP之比。除此之外，通缩还会抹杀掉低利率甚至零利率的有效性。

数量论阐明了货币和价格之间的关系：

$$Q \times P = M \times V$$

其中：

实体经济＝数量（Q）× 商品和服务价格（P）

金融经济＝货币供应量（M）× 货币流通速度（V）

货币主义经济学家的精神支柱米尔顿·弗里德曼认为，基于上述这种联系，不断增加的货币供应会导致通胀，因为对真实商品和服务的货币要求越高，价格就会越高。经济学家罗伯特·索洛（Robert Solow）提出观点认为，弗里德曼不管看见什么都会想到货币供应。他还接着说，虽然很多东西都会让他想到性，但他觉得这件事最好还是不要让媒体知道。

货币基础、信贷创造、名义收入和经济活动之间的关系是不稳定的："政府无法控制银行货币或现金的存量，就像一个园丁不能通过去抓水柱来控制水管喷水的方向一样。"[11]

实际上，货币供给的增加，被货币流通速度的下降抵消掉了。提供给银行的流动性并没有以贷款的形式流入市场。相反，这些钱被作为超额准备金存入了各国央行，反映出信贷需求疲软和不愿放贷的现状。在美国，全球金融危机之后的一段时间里，银行持有的现金和政府证券超过了商业和工业贷款的未偿规模。资金的流通受到多方面的影响，包括银行资本水平的提高、银行杠杆率的降低、流动性的受控，以及危机后对转移贷款和风险的限制。传输系统遭到破坏，由此也对经济活动的影响造成局限。

就算在某些情况下，资金流入更广泛的经济领域，企业也往往不会花掉这些钱，而是宁愿持有多余的现金。这反映了投资机会的缺乏和对未来商业和金融市场状况的谨慎。到2014年，全球现金余额总额高达7万亿美元，约是10年前的两倍。美国公司持有超过1.7万亿美元的现金。最大的五家现金囤积大户，持有约5 000亿美元现金。科技公司持有约6 900亿美元现金，大约是五年前的两倍。仅苹果（Apple）公司一家就持有超过1 700亿美元的现金，其中超过60%的现金存放在国外。有意思的是，巨额现金余额与整体企业债务水平的上升同时存在。许多企业利用国内低利率和国外避税的优势，通过在国内进行借贷来为支出买单。

通胀伴随着供需失衡。许多发达经济体存在巨大的产出缺口，也就是经济体的潜在产量超过总需求量，反映出需求下降和产能过剩。但由于劳动力参与率降低，理论上产出有所减少，所以这个缺口的规模无法确定。

第三章
逃逸速度：经济政策的虚与实

低需求和低成本，也减轻了价格压力。企业利用创历史纪录的低利率，用机器代替劳动力来提高产量。高失业率令工资压力保持在较低水平。较低的能源价格也降低了成本。在美国，这是页岩气开采和石油产量增加的结果。2014年，油价下跌超过50%，在全球范围内拉动能源成本下降。

新兴经济体出口需求疲软，通过降低价格来传导通货紧缩。由于担心失去市场份额，各国企业都放弃了定价权，这就进一步导致了低通胀。

2012年11月，IMF首席经济学家奥利维尔·布兰查德承认，非常规货币措施的效果，既有限又不确定。他承认说，这些政策对企业和消费者信心、消费、就业以及收入和信贷增长的影响都微乎其微。[12] 这就是凯恩斯的"流动性陷阱"，政策基本上无效，类似于推绳子效应。①

但各国央行依然继续推行失败的政策。在两年多的推诿之后，欧洲央行于2015年1月宣布了自己的量化宽松政策。没人相信这一政策会带来经济增长或通胀。理事们觉得他们必须做点什么。日本央行在推出了无数次毫无效果的货币刺激措施后，转而采取营销手段，将量化宽松重新命名为QQE（定性和定量扩张）。

陀思妥耶夫斯基曾说过："对自己说谎和听自己说谎的人会落到这样的地步：无论在自己身上还是周围，即使有真理，他也无法辨别。"[13] 决策者们自欺欺人地认为，自己的政策是有效的。

***

这些政策的实际效果各有不同。低利率使高债务水平处于可控范围。量化宽松还允许央行为政府融资。2009—2014年，美联储购买了美国政府发行的超过50%的债券。有一段时间，美联储甚至买下了约70%的

---

① 推绳子效应：如果实行紧缩的货币政策，例如提高准备金率等，市场就会立刻做出反应，如果抬高利率，就会马上看到银行放贷减少等后果。而如果实行宽松的货币政策，利率虽然降低，但这时如果市场信心不足，银行不会选择放贷而会继续观望。这就好比拉绳子会马上拉动货物，而反过来推绳子，货物并不会动。——译者注

新发债券。现在，美联储持有12%（超过2万亿美元）的美国国债。

2013年，日本央行宣布，计划购买70%的政府债券，将这部分货币基础从占GDP的29%增加近一倍，达到56%。面对经济发展迟缓和通胀低迷的困境，日本央行在2014年增加了日本政府债券的购买量，年购买量达到80万亿日元（合7 050亿美元），相当于GDP的16%。计划中的购买金额甚至超过了政府计划的发行金额。

从理论上讲，欧洲央行不能直接为各国政府提供资金，但还是可以直接或通过成员国央行向欧元区银行输送流动性，购买政府债券，之后用作贷款的抵押品。政府债券持有总额约占银行系统总资产的10%。最终，在2015年1月，欧洲央行和欧元区央行宣布了直接购买政府债券的计划。

低利率为金融机构提供了补贴，允许它们以很低的成本进行借贷，然后投资于收益率更高的政府债券。美联储的量化宽松计划，让美国各家银行从2.4万亿美元的超额准备金中获得了60亿美元的利息。金融机构受益于低利率推动的资产价格上涨，从而缓解了在全球金融危机中价值大幅下跌的投资损失。银行贷款抵押品的价值也有所上升。政策上给出的理由是，更高的利润，可以提高银行的资本和准备金，从而增加贷款，冲销不良贷款。事实上，银行拿到钱之后，直接给员工支付了高额奖金，增加了股息，要么就是通过股票回购的方式将剩余资本返还给股东。

低利率和量化宽松政策，也会让本国货币走弱。美国、英国、日本、瑞士等国通过人为压低利率和量化宽松等直接干预手段，想方设法让本币贬值。货币贬值，可以令出口更具竞争力，并帮助本国在全球贸易中占据更大份额，促进经济增长。与此同时，货币贬值还能降低实际债务水平，降低持有本国债务的外国投资者的购买力。这场围绕货币贬值展开的竞争，后来被称为货币战争，这是巴西财政部长曼特加（Guido Mantega）在2010年提出的说法。

第三章
逃逸速度：经济政策的虚与实

低利率降低了过度借贷的借款人缩减债务规模的动机，也降低了靠储蓄生活的退休人员的收入，由此，需求也随之降低。列宁当年对靠利息生活的懒惰的、寄生虫一样的资本家发出的谴责，如今已经无关紧要了。在利率为零或接近零的情况下，债券就没有利息可收，这就相当于做到了凯恩斯所谓的"食利者的安乐死"。

低利率也不鼓励人们进行储蓄。但有时，在复杂的因果循环中，低利率也可能会十分反常地降低消费，因为较低的回报可能会迫使人们产生未雨绸缪的想法，存下更多钱。低利率增加了固定收益养老基金的资金缺口。在美国，利率每下降1%，养老基金负债就增加约1 800亿美元。

花旗集团股票策略分析师罗伯特·巴克兰（Robert Buckland）认为，在低利率和量化宽松的环境之中，就业率和经济活动不升反降。这样的政策鼓励人们从债券转向股票投资。由于投资者追求的是收益而非资本增长，他们会给企业施压，使其提高股息，进行股票回购。为了应对这些压力，企业就必须通过裁员和减少投资来降低成本，从而提高现金流和收益。这一过程会提高股价和公司股东的回报，但对整体经济而言则有害无利。

低利率的刺激是转瞬即逝的。利率正常化后，需求就会回到正常水平。一旦发生这种情况，高水平负债的管理难度就会更大，需要对收入进行转移，来支付更加高昂的利息账单，而这样的操作就会减少经济活动。利率上升1%，将使美国政府的利率成本增加约1 800亿美元。七国集团利率每上升1%，其支出就会增加约1.4万亿美元。2013年麦肯锡全球研究所的一项研究发现，利率每上升1%，美国家庭偿债规模就会增加约7%，从8 220亿美元增至8 760亿美元。同样，利率每上升1%，英国家庭的偿债规模将增加约19%，从960亿英镑增至1 130亿英镑。

现实中，低利率造成了僵尸经济。疲弱的企业之所以能苟且偷生，就是因为可以将现金流用于偿还利息，而贷款本金是企业无力偿还，且银行又不会核销的。因为银行资金被占用，所以就相应减少了对生产性企业的贷款，尤其是中小企业受影响更甚，而这些企业在经济活动和就业中占很大比例。企业没有对非生产性投资进行处置或重组。恢复经济所需的创造性破坏和资源重新分配，也没有发生。正如法国剧作家莫里哀所言："死于治疗的人比死于疾病本身的人还多。"[14]

***

低利率回报和央行货币政策，催生了资产价格泡沫，也为未来的金融危机埋下了伏笔。在这种安全资产收益为零的环境下，投资者不顾一切地涌向垃圾股，走上了高风险、高成本的投资不归路。

到 2013 年，以美国为首的许多发达国家，股市都涨到危机前的水平之上。投资者大量买进派息股票。为了实现资本增值，投资者纷纷涌向科技股和生物股，因为这些股票承诺其收益和收入增长率高于整体市场。

此时，融资成本很低，租金又能带来收入，于是房地产价格不断上涨。在美国和英国，房地产价格有所回升，有些甚至超过了 2008 年的水平。在德国、瑞士、加拿大、澳大利亚、新西兰和一些新兴市场，尤其是亚洲，房地产价格达到了创纪录的新高。2013 年 10 月，前任英国金融服务监管局主席阿代尔·特纳勋爵（Lord Adair Turner）对这种"用酒精饮料来解酒"的补救思路颇有怨言："我们办了一场热闹的派对，喝得确实有点高，于是决定，最好的解酒方法是再喝点烈性酒……如今的一切就相当于历史的再次上演，房地产市场又被哄抬起来……"[15]

资金流入债市，希望能从中获得收入。在央行购买的推动下，主权债券利率跌至历史低点。此时，超过 50% 的政府债券收益率不到 1%。甚至希腊、爱尔兰、葡萄牙和西班牙等陷入困境的国家的利率也出现了下降，在某些情况下已经恢复到了危机前的水平。

2014 年 4 月，希腊发行了价值 30 亿欧元的 5 年期债券，收益率为

4.95%，堪比拉撒路①死而复生，投资者需求超过200亿欧元。而希腊在两年前就已经债务违约了，经济摇摇欲坠。即使不考虑政府未付账单和银行业的资本重组需求，债务水平仍处于不可持续的高位。不能排除进一步债务重组的可能性。投资者押注希腊大而不倒，德国和欧盟将继续支持希腊和欧元。但2015年1月，反对紧缩政策并寻求进一步减记希腊债务的左翼激进联盟党（Syriza）在竞选中获胜，导致利率上升至15%以上，令债权人蒙受了巨大损失。

从全球范围来看，非投资级债券，即垃圾债券，从2000年的820亿美元增加到2013年的5 560亿美元，占公司债券发行总量的比例从4%上升到18%。自2010年以来，美国发行非投资级债券的公司数量，已经超过了发行投资级债券的公司数量。在欧洲，非投资级债券在此之前相对少见，但在2013年的发行量中约占12%。涨幅最大的是评级为B级和CCC级的投机类债券（评级仅略高于预示违约的D级债券）。杠杆贷款（一种风险较高的贷款形式）达到4 550亿美元，高于2007年的3 890亿美元。

A级投资级债券利率降至2.4%左右，远低于2008—2009年7%~8%的水平，也低于2000年以来5.1%的历史平均水平。B级非投资级债券的年利率为6%，远低于2008—2009年15%~20%的水平，也低于2000年以来约10%的历史平均水平。渴望收益的债券投资者从新兴市场转向前沿市场，将目光投向了五花八门的非洲和亚洲借款人。

缺乏债权人保护的贷款，以新债务形式支付利息的贷款，借钱来向投资者返还股本的贷款，都再次出现。就连用于购买汽车和商业地产的次级贷款，还有125%商业贷款（银行借出相当于抵押品的125%）也开始重新发放。

---

① 拉撒路是《圣经·约翰福音》中记载的人物。他病危时没等到耶稣的救治就死了，但耶稣一口断定他将复活。四天后，拉撒路果然从山洞里走出来，证明了耶稣的神迹。——译者注

投资者的定价思路总是不留一点余地，假定不会出任何问题，也不允许出任何问题。哪怕最坏的情况发生，他们也认为自己有本事在崩盘之前将股票卖掉。但投资失败、行业整合、交易减少和新法规的出台，意味着做市商数量和库存水平下降了70%。在美国，从历史上看，投资基金持有的债券规模是做市商的3倍左右。到2015年，这一水平增加到了20倍。2007—2015年，可用于支持政府债券交易的资金总额，从2.7万亿美元降至1.7万亿美元，与此同时，美国未偿债务的价值翻了一番。欧洲的情况更糟，政府债务增加幅度更大，做市商产能缩减幅度也更甚。此时，投资者在价格大跌之前选择退出的能力，受到了严重限制。

无论你往哪里看，信贷这个大赌场的模式都是一样的。投资者急于获得回报，铤而走险，购买被高估的金融资产，哄抬价格进一步水涨船高。低利率再次威胁到了金融稳定。

***

政府救助的局限性，开始日益受到人们的关注。政府和家庭不一样。坐拥国家和公民资源，再加上财富征税权，政府在财政行动上所拥有的自由度，比任何实体都要大，但依然存在局限性。政府的借贷能力，受到国内私人储蓄和外国投资者放贷意愿的限制。

最终，政府将希望寄托于央行债务货币化，也就是创造货币为政府融资的能力。而央行的行动也受到实际限制。央行可以在没有传统资本的情况下维持运营，创造储备，印钞，但巨额亏损可能会伤及央行信誉，影响到央行履行各项职能和执行政策的能力。

中央银行赚取的，是购买政府债券的利息和为购买这些债券而创造的近乎为零的货币（票据和储备）成本之间的差额。只要未来铸币税收入的现值大于其负债，人们就认为央行拥有偿付能力。

就像央行监管的银行一样，央行本身也有杠杆。美联储用540亿美元的资本，支撑着约4万亿美元的资产。欧洲央行用100亿欧元的资本，支撑着3万亿欧元的资产。日本银行用2.7万亿日元的资本，支撑着160

第三章
逃逸速度：经济政策的虚与实

万亿日元的资产。英格兰银行用33亿英镑的资本，支撑着3 970亿英镑的资产。

量化宽松环境下的资产负债表扩张，增加了央行破产的风险。央行的损失敞口在于持有证券违约，或收益率提高。根据国际清算银行的数据，如果政府债券收益率正常化，比如上调3%，那么就会导致未偿政府债券价值发生变化，损失规模在美国相当于GDP的8%，在日本相当于GDP的35%左右。颇具讽刺意味的是，如果宽松货币政策真的能获得成功，实现经济复苏，进而引起利率上升，那么这种风险敞口也会增加。

从理论上讲，央行的债务货币化会造成通胀，而规模会超出政治、经济和社会可接受的水平。债务货币化，可能会无法挽回地危害到货币作为交换媒介或价值储存手段的地位，就像在津巴布韦，印钞导致恶性通货膨胀和极端货币贬值一样。在津巴布韦元被美元取代之前，津巴布韦流通着100万亿面值的纸币。购买汽车的支票，开出了1 072万亿4 180亿30万津巴布韦元（Z$1 072 418 003 000 000.00）。维多利亚瀑布酒店竖起了指示牌，要求客人不要将用于个人卫生的津巴布韦纸币投入厕所。

***

全球金融危机后出台的政策，不可能轻易得到逆转。退出财政刺激会导致经济活动放缓。减少政府支出和提高税收会减少可支配收入，导致消费萎缩，尤其是在收入停滞和就业不稳定的环境之下，情况更为严重。经济增速放缓，使得修正预算赤字和控制政府债务水平变得更加困难。扭转扩张性财政政策的难度，证实了弗里德曼的讽刺言论："没有什么比临时政府计划更持久的了。"[16]

利率正常化，停止购买政府债券，减少央行持有的证券，都有可能在加息的过程中引发各种问题。随着全球债务处于有历史记录以来的最高水平，低利率鼓励起来的借贷规模，在利率上升时将迅速变得不可持续，引发大批企业亏损、倒闭。由低利率支撑起来的资产价值也会下降，引发金融不稳定的连锁反应。流动性和信贷供应的减少，相当于给脆弱的金融体系一拳重击。

这些政策进一步加剧了现有问题,特别是不断上升的债务水平令问题变得更加棘手。英国央行前行长默文·金爵士直言不讳地说:"印钞票并不是天上掉馅饼那么简单。"[17]

2013年5月,美联储主席伯南克提议逐步减少新债券购买规模。这是一种告别姿态,因为他此时关注的,是在任期即将结束时能在历史上留下什么样的形象,供后人点评。10年期美国国债利率上升1%,导致银行持有的美国国债损失400亿~500亿美元。美联储遭受了约1900亿美元的损失,之前的累积收益尽数付之东流。比之前更高的抵押贷款利率,压制了现有抵押贷款的再融资和住房市场的复苏。股票和资产价格也大幅下跌。价格下跌,就降低了作为贷款抵押品的金融资产的价值,引发追加保证金通知,导致市场上的流动性撤出。

美国加息推动全球利率上升,但日本除外。日本已启动了新的量化宽松计划。新兴市场出现大量的资金外流,由此也暴露出新兴市场对外国资本的依赖,货币贬值导致外币债务损失。"缩减恐慌"逼着伯南克忙不迭地掉头往回跑。

2013年12月,美联储终于开始正式缩减债券购买规模,并于2014年11月完全终止了量化宽松计划。为了避免之前的振荡重新上演,美联储承诺在较长一段时间内将政策利率稳定在低位水平,并维持现有的证券持有量。美联储结束购买美国国债的影响,因政府融资需求的减少而得到改善。美国预算赤字较低,反映出经济改善和税收收入增加。欧洲央行和日本央行进一步注入流动性,也帮助缓解了美国结束量化宽松政策给全球货币市场带来的压力。

***

但撤回央行支持,确实存在风险。

为了遏制2008年危机后寻求避险的大量资本流入,特别是为了避开欧元区债务问题,2011年9月,瑞士央行将瑞郎兑欧元汇率上限设为

第三章
逃逸速度：经济政策的虚与实

1.20。瑞郎相对于欧洲主要贸易伙伴升值约20%，令瑞士出口商丧失竞争力，损害了本国经济增长，导致了通胀减速甚至是通缩。

为了稳定住瑞士货币的价值，瑞士央行买入欧元，通过创造出更多的瑞士法郎来提供资金。于是，瑞士积累下了创纪录的外汇储备量。瑞士央行的资产负债表扩大到5 000亿美元左右，相当于GDP的80%左右。相对其经济规模，瑞士央行的资产负债表规模约为美联储和英国央行的3倍。瑞士的货币基数翻了5倍，达到4 000亿瑞士法郎。银行贷款增长了25%，达到GDP的170%左右，导致房地产价格和租金急剧上涨。

2015年1月15日，瑞士央行毫无预警地放弃了上限。欧洲央行压低欧元汇率的举措，再加上逃离政治和经济动荡的俄罗斯、希腊和中东的资金大量流入，令瑞士的这项政策根本无法持续。如果要继续维持汇率上限，就必须承诺无限制地扩大货币供应，由于此时资产价格已经在迅速上涨，这样的操作注定会增加金融不稳定的风险。如果瑞郎升值，那么瑞士央行资产负债表的规模和货币错配的问题，将造成巨额亏损。瑞士选择全身而退的能力将日益受到威胁。面对这些风险，瑞士央行调转了政策的矛头。

消息一经公布，瑞郎兑欧元和美元就上涨约40%，当日收高约20%。瑞郎的上涨出乎金融市场的意料，导致空头头寸持有者和瑞郎借款人一夜之间蒙受巨额损失。输家还包括波兰和匈牙利的购房者，因为他们以低利率获得了瑞士法郎的抵押贷款。瑞士央行本身也遭受了500亿~600亿美元的损失，相当于GDP的10%~15%。

放弃汇率上限所引发的最重要的后果，在瑞士境外。这一决定，迫使其他国家降低利率并寻求货币贬值，以保持竞争力，限制不稳定的资本流动。这些措施加剧了这些国家现有的资产价格泡沫和未来金融体系出问题的风险。

放弃汇率上限，也让人们注意到央行干预和控制市场价格的能力，以及资产负债表持续扩张的风险。对于德国等保守、正统的经济体来说，瑞士央行的经历，加剧了人们对非常规政策的潜在成本和风险的担忧。

这些现象进一步凸显出一个无法逃避的事实，那就是，2009年以来金融市场的相对稳定和金融资产的复苏，在很大程度上严重依赖于央行。更大的风险承担能力，是建立在人为降低现金或政府债券等低风险投资的可获得性和回报的基础之上的。这就推高了风险资产的价格，却没有为可能造成的损失提供足够的补偿，而这一切，都基于一个假设，那就是央行会在必要时出手来抑制波动并支撑价格。从瑞郎的局面可以看出，如果央行的行动主义宣告结束，或不再采取行动而令市场失望，就可能引发各种问题。

面对低增长和通胀减速甚至通缩的风险，当局此时别无选择，只能维持低利率和充裕的流动性。自2009年以来，有50%~60%的全球增长是这类政策带来的后果。在当前脆弱的环境下，央行也不能冒险让资产价格大幅下跌。高达80%的股票价值在某种程度上受益于当前的货币政策。

当今世界上许多经济体的债务与GDP之比高达300%。如果平均利率是3%，那么要满足利息支付，经济增速就需要达到9%（300%的债务乘以3%的利率），这是一个不太可能实现的名义增长率。通过处置资产的方式来偿还借款是很困难的。在量足价低的融资驱动下，资产价格早已虚高，而倘若以实际价值进行销售，便会招致重大损失。实际上，这些贷款根本无法偿还，必须不断进行再融资才能避免违约。贷款机构需要源源不断的资金，才能维持对借款人的贷款，并继续向更广泛的经济领域提供信贷。如果贷款人无法从商业银行获得来自储户和投资者的资金，那么央行就必须向金融系统注入资金，才能降低资产价格下跌和借款人违约的风险。2014年，花旗银行的经济学家估计，仅为了将金融资产价格维持在当前水平，就需要每季度注入约2 000亿美元的流动性（约占全球GDP的1.3%）。

伦敦大学经济学教授弗兰克（Jeff Frank）在2015年1月写给英国

第三章
逃逸速度：经济政策的虚与实

《金融时报》的一封信中说道："印钞票发出去不需要多大胆量。等将来把钞票取回来，才是需要胆量的时刻。"[18]

***

政策措施越来越无效，人们对经济的发展轨迹也产生了担忧。整个世界正在变身为日本。

战后时期，日本的出口驱动型经济模式，依靠低成本、较强的制造竞争力和估值较低的日元而蓬勃发展。日本出现了强劲的经济增长势头，1955—1970年，年增幅约9.5%；1971—1990年，年增幅约3.8%。

1985年9月，《广场协议》的签订，令美元对日元和德国货币贬值。从廉价日元时代（enyasu）转变到昂贵日元时代（endaka），甚至是昂贵日元导致衰退时代（endaka fukyo），极大地影响了日本的出口和经济增长。为了重振经济，日本当局将利率从5%下调至2.5%，推动了债务支撑的房地产热潮和股票价格上涨。在泡沫经济的鼎盛时期，东京皇宫广场（3.4平方千米，或1.3平方英里）理论上比加利福尼亚州所有的房地产加在一起都值钱。1989年，随着利率的上升，泡沫经济崩溃了。

20多年以来，日本始终处于低增长和通货收缩甚至紧缩的状态中。平均每年增长约0.8%。自1992年以来，名义GDP一直停滞不前。日本经济运转水平远远低于产能，产出缺口为5%~7%。日经指数从1989年底的38 957点跌至2003年的7 607点。目前该指数约处在19 000点的位置上。日本房地产价格基本与20世纪80年代初的水平持平。

预算赤字长期存在，致使政府债务增加到GDP的240%，公共财政状况日趋恶化。日本政府每收缴100日元的税收，就要花掉200日元。实际上，日本每年的借款额度超过了税款收入，与1919—1933年的德国魏玛共和国时期不相上下。即使在目前接近零利率的情况下，日本仍然需要拿出约1/4的税收来支付利息。此时，日本的总债务超过了GDP的500%，比1989—1990年危机开始时还要高。

2013年初，日本首相安倍晋三启动了雄心勃勃的"三箭计划"。质疑者称之为"安倍经济学""给尸体通电"。这项新举措将财政扩张、量化宽松和结构性改革结合为一体，以此来鼓励消费、投资、借贷和更高的通胀，希望借此创造出经济增长的良性循环。"三箭计划"大刀阔斧的规模，远超其他国家的行动。日本央行承诺购买的政府债券量是美联储在量化宽松计划达到顶峰时购买量的两倍多，占 GDP 的比例，是美国的4倍。

这些政策并不新颖，之前都已经被反复尝试过。自 1990 年以来，日本已经实施了超过 15 轮经济刺激计划。日本央行维持零利率政策已经超过 15 年，实施了 9 轮量化宽松。在安倍首相的计划公布之前，日本短期利率接近于零，10 年期利率在 0.5% 左右，由此可见，新的财政和货币举措，对实体经济活动的影响不可能非常显著，也不会非常持久。

该计划一经出台，便受到热烈欢迎。日元应声贬值，出口增加，股票和房地产价格上涨。但 2014—2015 年，安倍经济学举步维艰，越来越像神风特攻队自杀式经济学①。

日本泡沫经济的崩溃与当前的全球形势，既有相似之处，也有不同之处。相似之处在于，两种情况都是低利率和过度债务积累，都试图通过为经济繁荣提供资金，来推动经济走出衰退。两者最终的命运也都逃不开崩溃。两者的特点，都是金融资产估值过高和银行体系存在弱点。而政府推行的治疗性政策，也就是通过政府支出来为经济活动提供支持、债务货币化和零利率，也非常相似。

在危机爆发之初，日本政府的债务水平较低，国内储蓄较高，投资方面的国内偏好高得出奇。这就使得政府得以在宽松的央行政策的协助下，为其国内支出进行融资。大约 90% 的日本政府债券，都在秉性温顺的国内投资者手中。而相比之下，当时世界上许多问题重重的经济体，

---

① 神风特攻队是在第二次世界大战末期，日本为了抵御美国军队强大的优势，挽救其战败的局面，利用日本人的武士道精神，按照"一人换一机、一弹换一舰"的要求，对美国舰艇编队、登陆部队及固定的集群目标实施自杀式袭击的特别攻击队。——译者注

第三章
逃逸速度：经济政策的虚与实

国内储蓄水平很低，非常依赖外国资本。

日本问题爆发的大背景，是外部经济增长。强劲的出口和经常账户盈余，一部分抵消了国内需求的不足，缓冲了经济放缓的影响。相比之下，由于我们现在面临的问题本质上是全球性的，因此当下这个时代的国家更加难以依靠其外部账户来支持国内经济。

人口老龄化加剧了经济低迷的严峻形势，但日本在危机开始之时的人口统计数据，其实是有帮助的。日本的老年人口拥有可观的财富，而较低的人口增长率就意味着，在经济增长缓慢的时期，需要被吸纳到劳动力中的新进入者数量更少，从而缓解了失业率上升的问题。

日本是个同质化的岛国社会，公民有着强烈的民族意识，秉承受第二次世界大战及战后经历影响的禁欲主义思想。人们都准备好了为经济问题做出必要的牺牲。储户心平气和地接受了财富通过低利率向借款者的净转移。许多陷入困境的国家，在不出现重大崩溃的情况下，其社会结构可能根本无法适应管理危机所需采取的措施。

日本的经历，进一步凸显出从债务引发的资产泡沫破裂中实现复苏的难度，揭示了传统政策选择，即财政刺激、低利率和债务货币化的局限性。日本带给我们的经验教训是，唯一安全的选择，只能是从一开始就避免债务引发的泡沫，避免越垒越高的公共债台。

***

2014年，英国央行新行长、加拿大央行前行长马克·卡尼（Mark Carney）谈到，全球经济实现了"逃逸速度"，也就是在无须继续推进的情况下，打破重力场所需的速度。[19] 他指的是拥有足够高的经济增长率和通货膨胀率，来摆脱普遍存在的经济萧条。

但事实证明，这种自我维持的经济复苏是很难实现的。2014年，二十国集团承诺采取行动，到2018年，共提振总价值2万亿美元的经济增长目标。如果这么容易，他们为什么不早点采取行动？在这份公报发布后的24小时内，日本宣布，其经济出人意料地萎缩了1.6%。欧洲和新兴市场也面临着经济活动的大幅放缓。

除了关于财政可持续性的老生常谈和其他经济领域的陈词滥调之外，政策制定者基本上没有提到关于如何控制高水平债务，如何管理疲弱的公共财政、持续的全球失衡、通缩压力、汇率不稳定等细节问题。他们只是含糊其词地提到退出当前政策和利率正常化。他们用复杂的术语、模糊的数学和陈旧的意识形态，掩盖了政策的失败和局限性。

但经济增长和繁荣，依然会奇迹般地恢复。伯南克的继任者耶伦发出的信息，是"不要担忧，开心起来"。她将低增长的原因归咎于天气，而不是投资和出口疲软。人们纷纷退出劳动力市场，令劳动参与率降至1978 年的水平，原因不是工作机会的缺乏，而是退休和生活方式的选择。没有人对通缩、通胀或资产泡沫感到担忧。欧洲领导人谈到了"扩张性财政紧缩"。在 2012 年 12 月 19 日的采访中，澳大利亚央行行长格伦·史蒂文斯（Glenn Stevens）在回答关于未来经济增长的问题时，化身查尔斯·狄更斯笔下的米考伯①。史蒂文斯相信，事情总会有转机的："车到山前必有路"。[20] 萧伯纳曾说过，一切职业都是针对外行的阴谋。他的判断是正确的。

2014 年 3 月，加拿大经济学家威廉·怀特（William White）指出，作为当前政策基础的经济理论分析，基础十分薄弱。[21] 在全球金融危机之前，怀特就曾发出过风险不断增加的警告。财政和货币政策，无法解决实体经济内部深层次的债务水平、人口结构、生产率下降、产业创新放缓等结构性问题，也没办法改善实际的经济模式。到 2015 年，怀特博士再次发出警告，提醒人们关注资产的错误定价、汇率战争以及当局对失败政策的依赖。他认为，全球经济处于危险的不稳定状态，还坦诚地承认，他不知道这一切会往何处发展，会有怎样的终结。2015 年 1 月，

---

① 米考伯是长篇小说《大卫·科波菲尔》中的一个人物形象，尤其是其"债多不愁，乐天知命"的性格，使他成为文学作品中的典型。——译者注

第三章
逃逸速度：经济政策的虚与实

英国央行前行长默文·金退休后也坦言，全球有史以来规模最大的货币刺激措施，并没有解决问题。此时的他也不认为更多的刺激措施是解决问题的正确答案。

离开美联储后，伯南克开始了巡回演讲。其步伐之快，堪比哈姆雷特的寡母与他叔父喜结连理的速度。2014年3月的一周时间里，他在阿布扎比、约翰内斯堡和休斯敦分别发表了演讲。他每次演讲的费用为25万美元，而作为美联储主席，他的年薪仅有20万美元。伯南克对未来发出的预测，非常乏善可陈。他支持"大缓和1.0版本"，忽略了次贷和房地产泡沫，拒绝承认美国存在类似日本的经济停滞的风险。与会的投资者可能认为，因为他与美联储继任者的紧密关系，所以可能会对美联储未来的政策提供有价值的见解。当年60岁的伯南克给人留下的印象是，他不认为官方利率会在他有生之年上升到4%左右的长期平均水平。

事实上，关于如何恰当地进行政策回应，各方基本上没有达成共识。正如俄罗斯剧作家兼医生契诃夫在名篇《樱桃园》中所写的那样："要是为了治一种病而开出很多药方，那就等于说，这病没药可治了。"[22] 决策者们一边往前走，一边往下编。很多措施的作用非常有限，但在轻信的公众面前，却被披上了"明智决策"的外衣。

***

在全球金融危机爆发之初，人们面临的选择，基本都是要么短痛，要么长痛；要么断腕自保，要么苟且偷生。而政策制定者都有意或无意地选择了后者，人为制造出了长期的经济停滞，管控中的经济萧条。一些发达经济体的产出，至少要到2018年才能恢复到2008年前的水平。乐观主义者将其归因于低波动性，美其名曰"大缓和2.0"。批评人士指出经济增长乏力，称其"缓和"有余，"大"而不足。

埃德蒙·柏克（Edmund Burke）①对教授们乌托邦式承诺的不信任，

---

① 柏克是爱尔兰政治家，英美保守主义的奠基者。——译者注

让我们还有可能见到更加极端的政策措施。预计未来，量化宽松的形式还将进一步扩大，央行还会购买包括股票在内的更加广泛的资产，就像日本一样。美国为了减少债务，此时正在考虑取消美联储持有的国债，忽略了美联储减记所持国债而造成的损失。在英国，一个想法是，让英国央行将所持政府债券换成零息债券。零息债券没有利息，没有到期日，也没有固定的还款日期。为了避免损失，将按面值对这些债券进行估值。

全球经济面临陷入"永恒定量宽松"周期的风险。疲弱的经济，迫使决策者实施扩张性的财政措施和量化宽松政策。如果经济对扩张性措施做出响应，那么经济活动的增加和量化宽松的副作用，将协助刺激措施的逐渐退出。高利率会减缓经济增长，引发金融危机，启动新一轮的经济周期。如果经济对扩张性政策没有反应，那么就会产生对实施进一步刺激措施的压力，因为政策制定者总是要保持他们对经济的控制力。除了货币吗啡，没有其他选择。正如昔日的瘾君子拉塞尔·布兰德（Russell Brand）所言："对于犯了毒瘾的人来说，首先要做的就是麻痹生活中的痛苦，用花钱买来的缓解手段，减轻度日如年的辛苦。"[23]

全球经济的境况，就像一个黑洞。在这里，引力阻止了任何东西（包括光）的逃脱。此时，过高的债务水平和根深蒂固的根本性失衡，阻碍了经济从停滞和萎缩的窘境中挣脱出来。黑洞形成于大质量恒星生命周期结束时的坍塌，回首近期经济史，这是个再恰当不过的比喻。

第四章

增长的终结

长期停滞和新平庸时代的驱动因素

第四章
增长的终结：长期停滞和新平庸时代的驱动因素

剧作家阿瑟·米勒认为："当一个时代最基本的幻想破灭之时，就可以说，这个时代结束了"。[1] 而资本时代的核心幻想——无休止的经济增长，此时正在走向终结。

从历史上看，金融危机和衰退之后，一般都会出现强劲的复苏，GDP 增长每年反弹至 6% 左右。但全球金融危机后的复苏异常疲弱，增长率仅有 2%~3%。美国是发达国家中表现最强劲的国家之一，但在泡沫经济崩溃之后，其经济潜力甚至比同期的日本还要低。

***

2013 年底，哈佛大学经济学家、美国前财政部长劳伦斯·萨默斯（Lawrence Summers）提出，美国经济可能要面临长期停滞。长期停滞这一概念，是经济学家阿尔文·汉森（Alvin Hansen）①在 20 世纪 30 年代提出来的。经济结构的变化，使得经济无法以之前速度保持增长，恢复到危机前产出水平的可能性很小。这种情况是全球性的，而不仅仅局限于美国。IMF 总裁克里斯蒂娜·拉加德将其称为"新平庸时代"。

随着家庭和企业缩减债务规模，政府为了应对债务问题而削减支出并增加税收，经济增长的缓慢反映出了需求的疲软。全球金融危机后的不确定性和信心缺失，令全球储蓄规模增加，也推动了对安全流动性资产的强劲需求。更高的总体储蓄率，造成了资本过剩和支出减少，由此

---

① 阿尔文·汉森是美国当代著名的凯恩斯主义经济学家，是萨缪尔森的老师。阿尔文·汉森着重研究资本主义的经济周期，提出了"长期停滞理论"。他认为 20 世纪初以来的资本主义经济处于长期停滞的阶段，从趋势上看，资本主义的实际经济增长率越来越小于潜在经济增长率。因此，他主张利用国家财政政策来有效地控制"停滞"，实现充分就业和经济稳定增长。——译者注

减缓了经济增长速度。伴随着低通胀率，这样的现实情况进一步压低了利率。上述这些因素的结合，削弱了量化宽松等当前政策的有效性。

消费的减少反映了日益加剧的不平等。在过去的15~20年里，发达国家99%的人口收入，是停滞不前甚至下降的，降幅高达8%~10%。绝大部分收入增长，都集中在一小撮人身上，他们非常富有，会将收入的20%~30%储蓄起来，是2%~3%平均储蓄率的10倍。

相对于工资而言，企业利润占GDP的比例有所上升。利润被分配给股东，而股东往往也更富有，边际消费倾向更低，而储蓄也得到了进一步的增加。此时，企业不愿把现金拿出来投资，由此可以看出需求不足和产能过剩的现实情况。技术的进步改变了产业结构，许多新企业都不再需要当年重工业或制造业兴起时曾需要过的大笔投资。发达国家从制造业向服务业的转变，加速了这一趋势。未分配的企业现金进一步增加了储蓄规模。

中国和德国等国家，继续积累着巨额贸易顺差和外汇储备。这些储蓄必须用于投资，进一步加剧了资本过剩。

全球经济活动，受到人口和劳动力增长放缓以及生产力提高水平下降的影响。

萨默斯认为，问题不是全球金融危机本身造成的，而是在过去20年里缓慢出现的。批评人士声称，之前并没有长期停滞的直接证据。有人质疑储蓄过剩的存在。还有人认为政府干预扭曲了经济。许多人指出，事实证明阿尔文·汉森的理论是错误的。战后的经济增长走势其实从第二次世界大战、战后婴儿潮、消费、投资和技术创新中获得了巨大动力。

萨默斯借用凯恩斯的观点，认为经济复苏的关键，在于更多的公共投资，而非货币政策。负债累累的政府，是否有能力拿出钱来支持投资，谁也不知道。历史上各个时期的经济学问题其实都一样，而答案却各不相同。

第四章
增长的终结：长期停滞和新平庸时代的驱动因素

***

对经济增长进行衡量，并不容易。GDP 是一种主要工具，用来计算一个国家一年内生产的为人们所认可的全部最终产品和服务的市场价值。人均 GDP 是一国的 GDP 除以其人口数。

衡量 GDP 有几种方法。生产法，通过计算企业的产出来得出总量。收入法，着眼于收入这个角度，从逻辑上来看，收入应该等于产品的价值。支出法，利用的是总支出，假设所有生产出来的商品和服务都有人购买。上述每一种方法都存在缺陷。

2014 年，美国人一觉醒来，发现中国马上就要接替美国自 1872 年以来始终稳坐的头把交椅，即将成为按 GDP 计算的全球最大经济体。这一变化，将购买力差异，也就是中国相对较低的生活成本也考虑了进来。2013 年，美国的 GDP 增长了约 3%，统计人员将知识产权也包括在内，而这部分价值，实际上是预计将产生未来收入的研发价值。

2014 年 4 月，以向外输出货币诈骗而臭名昭著的尼日利亚，GDP 增长了 89%。这一增幅令其超过南非成为非洲最大的经济体。这个国家用一种新的 2010 模式取代了 1990 年的过时方法，将电信业和影视业等此前不存在的快速增长行业纳入 GDP 计算行列，但每个尼日利亚人并没有因为这些调整而变得富有。

GDP 计算是武断的。非贸易商品和服务的价值，必须用生产成本或类似项目的可用价值来进行估算。房屋的价值，可能是按可以收取的预估租金来计算的。全球金融危机期间，金融部门的产出，在挣扎求生之际竟然神秘上升，由此反映出的是银行存贷款息差的上升。

GDP 一般不包括非市场交易，比如大部分由女性完成的家务劳动，以及志愿服务、无偿服务等。GDP 关注的是生产过程创造的收入，不包括休闲带来的经济价值。同时，GDP 还排除了地下经济，如非法活动、未报告的活动，非正式经济和维持生计的生产等。在印度，大约一半的经济活动和 90% 的就业都是非正式的，因此很难准确计算 GDP。

设备或资本等收入来源的折旧，是不包括在内的。当技术投资被记为投资时，GDP就会被高估；当技术投资被冲销为成本时，GDP就会被低估。GDP并不能准确地反映出新产品问世、质量提升，或创新带来的进步。GDP将所有部门混为一谈，不区分国防支出、消费、医保还是老年护理。战争或自然灾害发生后的支出，也会增加GDP，但这类支出不会产生真正的净变化，只能将被破坏掉的东西重新建立起来。GDP没有考虑到自然资源的消耗，尤其是不可再生的自然资源。GDP为环境掠夺给出了错误的解释，将造成破坏和纠正破坏的成本都记为经济活动。

GDP忽略了财富的分配。它衡量的是某个特定国家的产出量，而该国产出方的最终利润，很可能落入了另一个国家的所有者囊中。

提出了GDP概念的经济学家西蒙·库兹涅茨（Simon Kuznets）警告称，不要从过于简化的定量测量方法中，产生貌似精确的错觉。美国参议员罗伯特·肯尼迪（Robert Kennedy）对GDP提出了最有力的批评，强调了增长的数量和质量之间存在的区别：

> 我们的国民生产总值（GNP）……倘若我们真的要以这个标准来评价美国，要去计算空气污染、香烟广告、为交通事故而奔忙的救护车。那么，这种方法，既会计算大门上安装的防盗锁，也会计算将盗贼关押起来的监狱；既会计算红杉林的灭绝，也会计算无序扩张所造成的破坏和自然奇迹的消失；既会计算凝固汽油弹和核武器的成本，也会计算警察在街上与暴徒作战时使用的装甲车；既会计算惠特曼的步枪和斯派克的刀①，也会计算为了向孩子出售玩具而对暴力进行美化的电视节目。
>
> 但是，国民生产总值的计算，并没有考虑到孩子的健康、教育质量，游戏的欢笑；没有考虑到诗歌的美好，婚姻的忠贞；没有考虑到公共辩论

---

① 惠特曼的步枪，指1966年查尔斯·惠特曼在得克萨斯大学射杀14人的事件；斯佩克的刀，指1966年理查德·斯佩克在芝加哥杀死8名女护士学生的事件。——译者注

第四章
增长的终结：长期停滞和新平庸时代的驱动因素

的智慧以及公职人员的正直。它既不能衡量我们的聪明才智，也不能衡量我们的勇敢无畏；既不代表我们的知识沉淀，也不代表我们的学习进取；既不包括我们的博大胸怀，也不包括我们对国家的无私奉献；简而言之，国民生产总值衡量的，是除了令生命有价值的东西之外的一切事物。[3]

随着欧洲债务危机愈演愈烈，法国总统萨科齐痛斥 GDP 盲目崇拜，抨击其为"数字邪教"。他委托诺贝尔经济学奖得主约瑟夫·斯蒂格利茨（Joseph Stiglitz）和阿马蒂亚·森（Amartya Sen）制定了一项新的衡量标准，即不丹倡导的国民幸福总值，将医疗服务质量、福利体系、休闲和代际问题计算在内。但国民幸福总值也和 GDP 一样，很难衡量。实际上，国民幸福总值这件事，之所以有了一时的热度，主要是因为萨科齐想要借此提升法国奄奄一息的经济表现（尤其相对于美国）。

2014 年，欧洲人开始将毒品、卖淫和其他未申报的行业纳入 GDP 计算。意大利 GDP 应声增长了约 2%，使得政府能够在 3% 的 GDP 融资成本之前，产生所需的预算盈余，并降低债务对 GDP 之比（当时超过了 130%，远高于既定的 60% 上限）。统计学家甚至考虑过，在 GDP 中纳入贿赂一项，估计全球每年约有 1 万亿美元。而这些估算所依据的实地研究，是我们见不到的。

***

不管怎么计算，经济管理的重点都离不开 GDP 增长。所有的政治和经济议题，都根植于增长的理念，要保持经济的全速运转，要提高人民的生活水平。此外，人们还深信，政府和央行有能力对经济施加实质性的控制，从而实现这一目标。

从历史上看，随着技术发展和全球贸易不断迅速提高生产能力，我们在一定程度上需要经济增长来吸收不断增加的商品和服务供应。在《资本论》中，马克思指出了资本主义生产过剩的内在趋势。像莱因霍尔德·尼布尔（Reinhold Niebuhr）这样的神学家，认为社会是其生产过程的奴隶，为了满足消费需求而颠倒了正常的生产过程。经济学家驳斥了生产过剩的概念，认为供给会自动创造出需求（萨伊定律）。他们认为消费者的需求本质上是无限的，人们永远都会想要获得更多更好的商品。

美国记者万斯·帕卡德（Vance Packard）以凡勃伦（Thorstein Veblen）的炫示消费思想为基础，展示出了人们对商品的欲望是怎么通过广告培养起来的。他在1957年的著作《隐藏的说服者》（The Hidden Persuaders）中，详细阐述了（潜意识）心理技巧的使用，特别是享乐主义、时尚、地位和对失去这些东西的恐惧，以操纵人们的关注点，诱导人们对产品产生欲望。广告将购物和消费变成了休闲活动的重要组成部分。

有计划报废和一次性使用产品的出现，也增加了需求。为了提振消费，很多产品的设计都有固定的使用寿命，并要求用户据此进行更新换代，而不以产品用坏了或者新产品推出为更换标准。随着美国汽车市场接近饱和，通用汽车董事长阿尔弗雷德·斯隆发起了年度设计改革，鼓励广大司机频繁换车。万斯·帕卡德在他1960年出版的《垃圾制造者》（The Waste Makers）一书中，创造了"可取性淘汰"（obsolescence of desirability）这个词：即让用户在头脑中产生产品过时想法的营销方法。

新技术经过一番包装，成了先进和现代的代名词，由此也创造了需求。盒式磁带、CD、MP3、iTunes和流媒体直播等数字媒体相继出现，取代了老式留声机唱片。在黑胶唱片被时代淹没的30年之后，再次作为一种昂贵、时尚的利基产品重现江湖，完成了一整个迭代循环。虽然黑胶这种媒介对人们实际上的音乐体验影响甚微，但还是有人执着于收集同一首曲子的各种媒介产品，再加上相关的播放工具，由此创造了一种特殊的经济活动形式。

制造商利用卫生、清洁和方便的概念，来宣传一次性用品。原本可以重复使用的物品，此时让位给了一次性的婴儿纸尿裤、餐巾纸、毛巾、塑料杯子、泡沫塑料制品、瓶瓶罐罐等。金佰利（Kimberly-Clark）公

第四章
增长的终结：长期停滞和新平庸时代的驱动因素

司推广的一次性面巾纸，取代了"威胁公众健康"的布满细菌的手帕。在物欲横流的世界里，为了节约而有意延长产品的使用寿命，这种做法会遭人诟病，被说成是很"老土"，好像只有贫穷和不发达的社会才会存在。

从放松监管的银行业借债变得越来越容易，由此也确保了消费者能够通过借钱的方式，来为层出不穷、日新月异、"必须"拥有的东西买单。信用卡允许人们现在购买，以后付款，完全没有等待的必要。穷人可以随时华丽转身，变成富人，因为用不着马上为他们买下的东西付钱。债务驱动的消费，支撑了需求和生产。

经济增长微妙地削弱了不断加剧的不平等所造成的影响。更多的经济活动有助于提高生活水平，减轻财富再分配的压力。信贷民主化，让低收入群体可以借贷和消费。而这一切都发生在实际收入停滞不前的大环境之中。

全球经济增长，增加了新兴国家的财富，提高了当地人民的生活水平。这就避免了棘手的殖民剥削和赔偿问题。

人们认为，经济增长能通过改善整体经济状况，让社会中较贫穷的成员从中受益。美联储前理事亨利·沃利奇（Henry Wallich）总结道："只要有增长，就有希望，而增长也使得巨大的收入差距变得可以容忍。"[4]

***

然而，虽然经济增长一直是经济管理的焦点话题，但这毕竟是一个新近才出现的现象。

历史学家 J. R. 麦克尼尔（J.R.McNeill）发现，直到 1500 年，世界经济增长始终是微乎其微的状态。1500—1820 年，受人口增长和农业发展的推动，全球 GDP 从 2 400 亿美元增长到 6 950 亿美元（以 1990 年美元计算），年均增长 0.3%。1820—1900 年，在工业革命和殖民扩张的推动下，全球 GDP 几乎翻了两番，从 6 950 亿美元增长到 1.98 万亿美元，年增长率为 1.32%。1900—1992 年，全球国内生产总值从 1.98 万亿美元增长到大约 28 万亿美元，年增长率略低于 3%。从 1992 年到 2014 年，又翻了一番，达到 60 万亿美元，年增长率约为 3.5%。如今的人均收入，是 1500 年的 9 倍，1900 年的 4 倍。[5]

西北大学经济学家罗伯特·戈登（Robert Gordon）证实了麦克尼尔得出的结论。他利用英国的数据，发现在 1300 年至 1700 年期间，人均实际产出的增长幅度非常小，仅为每年 0.2%。到 1906 年，英国的年增长率达到了 1% 左右。根据后来美国的数据，到 1950 年，增长率达到每年 2.5%，随后出现下降。戈登教授发现，1300—1800 年，用了整整 5 个世纪的时间，人们的生活水平才翻了一番。随后在 1800—1900 年的一个世纪里又翻了一番，在 1929—1957 年的 28 年里又翻了一番，在 1957—1988 年的 31 年里又翻了一番。[6] 最强劲的增长集中在两个时期：1873—1914 年和第二次世界大战后。过去 150 年，特别是过去半个世纪所取得的增长和进步，是史无前例的。

在一定程度上，经济增长是人口统计的函数，与人口增长和劳动力参与率提高相对应。经济增长受到新市场的开放，以及低成本自然资源，如水、粮食和能源供应的影响。经济增长需要创新和生产力的提高。近年来，也受到金融化的推动，尤其是债务的运用。

全球经济目前面临着许多不利因素。发达国家的人口老龄化限制了增长。中国、印度、俄罗斯为全球经济活动提供了一次性的推动力。自 1989 年以来，除朝鲜外，大多数经济体都已融入全球贸易体系，而全球化带来的收益，有朝一日也可能会逆转。全球经济面临越来越多的资源约束。创新和生产力增长的步伐已经放缓。高债务水平带来的问题，将减缓未来的经济增长速度。

***

在已确定的影响未来经济增长的因素中，人口结构至关重要。

自从有历史记录以来，人类的死亡率一直很高，寿命很短，出生率与死亡率长期持平。工业革命之后，预期寿命稳步提高，人口规模不断

第四章
增长的终结：长期停滞和新平庸时代的驱动因素

增长。但目前，全球人口结构已经到达了转折点。人口、创新和生产力的同步增长正在放缓，在一些国家甚至出现逆转。

当今世界人口约为 73 亿。大部分的增长都发生在工业革命之后的时期。1804 年，世界人口是 10 亿，1900 年是 16 亿。由于人口增长，以及妇女和迁移到城市的农村居民更多地参与到有组织的工作之中，全球劳动力的规模增加了，但增长速度已经放缓。20 世纪，全球人口先后两次翻了一番。在 21 世纪，人口数量翻倍一次的可能性都不大。目前的人口增长率仅略高于 1%，远低于 20 世纪 60 年代早期 2% 左右的峰值水平。从 1994 年到 2008 年，对 2050 年世界人口的预测，从 100 亿下降到 90 亿。但即便是这样低的预期增长，也很可能是不可持续的，因为当下的人口规模，已经给资源和环境带来了巨大压力。

未来的人口增长将是不平衡的，南亚和非洲的人口增长主要是高生育率使然。但这些地区的人口增长速度也将放缓，而且无法抵消掉许多发达国家和一些新兴国家（如中国）人口规模的下降。

在 21 世纪的某个时候，全球人口规模将达到顶峰，然后下降。在日本、德国、西班牙、葡萄牙、希腊和东欧，人口已经在下降。这种整体规模的放缓和逆转，将对经济增长产生不利影响。南亚和非洲较贫穷地区的人口增长不会带来相应的经济增长，因为这些国家还需要向富裕捐助国伸手要生存必需品。

未来的世界，人口平均年龄也会越来越大。到 2035 年，65 岁以上的人口将超过 11 亿，占总人口的 13%，是目前水平的两倍。老龄人口与劳动人口的比率（老年抚养比率）将会增加。到 2035 年，每 3.85 位 25~64 岁的职工，将对应 1 位 65 岁以上的老人，比 2010 年的 6.25 位对应 1 位有所下降。在发达国家，老年人的比例还会更高。日本、德国和美国的抚养比（65 岁以上人均）将分别为 1.45、1.52 和 2.27，增长 50%~100%。到 2035 年，新兴国家的老人抚养比将翻一番，达到 4.55。在中国和拉丁美洲，这一比例分别为 2.78 和 3.70。

人口老龄化反映了生育率的下降和预期寿命的延长。人口规模若想保持稳定，每位女性就要生育 2.1 个孩子（多出的 0.1 是将孩子夭折的可能性考虑在内）。目前全球平均生育率为 2.5，而且还在下降。生育率下降的原因，在于怀孕生子的机会成本比以前更高，女性受教育水平提高，避孕措施到位，抚养孩子的成本上涨，家庭关系的不稳定，城市化，中国独生子女政策等特定的政府措施，以及许多社会中女性角色的转变。

1800 年，没有一个国家的平均预期寿命超过 40 岁。而 2012 年出生的女孩和男孩的平均预期寿命分别为 73 岁和 68 岁，比 1990 年增加了 6 年。高收入发达国家出生的人口，预期寿命比平均水平还要长 15 至 20 年。预期寿命的延长，反映了人们所从事的工作类型、职业安全、医疗进步和医保普及等方面的变化。

在发达国家，第二次世界大战后的婴儿潮极大地改变了人口老龄化结构。大量婴儿潮一代将在同一时间达到退休年龄，导致抚养比大幅上升。

＊＊＊

人口结构的变化，会影响劳动力、生产力、支出、储蓄和公共财政。随着劳动力的增加，整体经济可以生产更多产品，而就业人口的消费也会促进经济增长。

人们的经济需求，随着生命周期的发展而变化。消费一般随着年龄的增长而增加，在 45 岁左右达到顶峰。年少时，因为大部分时间都在接受教育或培训，因此消费受到收入的限制。进入劳动力市场后，汽车、住房、家具、家电和孩子的支出，随着收入的增加而逐步提高。随着子女成年，人们的消费模式也会发生变化，这时人们更加注重休闲、健康和老年护理。和年轻人一样，退休后由于收入的减少和体能的下降，支出也会缩减。

美国人口普查局估计，每个人的平均年支出在 46 岁时达到 5 万美元左右的峰值。相比之下，老年时期的支出则低 50%~60%，约为 2 万美元。人口老龄化导致消费降低，而在退休收入或储蓄不足的地方，消费

第四章
增长的终结：长期停滞和新平庸时代的驱动因素

的下降幅度会更大。

处于劳动年龄的成年人，其储蓄水平高于年轻人和老年人。老龄化也会减少储蓄规模，降低可用于投资的资本，增加了投资成本。在其他条件相同的情况下，一个拥有大量老年人口的国家，其经济增长速度会比劳动适龄人口比例高的国家更慢。

人口老龄化降低了税收，也削弱了政府满足养老金、老年护理和医疗服务需求的能力。许多以前的绝症现在都是慢性病，可以通过昂贵的护理、药物和手术加以控制。但是，老龄化对医保和老年护理成本的影响，目前尚不清楚。斯坦福大学医学教授詹姆斯·弗莱斯（James Fries）认为，人们第一次罹患慢性病的发病年龄，已经出现部分或全部推迟的现象，这被称为发病率压缩。严重疾病的负担出现的时间点，距离死亡的时间比以前更短，所以这种现象有可能会降低总体的医疗成本。

在未来，公共服务将不得不由数量越来越少的人员来支撑。如果资源充足，那么凭借工作期间缴纳的税款和个人储蓄就能持续下去。可问题在于，很多福利政策都没有充分的资金支持。即使在实行强制退休计划的国家，储蓄也往往不足。国家必须在老年服务上投入大量资金。在很多国家，大多数公民都需要在退休之后想办法继续获得收入才能维持生活，也需要政府在老年服务和医疗服务领域进行补贴。人口老龄化给公共财政带来压力，制约了经济增长。

人口老龄化的影响可以通过提高退休年龄和减少福利来缓解。但是，延长工作年限，对技能较低的工人和从事体力劳动的人来说，是非常困难的一件事。工作场所安全设施的成本和再培训的成本，必须做到与较长工作寿命的贡献相平衡。

移民，有效地对现有劳动力进行了再分配，这也是一条出路。但除了为数不多的人道主义因素之外，绝大部分移民都是富有的技术型劳动者。政治不稳定国家的有钱人，可以在更理想的地方花钱购买居住权。马耳他岛曾提议，以65万欧元的价格出售欧盟护照，允许买家立即获得所有成员国的居住权。经济状况的疲弱和就业机会的缺乏，促使西班牙、爱尔兰、葡萄牙和希腊公民纷纷选择移居海外，其中技术型劳动力流失尤甚。由此，母国失去了在公民教育上的投资，也失去了未来税收收入的增长，进一步加剧了经济衰退。

移民带来了不同的文化，以及劳动力、技能和财富。与当地融合的问题，在东道国会造成社会不和谐和仇外情绪。近年来，世界各地对移民的抵制现象都有所增加。

**

日本的人口结构加剧了经济衰退。预计到2050年，日本人口将从目前的1.28亿降至9 000万左右，到2100年降至5 000万。21世纪中叶，65岁以上人口的比例将从12%上升到23%左右。在未来的20年里，劳动人口占总人口的比例，预计将从目前的70%降至55%左右。每两名退休人员对应3名职工，比1990年的对应6名职工有所下降。根据一项预测，到2050年，日本人口的平均年龄将达到92岁，这是有史以来最年长的社会。

现在，日本的成人纸尿裤销量已经超过了婴儿纸尿裤。有个广为流传的笑话说，以目前的人口缩减速度，600年后日本人将只剩下480人。

日本战后的经济发展，得益于人口正增长，峰值时每年增长3%。2000年至2013年期间，日本劳动力的萎缩，使经济增长减少了约1%，最终将使经济增长减少2%。这一逆转意味着名义GDP的大幅下降。如果采用类似的假设，劳动力萎缩问题可能会导致德国和美国的经济增长率每年下降0.5%~1%。

人口结构也会导致通货紧缩。不断下跌的物价帮助维持了日本人的购买力和消费，弥补了收入停滞、收入下降以及退休储蓄的极低投资回报。

老龄化问题及其对经济增长的影响，找不到简单的解答。在日本，移民可以暂时稳住人口规模的下降。但一项调查发现，与移民相比，日

第四章
增长的终结：长期停滞和新平庸时代的驱动因素

本老年人更愿意由机器人来照顾。2013年，日本财务大臣麻生太郎甚至建议日本老年人"抓紧去死"，以减轻政府为他们支付医疗和老年护理费用的压力。[7]

***

生产力提高和创新，是过去两个世纪经济增长的关键催化剂。生产力，衡量的是生产过程中产出与投入的比率。生产力的提高使经济增长得以保持，而与人口结构无关。生产力的提高，也实现了收入、生活水平和企业盈利能力的提高。但目前，生产力的增长速度已经放缓。

在美国，生产力的增幅虽然存在相当大的波动性，但从19世纪末到20世纪末期，平均来看，生产力每年增长2%~2.5%。在第二次世界大战后的头30年里，生产力提高了3%~4%。近年来，生产力增幅已降至1%左右。其他发达国家，尤其是欧洲，下降幅度更大。新兴国家的生产力增幅更高，但增长速度在下降。衡量单位劳动产出的劳动生产率和考虑到劳动和资本综合投入的全要素生产率的提高，都有所下降，而后者下降得更厉害。

即使是最近所谓的生产力的温和增长，也可能是夸大其词。金融服务、教育、酒店、医疗、老年护理或政府等部门的产出增加，可能并不等同于真正的提升。2014年年中，经济学家提出，美国GDP下降了2.9%。这是五年来的最差表现。学者们将下降的原因归咎于医疗支出的缩减。为什么花500美元看病就一定比花200美元看病更好、更有效率，没人说得清楚。统计数据显示，在全球金融危机之前，金融业生产力强劲增长，但这个行业创造出了许多经济价值含糊不清的产品。因为这些产品的失败而造成的损失，需要极高的成本来补救。

较低的生产力增长，反映了这样一个事实，那就是，机械化、自动化、大规模生产和劳动力技能提高带来的大规模收益，是不可重复的。在这些领域增加投资，对生产力的边际影响非常有限。降低劳动力工资，将生产外包到成本更低的地区，提升物流效率，所有这些手段的附加值已经在很大程度上被榨干了。

产业结构的变化也会影响生产力,尤其对于发达经济体而言。制造业和重工业特别适合采用机械化和自动化来提高生产力。相比之下,老年护理和医疗保健等服务行业,可能不会采用类似的策略。虽然机器人技术取得了进步,但这些工作本身就具有劳动密集型的性质,而且环境各异,工作内容也不常规,很难实现大规模的生产力提升。

人口结构的变化和生产力增长放缓,威胁到了经济增长。2015年,麦肯锡全球研究所提出,如果没有劳动生产力的增长来抵消人口老龄化和出生率下降的影响,那么全球GDP增长率就有可能下降40%,全球人均收入下降20%。[8]

***

创新的进程很可能也在走下坡路。经济学家罗伯特·戈登(Robert Gordon)将创新分为三个阶段[9]:第一次工业革命(1750—1830年),重点在煤炭、蒸汽机、铁路和纺织业。第二次工业革命(1870—1900年)带来了至关重要的五大创新:电力;内燃机;自来水、室内卫生间和中央供暖系统;石油行业、化学制品、塑料制品和制药业发展过程中不可或缺的分子重排;通信和娱乐设备,如电话、留声机、大众摄影、广播、电影等。第三次工业革命(1960年至今)主要集中在计算机和电信领域。

创新,是一系列彼此之间不连续的,发展速度非常迅猛的技术飞跃。随后,大众会逐渐接纳并利用这些创新,并在这个过程中对其进行一点一滴的不断改进。对于第一次工业革命和第二次工业革命来说,随后又用了100多年,才将这些创新的全部潜力充分展现出来。戈登教授发现,第二次工业革命对生产力和生活水平的影响最大。

电力和内燃机的应用,体现出了创新带来的巨大改变。1880年前后,电力发展到了有商业价值、可以大规模推广的阶段,从那时起,电就成为了人们首选的能源来源,在转换效率、利用不同燃料的能力、生产力、可传输性、精确输送控制和使用灵活性等方面,都是无与伦比的。内燃

第四章
增长的终结：长期停滞和新平庸时代的驱动因素

机的出现和石油的大规模应用，彻底改变了运输和工业。内燃机替代了动物和人类的体能，提高了动力和速度，降低了成本，增长了效率，还解决了处理不卫生的动物粪便的问题。

在接下来的一百年里，第二次工业革命的发明，通过电视、空调、道路和交通网络等衍生技术不断发展，充分发挥了其潜力。这一阶段的大规模变化，都属于历史上绝无仅有的事件。卫生条件的改善、预期寿命的延长、妇女从家庭奴隶的角色中解放出来、更加便捷的交通和通信以及在气候恶劣地区享受更好的居住条件，这些都推动了生活水平的大幅提高。如此的提高幅度，是无法重现的。

通过比较1870—1970年和1970年至今普通老百姓生活的变化，这种影响就变得非常明显了。1870—1970年，工业革命的创新已被人们充分利用。生活在现如今的人们，如果回顾历史，会发现1970年的世界和现在很相似，只不过在工作、住房、卫生、能源、交通、娱乐和家用电器方面可能更朴素一些。相比之下，如果让生活在1970年的人们去回顾1870年的世界，他们是找不到熟悉感的。

交通速度的提升，突出了变化的巨大幅度。工业革命之前，交通方式是骑马和坐船。随后，速度稳步提高。1958年，出现了以喷气发动机为动力的旅行。由此，交通速度的发展也达到了顶峰。但在过去的50年里，飞机的速度并没有大幅提高，实际上，为了节省燃料，现在飞机的飞行速度比20世纪60年代还要慢一些。

＊＊＊

第三次工业革命并没有前两次工业革命那么高的重要性，只带来了生产力的短暂提高。正如经济学家罗伯特·索洛在1987年提出的疑问，为什么"到处都是计算机，却在生产力统计数据中体现不出来"。[10]

从20世纪60年代开始，第三次工业革命的重点在计算机，从大型机、小型机到笔记本电脑、平板电脑、智能手机和可穿戴设备，一路演进。计算机对重复性、例行性、低价值的工作进行了自动化。日益复杂的软件，提高了办公室和工业环境的自动化和效率，例如办公软件中的文字处理和数字分析功能，以及工业上常用的控制和设计软件等。

计算机和应用程序的基础搭建好之后，重点就转向了通过高速宽带和无线通信等电信技术将用户联系起来。到 2014 年，世界上有超过 1/3 的人在使用互联网。10 亿人使用 Facebook（脸书），差不多相当于印度或中国的人口总数。全世界每天大约发送 90 亿条短信息和 5 亿条 Twitter（推特）。

相关创新对生产力的影响，主要发生在 20 世纪 70 年代—20 世纪 90 年代中期。之后的创新没有以往那么重大，只是对现有技术进行改进，以进一步提升效率、速度、能力和功率。最近的许多创新，都集中在娱乐和通信设备上，对生产力的影响微乎其微。风投"创始人基金"（Founders Fund）不禁感叹，没做出当年承诺的飞行汽车，只有在 Twitter 上发送 140 个字符的本事。[11]

虽然现在就对第三次工业革命的全面影响进行评估还为时过早，但目前看来，第三次工业革命确实没有像电或内燃机那样激发出划时代的变革。

20 世纪 90 年代的互联网繁荣，在 2000 年崩盘之前达到顶峰。互联网，以电子邮件、搜索引擎、电子商务和在线零售为基础，目标是取代现有的实体商业。虽然 Amazon（亚马逊）和几家网上旅行社存活了下来，但大多数互联网企业都以失败告终。就连亚马逊也改变了自身的虚拟模式，大举投资仓库、物流和计算设施。

2000 年后的互联网繁荣，集中在社交网络、即时通信、在线游戏和新媒体，人们对网上零售的兴趣也重新燃起。一位评论人士不乏讽刺地将社交网站贬为"廉价地抒发自恋情结的地方"。[12]

2014 年 6 月，亚马逊宣布了最新的创新产品——一款使用图像识别技术的智能手机。只要将手机对准在线商店中的 7 000 多万件商品，用户就能直接购买。这款手机的设计初衷，是将消费的障碍降至最低，由

第四章
增长的终结：长期停滞和新平庸时代的驱动因素

此也生动地体现出了新经济中被视为创新的"即时满足"。批评人士称这部手机是大众消费的武器，让你自作自受，直接瞄准，对着自己的脚开枪。[13]

许多新技术取代了现有产业，由此也限制了对经济增长和生产力的影响。最近一段时间的创新，侧重于对现有商品和服务的营销和分销，而不是全新产业的打造。智能手机和平板电脑的出现，令台式机和笔记本电脑相形见绌。苹果的 iPhone 取代了黑莓手机、索尼 CD 随身听等便携式音乐播放器，以及曾一度随处可见的掌上电脑（PalmPilot）等个人数字助理。Google（谷歌）和博客，将原本贡献给报纸、出版业和图书馆的收入转移了过来。数字广告也吸纳了原本属于报纸、杂志和电视广告的收入。

技术创新，越来越依赖于成本的降低，而这是通过降低产品质量，聘用未经培训的员工来实现的。Airbnb（爱彼迎）让人们在平台上出租自己的房子。打车软件 Uber（优步）让个人用自己的汽车为他人提供交通服务。维基百科和其他在线媒体与娱乐服务，依赖的也多是无偿劳动。

这种类型的创新，还致力于创建免费平台与服务，从而建立起规模足够庞大的用户社区，从中获取隐性收益，要么直接获取，要么通过出售用户数据以供定向营销，当然还包括更拙劣的手段。从收入、利润和就业的角度来看，许多近期创新对经济的贡献都很难衡量。将文化影响放在一边不谈，Facebook、Twitter 之流，很可能根本没有可行的长期经济模式。

第三次工业革命强调的是颠覆性技术，这个说法与哈佛大学教授克莱顿·克里斯坦森（Clayton Christensen）及其 1997 年的著作《创新者的窘境》（*The Innovator's Dilemma*）有关。书中对可持续创新和颠覆性创新进行了区分，前者改进产品，为公司当前的客户做出有价值的改变，而后者则是指那些最初定位在低利润客户身上的价格较低、质量较差的产品，利用低于竞争对手的价格从其他公司那里抢生意，最终的目标是占据行业主导地位。

在学术圈子特有的神仙打架过程中，历史学家吉尔·莱波雷（Jill Lepore）批评了克里斯坦森对这套理论的大肆推销，称他书中的案例并不适用。莱波雷还指出，这套理论的预测能力很差。克里斯坦森创立的"颠覆性成长基金"，一年内亏损了约 2/3。莱波雷还提到了克里斯坦森 2007 年做出的关于苹果 iPhone 将会以失败告终的预测。[14]

企业现在追求的颠覆性技术，从长期经济增长和生产力提升的角度来看，并没有多大潜力。在风险资本的支持下，创业者专注于这类创新，希望通过向大公司卖身或者上市的方式来获取短期货币价值。随后涌现出来的少数几个成功企业和个人，着手搞起了破坏工作，将从最初产品中获取的高额利润投资于风险大、利润低的投机性项目，而这类项目通常都有非常庞大的投资需求。谷歌就以这种方式，利用其从垄断搜索业务中获取的巨额利润，去寻找第二种有利可图的产品。这就像是将从一把赌局中赢来的钱，扔到更多的赌局之中，而忽略了统计上非常小的第二次成功的机会。

这一过程，让我们看出了技术的兴衰更迭。但目前尚不清楚，这一轮技术发展，是否会像以前的工业革命那样，对经济增长和生产力发展产生重大而长期的全面影响。

***

教育水平和研究经费会影响创新，但两者的贡献，以及创意产业劳动力的比例，可能已经达到了一个高原值。如今，人民受教育水平可能已经趋于稳定，甚至出现下降，尤其在发达国家。

虽然有天赋的孩子依然存在，但有证据表明，因为电脑的过度使用以及教学方法的改变，学生的阅读、写作和计算能力，平均来看都有所下降。现在的课程设置并不重视数学和科学。那些对某一领域特别偏爱的外向型性格人群，更愿意选择商业、文化和社会领域的学科，而这样的侧重点，与创造力的需求并不一致。

第四章
增长的终结：长期停滞和新平庸时代的驱动因素

拒绝采用准确的成绩评估，只会助长学业的平庸。近一半的美国大学生需要 6 年以上的时间才能完成 4 年制的学位。教育工作者总说，如今的"茶杯学生"是如此脆弱，稍微碰一碰就碎掉了。

大学和学院数量的激增，也对学业日趋平庸的趋势发挥了推波助澜的作用。高等学府早已屈服在商业压力之下。资金充裕的院校，配备有资质良好的学者，拥有充足的教学和研究设施，而如今，却开始出售学位，录取付费学生，以务实的、以市场为导向的方法求生存。

社会活动家简·雅各布斯（Jane Jacobs）发现，学校的本质已从教育转变为文凭，而重点则是让学生为就业做好准备。在一些国家，不断上涨的教育成本令许多人无力负担，迫使毕业生在背负沉重债务的同时开启职业生涯。扣除成本后，更高学历的收入优势不断下降，吸引力也随之降低。

许多国家的实际科研经费已经下降。这一趋势影响到了学术研究成果的数量和方法，将重点从不确定但可能具有开创性的领域，转移到更有可能获得资助的更稳妥的领域之中。企业共同投资或赞助研究方向，强调的是对应用研究的关注，而不是纯粹的理论研究。关键的基础知识现在无人问津。但是，正是量子物理使得芯片成为可能，正是爱因斯坦的相对论成就了卫星导航系统，正是抽象数学给计算机和通信技术的发展铺平了道路。

针对纯研发的大规模投资，如贝尔实验室、施乐帕洛阿尔托研究中心（PARC）和洛克希德著名的臭鼬工厂，在如今这个年代已经不那么普遍了。贝尔实验室的研究人员帮助开发了射电天文学、晶体管、激光、电荷耦合设备、信息论、UNIX 操作系统以及 C 和 C++ 编程语言。帕洛阿尔托研究中心贡献了个人电脑、激光打印机和图形用户界面等创新。

从历史上看，政府资助研究始终都有很高的重要性。通过五角大楼输送的公共资金，助力了互联网的发展。国家科学基金会资助了谷歌算法搜索引擎的开发。政府投资的风险资本，为私营企业提供了巨大的社会效益和丰厚的利润。但是，公共财政压力的增加，减少了政府的资金，而这类投资的缺乏，很可能会限制未来创新的巨大飞跃。

***

对科技持乐观态度的人，对关于创新放缓的担忧不屑一顾，还将不相信科技力量的人视为勒德分子[①]。他们相信，近期技术变革的影响，将随着时间的推移而实现。他们指出了大数据、机器人技术、3D 制造和新型神奇药物的巨大潜力。技术乐观主义者认为，技术进步已经接近奇点。奇点是一个假设的时刻，届时人工智能将进步到超越人类智能的程度，并对人类和社会产生根本性的影响。

大数据使用归纳统计和非线性系统工具，对大数据集进行测量，并在其中建立起关系，识别出趋势。这项技术尚未得到验证。大数据技术的预测能力是高度可变的，是基于对数据属性的假设，而在实践中，人们并不能很好地理解这些属性。到目前为止，大数据技术主要用于流行病学和目标营销。大数据需要大笔资金投入和宏大的假设，也存在巨大的判断风险。大数据和所有的分析过程一样，都面临同样的问题，而更多的数据只会造成新的问题，而不会给出解决方案。

机器人技术已经广泛应用于制造业，尤其是汽车制造业。专为老年人和医疗保健设计的机器人，正引起人们的兴趣。虽然有所进步，但机器人在动力源、运动、操作和知觉感知方面仍然受到限制，由此也局限了在非常规任务中的使用。机器人在完成简单的人工任务，如分类洗涤等方面也存在困难。

20 年前首次提出的 3D 打印或增材制造，就是将连续的材料层置于计算机控制下，创建三维物体的过程。今后，这一领域很可能发展成为有价值的利基行业，因为在不存在规模经济的情况下，这一技术可以降

[①] 勒德分子是 19 世纪英国工业革命时期，因为机器代替了人力而失业的技术工人。现在引申为持有反机械化以及反自动化观点的人。——译者注

第四章
增长的终结：长期停滞和新平庸时代的驱动因素

低制造单个小型产品的成本。

技术本身也是问题的根源。Bot 欺诈，即通过计算机程序人为地创建在线广告的页面浏览量，每年令广告商损失超过 60 亿美元，占全部点击量的 25%。精心策划的网络攻击、恶意软件和计算机病毒，会导致混乱、破坏、数据丢失、经济损失，以及在个人层面或政治层面的耻辱性公开披露。安全、信任和隐私都面临威胁。防止这些攻击的成本是相当大的。

战后阶段，人们预期寿命的延长和生产力的提高，在一定程度上得益于医疗方法的进步，包括青霉素等抗生素的发明。但抗生素的过度使用，增加了耐药感染。2014 年英国的一项研究发现，到 2050 年，耐药感染可能导致全球每年 1000 万人死亡。潜在的成本是 100 万亿美元，使 GDP 减少 3.5%。

归根结底，天才和创新无法按需提供。当"发明方法"已经开发殆尽之时，19 世纪的技术变革速度很可能再也无法重现。[15]

技术，也存在科学和经济方面的限制。新专利的数量与为此投入的数十亿研究资金并不相称。预期寿命的增长已经放缓。医学的进步令人失望，诸如癌症等疾病的治疗，如今依然举步维艰。有一个模型表明，人均创新率在 1873 年达到顶峰，随后出现下降。据估计，我们的技术经济极限已经达到了 85%，预计到 2038 年将达到 95%。[16]

能改变游戏规则的重要创新机会仍然存在：如何提高粮食产量来养活整个地球；如何提供廉价、可持续的能源；如何节约稀缺商品，改进物流和配送技术，以便更有效地利用现有资源。但目前在这些领域还没有出现工业革命规模的创新。科学家有个说法：核聚变技术还需要三十年时间才能问世，永远如此。

虽然为数不多的创新人士可能会因此赚得盆满钵满，但目前的创新水平对经济增长的影响十分有限，无法增加就业、提高收入。美联储前主席格林斯潘错误地认为，将工人数量减少到零，就能带来无限高的生产力，并由此迎来一场生产力盛宴。考虑到消费占发达经济体经济活动的 60%~70%，就业和收入的持续减少，会限制创新带来的更广泛的经济利益。

1955 年，福特公司一位高管在展示一座新的自动化工厂时，问美国汽车工人联合会的负责人沃尔特·鲁瑟："你打算怎么从（机器人）那里收取工会会费？"鲁瑟反驳说："那你要怎么让机器人购买福特汽车呢？"[17]

***

经济扩张并不是可以无止境持续下去的连续过程。经济增长和生活水平的提高将明显放缓。就"冲击价值"而言，经济学家罗伯特·戈登推测，根据他提出的六种不利因素（人口统计、受教育程度下降、不平等加剧、全球化影响、环境成本和债务负担）进行调整后，美国未来的增长率可能仅为 0.2%，甚至远低于 1987—2007 年 1.8% 的适度水平。

低增长或无增长，并不一定是件坏事。在自然界中，成长只是一个暂时的阶段，在成熟期就会停止。低经济增长可能对环境和稀缺资源的保护产生积极的影响。但是，当前的经济、政治和社会制度，是建立在无休止的经济扩张和生活水平的不断改善基础之上的。现在，若想解决政府债务和个人债务水平过高的问题，也需要强劲的经济增长。约翰·斯坦贝克（John Steinbeck）在他关于大萧条的小说《愤怒的葡萄》中，指出了这种趋势："如果这怪物停止发展，它就死了。它是不能停顿在一个限度之内的。"[18]

第五章

坐吃山空

经济增长的资源和环境约束

第五章

坐吃山空：经济增长的资源和环境约束

英国经济学家约翰·希克斯（John Hicks）将真正的经济增长定义为：在不影响下一年生产能力的情况下可以提取的产量。[1] 近年来的经济增长，一直是以牺牲未来为代价的。作家爱德华·艾比曾警告说："为了生长而生长，是癌细胞的意识形态"。而全世界对这样的警告充耳不闻。[2]

全球经济日益受到水资源、粮食、能源短缺和气候变化的制约。在低成本资源储备逐渐枯竭的情况下，若想解决资源供应的问题，需要增加投资才能满足基本需求。额外的成本将影响到经济增长和生活水平。在更极端的情况下，关键资源的枯竭还会限制人类活动。

***

稀缺的概念并不新鲜。牧师托马斯·罗伯特·马尔萨斯（Thomas Robert Malthus）在1798年的《人口原理》中指出，有限的可用资源限制了增长，人口最终将难逃饥荒和疾病的劫难。马尔萨斯的立场是反乌托邦的，与18世纪欧洲启蒙运动的观点背道而驰。启蒙运动认为，社会可以持续进步并走向完美。

事实证明，马尔萨斯的预测是毫无根据的。科学、技术和生产力的发展，再加上经济上的自由，使得生产力得以提升，并满足需求。"马尔萨斯主义者"变成了一个贬义词。

1972年，智库罗马俱乐部在其报告《增长的极限》中，再次谈及马尔萨斯的论文。在油价上涨和20世纪70年代滞胀的背景下，该报告认为，由于自然资源，尤其是石油供应有限，经济增长不可能无限期地持续下去。随后，凯斯西储大学的两位学者爱德华·佩斯特尔（Eduard Pestel）和米哈伊洛·梅萨罗维奇（Mihajlo Mesarovic）利用更复杂的模型来检验这些预测。1974年出版的《转折点的人类：提交罗马俱乐部的第二份报告》比以往更加乐观，认为社会有能力对资源的使用进行改进和控制，避免环境和经济灾难的爆发。

政府、企业、科学家和经济学家极力反对任何限制经济扩张的想法，认为这是危言耸听，悲观、无知、荒谬。对高水平增长的承诺一直都在，而且人们始终相信，所有的制约因素都可以通过技术或政策措施得到解决。资本家认为市场可以解决增长和资源短缺的问题。

20世纪80年代，经济恢复强劲增长，更是让人们觉得悲观的预测大错特错。但2008年的一项研究，回顾了1972年《增长的极限》中提出的预测发现，随后30年的历史数据，与预测中的"持续正常业务发展情境"是保持一致的，如果继续这样发展下去，就会导致全球经济体系在21世纪中期的崩溃。[3]

人类生活不可或缺的几类资源，都是有限的。新发现和开采方法的进步，将资源枯竭的日期不断向后推迟。美国人类学家兼历史学家约瑟夫·泰恩特（Joseph Tainter）认为，科学的边际回报在不断递减，这就使得技术进步的难度越来越大，成本越来越高。[4]最终，也就限制住了我们提高资源产量的能力。与此同时，由于人口的增加和新兴国家的快速发展，资源需求继续不断上升。随着国家的发展和生活水平的提高，资源的使用量和对环境造成的压力也在增加。经济学者沈联涛认为："地球根本无法支撑30亿亚洲人过上欧洲的生活"。[5]

***

水资源是制约经济增长的一大因素。地球上所有生命都需要水。人体大约65%是水。在某些条件下，人类可以在没有食物的情况下存活两到三周，但没有水只能存活两到三天。

地球上的水资源是有限的。只有2.5%是淡水，其余97.5%都是咸水。在可用的淡水资源中，2/3被固定在冰川和极地冰帽中。全部生命都依赖于地球上不到1%的可用水资源。

在水循环的过程中，海水在阳光的照耀下转化为水蒸气，并以雨雪

第五章
坐吃山空：经济增长的资源和环境约束

的形式返回陆地，补充淡水供应，然后再次流入大海。所有的非海洋生物和活动都依赖储存于河流、湖泊和淡水湿地中的地表水，同时也依赖地下水。地下水通常是淡水，地下水渗入土壤和岩石的孔隙空间，或在水位以下的地下含水层中流动——这类地下水因其年代久远而被称为"化石水"。

淡水资源在地球上分布不均。占世界总人口60%的40亿人，生活在每年降水量仅占世界1/4的地区。在非洲，刚果河流域约占非洲大陆30%的水资源，但却只有10%的人口居住在那里。在世界上许多地方，季节性雨水流失过快，无法有效利用。印度每年90%的降雨量都在夏季季风期，其余8个月几乎没有降雨。

个人用水，如饮用、烹饪、洗浴和环境卫生等，约占用水需求的8%。基本家庭用水量为每人每天50升左右，从最低需水量20升到发达国家常规使用的100升或更多不等。

工业占水资源总需求的22%。发电过程的用水，要么是直接建设水力发电厂，要么是通过煤炭、核能或地热发电过程中的热交换来间接发电。能源生产约占工业水消耗量的2/3，煤矿开采需要水；水力压裂法可以从页岩中提取天然气和石油；天然气、煤炭和核电站的冷却过程也要用到水。水用于生产食品、燃料和化学品。纺织业、造纸业和采矿业的用水量也特别大。

农业占水资源总需求的70%。伦敦国王学院的约翰·安东尼·艾伦（John Anthony Allan）教授提出了虚拟水或嵌入水的概念，即生产某产品所需的全部淡水量。一杯浓缩咖啡，背后需要140升水；一片吐司需40升；一份培根则需480升。根据生活水平、气候条件和农业种植习惯的不同，一个人的粮食需求，相当于每天使用2 000~5 000升水（而一个人每日的饮用水量，仅需要2~3升）。

全球人口从2000年的60亿左右增长到2050年的90亿左右，也将增加对水资源的需求。每年的全球人口增长幅度，需要额外补充640亿立方米的水，这相当于每年流经德国莱茵河的水量。人口增长的大部分来自发展中国家，这些国家缺乏足够的水资源基础设施，因此水资源相关压力也特别大。

用水量的增长速度是人口增长速度的两倍，进一步加剧了需求。在20世纪，由于生活水平的提高和饮食习惯从谷物向更多肉类和蔬菜的转变，人均用水量不断上升。

能源提取过程中，水的使用规模迅速增长。旅游（去干旱地区的高尔夫球场打球等）和娱乐的需求，也增加了水资源的压力。

作为经济增长动力的城市化进程，也加剧了水资源的压力。人口密度增高，导致地下水逐渐枯竭，而且城市化还增加了水污染和水传播疾病的风险。城市化需要在水基础设施方面进行大规模投资，因为简便而廉价的水井和化粪池，只适合较低的人口密度，人一多就不够用了。

水利工程建设，如大坝、水库、运河、管道、处理厂和集中下水道，是水储存、供应管理以及改善卫生的必要条件。而为此付出的代价，就是改变自然水流，造成污染和环境退化。

印度首任总理贾瓦哈拉尔·尼赫鲁（Jawaharlal Nehru）将大坝视为现代化的庙宇。印度内政部长莫拉吉·德赛（Morarji Desai）曾威胁说，要给水库开闸放水，淹死反对某个建设项目的村民。但越来越多的人认识到，大型水坝是问题而非解决方案。援助机构曾经是水坝建设的热心支持者，现在也越来越不愿意资助这类项目。

大坝的建设加剧了水资源的蒸发损失。间歇性开闸造成的水流变化会破坏河流，增加侵蚀，令农业土地退化。截留的淤泥和悬浮泥沙，抹平了肥沃的冲积土壤，降低了水力发电量，增加了维护费用。大坝改变了水负荷和水位，刺激了地震活动。大坝建设破坏了生态系统，改变了鱼类的繁殖周期，阻断了鱼类的洄游路径，而导致鱼类资源骤减。大坝的水库是甲烷等温室气体的重要来源。这部分甲烷，是水生植物和淹没土壤等有机物腐烂而产生出来的。

第五章
坐吃山空：经济增长的资源和环境约束

埃及的阿斯旺大坝降低了发生洪水的风险，扩大了农田面积，产生了电力，促进了旅游业的发展。与此同时，也导致了对降雨的依赖，以及灌溉渠道的污染。阿斯旺大坝的建设，导致了血吸虫病（一种由生活在淡水中的寄生虫引起的感染）的高发病率，也因为水库植物营养物质的非自然富集，导致水葫芦数量激增，以及从埃及到黎巴嫩的沿海海岸侵蚀。美国西南部的水坝，将水输送到农田和工厂。这些水坝将科罗拉多河曾经流入加利福尼亚湾的三角洲变成了盐碱地死亡区。农业用水的分流，已经严重破坏了澳大利亚的默里—达令河水系。

污染破坏了水资源。垃圾、污水、工业废料和农业地表径流排放到自然水域的现象非常普遍。

约有4.5亿印度人依赖2 500千米长的恒河，作为他们的用水来源。但是，由于圣城瓦拉纳西（Varanasi）每年焚烧3万多具尸体，印度规模庞大的人口和快速发展的经济还会排放出大量未经处理的污水、有毒化学物质以及工业废料，恒河受到了严重污染。恒河的粪便污染，已经导致一种名为NDM-1的细菌基因达到危险水平，由此产生的几种危及生命的、高度耐抗生素的感染，正在南亚和其他地区蔓延。印度政府和医疗当局否认了这一问题，担心这会影响到印度日益繁荣的医疗旅游业。

每天都有成千上万的印度教徒为了净化心灵而来到瓦拉纳西的河滩。信徒认为，说神圣的恒河不纯洁是亵渎神灵的行为。他们不接受科学家的警告，也不相信自己的眼睛，而是坚定地认为恒河完全无害，坚决抵制整治行动。

***

水的消耗量在过去50年里增加了两倍。世界每年的水需求量，大约是河流、湖泊和地下蓄水层的一半。到2025年，这一比例预计将达到90%。主要的蓄水层正在枯竭，每年水位下降10~50米的现象越来越普遍。随着地下水供应的减少，自然循环更新是否能满足人类日益增长的需求，目前尚不清楚。

2014年，全球有20多亿人（占全球总人口的30%）无法获得清洁的饮用水。到2025年，世界上2/3的人口将面临严重的水资源压力。2015年，水资源短缺迫使加利福尼亚州实施强制性用水限制，要求减少25%的用水量。巴西的圣保罗是世界上比较大的城市之一，拥有2 000万人口，面临着长期的、严重的水危机，部分原因是全球变暖带来的气候变化和亚马孙盆地森林砍伐面积的增加。缺水问题将推高水成本，提高食品和工业产品的价格，阻碍经济增长。如果不加以控制，甚至可能会引发社会和地缘政治冲突。

人类用水的转移，对沼泽、河流、沿海湿地以及成千上万种以这些地方为家园的动物、鸟类和鱼类产生了不利影响。鱼类种类和种群的减少，以及对调节水质和数量至关重要的生态系统的破坏，增加了水资源稀缺的成本。

因为水资源供应存在局限性，所以我们就需要在海水淡化和净化技术、储存和运输基础设施、降低工农业用水强度的措施、循环利用，以及水资源保护方面进行大规模投资。与水有关的技术，成本高昂，属于能源密集型产业。海水淡化只有在像波斯湾这样的干旱地区投入高价值用途，才具有经济上的可行性。仅经合组织（OECD）国家，每年就需要投入2 000多亿美元来维护老化的水基础设施。

1569年，阿克巴大帝（Emperor Akbar）建立了印度城市法特普尔锡克里（Fatehpur Sikri），作为帝国首都。这处皇宫建筑群是莫卧儿王朝最杰出的建筑之一，但由于缺水，在建成后不久就于1585年遭到废弃。曾经是世界四大湖泊之一的咸海，由于苏联时期的灌溉工程对河流进行改道，如今已几乎完全干涸。咸海的消失，造成了公共健康问题和当地气候变化。曾经繁荣的捕鱼业惨遭摧毁。当年，咸海的捕鱼量曾占苏联鱼类总产量的1/6。在干涸的咸海中搁浅的渔船，呼应了萨尔瓦多·达利（Salvador Dali）1934年的超现实主义画作《偏执狂星象》（*Paranoiac-Astral Image*）。画面中，无知的人们坐在小船上，停在干涸的湖泊或海

第五章
坐吃山空：经济增长的资源和环境约束

洋中央。这幅画作提醒人们，人类对水资源的贪婪索取会造成严重后果。

***

制约经济增长的另一个因素是粮食资源。农学家估计，到2050年，粮食产量需要增加60%~100%，才能养活全世界的人口。

这种不断增长的粮食需求，是由人口增长和饮食习惯的改变所驱动的。自1950年以来，全球肉类消费增长了500%。随着发展中国家数十亿人口收入的增加，对肉类、乳制品和蛋类的需求也在增加。到2050年，发展中国家由谷物提供的热量，预计将从56%下降到46%。肉类、乳制品、植物油提供的热量将从20%增加到29%。肉类生产需要大量的谷物，而肉类本身提供的热量，远不及喂养牲畜所投入的谷物的热量。鸡肉、猪肉和牛肉每产生一倍的增重，分别需要两倍、三倍和七倍的粮食，这就使得对作为动物饲料的粮食或豆类的产量需求增加了一倍以上。

粮食生产，受到农田面积减少、土壤质量下降、作物产量提高乏力、水资源短缺、自然粮食来源过度开发以及气候变化等因素的制约。

在过去的十年里，全球可耕地面积保持相对稳定，约为34亿英亩①。土壤质量恶化，令农田越来越容易受到风蚀和水蚀的影响，约1/3的表土流失速度快于其补充速度。

在非洲、亚洲和中东的部分地区，过度耕种正在迅速降低农田的生产力。家畜数量的增加导致了过度放牧，自1960年以来，家畜数量增加了12亿多头。刀耕火种的农业和过度砍伐，导致了森林面积缩减，反过来又增加了二氧化碳排放、土壤侵蚀和土地退化的严峻程度。在全球范围内，每年有560万公顷的森林被砍伐，面积比瑞士还大。

在20世纪30年代的美国，过度开发迫使人们放弃农田，成千上万的人为了不饿肚子而被迫迁移。在苏联时期，时运不济的"处女地"项

---

① 1英亩 = 4 046.864 798 平方米。——译者注

目,草地转变为生产性农田,结果却导致了沙尘暴的肆虐。

***

20世纪的绿色革命,是以农业生产力的迅速提高为基础的。机械化、灌溉技术、改良种子和人工化肥的相继问世,推动了农作物产量的上升。通过廉价合成氮来生产化肥硝酸铵的能力,大大提高了粮食产量。除草剂、杀菌剂和杀虫剂的应用,减少了病虫害造成的损失。产量的增加,主要是矮种作物的普及和种植密度提高的功劳。而且在人工干预下,某些植物的可食用部分也有所增加,除茎和叶之外,还可以食用豆荚。

自1950年以来,粮食平均产量增加了两倍。但作物改良的比率从1950—1990年的2.2%降至1990—2011年的1.3%左右。1990—2007年,小麦产量平均增长了0.5%,而1961—1990年的增幅约为3%。同一时期,大米产量减半。

农业生产力,可能正在接近技术和生物极限。提高生产力的一个因素是种子,因为优质种子可以使谷物吸收更多的肥料和水。如今,水资源供应的压力造成了困难。使用化肥来提高产量,可能已经超过了饱和点。化肥的制造,需要利用能源密集型工艺,而成本也因此增加。与此同时,化肥的使用也是不可持续的,因为农业灌溉径流会将化肥四散开来,对环境造成破坏,对河流和海洋也有害。

被怀疑论者称为"弗兰肯食品"①的转基因食品,其长期副作用目前仍不得而知。人们担心,大型跨国公司正逼迫农民放弃传统种子,诱导他们形成对昂贵的商业种子产品的依赖。农民不再像以往那样种植二三百种不同的作物,而是将重点放在了小麦、玉米、水稻和大豆等少数几个品种上。这种单一栽培,本质上就是很危险的:多样性的匮乏,使作物对寄生虫和疾病的抵抗力大大下降。19世纪40年代,爱尔兰的

---

① 这一说法借用了小说《弗兰肯斯坦》里的主人公,用以指代最终毁掉其创造者的东西。——译者注

第五章
坐吃山空：经济增长的资源和环境约束

马铃薯作物枯萎，导致饥荒。法国葡萄酒业和美国玉米生产遇到的危机事件，也突显出依赖单一品种的风险。此外，粮食作物的设计初衷，是为了提高产量，而不是增强营养成分。由此一来，依靠谷物为生的穷人，就失去了营养和微量元素的来源，造成了健康问题。

粮食生产依赖于水，而水本身就是一种稀缺资源。大约40%的谷物作物需要人工灌溉。由于世界上一半的人口开采地下水的速度快于补充地下水的速度，水资源的短缺就限制了食品供应。

自然食物资源，如鱼类资源，也面临压力。大约80%的海洋渔场的捕捞量都已达到或超过其可持续产量。对其中许多鱼类品种而言，恢复到往日的规模是不太可能了。传统的蛋白质来源，如野生鳕鱼和鲑鱼，正变得越来越少。由于野生渔业遭到过度开发，现在的鱼类需求主要由渔场来满足，而这些渔场需要谷物和大豆作为饲料。还有一种饲料是鱼粉，而鱼粉的原料是海鱼，这也给海洋渔业带来了额外的压力。

厄普顿·辛克莱（Upton Sinclair）在1906年的小说《屠场》中对芝加哥肉类加工业的揭露，引起了公众对食品工业生产方式的愤怒。虽然后来有了监管措施，但现代大规模食品生产依然强调效率和数量高于质量，也存在副作用。液体肥料对水质造成威胁，导致近地表地下水硝酸盐含量上升。对廉价饲料的需求，加剧了新兴国家的森林砍伐速度，因为人们要砍伐森林才能建造农田，生产用于饲料的农作物。虐待动物更是家常便饭。

抗生素的广泛使用，让家畜能免于疾病的威胁，也促进了耐药细菌的发展，对人类健康构成了威胁。目前，多达20%的医源性感染，可追溯至因抗生素使用而形成的耐药病原体。

马尔萨斯认为，人口增长规模将受到寻找食物能力的限制。他没有预料到，随着地理边界的扩大和作物产量的增加，农田面积会持续扩大。但耕地面积目前已相对稳定，土地质量日趋下降，生产力的提高速度也在放缓。由此看来，马尔萨斯所说的限制，早已不那么牵强了。

不断上升的需求和紧缩的供应会推高食品价格，造成短缺。2007—2008年，谷物和大豆价格上涨了一倍多。2010—2012年，价格进一步飙升。粮食消费量和生产量之间的差距很小，而且还在不断缩小，缓冲库存有限，这就使得问题变得更加严重。

严重粮食短缺，始终威胁着穷人，让穷人备受营养不良和饥饿的折磨。就算可以增加产量来满足日益增长的粮食需求，成本的上升也可能会让世界上越来越多的人买不起最基本的食物。与水资源短缺一样，粮食短缺也将破坏政治稳定，引发资源冲突，甚至可能导致国家的垮台。由于地球上仍有近10亿人缺乏足够的粮食和基本营养，粮食引发社会动荡的风险很高。2007—2008年发生在大约60个国家的粮食骚乱和动荡，可能是未来事态发展的先兆。[6]

***

充足而廉价的能源供应，面临威胁。这是制约经济增长的另一个因素。在工业革命之前，生活和工业所需的能源是由人类和动物，以及像木材、水、风这样的天然燃料和动力提供的。从19世纪开始，人们用上了化石燃料。

在化石燃料开发的第一个时代，由煤来驱动的蒸汽机为工业、船舶和铁路提供动力，也用于发电。随着时间的推移，燃烧煤炭造成的污染，让人们转而选择使用石油和天然气。煤炭仍然是电力的重要来源，一些地方糟糕的空气质量和频发的呼吸系统疾病，让人不禁联想起19世纪的伦敦和曼彻斯特。

化石燃料开发的第二个时代，从1859年美国商业石油生产开始。这个时代的重点主要在碳氢化合物。第二次世界大战后，化石燃料因为自身优越的便携性和能量强度（单位体积释放的能量），成为主要的能源来源。石油使用量的增加与内燃机的发展密不可分，内燃机对汽车、卡车、火车和飞机等现代交通工具而言是不可或缺的。石油在农业、化学加工以及合成材料和纤维的生产中也具有很高的重要性。

第五章
坐吃山空：经济增长的资源和环境约束

20世纪20年代以来，中东、苏联、美国、加拿大、墨西哥、北海、北非和西非相继发现了大型油田，促进了石油使用量的增加。而基础设施（如管道）、油罐和炼油技术领域的投资，也支持了石油行业的发展。

20世纪，由于高压管道改善了天然气的可运输性，以及液化和再气化技术的进步，使天然气成为一种主要燃料。技术的发展，令天然气可以用于发电、取暖和烹饪，也可以作为制造氨以及一些合成材料的原料。

如今，煤炭、石油和天然气提供了所有能源来源的80%~90%。这些化石燃料促进了现代经济的发展，也促进了粮食、货物和服务的生产和供应，提高了运输效率，提高了生活水平。经济增长很难与廉价高效的能源脱钩。

***

自1800年以来，全球能源消耗增长了约25倍。而1965年以来，中国人口增长了两倍，全球人口增长了一倍。石油、煤和天然气的消耗量，分别增长了2.5倍、2倍和3倍。

能源消费是由人口、城市化、工业化、经济增长和能源效率（单位GDP所需的能源量）的变化所驱动的。自1990年以来，发达国家的能源消费增长缓慢。造成这种低增长的一个重要因素，就是2008年开始的经济增长放缓。美国和欧洲的能源消耗分别增长了20%和7%。但在发展中国家，能源消费增长却十分强劲。中国增长了146%，印度增长了91%，拉丁美洲增长了66%，非洲增长了70%，中东增长了170%。自1990年以来，全球人均能源消耗增长了约10%。

由信息和通信技术驱动的数字经济所消耗的能源规模越来越大。数以亿计的台式电脑、笔记本电脑和移动设备在生产和使用过程中消耗了大量的能源。处于互联网和云计算核心的数据中心、数字仓库和服务器群，也是全球经济和基础设施的重要用户。数字经济大约消耗了全世界电力的10%，相当于1985年点亮整个地球所需的全部电量。

据美国能源情报署估计，2010—2014年间，世界能源使用量增长了50%以上。按照目前的趋势，到2040年，中国的能源使用量将是美国的两倍。化石燃料可能无法持续满足如此庞大的需求。2013年，已探明石油储量约为1.7万亿桶，以目前的开采速度，足够维持大约50年。可开采煤炭储量足以使用约150年。已探明的天然气储量大约可以使用60年。

***

1956年，供职于得克萨斯州壳牌开发公司的石油地质学家马里恩·金·哈伯特（Marion King Hubbert）提出了石油峰值的概念，并准确预测出美国石油产量将在1970年达到峰值。这一概念，以地质作用的必然结果为基础。一旦开采出油藏中很大一部分石油，就需要注入水、气或化学物质来通过人工的方式恢复压力并维持生产，长此以往，最终将失去经济效益。

哈伯特估计，从石油发现的高峰期到石油生产的高峰期，有40年的时间差。在全球范围内，石油发现量在20世纪六七十年代达到顶峰。在21世纪头十年，只发现了约70座大型油田，而在20世纪60年代和70年代，却发现了1 200座大型油田。世界常规石油产量在2005年前后达到峰值，此后相对稳定，与石油峰值理论保持一致。

目前，约有7万座生产油田，其中20座特大型油田占世界产量的25%以上。许多大型油田，如沙特阿拉伯的加瓦尔油田（Ghawar）、墨西哥的坎塔雷尔油田（Cantarell）和科威特的布尔甘油田（Burgan），都有半个多世纪的历史，已经度过了产量峰值。沙特阿拉伯的石油产量在2005年见顶。从历史角度来看，沙特阿拉伯是全球最大的产油国，为了稳定供应、把握价格，而人为控制着产量水平。为了维持产量，沙特石油开采商在油田中大量注水。

常规石油产量，预计将以每年7%~9%的速度下降。因此需要开发新的油田储备，才能满足当前和预期的需求增长。新发现的一处大型油田是卢拉油田（Lula，原名Tupi），位于巴西大西洋沿岸深海，储量可能

第五章

坐吃山空：经济增长的资源和环境约束

达到 80 亿桶。按照每天约 9 000 万桶，每年 330 亿桶的当前消耗速度，卢拉油田也只能满足全球三个月的需求。

石油峰值或能源峰值概念的批评者，质疑这种长期预测的准确性，坚称全球石油供应没有限制。他们认为，日新月异的技术动向将创造出化石燃料的第三个时代：非常规石油。非常规石油需要提高开采率，也就是增加现有油田的产量。在新技术的助力下，再加上全球变暖导致的海冰减少，如今的石油开采，可以覆盖到之前无法进入或不经济的储备区，如深海或北极等位置的油田。非常规石油开采，关注的是深埋地下的重质、复杂、含碳的石油和气体，这些石油被紧紧地困在沙子、沥青和岩石之间，特别是页岩地层之中。

非常规油气的发现，有助于弥补常规油气产量和储量的下降，但其潜力被高估了。这类油气的能量密度（单位重量的能量含量）通常较低。深水钻井、水平钻井和水力压裂开采页岩气或页岩油的效率，低于传统的生产方法。巴西的卢拉油田位于海平面下 3 千米，在厚厚的盐层之下。开采过程是能源密集型工作，意味着相对于能源投资而获得的能源回报，会越来越低。

非常规石油和天然气比传统燃料价格更贵。目前来看，必须要标出更高的价格，才能实现经济效益：使用先进采油技术开采的石油价格约为 80 美元/桶，焦油砂和特稠油价格为 90 美元/桶，页岩气、干酪根油和北极油价格为 60~100 美元/桶或更多，煤制油和气制油价格为 110 美元/桶。

非常规油气储量的开采，不一定能显著推迟能源峰值到来的日期。页岩气储层的真实储量水平和衰竭速度，目前还不确定。维持生产水平，需要每年新钻数千口新井。最近，美国页岩气开采的快速增长，是不可持续的投机性金融投资带来的结果。美国在开发页岩燃料方面取得的成功，是其他国家无法比拟的。在欧洲，高人口密度和环境方面的顾虑，阻碍了页岩气的发展。

开发非常规石油会带来严重的环境风险。2010 年发生在墨西哥湾的"深水地平线"石油泄漏事件,是世界上最严重的海上石油泄漏事故,突显了深水钻井的风险。迄今为止,英国石油公司已经为此在刑事和民事和解中支付了400多亿美元的赔偿。资料显示,北极地区蕴藏着全球13%的未探明石油和30%的天然气,倘若开采这些油田,那么灾难性泄漏是永远逃不掉的风险。水力压裂法和焦油砂油,在提取、运输和精炼过程中需要用到大量的水。地下水和含水层很可能因此而被污染,而且储存和处理废水也很困难。有人怀疑,水力压裂和地震之间也存在联系。非常规燃料,尤其是重油和沥青砂,碳与氢的比例更高,因此在使用时会产生更高的二氧化碳排放。水力压裂还会增加甲烷这种强效温室气体的排放。

***

因为人们对未来能源短缺和气候变化的长期影响忧心忡忡,于是对可再生能源的兴趣又再次燃起。可再生能源包括太阳能、风能、潮汐能、地热能以及生物燃料。传统的可再生能源,如水力发电和生物质能(例如从可持续造林中获取的木材燃料),提供了全球能源需求的13%。其他可再生能源,目前仅占3%左右。增加可再生能源的比例,这个过程举步维艰。

只有太阳能可能具备取代化石燃料的真正潜力,因为太阳能没有其他可再生能源固有的缺点。若想让风能成为重要的能源来源,就需要将风能捕获效率提到一个几乎不可能达到的高度。其他技术,要么由于地理位置的特殊性,要么由于转换难度太大,在短期内很难实现经济可行性。

可再生能源的一个问题是,由于缺乏阳光、风、雨或合适的潮汐条件等天气因素,可再生能源的供应是间歇而不稳定的。这就使得可再生能源不适合用于基荷发电。电网内的电力传输,需要具备存储能力和长途互连能力。由化石燃料驱动的电源,可以建在用户附近。相比之下,可再生能源必须建设在适宜发电的地方,而这些位置通常距离电力用户

第五章
坐吃山空：经济增长的资源和环境约束

相当远。因此，可再生能源的应用，还需要对现有的能源基础设施进行调整，包括输电网络的建设等。

可再生能源的能量密度较低。根据其质量的不同，煤炭提供的能量比它所替代的木材多 50% 到 100%。石油和天然气提供的能量是煤炭的 3~6 倍。相比之下，生物燃料乙醇的能量密度，比汽油低 30%，比柴油低 12%。较低的能量密度，降低了电动汽车的吸引力，因为与汽油相比，电池每千克只能提供 1/6 焦耳的能量，因此汽车行驶过程中两次充电之间的距离不会很长。

可再生能源的功率密度（单位土地面积的能源产出率）也很低。化石燃料能源系统的功率密度，是风力发电、水力发电和生物燃料生产的 2~3 倍，也远高于太阳能。这就意味着，开采、捕获和转换化石燃料所需要的空间不大。相比之下，可再生能源需要占据大量的空间，这就使得某些可再生能源的布局与其他土地用途，特别是粮食生产之间存在冲突。

乙醇越来越多地被用作生物燃料，以满足发达国家规定的可再生燃料目标。美国种植的大约 1/3 的谷物，都被用来制造乙醇。要给一辆 95 升（25 加仑）的 SUV 油箱加满乙醇，所需要的玉米量，相当于一个人一年的食量。倘若美国所有的汽车都改用乙醇生物燃料，那么所需消耗的粮食就相当于 4 亿人的食物。而事实上，就算将美国全部的谷物收成都提炼成乙醇，也只能满足美国目前 20% 的汽车需求。

按照目前全世界的乙醇生产目标，就需要将全球谷物产量的 10% 从粮食转向燃料，要么就需要再去开拓大片的可耕地。如果利用现有的农田来种植燃料作物，其影响将会令食品价格上涨 40%。

可再生能源的减排潜力也被夸大了，因为人们没有看到真正的能源成本在哪里。风力发电，需要建设用煤焦熔炼金属制成的铁塔，以及用煤或天然气发电的电弧炉。还需要用柴油或柴油电机提取的原油合成的塑料，来制造涡轮叶片。新的生物燃料种植园，需要开垦更多的土地，导致森林砍伐。其中，砍伐、化肥和运输的排放，可能会抵消掉生物燃料带来的好处。

虽然随着规模和经验的不断积累，可再生能源的成本还会继续下降，但目前许多可再生能源技术在没有政府补贴的情况下是无法实现经济价值的。

***

从 2014 年年中开始，经通货膨胀调整后的原油价格下降了 50% 以上，降至 1979 年的水平。这一下降，反映出需求低于预期的现状，背后的原因是经济增长放缓和石油供应的增加，一部分来自页岩气和液化石油气等新来源的发展，但同时也是因为以沙特阿拉伯为首的 OPEC 产油国出于战略和地缘政治原因而拒绝减产。拒绝减产的策略，是为了让价格降至高成本生产商及非传统石油资源（尤其是页岩油）的生产成本以下，逼迫它们退出市场，从而保护沙特和 OPEC 的市场份额。

一些人认为，油价已经进入一个新的、永久的长期价格范围，每桶维持在 20~60 美元之间。其他人则认为，油价下跌是暂时现象。但人们都一致认为，油价的下跌将有助于全球经济的发展。"量化炼油"将会进一步强化"量化宽松"，为经济活动提供支持。油价下跌 40 美元，相当于从石油生产国向石油消费国转移了约 1.3 万亿美元的收入（约占全球 GDP 的 2%）。2014 年，石油价格下跌 50%，预计将因此推动全球经济增长约 1%。

这里面的一个基本假设是，低油价将收入从生产者转移到消费者，使消费者更有可能出门花钱，从而提高 GDP。但许多产油国政府，如今在财政上都是挥霍无度的作风，利用强劲的财政收入为宏伟的公共支出计划提供资金，大幅补贴国内能源成本。油价下跌将迫使这些国家政府削减项目和补贴，要么就需要增加债务，而这样的做法可能会降低经济增长速度。目前还不清楚上述消费乘数的假设是否成立。债务严重过剩、就业不稳定和收入增长乏力，可能会让人们将转移到手的资金用于储蓄

第五章
坐吃山空：经济增长的资源和环境约束

或偿还债务，从而削弱消费和增长的动力。

低油价减少了能源勘探、开发和生产方面的投资。据估计，由于油价下跌，投资支出将减少近1万亿美元，这将对经济活动和增长产生不利影响。低油价也可能造成金融市场的不稳定。根据国际清算银行的数据，2014年全球油气行业的债务达到2.5万亿美元，是8年前的2.5倍。负债累累的能源公司，以及拥有大量石油风险敞口的主权或近主权借款人，现在因收入减少而面临陷入财务困境的风险。

低油价可能不会持续，因为需求还会增长。而这种不可再生资源的供应，终将因枯竭而下降。新型开采技术和可再生能源投资的下降，可能会造成未来能源短缺。与此同时，低价也削弱了人们节约的动力，可能会由此增加排放和碳强度，降低能源效率。

哥伦比亚大学教授杰弗里·萨克斯（Jeffrey Sachs）认为，低油价为引入碳定价机制提供了历史性契机，用收取碳税的方式，来适当反映出化石燃料排放的环境成本。低油价将减轻碳税对经济的影响，就算是将碳税价格包括在内，许多产品的价格仍然低于近期水平。从长期来看，碳税机制能提供一个适当的价格信号，鼓励减少对化石燃料的投资，并加大对可再生能源的关注。而且，碳税也能为政府提供急需的收入，将其中一部分拿来投资低碳能源。但迄今为止，这一倡议在全球范围内取得的进展非常有限。

世界能源的供应不会在短时间内耗尽。但是，全人类很可能在几百年内耗尽地球数亿年积累起来的以煤炭、石油和天然气形式储存起来的太阳能。燃料的宝贵之处，没有得到人们的重视。史前时代埋在地下的10吨植物和有机物，要经过成百上千万年的压力和热量转化后，才能变成4.5升（1加仑）汽油。

其他高质量和低成本资源，如日常生活中不可或缺的金属资源，也正在枯竭。虽然短期内不太可能耗尽，但从长期来看，供应短缺很可能会制约经济增长。用于智能手机、电脑、医疗设备、武器和混合动力汽车的某些稀土金属，已经出现短缺。与理论上可以通过可再生形式获取到的能源不同，金属是很难被取代的，因此就需要越来越多地依赖于成本高昂的回收再利用技术。

＊＊＊

人类活动对环境的影响，是制约未来经济活动的终极因素。地球进入了一个新的地质时期——人类世，在这一时期，人类活动正在显著地改变着地球的生态系统。人类世的核心特征，是人为造成的全球变暖，以及由此导致的气候变化。这一切都源于化石燃料燃烧、臭氧消耗、森林砍伐，以及畜牧业所造成的大气中二氧化碳水平的上升。2014年，政府间气候变化专门委员会预测，根据对碳排放的假设，21世纪地球平均温度将上升1.5℃~4.8℃（2.7 ℉~8.6 ℉）。目前的发展轨迹已经超出预期。

全球变暖的科学证据，以几项标志为基础。大气中的温室气体增加了。目前二氧化碳浓度超过百万分之400，远远高于过去80万年的百万分之170~300。在过去的200年里，二氧化碳浓度增加了百万分之100，而浓度提高的过程主要集中在过去的50年里。相比之下，从距现在200年之前，再往前追溯6 000年，二氧化碳浓度仅增加了约百万分之90。浓度的增加，与化石燃料燃烧向大气中释放了1.3万亿吨二氧化碳的时间段是吻合的。

关键温度指标也有所提升，包括陆地上空的空气温度、海洋表面温度、海洋温度、海洋热量、对流层（最接近地球表面的活跃天气层）的温度和湿度。过去30年的平均气温是1850年以来最高的。根据世界气象组织的数据，有历史记录以来最热的15年中有14年发生在21世纪。

海洋水位正在上升，海水酸度也在上升，海洋生态系统因此发生着改变。这种现象可能会进一步减少本来就很稀缺的鱼类资源，而海洋鱼类是人类的重要食物来源。在过去的一百年里，海平面平均上升了约20厘米。北极海冰、冰川、北半球春季积雪都在缩小，平流层温度也在下降。夏季北极海冰在2002年、2005年、2007年和2012年都处于历史最

第五章
坐吃山空：经济增长的资源和环境约束

低水平。2007 年，海冰面积比 1979—2000 年的平均值减少了 39%，使得西北航道在历史上首次实现通航。夏季北极海冰，很可能在 21 世纪的某个时间点不复存在。

否认气候变化的人，对这些证据发出质疑，不断游说，希望能阻止减少温室气体的行动。他们认为，证据尚不明确，计算机模型存在缺陷，预测与实际经验不一致，而且缺乏足够的长期数据来得出明确的结论。他们声称，地球的温度在过去很长一段时间一直较高，目前的上升只是长期循环中的一部分，而且二氧化碳水平的上升，发生在温度上升之后，而非之前。他们认为，经济增长应该优先于气候变化治理。

反对全球变暖的运动，是某些由意识形态驱动的支持者和某些产业资助的，这些产业会因为必要的减排行动而遭遇打击。这就让人不禁想起烟草行业当年企图破坏有关吸烟危害健康的科学证据。

虽然模型并不完美，但我们已经掌握了强大的、可信的多学科证据，在此基础之上树立起"人为气候变化"的观念。绝大多数科学家对此也持认同态度。其中最大的不确定性，是温度上升的程度、可能发生的时间尺度以及事件发生的确切顺序。在 1957 年的一篇论文中，海洋学家罗杰·雷维尔（Roger Revelle）和汉斯·苏伊斯（Hans Suess）指出："人类现在正在进行大规模的地球物理实验，这种实验在过去不可能发生，在未来也不会重现。"[7]

***

全球变暖和日益频繁的极端天气事件，会造成巨大的经济代价。保险保费的提高，再加上灾害事件造成的损失，会降低全球经济的增长速度。目前，严重的风暴灾害，令全世界的年 GDP 增长减少了约 1%。

2013 年，印度、巴基斯坦、俄罗斯和澳大利亚都出现了创历史纪录的高温。巴西东北部经历了 50 年来最严重的干旱。有记录以来最严重的龙卷风袭击了美国俄克拉何马州的埃尔里诺。北美、欧洲和澳大利亚的野火发生数量和强度都在增加。2012 年 10 月，飓风"桑迪"袭击了美国东海岸和加勒比地区,约 180 万所建筑和房屋被摧毁和损坏,经济损失超过 650 亿美元。2005 年,"卡特里娜"飓风造成 1 000 多亿美元的损失。2011 年,泰国洪水造成约 450 亿美元的损失。汽车和电子厂被洪水淹没,几个月无法运转。硬盘等产品的价格在全球范围内翻了一番,因为其中很大一部分是在泰国生产的。

海平面上升,将淹没目前用于人类居住和农作物种植的低洼地区。格陵兰岛冰盖的融化,将使海平面上升 7 米。格陵兰岛的冰盖迟早会融化,只是具体时间还存在争议。海平面只要增加一米,孟加拉国一半的水稻种植区就会被淹没。大约有 6 亿人生活在海拔不到 10 米的地区。世界上三分之二的人口超过 500 万的城市,也位于这些地区。人口的重新安置,无论是永久性的还是暂时性的,成本都会十分高昂,也会对当地经济造成破坏。环境难民的增加问题,需要花费大量资金来进行管理。

冰川的消融,会减少可利用的地下水资源,引发破坏性的洪水灾害。随着地球气温的升高,水文循环和降雨模式正在发生变化,蒸发量也有所增长。水资源短缺可能会进一步加剧。干旱和洪涝灾害都可能会变得越来越频繁。

高温、缺水和严重干旱,将影响粮食生产并降低作物产量。温度比理想水平高出 1℃,小麦、水稻和玉米的产量就会减少 10% 左右。传统上,极端天气事件是异常现象。当情况恢复正常时,农民也恢复了元气。而全球变暖,可能会结束现代农业发展时期相对稳定的气候条件,导致价格上涨和粮食短缺。

气候模式的改变,将对人类健康产生不利影响。疟疾和登革热等热带疾病发病率的增加,将对医疗成本和治疗手段造成影响。动植物害虫的传播也可能影响农业生产力。气候变化将导致受影响地区的房地产、农业、建筑和旅游业投资遭受经济方面的损失。目前的化石燃料储备,如果在燃烧时不进行二氧化碳排放的回收,将释放相当于全球碳预算 3 倍的碳,令年平均气温上升 3℃以上。如果政府对碳排放进行监管,那

第五章

坐吃山空：经济增长的资源和环境约束

么与化石燃料相关的资本可能会遭受损失，企业也很难对石油储备进行后续开采。

2006年，由英国政府委托撰写的《斯特恩报告》得出结论认为，在气候变化问题上的失败，将导致高达GDP 20%的经济成本损失。通过减少排放来应对气候变化，也会产生巨大的成本，表现为更高昂的能源价格。其他受能源价格影响的产品价格也会水涨船高。

迄今为止，应对全球变暖的主要策略，就是无休止的会议、无法执行的条约、主要排放国之间的分歧，以及对不太可能取得任何重大或持久成果的项目进行投资。德国已经花了1 300多亿美元来补贴太阳能发电，这只会将全球变暖的时间线往后推迟非常有限的一点点。尽管对可再生能源做出了承诺，但化石燃料在全球能源中的份额并未大幅下降。

应对气候变化，就需要减少温室气体的排放。这种做法的经济成本十分高昂，还会令人们的生活水平发生急剧转变。而各国政府则将信念寄托于人类的创造力。地球工程就是这样一个科学幻想。其中一项计划，是向海洋投放铁元素，旨在通过光合作用，去除大气中多余的二氧化碳。另一个方案，是通过将阳光反射回太空来减少到达地球的阳光量，从而增加反照率，即反射出去的太阳能的比例。这项技术目前还没有经过验证，更不用提经济可行性了。

壳牌石油的一项长期战略规划中，包括一个名为"无序世界"的场景。在这幅场景中，全世界将继续使用化石燃料，而不考虑排放问题。各国都不愿限制能源需求，因为一旦限制，就会减缓经济增长速度，结果不仅没有降低能源强度，反而增加煤炭、非常规油气和生物燃料的使用。

发达国家和新兴国家之间的分歧，阻碍了国际社会就减排问题达成共识。这种情况可能会持续下去，直到能源供应紧张和出现重大气候冲击为止。到那时，气候变化将成为不可逆转的大趋势，二氧化碳浓度将达到550ppm，比目前议定的最高可接受水平高出60%。全人类将被迫去适应，而为此付出的代价，就是经济活动和生活水平的急剧下降。

目前的趋势表明，"无序世界"所描述的场景，是可能性最大的发展轨迹。约瑟夫·康拉德（Joseph Conrad）曾说过：随便哪个智障都能继续往前走，但只有智者才知道怎么缩短航行时间。而人类已经决定要无视这条建议了。[8]

***

对水、食物和能源来源的需求和保障，以及对全球变暖所造成影响的管理，将导致国家利益的冲突和潜在矛盾，甚至有可能引发战争。

水系跨越政治边界，令水资源管理问题变得复杂化。在非洲，刚果河、尼日尔河、尼罗河和赞比西河，各流经多个国家。在欧洲，多瑙河是多个国家的重要水资源来源。莱茵河与多个国家相连。岩石和土壤的含水层，同样也可以跨越国界。美国的水资源政策，也影响到了墨西哥。土耳其的大坝项目，改变了底格里斯—幼发拉底河水系的流量，影响了叙利亚和其他下游国家。围绕约旦河河水的冲突，影响着约旦、以色列和巴勒斯坦。苏丹和埃塞俄比亚的农业项目，通常是由外国利益所驱动的，也改变了尼罗河的流向。印度和巴基斯坦在共享印度河水系的问题上关系紧张。

2008年，面对食品价格上涨，对食品安全的担忧导致俄罗斯、泰国和其他粮食生产国开始限制或禁止粮食出口。印度、沙特阿拉伯、韩国和阿联酋，在其他国家购买或租用了大片农田，主要位于东南亚、拉丁美洲、俄罗斯和撒哈拉以南的非洲。养老基金、机构和对冲基金等投资者，也在土地短缺的预期下开始购买土地，希望从预期的价格上涨中获利。这些投资引起了当地人的不满，因为他们维持生计的土地就这样被人夺走。2014年，印度政府反对世界贸易组织就提高贸易便利化达成的协议，后来又改变了立场。原因之一，就是确保粮食安全。

德国已承诺降低排放，计划到2050年，80%的电力来自清洁能源。但在俄罗斯与乌克兰发生冲突后，地缘政治担忧日益加剧，迫使德国增

第五章
坐吃山空：经济增长的资源和环境约束

加了煤炭使用量，以减少对俄罗斯天然气的依赖。德国决定在2022年前关闭其核电站之后，也需要用煤炭来解决风力和太阳能发电的间歇性问题。2014年，波兰和瑞典公布了沿德国和波兰边境开发欧洲丰富的褐煤（一种高污染的煤炭）矿藏的计划，以满足德国日益增长的需求。虽然中国和印度两国明确给出了减少碳排放的承诺，但国家利益也使得他们很难减少对燃煤发电的依赖。

印度正在修建自己的"长城"，一条长达3 360千米的边界围栏，将孟加拉国包围起来。该计划的目的是防止非法移民，也能防止未来孟加拉国的气候难民逃至印度。

***

经济学家罗伯特·海尔布隆纳（Robert Heilbroner）认为，经济学需要对资源社会进行研究。但资源限制要求社会以牺牲未来为代价，对当前的消费进行重新评估。1954年，德国经济学家舒马赫（E.F. Schumacher）意识到，人类已经开始依赖资本维系生活了："人类已经存在了成千上万年，一直都是靠眼前的一亩三分地维持生计。只是在过去的一百年里，人类才强行闯入大自然的储藏室，并以惊人的速度年复一年地将其清空。"[9]

资源稀缺和全球变暖，注定将限制经济的增长。贾雷德·戴蒙德认为，其影响可能比我们想象得更严重："由不可持续的资源使用而导致的人口和环境问题，最终将以这样或那样的方式得到解决：如果不能以我们选定的愉快方式得到解决，就会通过不愉快、非自愿的途径得到解决，就像马尔萨斯最初的设想一样。"[10]

第六章

团结起来,严阵以待

全球化的倒退

第六章
团结起来，严阵以待：全球化的倒退

第二次世界大战后，全球贸易和资本流动的大幅扩张助力了经济增长。同样，1914 年之前的经济增长和社会繁荣，也得益于当时的贸易增长、资本自由流动和旅行的增加。这两个阶段，彼此之间的很多相似之处值得我们思考。

凯恩斯曾对这段早期黄金时代大加赞美："伦敦的居民，可以一边在床上喝着早餐茶，一边通过电话订购世界上各式各样的产品，订购数量按自己的喜好随意下单，并期待产品能在合理的时间内送到家门口；同样，他也可以利用电话，将自己的财富投入到位于世界任何一个角落的自然资源和新事业中去，并且毫不费力、毫无麻烦地分享到这些事业给他带来的收获和利益。"

凯恩斯口中的伦敦人，认为"这种情况是正常的、确定的、会一直持续下去的，任何偏离这种状态的现象，都是异常的、可耻的、完全可以避免的。一切只能朝着越来越美好的方向往前发展"。[1] 而从天而降的第一次世界大战和大萧条，却令这场早期的全球化进程草草结束。

在经济学中，"autarky"一词来源于希腊，意为自给自足，指国际贸易或资本流动十分有限的封闭经济体。奥匈帝国、江户时代的日本、纳粹德国和墨索里尼统治下的意大利，都奉行自给自足的国家政策。近代的苏联、塔利班统治下的阿富汗、红色高棉统治下的柬埔寨，以及缅甸，基本上也都属于封闭经济体。

如今，前所未有的经济和金融压力，正在逆转第二次世界大战后出现的全球化潮流。这种向封闭经济体的转变大潮，是由国家自身利益所驱动的，瑞士哲学家安里·佛烈迪克·阿米埃尔（Henri-Frédéric Amiel）将其描述为我们体内的动物本能在求生存。

***

2011年,商品、服务和金融的跨境流动占全球GDP的比例,达到61%的峰值,高于1990年的40%。1951—2008年的58年里,有49年的时间,贸易发展的速度快于全球经济增长的步伐。1980—2011年,贸易的年均增长率接近7%,是全球经济增长率的两倍。外国直接投资、跨境投资和贷款的增长速度,也快于全球产出。1980年至2007年间,上述全球资金流动占全球GDP的比例,从4%(4 700亿美元)增加到21%(12万亿美元)的峰值。

全球金融危机,可能是全球化达到顶峰的标志。危机后的复苏过程中,商品和服务贸易增长率放缓至每年2%~3%,与经济增长率持平或略低。这种现象是几十年来从未有过的。金融流动仍比危机前的水平低60%左右,从占全球GDP的21%降至2012年的5%。[2]

从历史角度来看,只要贸易和资本流动的增长趋缓,就预示着衰退即将来临。目前尚不清楚当前的趋势究竟反映的是周期性因素还是根本性的结构变化。对于经济能迅速恢复到危机之前状态的预期,似乎过于乐观。

***

近几十年来,国际一体化的重点,在于生产和消费在地理上是分离的。经济学家大卫·李嘉图提出的"比较优势"概念,如今日益受到人们的重视。根据这个概念,国家会去生产更多享有竞争优势的商品和服务。制造过程本身,被划分成若干个分立的组成部分。一条裤子可以采用孟加拉国纺制的纱线,在印度、中国或越南织成布料并进行染色;拉链可能在日本制造,纽扣可能是中国制造;整条裤子可以是在斯里兰卡、巴基斯坦或洪都拉斯由当地工人缝合为一体。每个阶段都在效率最高的地点完成,而企业和国家也都全盘接纳了这套跨国生产体系。企业会去积极寻求在价格上有竞争力的原材料、劳动力和地点。随着电话服务中心和加工中心遍地开花,业务流程外包和跨国制造早已成为常态。

第六章
团结起来,严阵以待:全球化的倒退

中国、印度、俄罗斯和东欧重新融入世界经济,使全球劳动力储备从大约15亿人增加到近30亿人。随着企业将生产转移到成本最低的地区,产品的总成本下降了。在投资和风险管理工具的推动下,投资者在世界各地寻找着有利可图的投资机会。

消费者受益于更多的产品和更低的价格。新兴国家购买力的上升,为商品和服务提供了新的市场。但是,发达经济体中教育水平低、技能有限的工人,却被迫面临全球竞争,因此就业率下降,收入停滞。

世界银行、国际货币基金组织、世界贸易组织和经济学家,都在大力宣扬全球化、自由贸易和资本流动。这些新的趋势也迅速取代保护主义,成为首选的发展政策。世界各地的平均生活水平提高了,很多人就此摆脱了贫困。

但全球化从未真正完成。贸易并不自由,而是在管理之下进行。不像以往那么明显的贸易限制依然存在。有关劳工、安全、环境保护和知识产权方面的法律和条例,没有得到协调。我们从这么多年各个国家始终无法在电压和电插头标准化上采取一致行动这件事,就能看出来一体化集大成的思路在实操上的局限性。

全球化也从来没有真正实现过人的自由流动。少数有技能的人士,利用在原籍国培养起来的成就,转而到机会更大、回报更高的国家找工作,但对大多数人来说,流动的可能性依然很小。一些非技术工人,在富裕国家找到了临时工作,在那里,他们面临着被剥削和虐待的风险。当被问及美国移民政策时,对冲基金经理朱利安·罗伯逊(Julian Robertson)拒绝了自由女神的号召——"让那些渴望自由呼吸的疲惫、贫穷、拥挤不堪的劳苦大众投入我们的怀抱"。他认为,"因为有辽阔的海洋相隔,他们真的到不了这里。而这就是我们抵御移民的保障。"罗伯逊对"没有受过教育、对上学也不感兴趣的孟加拉国难民"提不起胃口。[3]

全球化既创造了强劲的经济增长,也依赖于经济增长。单个国家牺牲了自身的国家利益,因为从一体化中获得的好处超过了为此付出的代价。在经济繁荣面前，人们忘却了要去对全球一体化的驱动因素和基本假设进行探索，忽视了其本质上的脆弱性。切斯特顿认为，在你想明白当初为什么要建围栏之前，就盲目地拆掉围栏，这样做是不明智的。同样的问题在不同的时代总是反复出现。

＊＊＊

全球金融危机之后，经济和货币一体化的优势就不那么明显了。全球贸易和资本流动所带来的直接好处日益减少，就注定了世界大趋势要向更加封闭的状态撤退。各国都认为，将关注点转回国内，可以从经济增长中捕获到更大的份额，为本国公民带来更多的繁荣。

发达国家将面临一段时期的经济停滞。受危机影响较小的新兴国家将继续增长，但速度会比以前慢。对于这些国家来说，参与全球经济体系所能带来的好处，如今已经越来越少，他们担心会身不由己，被迫给发达经济体的问题买单。

新兴国家也对收入和财富分配不均感到不满。利润越来越依赖于对知识产权的控制，而不是生产阶段。苹果的 iPhone 在中国制造，这部分计入中国出口账下，但 iPhone 绝大部分利润都来自高科技部件、知识产权和品牌，而这些都跟中国公司没关系。发达国家和跨国企业控制着贸易过程中至关重要的物流和供应链，主导着国际资本流动，通过贸易融资和投资管理创造出可观的收益。在经济增长率高的时候，人们还能勉强容忍福利的分配不均。但面对较低的增长率和日渐缩水的利益，各国就纷纷打起自己的小算盘，以牺牲其他国家为代价，来实现自身利益的最大化，减少在全球经济体系之中的参与。

普通商品和大宗商品的国际供应链，对成本结构和货币价值的变化非常敏感。20 世纪 80 年代和 90 年代的低油价使运输成本保持在较低水平，促进了全球生产。而如今更高的燃料和运输成本，会对四通八达的全球生产和供应链产生负面影响。

20 世纪 90 年代，中国的低价出口商品在墨西哥是一种局面。但现

第六章
团结起来，严阵以待：全球化的倒退

在，中国劳动力成本上升，汇率发生了变化。而墨西哥在地理位置上靠近美国，在制造业上的竞争力也卷土重来。2001年，中国劳动力成本约为墨西哥的25%。2014年，两国的劳动力成本大致保持一致。人民币对墨西哥比索的升值，改变了成本结构。墨西哥距离最终市场更近的生产地点和更短的交货时间，也是得天独厚的优势。

2011年日本海啸和泰国洪水充分证明，国际供应链非常容易受到气候和环境因素的破坏。随便哪个不可或缺的小部件短缺，就会导致其他地方发生连锁式停产。

人们也越来越担心，全球化会损害经济和政治主权。各国政府对全球金融危机的反应，是启动大规模支出计划来支持本国经济。很多情况下，这样的政策能刺激进口，但无法提升国内需求、就业、收入和投资。如果没有国际上协调一致的行动，那么单一国家经济政策的有效性就会大大降低。

国家税收政策，也可能在全球化的作用下形同虚设。有些国家为了吸引投资而提供较低的税率和特别优惠政策。可以说，爱尔兰对设在本国的跨国公司的税收优惠待遇，是以牺牲其他欧元区成员国的利益为代价的。在规则改变之前，美国企业利用一种叫作"税收倒置"的操作方法，改变税址，减少公司税。英国个人税率提高，导致基金经理和银行高管纷纷调往瑞士，或者不得不由雇主加薪来补偿收入损失。法国提高税收的提议，引发了人们的担忧，担心企业会迁往英国。

封闭经济是对经济主权的重申，是对这些压力的自然反应。对贸易的限制、对货币的操纵、对资本流动的控制，以及针对外国竞争者的掠夺性治外法权规定，都是全球化不断收缩的标志。一旦某个国家采取这样的政策，就会迫使其他国家采取类似的策略来保护自身利益。

国际主义者认为，我们已经成功避开了保护主义的警报。他们指出，自2008年以来，全球贸易正在复苏。他们认为，全球资本主义（而非国家资本主义）仍是占主导地位的意识形态，而且现在已形成制度化且不可逆转。但是，面对低增长、高失业率、收入水平停滞不前，以及民族工业和标志性企业面临的威胁，各国越来越多地退出自由贸易，给贸易伙伴带来了压力。尽管二十国集团会议一再强调自由贸易的重要性，想要努力避免重蹈20世纪30年代的覆辙，但贸易限制的程度仍在加重。自2008年以来，各成员国已采取了1 500多项保护主义措施。

相对于大刀阔斧的进口限制，微妙隐晦的措施更受欢迎，因为这样就可以避免在世贸组织面前成为贸易战和贸易争端的始作俑者。很多国家都在采用补贴、有利于国家供应商的政府采购政策、"本地采购"行动、优惠融资、行业援助政策和差别税收制度，来引导需求。安全和环境标准，真正的目的是防止外国产品进入国内市场。虽然不如1930年《斯姆特－霍利关税法》的力度那么明显，但上述种种行为加总在一起的集体效应是非常显著的。《斯姆特－霍利关税法》提高了数千种进口商品的关税，将大衰退推向进一步的深化和延长。

保护主义措施和全球贸易放缓的现实情况，将降低经济增长速度和生活水平。新兴国家会有更明显的感触。世贸组织总干事帕斯卡尔·拉米（Pascal Lamy）称其为"一场危机，可能会破坏许多国家取得的经济进展，并削弱人们对开放国际贸易体系的信心"。[4]

＊＊＊

全球贸易受到汇率战争的影响。2007—2012年，美国政府、银行和非金融企业从低利率和量化宽松政策中获得了约1.36万亿美元的收益，其中包括来自其他国家的4 800亿美元。在此期间，美元贬值导致以美元计价证券的外国投资者损失超过6 000亿美元。2013年2月，智利财政部长警告称："以其他经济体为代价寻求救助，从本质上说，（量化宽松）是针对全世界的适得其反的政策。"[5] 在2013年莫斯科峰会上，二十国集团轻率地宣布，居于领导地位的国家将不会采取货币贬值的手段来提高本币竞争力。

事实证明，货币贬值的政策只会弄巧成拙，招致毁灭性的报复。不

第六章
团结起来，严阵以待：全球化的倒退

可能地球上每个国家的货币都是最便宜的。由于担心欧元走强可能损害欧洲复苏的前景，欧洲央行在2014年和2015年也实施了以削弱欧元为目标的行动。

2014年，美元开始以几十年来最快的速度升值，一年内升值超过20%，其中2015年前3个月升值10%。由于40%的销售额和大约1/4的利润来自海外，美国出口商因此受到了影响，发布了税收和收益下降的警告。美国国会议员对海外央行的行动怨声载道，称其影响汇率，威胁要将欧洲、日本和中国列入汇率操纵国。美联储表示，美元升值及其对美国经济的影响，也会影响到美联储的政策。合理的低利率或负利率政策与不公平的贬值政策之间的区别，完全取决于个人观点。

虽然证据确凿，但欧洲央行行长马里奥·德拉吉（Mario Draghi）还多次表示，有关货币战争的说法"真的是太过分了"，并拿出一副否认的态度："我敦促各方要非常、非常严格地管住自己的嘴。关于此事，说得越少越好。"[6] 还有一位央行行长绘声绘色地将货币贬值政策描述为"尿床"。虽然一开始感觉很舒服，但很快就不得不面对一个烂摊子。

* * *

自2008年以来，跨境资本流动的增长放缓，全球金融资产的年增长率仅为1.9%，远低于1990—2007年7.9%的平均增长率。全球金融危机的损失和随后的去杠杆化趋势，令可用资本的规模大幅缩减。在金融本土化的过程中，国家监管机构迫使银行和投资者在资产负债表上体现出爱国主义精神，购买国家政府债券，优先向国内借款人放贷。

此时，彼此之间相互竞争的国家和国际利益，限制了资本的自由流动。一家西班牙银行在德国的业务可能有超出要求的存款盈余，而母公司希望获得这些盈余。西班牙监管机构希望这些资金能够在银行集团内部自由使用，而德国监管机构则希望剩余现金留在德国，以避免风险并提高当地业务的流动性。

2013年，国际清算银行报告称，在过去9个季度中，由于跨境贷款减少（已回缩至 1999 年的水平），银行间信贷规模已有 7 个季度出现下降。自 2007 年以来，欧元区银行的跨境债权减少了 3.7 万亿美元。美国、英国和瑞士的银行已减少了跨境贷款，只有日本银行增加了放贷活动。依赖外国投资促进发展的国家，不得不寻找新的资金来源，由此也暴露出了越来越多财政上的问题和漏洞。

在欧元区内部，银行跨境持有的政府债券和公司债券的减少，放缓了欧元区债券市场的一体化进程。随着每个国家都越来越关注国内动向，欧元区银行对其他成员国债券的投资，已经从 2006 年的 40% 下降到大约 22%，比欧元刚问世时还要低。

自 2009 年以来，发达国家的低利率和疲弱货币，鼓励了超过 3 万亿美元的资金流入新兴市场，因为新兴市场的利率更高，增长前景更强劲。不稳定的短期资本流动，可能会推高发展中经济体的货币价值，制造通胀压力，人为降低借贷成本，鼓励债务水平迅速上升，并推高资产价格，从而制造金融泡沫，威胁到发展中经济体的稳定。

巴西、韩国、瑞士和印度都实施了某种形式的资本流入管制。曾被米尔顿·弗里德曼誉为终极自由市场的中国香港，开始对外地购房者征收 15% 的税费，以限制来自中国内地的资金造成的影响。这些资金抬高了当地房地产价格，降低了本地市民买房的负担能力。IMF 在一次有历史意义的政策转变中，同意使用目标明确、透明、临时的直接控制手段，来限制不稳定的跨境资本流动。

美元的动荡也推高了以美元交易的食品和能源价格。在较贫穷的国家，对食用油等日常必需品的支出占收入的很大比例，而食品价格的上涨，给那里的人们带来了生活上的困难。大宗商品价格上涨，再加上大量资本流动，造成了通胀压力，迫使新兴国家提高利率，减缓了经济增长速度。这些趋势，有可能让脱贫事业再次走入下坡路。

＊＊＊

法律法规也日益成为国与国之间开展斗争的武器。2008 年银行危机

第六章
团结起来，严阵以待：全球化的倒退

之后，美国为金融机构制定了新的规则，以确保更加严格的监管。本来是打算在全球范围内推行这些新规则，从而在国际上达成一致。而新兴国家则认为，针对发达国家复杂的跨国金融机构的严格规定，并不适用于本国较为简单的金融体系，而采用这些规定，将阻碍当地银行提供支持本国经济信贷的能力。这些法规还将形成高昂的合规成本，并削弱新兴国家的竞争地位。

一些国家在采取一种被称为"子公司化"的政策，要求在当地活跃的外国机构通过在相关管辖区内成立的独立法律实体来进行运营。地方实体必须拥有充足的独立资本资源，并与母公司隔离开来，以便在出现财务困难时，当地监管机构和投资者能有权动用这些实体的资产。美国提议，应强制那些本土业务量庞大的外国银行在美国维持一定规模的资本和流动性储备。在银行监管方面的分歧，将导致全球金融体系四分五裂。

美国打着强化金融体系的旗号，实施了有利于美国银行、限制外国竞争对手的域外措施。作为回应，外国银行通过绕路交易的方式，来避免受到这些规则的约束。2013年，欧盟提议征收金融交易税，以增加财政收入，遏制投机交易。这项税收具有域外效力，适用于所有主要的金融中心。英国和美国的目的，是努力保护好具有重要国际地位的本国大型金融服务公司，就像欧盟的提议，目的是间接性削弱这些企业的影响力一样。

美国监管机构和司法部，日益成为美国经济和外交政策的左膀右臂。2014年，经过长时间的调查，法国巴黎银行承认了刑事指控，在违背美国制裁的情况下，与古巴、伊朗和苏丹合谋进行交易，并对交易记录进行伪造和篡改。根据欧洲法律，法国巴黎银行这些交易并不违法。该行同意支付超过一年利润的90亿美元罚款，并暂停了某些美元交易的结算权。早些时候，美国银行监管机构指控总部位于英国的渣打银行没有披露与伊朗2 500亿美元的交易，导致该行支付了3.27亿美元的和解金。

一家荷兰银行也因为有关伊朗和古巴的类似指控而支付了 6.19 亿美元，才达成和解。另一家英国银行汇丰银行已备款 7 亿美元，专门用于应对可能向美国当局支付的此类罚款。除了通过纽约进行的美元支付外，这些交易在许多情况下与美国完全没有关联。

英国认为，针对银行业不当行为的指控，就是为了玷污伦敦的诚信及其作为全球主要金融中心的地位。美国认为，这些问题与英国一如既往的宽松监管有关，而宽松的监管，也是伦敦崛起成为全球金融中心的因素之一。欧洲人认为，对法国巴黎银行的起诉，与美国反对法国以 12 亿欧元的价格向俄罗斯出售两艘直升机攻击舰有关，或与通用电气收购法国 TGV 高速列车制造商阿尔斯通失败有关。以这种暗藏心机的方式把银行法当枪使，不会提高金融体系的安全性，也不会促进国际合作。

有的银行因为担心某些实力雄厚的大国以洗钱和资助恐怖主义为由对自己展开起诉，现在已停止与许多新兴国家的银行进行交易。一位欧洲银行家开玩笑说，他担心美国有一套橙色套装在等着他①。这些行动，使得移民和外国工人很难向生活在发展中国家的妻儿老小汇款，而老家的人们，还指望着这些钱养家糊口。

美元是全球储备货币，对国际金融、贸易和支付而言至关重要，而美国凭借这一地位，坐拥至高无上的权力，外国对此的不满情绪也日益高涨。由此，美国之外的人们不断想办法去削弱美元的主导地位。对美国企业进行报复性起诉，是一条可能走得通的道路。如果真的选择这条路，那么为达成更紧密贸易和金融关系的谈判，将会受到不利影响。2015 年，欧盟采取了行动，针对谷歌涉嫌滥用其在互联网搜索引擎领域的主导地位。渣打银行一位董事用挖苦的语言表达了人们普遍持有的观点："你们凭什么告诉我们，告诉世界其他国家，不准和伊朗人打交道？"[7]

荷兰学者德克·舍恩梅克（Dirk Schoenmaker）认为，国家主权、国

---

① 美国的囚服是橙色的。——译者注

第六章
团结起来，严阵以待：全球化的倒退

际金融和金融稳定，这三件事不可能同时得到调和。虽然跨国经营的大银行确实需要全球性监管体系，但各国政府都主张在修改规则和维护主权方面保持灵活性，由此便导致了不稳定。

***

诗人罗伯特·弗罗斯特（Robert Frost）的建议，可供各国参考：建好篱笆才能处好邻居。美国、欧洲和中国都有可能认为封闭经济是一种现实可行的政策选择，虽然各国的出发点不尽相同。

从结构上看，美国完全可以作为一个封闭经济体实现自我运转。美国依然是世界上最大的经济体，约占全球GDP的25%，体量几乎达到了第二大经济体的两倍。由于美国的国内市场非常庞大，因此与其他大型经济体相比，美国受贸易影响相对较小（约占GDP的15%）。如果不考虑北美自由贸易协定规定之下的加拿大和墨西哥贸易，那么这种依赖程度就更低了。

虽然美国收入分配不平等，但仍然相对富裕，人均GDP约为5万美元。从全世界来看，这是很高的水平。如果将人口很少的国家（如卢森堡、圣马力诺或新加坡）和那些靠大宗商品致富的国家（中东石油生产国）排除在外，像美国这样富裕的大国屈指可数。相比之下，中国的人均GDP在5 000~6 000美元。虽然美国的财富高度集中在富人群体手中，但美国家庭的总净值也是相当可观的，超过70万亿美元，比全球金融危机之前超过80万亿美元的峰值略有下降。

美国依然是粮食的主要生产国和净出口国，控制着全球近一半的粮食出口。美国还有丰富的矿产资源。新技术的涌现，令以前无法利用的石油和天然气地层得以开采。页岩气和石油产量的增加，减少了美国的进口量，也减少了6 000亿美元的贸易赤字和对外国供应商的依赖。在能源成本下降的推动下，美国制造业产出在2006—2014年增长了3%，出口增长了6%。在2015年油价下跌之前，页岩气和石油项目也增加了10%的投资和2%的就业机会。虽然美国短期内不太可能实现能源独立，

而且页岩气带来的好处确实被夸大了，但国内产量的增加，令美国在燃料和电力成本方面，拥有了极具竞争力的显著优势。

在没有明确替代货币的情况下，美元很可能会继续作为全球储备货币，在全球贸易和投资中占据主导地位。美国借回本币，得益于国内和国际上现成的美元证券市场。目前，外国投资者持有的美国国债超过6万亿美元，主要集中在中国、日本、亚洲其他国家和中东地区。

美国的人口结构也非常有利。美国的人口增长率高于其他工业化国家（这些国家的生育率低于人口置换率）。美国有较高的移民水平，对外国人依然具有吸引力，因此吸引到了全世界的优秀人才和劳动力。

但是，美国也面临着重大挑战。以住房和消费为基础、通过借贷融资的经济模式已经崩溃。经济增长率为2%至3%，虽然比大多数发达国家都要高，但依然远低于美国自身的潜在增长率。美国经济基础很狭窄，继续依赖消费者在汽车和学生贷款上花钱，继续依赖在设备和软件上的商业投资，继续依赖住宅建设。失业率仍然高于以往从衰退到复苏过程之中的同等阶段水平。如果将那些因找不到全职工作而被迫放弃的人们和从事兼职工作的人们也计算在内，那么失业率会远远超过10%。与此同时，美国经济还背负着高水平政府和消费者借款的压力。

退出全球化，是处理美国经济问题的核心元素。而该举措势必会对其他国家造成各方面的影响。低利率降低了偿债成本，这就令高水平的借贷在短期内得以维持下去。低利率和量化宽松政策，通过降低美元的外币价值，来达到美元贬值的目的，降低政府债务水平。

美元走软，提振了美国的出口，原因就在于出口产品的价格更低，而且美国在关键行业占据主导地位，如技术和软件、制药、复杂制成品（航空航天、国防硬件、重型机械）、娱乐和服务等。美元走软还降低了国内生产的成本基础，鼓励制造业和组装工作回流到美国，这种趋势反过来也可以降低失业率。更强劲的增长和更低的失业率，有助于减少美国庞大的预算赤字，帮助控制政府债务水平。

第六章
团结起来，严阵以待：全球化的倒退

成为更加封闭的经济体，符合美国经济的自身利益，也符合美国的实力和影响力。封闭经济迎合了美国想要独善其身的愿望，以及美国天生自带的例外主义文化①。正如杰拉尔德·福特（Gerald Ford）总统的副国家安全顾问威廉·G.海兰德（William G. Hyland）所言："保护主义是孤立主义的盟友。"8

***

欧洲也有形成封闭经济体的迫切需求。虽然单独来看，每个欧洲经济体规模都不大，但欧盟总体占全球 GDP 的 25% 以上，使其成为世界上最大的经济集团。

欧盟是一个比美国更加开放的经济体，是全球最大的商品和服务出口国与进口国。但是，因为成员国之间没有贸易壁垒，使用统一货币，所以约 75% 的贸易是在成员国之间进行的。德国是欧盟最大的经济体，也是世界上最大的出口国之一，其 60% 以上的产品销往欧元区。

欧盟在食品方面基本上可以达到自给自足。与美国一样，这在一定程度上是基于补贴、最低价格计划和有利于欧洲农民的贸易限制。欧盟现在属于能源净进口状态，能源主要来自俄罗斯和其他相邻的能源丰富的国家。在地中海东部发现的具有巨大潜力的天然气田，可能会改变这种情况。

解决欧洲债务问题的需求，可能是促使欧洲走向封闭经济的催化剂。作为一个整体，欧元区的经常账户基本平衡，贸易账户有少量盈余；总体财政赤字是适度的，公共债务的总体水平虽然高，但仍在可控范围内。但欧元区各成员国在收入和债务水平、公共财政和外部平衡方面存在显著差异。更大程度的整合将有助于解决掉其中一些差异。

这就需要将财富从较富裕的成员国转移到较贫穷的成员国。实力更

---

① 一种理论与意识形态，认为美利坚合众国是个独特的国家，与其他国家完全不同。——译者注

强、信誉更佳的成员国,将不得不为较弱国家的借款提供担保。德国、芬兰和荷兰等国,自然会强烈反对欧元区成员国之间互相对债务进行担保的操作。但就算没有协议,债务共同化也可能会随着时间的推移而成为不可逆转的趋势。随着经济实力较弱的国家越来越依赖欧洲央行和救助基金等官方机构,实力较强的国家,尤其是德国和法国,也会给出越来越大的承诺。强国间接地承担了欧元区弱国的债务,因为强国才是为这些国家融资的机构背后的真正力量。

如果欧盟强国不同意财富转移,不接受共同承担债务责任,那么欧元可能就要走上被放弃或重组的道路。在这种情况下,欧盟可能会分裂。如若分裂,那么欧元区将演变成比最初规模更小的版本,可能由更强大的核心国家和一些较小的经济体组成。由于外围国家的债务违约,幸存下来的国家可能会承受巨额损失和财富的大幅缩水。他们也会支持封闭经济的政策,因为这样才能恢复经济健康。

无论其政策选择如何,随着欧洲努力减轻债务负担,进行重大结构性改革以纠正失衡,都将面临一段非常漫长的经济停滞期。在过渡期间,欧洲将被迫专注于内部,节省储蓄和财富,以消化巨额的注销债务。显性或隐性的资本管制和贸易限制,是协助这种调整的配套政策措施,标志着经济向封闭的转变。

***

由于中国的主要贸易伙伴出现经济问题,中国近年来兴起的重商主义模式暴露出了弱点。鉴于出口的增长水平较低,此时净出口已不再能推动中国的经济活动。中国将转而依靠国内发展来产生必要的经济增长,才能保持社会稳定。把重点放在国内,将有助于实现经济再平衡,从出口和政府主导、债务融资投资驱动的经济,转向私人消费增加的经济。

中国的经济转向,可能受到与西方接触而造成的巨大潜在损失的影响。全球金融危机之前,美国从中国购买真实的商品和服务,用以美元计价的低利率欠条来融资。中国4万亿美元的外汇储备,主要投资于政

第六章

团结起来,严阵以待:全球化的倒退

府债券和其他以美元、欧元和日元计价的高质量证券。由于债务人质量下降以及外币兑人民币贬值,这些投资已经缩水。所持债券的规模决定了中国无法抛售这些储备资产,因为一旦抛售,就会导致证券价值大幅下跌和人民币升值,从而进一步加剧损失。

中国越来越担心其储蓄的安全性。在西方批评中国对欧洲债务危机反应不力之后,中国对储蓄缩水的不满情绪日益高涨。逐步减少国际参与,将帮助中国随着时间的推移而减记其外汇投资,还可以最大限度地减少为保护现有资产价值而进行进一步投资的需要,释放出用于内部需求的资源。

在2012年6月于墨西哥举行的二十国集团会议上,中国明确表示,不会启动在全球金融危机之后为促进国内和全球增长而采取的那种类型和规模的银行贷款行动。

中国已将工作重点转移到维持其发展所需的粮食和能源安全上。[①]

***

对于国内经济规模不大、经济资源不充足、也不需要出口市场的国家来说,退出全球一体化会带来不同的挑战。与大国不同,小国无法用自身的行动来影响汇率。2013年2月,新西兰财政部长比尔·英格里希(Bill English)直接排除了通过干预货币市场来实现新西兰元贬值,并由此减轻出口商和制造商压力的可能性:"要想影响汇率,就需要在银行放个几千亿(美元),他们才能把你当回事。新西兰要是身赴沙场,人家拿一把豌豆枪就能把咱们撂倒。"[11]

为了应对整个世界向封闭经济转变的大趋势,有可能会形成其他的贸易集团或国家关系。如果中日两国能够克服由来已久的不信任和领土冲突,那么完全可以建立起互惠互利的战略伙伴关系。日本是中国最大

[①] 2021年3月5日,《中华人民共和国国民经济和社会发展第十四个五年规划和2035年远景目标纲要(草案)》提出,加快构建以国内大循环为主体、国内国际双循环相互促进的新发展格局。——译者注

的贸易伙伴之一,也是中国主要的外国投资者之一。日本拥有先进的技术,需要出口市场。中国是一个巨大的潜在市场,而中国的企业也可以从日本的技能和知识产权中受益。日本依然是世界上最大的储蓄国,一直在寻找投资机会。

虽然历史上中印两国存在阶段性的政治分歧和边界争端,但印度还是可以从与中国的紧密关系中受益。中印联盟,将有助于印度为其经常账户和预算赤字以及投资需求融资。就中国而言,则可以获得印度的原材料和庞大的国内市场。"中印"这个概念并不牵强,因为两国自古以来就有着丰富的文化联系,现在的贸易联系也在不断增加。

资源丰富的国家,可能会与美国、中国和欧洲等主要国家结盟,成为食品、能源或原材料的首选供应国。反过来,这些国家也可以成为产品、服务和投资的市场。一些非洲国家正在推行这一政策,针对中国需要的农产品或矿产品签订长期供应协议。作为回报,中国优先扩大与这些国家的投资和贸易,协调中国企业和银行的交易。中国还将向这些国家提供发展援助。澳大利亚和新西兰已经成为中国重要的原材料供应国。俄罗斯已经成为欧洲和中国的能源和大宗商品供应国。在北美自由贸易协定框架内,加拿大已成为美国重要的能源供应国,而墨西哥则为美国企业提供廉价劳动力。

瑞士和新加坡等地理位置优越的小国,可以成为重要的贸易或金融中心,为贸易提供便利,或提供运输、物流、金融和投资服务。

全球贸易体系就此四分五裂的可能性依然存在。由世界贸易组织斡旋达成的多边全球贸易协定,如今已无人问津。最近几轮全球贸易谈判的焦点都很狭窄,主要集中在通过减少官僚主义,以及农业和发展方面有限的改革举措来促进贸易。各国越来越倾向于双边或区域贸易协定。1990—2010年,特惠贸易条约的数量从70个增加到300个。如今,世界前30大出口国中,有一半的出口流向了特惠贸易伙伴。美国正寻求通过《跨太平洋伙伴关系协定》(TPP)与环太平洋国家达成协议,并通过

第六章
团结起来，严阵以待：全球化的倒退

《跨大西洋贸易与投资伙伴关系协定》（TTIP）与欧盟达成协议。

但双边和区域贸易协定所能带来的好处，远不如全球协议。这些区域内的贸易协定，鼓励从条约缔约方的生产商那里进行采购，哪怕生产商效率低下，也没有别的办法，无法去选择世界上最便宜的货源。效率较低的生产国，还在不断游说，希望能通过双边和区域协议来更好地保护本国利益，由此也阻碍了效率更高的全球贸易协定的进一步发展。

在维系政治地位与支持经济繁荣和安全之间，各国现在必须做出取舍，必要时需要放弃历史上建立起来的联系和偏见。第二次世界大战后，当法国和德国计划创建统一欧洲时，丘吉尔认为，大英帝国根本无须在和平时期与欧洲大陆的伙伴纠缠在一起。美国国务卿爱德华·斯特蒂尼乌斯（Edward Stettinius）对罗斯福总统说，英国面对战后国际地位的不断下滑，在情感上始终难以接受。英国在历史上一直处于全球领导地位，还将这一地位视为国家权利，花了很多年时间才承认欧盟的好处。直到现如今，英国因为选择不采用单一货币，依然是说不清道不明的一种姿态。英国计划在 2017 年举行公投，就是否继续留在欧盟做出决定。①

在英剧《唐顿庄园》中，科拉·克劳利（Cora Crawley）想和婆婆成为朋友，而老伯爵夫人更希望她们之间保持盟友关系，因为她认为这样才是有效的。在不断演变的世界秩序中，各国若想实现经济繁荣，就需要采取类似的务实、精进的策略。

***

全球贸易和资本流动的变化，也受到地缘政治关系变化的影响。冷战结束后，相对温和的安全环境，有利于商品、服务和资本的流动。"9·11"袭击和随后的反恐战争则打破了这种局面。发达国家又开始在人员、资金、商品与服务的安防和监控方面投入大量资金。美国对英国和欧洲银行的起诉指控称，这些银行的行为，让美国在恐怖分子、武器

---

① 2020 年 1 月 30 日，欧盟正式批准了英国脱欧。——译者注

交易商、毒贩和腐败政权面前日趋脆弱。失败的国家建设，加上根深蒂固的种族、部落和宗教仇恨，已经把中东和非洲变成了西方野心的墓地。ISIS，即伊拉克与叙利亚"伊斯兰国"（Islamic State in Iraq and Syria，简称 ISIS），利用复杂的政治逆流思潮，取代了基地组织。ISIS 占领了一部分领土，自称哈里发，作为纯伊斯兰教的宣传基地。在财政实力、军事能力、对目标的无情追求，以及对稳定的威胁方面，ISIS 都超过了前任的基地组织。

印度有超过 1/3 的地区受到纳萨尔派的影响。纳萨尔派属于一个有着 50 年历史的暴力叛乱组织。政府在与纳萨尔派的斗争过程中，动用了大量资源，也延缓了对偏远、资源丰富的森林地区的开发。印度教徒和穆斯林之间的紧张关系一直存在。泰国军方在 2014 年发动了一场政变，取代了失灵的政治体系，统一了公民的政见。

由于担心北大西洋公约组织向其边境扩张，以及面对高加索地区的穆斯林叛乱，俄罗斯正在积极捍卫其具有历史影响力的地区。

这种不稳定的现状，反映出了权力真空。在后冷战时期，美国作为一个"不可或缺的国家"，维护着世界秩序，出手解决各国冲突。[12] 许多发达国家在国防上花费太少，心甘情愿地依靠美国的实力。但是美国对"卷入同盟"和"寻找怪物并加以摧毁"的海外冒险，态度越来越谨慎。[13] 美国的政治和经济利益，促成了从伊拉克和阿富汗等大规模军事行动中撤出的决定。

美国为了控制预算赤字和贷款规模，削减了国防开支。这就要求其他国家必须增加国防开支，并相应地减少用于其他活动的资金。降低对外国能源供应的依赖，令美国得以减少对霍尔木兹海峡和马六甲海峡等重要海上通道的防卫承诺，迫使其他国家不得不扛起更大比例的防卫成本。

民族主义开始复苏。面对国内经济令人失望的局面，政客们想要将选民的注意力重新集中到外部威胁上，以这样的方式来维持民众的支持。

第六章
团结起来,严阵以待:全球化的倒退

随着日本陷入无休止的经济停滞,日本首相安倍晋三(其外祖父在第二次世界大战期间曾是东条英机的内阁成员)不顾民众的反对,正打算增加国防开支,取消宪法对除自卫以外军事行动的限制。安倍希望点燃怀旧情绪,重建以军事和经济实力为基础的帝国田园情怀。而这一切,对于依然记得日本战时暴行的其他亚洲国家而言,是令人不安的。

上述紧张局势威胁到了贸易和投资关系。中东地区的不稳定威胁到能源供应。其他地方的冲突会影响供应链,扰乱生产、转运路线、外国投资和外国熟练工人在某些地点工作的能力。俄罗斯也采取了报复行动,将重点放在了远东市场的能源出口上,这样的调整,对依赖俄罗斯天然气和石油进口的欧洲产生了影响。美国航天飞机项目叫停之后,美国也对俄罗斯的空间发射能力非常依赖,因此这种紧张局势甚至威胁到了宇航员的太空行程。

冷战结束带来的和平红利,可能会随着国防开支的增加而出现逆转。人道主义救济行动的成本不断增加,因政局不稳定而造成的难民和非法移民数量持续激增。武装冲突的危险始终存在。

封闭经济和民族主义的兴起,是一杯混杂着多重危险的鸡尾酒。美国外交关系委员会的斯图尔特·帕特里克(Stewart Patrick)将东亚的现状比作第一次世界大战前的欧洲。在 1914 年前夕,诺曼·安吉尔爵士(Sir Norman Angell)提出了一个著名的观点:欧洲大国之间千丝万缕的贸易和投资关系,令武装冲突根本不可能发生。当然,后来的事实证明,这场结束所有战争的战争,也标志着第一个全球化时代的终结。

***

1946 年,丘吉尔创造了著名的"铁幕"一词,来描述冷战时期的世界分裂,这种分裂影响了战后 40 多年的政治和经济结构。[14] 柏林墙就是铁幕最生动、最切身的体现,而柏林墙的倒塌则标志着一个转向,即全球参与和一体化趋势的逐渐加强。25 年后,在经济和地缘政治因素的推动下,封闭经济的压力可能标志着另一场重大变革。

英国政治家帕默斯顿勋爵（Lord Palmerston）有句名言：国家没有永远的朋友或盟友，只有永远的利益。在追求经济自利和被迫独善其身的共同作用之下，全球一体化趋势正在逆转，更有利于形成各国之间基于狭窄战略联系的封闭经济体。支撑经济繁荣和发展的贸易和跨境投资，增速逐渐减弱，由此也消除了经济增长的一个关键驱动力。

第七章
从"金砖四国"到"脆弱五国"
细数新兴市场的起起落落

第七章
从"金砖四国"到"脆弱五国":细数新兴市场的起起落落

2001年,高盛公司的吉姆·奥尼尔(Jim O'Neill)创造了"金砖四国"(BRIC)这个词,用来专指巴西、俄罗斯、印度和中国这四个国家。他预测,这几个国家将在2041年(后来修订为2039年,然后是2032年)超过西方六大经济体,而发达世界的经济地位和实力也将相应下降。

当奥尼尔提出"金砖四国"概念时,他其实对这些经济体并没有直观的了解。当时,他正处于新官上任的阶段,刚刚接手高盛经济部的头把交椅,需要搞点噱头出来,给自己打出个招牌。竞争对手称这是一种营销手段,认为这几个国家的人口规模、土地面积和自然资源确实充沛,但除此之外,"金砖四国"这个说法背后的逻辑和数学解释非常模糊。这四个国家地理上相距遥远,文化和经济上也各不相同。四国之间并没有形成贸易、金融或政治集团。甚至"BRIC"这个简洁的缩写词,也是从之前的几个说法中衍生出来的:LDCs(欠发达国家)、NICs(新兴工业化国家)、EM(新兴市场)、FM(前沿市场)。

但是,奥尼尔关于金砖四国具有快速增长潜力的预测,引起了人们的注意。这个略显油滑的新词,成了由新兴国家推动的经济向未来发展的同义词。企业纷纷开始制定金砖四国战略。就连国家层面的竞争对手也屈服了,成立专项基金用于"金砖四国"的投资。而这四个国家本身,也慢慢接受了这个思路,还发起了定期峰会。在中国的邀请下,南非于2010年加入,将这个团体扩容成为"金砖五国"。2014年,中国宣布,计划成立一家新的开发银行,提供500亿美元资金用于基础设施建设,并设立1 000亿美元的应急储备安排,以帮助陷入财政困难的成员国。一位记者甚至猜测,"金砖五国"这个词,没准哪天会成为时尚品牌。

高盛从在"金砖五国"寻找机会的投资者和企业那里赚取了巨额佣金。奥尼尔现在已然化身为经济领域的摇滚明星,成了极富影响力的亿万富翁,甚至还一度出价要收购曼联足球俱乐部。与"金砖五国"的一点点关联,都笼罩在喜气洋洋的氛围之中。2007年,印度当地一家基金管理公司在孟买证券交易所一经上市,股价就开始大幅飙升,只因为其中一个管理团队曾与奥尼尔合作进行过"金砖四国"研究。

2001—2013年,"金砖四国"的经济产出从每年3万亿美元增长到15万亿美元。2000—2008年,这四个国家为全球经济增长贡献了接近30%的力量。投资者赚得盆满钵满。

2008年之后,这几个经济体一开始受全球金融危机影响较小,在全球经济增长中占据了一半的份额。整个世界对这些经济体的日益依赖,催生了脱钩理论:金砖国家不会受到发达市场动荡的影响,将成为安全港,成为全球繁荣背后的驱动力。

***

发达国家和新兴世界之间的关系,历史悠久,充满了复杂纠葛和紧张对峙。在历史上,发展中国家被视为有待征服的新疆域。从16世纪开始,欧洲列强不断扩张,疯狂占领土地和新资源,用来补充本土需求。以探索和发现为名义的航行,开辟出了贸易路线。贸易关系后来又演变出了殖民帝国。

欧洲凭借强大的军事力量,征服了这些历史悠久的国度。同时,征服过程也得到了先进的工业和科学技术,以及高度发达的法律体系、产权、政治和政府制度的支持。除此之外,还受到文化态度和工作道德的支持,这些态度与道德层面的惯例,会对个人的技能、精力和活力予以肯定和奖励。到了19世纪,英国、西班牙、葡萄牙、荷兰、意大利、法国和德国,在英国博物学家阿尔弗雷德·拉塞尔·华莱士(Alfred Russel Wallace)所说的"最伟大文明国家恬不知耻的自私"基础之上,在亚

第七章
从"金砖四国"到"脆弱五国":细数新兴市场的起起落落

洲、非洲和美洲建立了大片的殖民地。1

这样做的目的,是通过控制关键资源和战略贸易路线,在加强自身经济和政治力量的同时,不让主权竞争对手获得这些优势。随着时间的推移,殖民地逐渐变得越来越像现代的全球供应链。英国甚至将殖民地的管理外包给了私人利益集团,即英国东印度公司。

殖民主义提供了低成本的原材料,推动了旧世界的增长和繁荣。殖民地提供了通常以奴隶形式存在的廉价劳动力,以及服务于殖民列强产品的新市场。葡萄牙探险家瓦斯科·达·伽马(Vasco da Gama)很高兴能从东印度群岛的土著商人那里以每英担①3个达克特金币的价格购买胡椒。转运到威尼斯,就可以卖到80个达克特金币的价格。玻利维亚的波托西银矿和西班牙征服者掠夺的黄金,为西班牙帝国提供了充裕的资金。

卡尔·马克思是这样看待殖民主义的:"问题……不在于英国人是否有权征服印度,而在于我们是否宁愿让土耳其人、波斯人、俄国人征服印度,而不愿让英国人征服印度。"2 马克思在承认东印度公司剥削印度市场和劳动力的同时,也认为资本主义将改变印度次大陆。印度将受益于工业革命的成果。这就让人想到了乔治·麦克唐纳·弗雷泽(George MacDonald Fraser)的编剧作品。弗雷泽创作了虚构的维多利亚时代杰出士兵哈里·佩吉特·福莱斯曼爵士(Sir Harry Paget Flashman)。这位虚构人物认为,大英帝国是这个世界最伟大的杰作,而这个世界根本配不上大英帝国的完美。3

世俗权力和宗教信仰的荣耀联系在一起,为殖民征服提供了再好不过的理由:"这是一种文化命运论——欧洲海洋国家注定要将基督教和文明带入到异教和野蛮的世界之中,而他们获得的回报,就是当地居民自己无法欣赏、不懂珍惜的资源与宝藏。"4

---

① 1英担(hundredweight)=112磅≈50.8千克。——译者注

第二次世界大战后，许多殖民地获得了独立。1947年8月14日，独立后的首任印度总理贾瓦哈拉尔·尼赫鲁发表了具有里程碑意义的演讲——《我们和命运有个约会》，表达出了所有前殖民地国家内心的愿望。他谈到了自由，谈到了由获得解放的土著人民亲手塑造的未来。[5] 而现实情况，距离这些崇高的期望非常遥远。或是因为漫不经心的冷漠，或是因为怀有恶毒心理的蓄意设计，这些国家的边界划分，完全没有考虑到至关重要的历史、种族、部落、宗教和经济差异。这就为亚洲、非洲和中东一些国家频繁发生的暴力宗派冲突埋下了导火索，而这些冲突一直持续到今天都没有停止。国家矛盾阻碍了经济发展，因为大量的政治和经济资源都被用去解决争端。

许多刚刚独立的国家，没有基础设施，也缺乏政治和社会机构，更没有管理新国家所需的资深人才，而这也反映出当年殖民者在殖民地建设上的匮乏之处。大多数被解放的殖民地，仍然非常依赖外国的资本、技术、技能和产品市场。发达国家牢牢地控制着创新和知识产权，在商业活动中坐拥相当大的份额。殖民者并没有为长达几个世纪的掠夺和剥削而提供任何补偿。

***

20世纪80年代，面对经济停滞的问题，发达国家放松了国内监管。他们将目光投向新兴国家，寻求新的机会，努力推动贸易自由化和资本流动。"金砖五国"中的俄罗斯、印度，尤其是中国的重新崛起，对发展中国家市场的崛起发挥了关键作用。

苏联在冷战不可持续的成本和腐败低效的中央计划体系的重压下崩溃了。[6] 戈尔巴乔夫的开放、重组、民主化和加速经济发展的政策全部以失败告终。戈尔巴乔夫受到外国人的赞扬，但在国内却不受欢迎。他后来承认，自己低估了问题的严重性。俄罗斯缓慢而痛苦地从废墟中崛起，采用了更加市场化的经济体系和民主政府中的某些元素。规模巨大的能源和矿产资源开发，也助力了经济复苏。

第七章
从"金砖四国"到"脆弱五国":细数新兴市场的起起落落

破产的印度被迫进行改革,经济以每年3%~4%的微弱速度增长,收入每年增长1%~2%。这样的速度,也被人们戏称为印度增长率。1991年,由于剩余外汇储备仅够支付不到两周的外汇付款,印度央行不得不将47吨黄金空运给英国央行,作为贷款抵押品,同时等待IMF的援助。同年7月,财政部长曼莫汉·辛格(Manmohan Singh)告诉议会,印度不能再靠借钱过活了,再也没有时间去拖延,也没有回旋的余地了。

印度通过了一项改革预算,让卢比贬值,并向有限的外国投资者敞开大门。这些举措为经济发展铺平了道路。随后,经济规模翻了两番,以平均每年7%的速度增长。2005—2007年,增长率甚至超过了9%。辛格引用了法国作家维克多·雨果的名言:"世界上没有任何力量可以阻止一个时机成熟的想法。"[7] 印度作为主要经济大国的崛起,感觉只有咫尺之遥。

从1978年开始,在邓小平的领导下,中国实施了改革开放,这是一项将社会主义和市场经济要素相结合的改革计划,广泛覆盖国内社会、政治和经济政策。改革开放扭转了传统的自力更生,改变了对贸易缺乏兴趣的政策。在接下来的30年里,中国成了全球主要经济体,年均增长率超过9%。30年来,中国人民的生活水平每十年翻一番,增速远超美国。而美国在其经济增长最快的时候,生活水平的发展速度大约是每30年翻一番。中国的发展,惊艳了全世界。目瞪口呆的评论人士都将中国视为奇迹。

然而,前进的步伐终究无法做到整齐划一,持之以恒。1997—1998年,亚洲货币危机爆发。1998年,俄罗斯出现债务违约。但随后经济实现复苏,进入了新兴市场的黄金时代。

这种发展模式是建立在生于俄国的美国经济历史学家亚历山大·格申克伦(Alexander Gerschenkron)的理论基础之上的。这些理论是德国和日本战后经济复苏的基础,依赖出口和国内储蓄融资的投资。资源丰富的国家利用矿产出口的收入来加速发展。经济改革,再加上重点领域的放松管制，也发挥了作用。

起点较低，增长起来也更轻松。即使经过几十年的发展，中国、印度、巴西、俄罗斯的人均 GDP 仍然分别只有 7 000 美元、1 500 美元、1.1 万美元和 1.5 万美元左右。相比之下，美国、日本、德国、英国和澳大利亚的人均国内生产总值都高达 4 万美元至 6 万美元之间。

有利的人口结构和不断增长的劳动力规模，也助力了增长。城市化和工业化趋势，动员起了以前失业或未经充分利用的劳动力。投资活动改善了欠发达的工业产能、基础设施和资本存量，实现了经济转型。发展所需的资金，来自高水平的国内储蓄。从 20 世纪 90 年代开始，发达经济体以低利率和低油价为基础、以债务为动力的增长，创造了对新兴市场出口产品的强劲需求。再加上生产环节向低成本新兴国家的转移和外包，进一步推动了当地经济活动的扩张。

殖民时期，原材料通常从殖民地转移到殖民者手中，而制成品则向相反方向平衡流动。而现在，整个过程倒转了过来。新兴国家将其廉价劳动力、本地或进口资源与外国技术或资本结合起来，制造出商品，创造出服务，出口向发达国家。技术、电信和交通领域的进步，让成本更低的新兴国家得以与发达经济体竞争。一次性事件扮演着至关重要的角色。比如"千年虫软件问题"，就大力推动了印度软件业的发展。

新经济的中心在中国。中国此时已成为世界工厂，将 50% 的产出输往世界各地。中国进口资源和零部件，然后组装或加工，再运到世界各地。较小的新兴经济体，特别是亚洲的新兴经济体，已经融入了以中国为中心的全新的全球供应链。咨询顾问大卫·罗斯科普夫（David Rothkopf）点出了新兴市场内部力量的不平衡："没有中国这个 C，金砖四国 BRIC 就只剩 BRI[①]，一种味道寡淡、质地绵软的奶酪，一提到布里奶酪，人们就会发出一连串的抱怨……"[8]

[①] BRI 与 Brie 谐音，Brie 是原产于法国东北部的一种奶酪，中文译作布里奶酪。——译者注

第七章
从"金砖四国"到"脆弱五国":细数新兴市场的起起落落

中国现在是铁矿石和其他金属矿产的最大买家,也是棉花和大豆的最大买家之一。中国生产了世界上一半以上的钢铁和水泥。1990—2010年,中国在世界煤炭消费中所占的份额从24%增加到50%,令煤炭价格翻了一番。在同一时期,中国占世界石油消费的份额从3%增加到10%,这也给油价带来了压力。巴西、俄罗斯、南非、澳大利亚和加拿大的矿商,随着价格飙升、产量猛涨,也赚得盆满钵满。

中国的储蓄和外汇储备为发达国家提供了资金。而发达国家的政府是最大的受益者。中国每年出口约4 000亿美元的储蓄,帮助美国每年降低高达1%的利率。中国作为资本输出国的角色,着实令人意想不到,因为中国比其资助的国家要穷得多。此时中国的人均收入低于美国和欧洲,后者拥有的固定资本约为中国的5倍,人力资本和知识产权财富体量也要大得多。

用廉价劳动力吸引外国投资的战略,获益于新兴国家和地区之间的竞争。日本、韩国、台湾地区、香港地区和新加坡的成本不断上升,导致企业纷纷向中国内地转移。而中国内地的成本上涨之后,企业又陆续迁往孟加拉国、斯里兰卡、柬埔寨、越南和缅甸。

较低的成本,也是以最低限度的法律法规为基础的,由此也导致对工人和环境的保护不够全面。

即使在有规定的地方,也很难真正执行。冷战期间,西德企业在东德处理有毒废物,那里的垃圾场不受监管,而且价格低廉。1990年之后,当西德的环境法适用于统一之后的国家时,他们才发现,原来修复环境破坏的费用是如此昂贵。作家贝托尔特·布莱希特(Bertolt Brecht)在《三毛钱歌剧》中指出,先来填饱肚子,再讲仁义道德。

新兴市场的发展,提高了至少一部分人们的生活水平。随着增长势头的逐渐加强,外国企业纷纷前来投资,充分利用当地新兴中产阶级及其消费能力。国内的大好机遇,也鼓励那些在发达经济体生活、学习和工作的中国人纷纷回国。

在文化、价值观和不同政治制度的优缺点上,人们倾注了大量的笔墨。就在1997—1998年亚洲金融危机之前,一位作者将88层高的吉隆坡双子塔视为亚洲崛起的象征,但这座建筑的高度并没有经济价值,其中很大一部分面积都是配合层高建设的大量电梯井。而印度尼西亚总统哈比比还宣称要建造世界第一高楼。虽然只是一句没有兑现的口号,但全世界也为之惊叹不已。这座建筑的设计是倾斜的形状,并不实用,因为很难安装电梯。

在诺埃尔·考沃德(Noël Coward)的戏剧《私人生活》中,剧中人物埃利奥特·蔡斯(Elyot Chase)在谈及中国时,只知道中国非常大。外国对新兴市场的理解,大多是极为肤浅的。

***

全球金融危机之后,发达经济体出现了前所未有的同步衰退,引发了新兴市场经济发展的大幅放缓。这样的现象与脱钩假说是矛盾的。2009年之后,新兴市场被迫依赖每年高达两位数的信贷供应增长幅度,才勉强恢复了经济增长。

仅在出口导向型的中国广东省,就有2 000万~2 500万外来务工人员失业。为此,中国率先采取了大规模刺激措施。财政措施是适度的,相当于2.2%的预算赤字。由政府所有并控制的政策性银行,得到扩大信贷的指示,为大规模基础设施建设项目提供资金。如果将高于正常贷款的额外信贷增长考虑在内,那么中国政府的刺激计划总计约占GDP的15%,位居世界前列。

随着外国资本流入,国内信贷进一步扩大。发达国家宽松的货币政策,鼓励资本流入新兴市场,以寻求更高的回报。流动性充沛的银行向新兴市场放贷;国际养老基金、投资管理公司、央行和主权财富基金增加了对新兴市场的投资。当地金融市场规模较小,进一步加剧了资本流入的影响。美国养老基金和保险公司的投资组合配置每增加1%,就相当于大约5 000亿美元,远远超出新兴市场能够轻松吸收的水平。

第七章
从"金砖四国"到"脆弱五国":细数新兴市场的起起落落

外资对新兴市场债务的持有量也大幅增加。在亚洲,外国人持有约30%~50%的印度尼西亚卢比政府债券,而在2008年底时,这一比例还不到20%。同时,外国人也持有约40%的马来西亚和菲律宾政府债券。资本流入导致借款成本大幅下降。巴西以美元计价的债券收益率从2002年的25%以上跌至2012年的2.5%,创历史新低。2003—2011年,土耳其以美元计价的债券收益率平均约为7%,2012年11月跌至创纪录的3.17%。印度尼西亚以美元计价的债券利率跌至2.84%,创历史新低。多数新兴市场的本币利率也有所下降。

为了追求更高的收益率,投资者转向不那么知名的新兴市场借款人发行的债券。2013年,卢旺达发行了10年期政府债,筹集了4亿美元,约占其国内生产总值的5%。受到6.875%的票面收益率的吸引,投资者的需求达到了债券发行规模的9~10倍。其他非洲发行国包括尼日利亚、赞比亚、坦桑尼亚、肯尼亚和莫桑比克。来自斯里兰卡和孟加拉国的亚洲借款人也筹集到了廉价资金,而投资者也往往怀着投机心理。投资基金的业绩通常是根据特定的基准来进行评估的,这样的操作也助长了需求。当某个债券被纳入主要债券指数时,投资者必须购买相关证券,才能避免基金的回报与相关基准存在显著差异。这些"指数观光客"并不了解他们用别人的钱开开心心买下的东西,存在多少风险。

其他资产的价格,尤其是房地产,也在大幅上涨。新兴市场的吸引力在于更高的增长率和更好的前景。投资者忽视了许多发行国对外国援助的依赖、波动很大的大宗商品出口收入、不稳定的政治局势和拙劣的国家治理。

***

2013年5月,美国经济状况的改善,提高了taper(美联储缩减资产购买规模)的可能性。而taper的实质,就是收回美联储对市场注入的流动性。这样的形势对新兴市场的影响立竿见影。美国政府债券利率上升1%后,新兴市场的利率也随之上升。随着投资者将资金转回发达经济体，尤其是美国，各国货币——巴西雷亚尔、印度卢比、俄罗斯卢布、土耳其里拉、印度尼西亚卢比、马来西亚林吉特、泰铢和南非兰特均出现了7%至18%的跌幅。举债能力下降，借贷成本上升。巴西、土耳其和印度尼西亚以美元计价的债券收益率从历史最低水平上升到大约5%~6%。新兴市场央行（不包括中国）的外汇储备流出约800亿美元（约占总储备的2%）。印度尼西亚和土耳其的央行储备损失了约14%，印度损失了约6%。

资本外流加剧了人们对新兴市场增长放缓的担忧。投资银行摩根士丹利外汇分析师詹姆斯·洛德（James Lord）提出了"脆弱五国"的说法。这个用来形容主要新兴经济体不堪一击的新词，迅速流行开来。人们之前对"金砖五国"的关注，现在转移到了"脆弱五国"上。这五个最为脆弱的经济体指的是：巴西、印度、印度尼西亚、土耳其和南非。

潮水退去，一直隐藏在高水位之下的尖利岩石就会重见天日。而增长放缓和资本撤出，也暴露出了之前看不见的深层次问题，特别是高债务水平、对外国融资的依赖、银行未确认的不良贷款，以及内外失衡。

＊＊＊

自2008年以来，新兴市场的新增借贷规模大幅上升。韩国、马来西亚、印度尼西亚、印度、泰国、巴西、南非以及匈牙利和波兰等一些东欧国家的债务也出现了显著增长，均处于发展中国家的债务高位。中国抵押贷款债务每年增长21%，与此同时，自2008年以来，城市房价上涨了60%。

同期，巴西和许多亚洲国家的消费信贷出现了强劲增长。在巴西的分期付款文化之下，汽车、消费品、度假、整形手术和葬礼都可以赊购。在马来西亚和泰国，消费信贷比例从2007年的水平大幅上升至GDP的80%左右。在泰国，债务偿还相当于人们收入的比例，在33%以上，大约是美国金融危机前的两倍。尽管经济增长与消费信贷的增加密切相关，但低收入家庭借贷的增加，也进一步加剧了这种脆弱性。

第七章
从"金砖四国"到"脆弱五国":细数新兴市场的起起落落

中国、韩国、印度和巴西的许多企业杠杆率都很高。许多新兴市场企业扩张过度,现金流不足。尤其是在经济环境疲弱的情况下,根本无法支付利息和本金。

除了中国和印度之外,新兴市场的政府债务水平并不高。但是,政府对银行和各行各业的介入,意味着政府债务的有效水平被低估了。巴西国有发展银行和巴西联邦储蓄银行贷款规模迅速增加,而这两家银行是可以拿到政府补贴的。

日本在20世纪80年代末、韩国在20世纪90年代、美国和英国在21世纪初都出现了信贷增速放缓的情况,触发了严重的金融危机。衡量债务可持续性的另一个指标,是信贷缺口,也就是私营部门信贷增长与总体经济产出增长之间的差额。信贷缺口巨大的国家,随后都会经历经济增长的急速放缓。还有个衡量债务水平的指标,是国家的偿债率,也就是还本付息额的GDP占比。如果该指数高于20%~25%,通常预示着风险增加。

新兴经济体的贷款操作与风险评估环节往往非常薄弱。半政府性质的银行官员,会选择资助那些规模宏大、贪慕虚荣的项目,这些项目的经济状况并不明确,通常是由政治关系连带的企业和精英人士牵头。在巴西,与政府关系密切的前亿万富翁埃克·巴蒂斯塔(Eike Batista)的破产,给贷款人和投资者造成了巨大损失。

新兴市场的债务,通常是由土地和房地产来担保,而土地和房地产的价值取决于信贷的持续供应和强劲的经济增长。在中国,大约50%的企业贷款与房地产有关。大部分债务是短期的。很少有借款人能拿出足够的经营现金流来偿还贷款,因此就需要不断申请新的贷款来偿还旧的贷款。由于新债务之中的很大一部分仅仅是用来偿还现有债务,所以借款总量不断增加,才能维持住经济增长。不断进行再融资的需求,也进一步加剧了风险。

从历史上看,由于新兴市场本地的债市不够发达,所以借款人不得不借入外币贷款。但是，新兴市场在以往经历危机之后，都会开发出新的融资渠道，而这就意味着，企业现在能以本币借款，也降低了对汇率变动的风险敞口。然而，新兴市场的借款人为了享受较低的利率，仍持有大量外币贷款。

官方批准执行的不良贷款重组，常常会掩盖掉贷款损失。在中国，发放给各级地方政府融资平台以及国有企业的贷款得到了延期，而实际上，人们对这些借款人履行债务的能力也心存疑虑。印度国有银行的不良贷款和重组贷款已达到总资产的12%左右，自2009年以来翻了一番。中国和印度当局都接受一种理论，认为滚动贷款不会累积出越来越大的损失。

***

短期外国资本流入，掩盖了外部账户的根本问题，例如进出口之间的平衡问题，以及外国投资收益与支付给外国投资者的款项之间的差额。印度、巴西、南非和土耳其尤其依赖海外融资。

新兴经济体的经常账户盈余，已从2006年占GDP的5%左右降至1%。实际恶化程度更大，因为中国和能源出口国的巨额贸易顺差，对总体结论造成了扭曲。盈余的下跌，反映了出口市场增长缓慢、大宗商品价格下调、食品和能源进口成本上升，以及由信贷过度增长而推动的国内消费。

许多新兴国家的公共财政状况不佳，支出超过税收。近年来，包括表外项目在内，印度中央政府和各邦政府的公共部门赤字总和，一直高达GDP的9%~10%。对化肥、食品和石油的补贴目标不明确，进一步加剧了巨额预算赤字的问题。补贴影响到了长期增长，对消费、生产以及资源分配的数字造成了扭曲。补贴还对其他领域的政府资金进行了转移和占用，如基础设施、教育和医疗等。薄弱的社会保障体系很难保护穷人不受补贴政策变化的影响。政治敏感性令改革举步维艰、进展缓慢。

新兴国家每年需要大约1.5万亿美元的外部资金来满足融资需求，

第七章
从"金砖四国"到"脆弱五国":细数新兴市场的起起落落

到期债务的偿还也包括在内。不断恶化的融资环境,再加上外汇储备不断下降、进口和短期借款覆盖范围减少、货币不断贬值和经济前景恶化,加大了新兴国家的脆弱性。

不良投资进一步加剧了债务问题的严重程度。许多用贷款资助的项目,实际上根本就是不可行的。从项目诞生之际,就注定了偿还贷款的可能性微乎其微。

许多投资都集中在大规模基础设施建设和房地产领域。中国在超高速列车、新机场、道路、重工业(如钢铁)以及住宅和商业地产方面进行了大量投资。

一部分人认为,中国缺乏必要的基础设施。他们不认同投资资本经济回报不足的观点。他们将这个问题归咎于全球需求低迷导致的经济增长率下降,认为世界经济注定会强劲反弹,从而提高这些建设项目的经济回报。他们认为,基础设施投资将得益于生产力的提高,并从中产生长期经济效益。他们指出,社会基础设施投资项目很少有盈利的。19 世纪中期,西方国家的铁路投资热潮带来了经济效益,但基本没有谁从中获得了足够的经济回报,很多投资者甚至因此破产。

中国的投资热潮也加剧了工业产能过剩,钢铁、铝、水泥、化工、炼油和风力发电等行业的产能过剩率平均在 20%~30%。截至 2015 年,中国大陆汽车工厂的汽车产能,比国内销量多出约 1 000 万辆。在房地产方面,中国有 7 000 万套在建或库存住房,远高于美国在房地产泡沫最严重的时候的新房数目。

信贷强度,也就是创造额外经济活动所需的债务数量,此时已经上升。增量资本产出率(ICOR)衡量的是投资效率,计算方法是年度投资额除以 GDP 的年度增幅。新兴市场的债务驱动投资创造了经济增长,但在中长期内,将导致坏账越积越多,金融问题风起云涌。

***

目前,尚未解决的结构性缺陷,阻碍了新兴经济体的扩张,其中许多经济体基础过于狭窄，往往依赖于大宗商品出口。亚利桑那州参议员约翰·麦凯恩（John McCain）称俄罗斯是"伪装成国家的加油站"，以此来强调其对石油和天然气的依赖。⁹ 南美洲债务驱动、消费驱动的经济体，是由规模较小、生产力较高的自然资源部门和大宗商品价格高企而支撑起来的。中国对铁矿石和大豆的需求，掩盖了巴西的弱点。

中国存在基础设施过度投资的问题，而其他新兴国家则面临着基础设施的匮乏。在电力、交通和公用事业等关键领域，印度存在严重短缺。2012年，印度遭遇了电网故障，影响到6亿多人。将水电价格维持在低位的政治压力，阻碍了成本回收，也抑制了投资。先前项目的结构性问题和困难，令外国投资者的态度也谨慎了起来，由此造成了基础设施投资的外资短缺。

新兴市场的劳动力成本正在上升，而竞争力也随之下降。2013年，南非矿工为维持生活工资，展开了持续的罢工行动，导致生产中断，成本上升。

虽然新兴市场的劳动力普遍年轻，而且规模不断增长，但技能的缺乏，限制了劳动力的发展潜力。印度不健全的公共教育系统，导致40%的学生无法完成学业。40%的劳动力是文盲。印度成年人的整体识字率为66%，而中国为93%。印度的一些高等学府，尤其是16所印度理工学院，是世界级的，但因为招生人数有限，导致毕业生严重短缺，劳动力成本也因此增加。当新兴经济体的大学生都在埋头应试的时候，雇主们也不得不加大投资，为毕业生做就业培训。最优秀的学生都选择出国留学，去拿国外的学历。而毕业之后，也更愿意留在国外工作，因为那里工资更高、回报更大。还有文化方面的问题。2010年，印度《今日商业》发表了一篇题为《职场顽童》的文章，抱怨年轻员工的工作态度不端正。

环境破坏和工业污染问题在发展中国家尤为严重。

这些经济体，普遍存在"治理问题"。这是一个礼貌的说法，涵盖了

第七章
从"金砖四国"到"脆弱五国":细数新兴市场的起起落落

无孔不入的腐败现象、盗贼统治、资金滥用和制度缺位。2014年,巴西国家石油公司这家部分国有的能源大佬,同时也是世界上规模最大的能源企业之一,卷入了一场巨大的腐败丑闻。在"洗车行动"中,巴西执政党——劳工党被指控挪用公司资金,为了维持自身的权利而向政客和企业行贿。2014年,巴西国家石油公司被迫计入170亿美元的损失,这些损失部分与受腐败影响的炼油厂项目的延期有关。具有讽刺意味的是,当巴西国家石油公司宣布发现卢拉油田时,劳工党重新喊出了1953年时的民族主义口号:"石油是我们的。"而腐败丑闻,让人们对这句口号的确切含义有了不同的理解。

当下的一些印度商人,很像19世纪的美国强盗大亨,利用腐败手段对政客施加影响。他们利用不正当手段获得丰富的自然资源,特别是土地和矿产,还想方设法操纵政客,制定有利的规章制度、限制竞争,特别是外国竞争。印度信实工业创始人迪路拜·安巴尼(Dhirubhai Ambani),在自传中委婉地提到了他在"管理环境"方面的技能。

贿赂是再常见不过的事,而政客和公职人员的收入微薄,又成了受贿的理由。历史学家拉玛钱德拉·古哈(Ramachandra Guha)讲述了20世纪60年代印度著名政治家遭窃的故事,歹徒偷走了一枚金币和800卢比(约合15美元)。如今若再有窃贼进入政客家中,收获可能会更多。

收入不平等,经济权力过度集中在享受高额补贴的国有企业或商业寡头手中,再加上政治僵化和不稳定,都日益加剧了经济问题。发展中国家的人口也在迅速老龄化,这是生育率下降和独生子女政策等具体措施所造成的结果。

***

虽然新兴市场的收入有所增加,但以发展中国家的标准来看,仍然不高。世界银行将中等收入经济体定义为人均收入在1 095美元至12 775美元之间,相当于每天3~35美元。

印度一家国有银行的入门级员工时薪约为1.7美元,即每年4 200美元。首席执行官每小时的收入约为 11~14 美元，相当于每年 3.2 万 ~4 万美元，不包括汽车、司机，还有他们享受的免费住房。在中国五大国有银行中，员工的平均工资、奖金和福利为 27 200 美元。相比之下，中印两国私营部门的同行收入更高。而在洛杉矶一家快餐店工作的美国人，最低工资是每小时 11 美元，外加强制性的 5 美元医疗福利，总共 16 美元。这相当于每年大约 3.3 万美元的收入。

许多新兴市场国家都陷入了中等收入陷阱，即当人均 GDP 达到 1.5 万美元左右时，经济增长放缓。为进入下一个发展阶段所需的再平衡，操作起来非常困难。中国需要从投资转向扩大消费，从而推动经济活动。中国消费占 GDP 的比重，从 1980 年的 50% 以上下降到现在的 35%~40%。即使以亚洲勤俭节约的标准来衡量，中国的消费水平也很低。相比之下，中国的固定资产投资占 GDP 的比重从过去十年的 34% 上升到 46% 左右。在经济发展的同期，日本和韩国的固定资产投资比中国低 10%~20%。虽然中国的消费有所增长，但增速依然低于整体经济和投资增速。

因为微薄的社会福利给人们带来的安全感较低，所以人们只得不断储蓄，由此降低了支出比例，而对储蓄的迫切需求，是之前改革造成的结果。中国劳动力在改革中失去了他们的"铁饭碗"——也就是由国家担保的工作保障、稳定的收入和福利，包括医疗和教育。

寻找增加消费的途径，难度很大。工资大幅上涨，会降低出口竞争力。实行大规模的社会福利政策，会令公共财政吃紧，并导致税率的提高。扩大消费，将降低目前的高储蓄水平，而高储蓄为国有银行提供了存款，中央政府可以调用这些存款来推动经济增长，避免银行业危机。存款利率很低，远低于通货膨胀率，这就使得银行能够从巨大的借贷利差中赚取可观的利润。由此产生的高额利润，可用于吸收由无法偿还的劣质贷款造成的损失。储蓄的低回报，相当于将财富从家庭转移到银行和借款人手中，这部分价值相当于年 GDP 的 5%。

短期来看，不当投资的持续和坏账冲销的延迟，造成了经济强劲增

第七章
从"金砖四国"到"脆弱五国":细数新兴市场的起起落落

长的假象。随着时间的推移,越来越多的资本和资源被束缚在非生产性投资上,从而将经济锁定在低速增长的赛道上,随时有可能出现打破稳定的崩盘。家庭储蓄的购买力下降。财富水平,随着被高估的资产价格回落而降低。企业和借款人发现,他们的收入,以及他们定价过高的抵押品的价值,根本达不到偿债所需的水平。

***

对危机感到厌倦的政策制定者,对新兴市场爆发危机的风险不屑一顾。这与美国前国务卿亨利·基辛格的说法如出一辙:"我的日程已经排满了,所以下周不能发生危机。"[10]

事实证明,2013年美联储主席伯南克考虑收紧货币政策时引发的"缩减震荡"(后来被称为"缩减恐慌")是短暂的。"脆弱五国"恢复得相对较快。但在2014年,美元走强、借贷成本上升、资本撤出,再加上大宗商品价格下跌,对新兴市场的原材料出口国造成了不利影响,引发了新一轮的不稳定。

当时的情况,与20世纪90年代惊人的相似。20世纪90年代时,美联储和日本央行奉行的宽松货币政策,导致大量资本流入新兴市场,尤其是亚洲。1994年,美联储主席格林斯潘收回了流动性,导致美国利率在12个月内翻了一番,引发了墨西哥和拉美其他地区的危机,并由此触发了1997—1998年的亚洲货币危机。印度尼西亚、韩国和泰国都是在IMF组织的救助之下,才走出了危机的阴影。亚洲用了十多年时间才从经济损失中恢复过来。许多人现在都在担心,危机会再次上演。

新兴市场危机的基本态势,我们并不陌生。虚弱的实体经济和脆弱的金融体系,会迅速地互相拖后腿。就算发达经济体央行削减资金注入的行动速度能更加缓慢,继续延迟,经常账户赤字、疲弱的公共财政、不足的投资回报和高企的负债水平也早晚会暴露出问题。

资本撤离将导致货币疲软,进而导致债券、股票和房价下跌。融资难度增大、成本上升,将进一步增加不堪重负的借款人的压力,引发银行业问题，波及实体经济。信用评级和投资评级的下调，将反复迭代，令这个周期不断延长。

　　国内的深层次问题和外部环境的迟滞，限制了政策选择。如果采取政策回应，就可能令问题进一步复杂化。央行货币购买、货币市场干预、资本管制，将减少储备、加速资本外流。如果用提高利率的方法来支撑货币、对抗输入性通胀，就会降低经济增长，加剧高债务问题。2013年，印度、印度尼西亚、泰国、巴西、秘鲁和土耳其就不得不实施了上述一些措施。

　　货币贬值将影响主要产品，即食品、食用油和汽油的价格。为降低价格而提供的补贴，将削弱公共财政。为金融体系和整体经济提供的支持，将进一步给政府的资产负债表带来压力。

　　一些经济学家认为，1997年和2015年是不同的。固定汇率、低外汇储备和外币债务等软肋，在2015年时已经得到改善，由此也降低了人们所熟悉的新兴市场死亡螺旋的发生风险。但人们可能过于乐观了。

　　虽然本币债务有所增加，但外币债务水平依然相当高。自2008年以来，美国境外除金融机构外的实体，以美元计价的借款增长了50%，目前已超过9万亿美元。新兴市场借款人约占总数的一半，较同期大幅增加。巴西、印度和土耳其有大量未偿还的美元贷款。许多借款人的风险得不到对冲，收入货币和债务货币不能匹配。中国25%的企业债务以美元计价，而利润中美元所占比例仅为9%。由于石油和大宗商品价格下跌，收入和现金流不断缩水，业务中存在的问题也日益暴露。随着美元走强，本币走弱，将会进一步加剧亏损。

　　在以本币计价的债务中，外资持股比例很高，这种情况在马来西亚、印度尼西亚、墨西哥、波兰、土耳其和南非尤甚。外国投资者因为担心外汇损失，就会在货币疲软时选择退出，由此增加了借款成本，减少了资金可用性。

　　改革可能会减缓危机爆发的速度，但实体经济和金融系统中存在的

第七章
从"金砖四国"到"脆弱五国":细数新兴市场的起起落落

问题和弱点,意味着当前的风险仍然很高。在谈到1994年的墨西哥危机时,经济学家鲁迪格·多恩布希(Rudiger Dornbusch)指出了危机的发展轨迹:酝酿出一场危机所需要的时间,比你想象的要长得多,而危机爆发时的速度也比你想象的要快得多。[11]

***

在新兴市场面临的种种问题面前,西方政策制定者完全撇清了责任,辩称自身的政策对新兴市场是有益的。但发达经济体此时也承受着严重的经济后坐力。2008年以来,新兴市场对全球经济增长的贡献率高达70%。如果新兴市场经济放缓,必将迅速影响到发达经济体。对促进经济活动的出口需求将会减少。随着海外业务收入的下降,跨国企业的利润也会萎缩。投资损失将影响到养老基金、投资经理和个人投资者。贷款违约和交易损失将影响活跃在新兴市场的国际银行。

新兴市场拥有超过7万亿美元的外汇储备,主要投资于美国、日本、欧洲和英国的政府债券。如果新兴市场央行为了支撑本币或国内经济而出手抛售所持债券,那么利率上升将立即给持券人带来巨额损失,加剧货币刺激措施减少所引发的后果。同时还将增加金融压力,对发达经济体脆弱的复苏过程带来不利影响。

新兴市场货币疲软将给主要货币带来升值压力,尤其是美元。这种压力,将破坏成本结构的改善,削弱通过低利率和量化宽松推动货币贬值而形成的竞争力,阻碍复苏的进程。

实际上,发达经济体要出口的,不仅仅是商品和服务,而且还要将全球金融危机带来的调整负担转嫁到新兴经济体身上。就像两个不会游泳的人一样,发达国家和新兴市场国家相互拉扯,搞不好最后会一起淹死。

***

到2014年,"金砖国家"已今非昔比,虽然经济增长速度仍然高于发达国家,但已褪去早期的大放异彩,逐渐放缓。随着经济命运的改变,全球经济重心从美国转移到新兴市场的想法，也慢慢消失了。

关于美国衰落的预测，已经是老生常谈了。1961年，在亨利·基辛格成为美国国务卿之前，他曾提出，美国"不能再承受过去15年的那种衰落……只有自欺欺人才能阻止我们承认自身的衰落"。[12] 1979年，《日本第一》（Japan As Number One）是当年的畅销著作。日本经济在1989年崩溃，此后再也没有恢复。在20世纪90年代，总有人说，美国将被"亚洲四小龙"所取代，而亚洲经济在1997—1998年崩溃，直到最近才恢复到危机前的水平。同样，对"中国世纪"或"金砖世纪"的预测，也可能为时过早。

2011年，前哈佛大学研究员迈克尔·贝克利（Michael Beckley）得出结论认为，根据各种指标来看，与1991年相比，美国在经济、技术和军事上都进一步拉开了与中国的距离，走得更靠前。中美两国之间的差距并没有随时间发展而缩短。[13] 美国凭借其在经济实力、全球金融、军事能力和地缘政治角色方面的优势，打造了独特的地位，就像历史上的大英帝国一样。

美国仍然是世界上最大的经济体，美国人的人均收入仍然相对富裕。美国在关键行业的主导地位使其成为不可或缺的垄断国。世界上最大的20家上市公司中，有一半位于美国。美国产品在市场上很难找到可替代的供应商，而且转换成本非常高昂，由此确立了自身不可撼动的地位。美国的经济基本上是自给自足的，不受国际动荡的影响。美国的债务水平虽然很高，但仍低于许多其他发达国家。能源独立性的增强，以及美元作为世界储备货币的主导地位，为美国提供了巨大的金融灵活性。

美国依然是科学技术的领导者。虽然美国教育体系的整体质量乏善可陈，但美国的精英大学在世界上名列前茅。虽然人力成本很高，但美国劳动力市场是灵活的。美国的娱乐、时尚和生活方式，依然非常有影响力。美国具备有利的人口结构，依然是吸引移民的大磁场。

美国的领先地位，是建立在复杂的系统和流程基础上的，而这些系

第七章
从"金砖四国"到"脆弱五国":细数新兴市场的起起落落

统和流程都难以复制。世界银行的一项研究估计,美国 80% 的财富来自无形资产,如产权、司法系统、技能以及根植于社会中的知识和信任。

美国自我改造和变革的能力至关重要。面对增长放缓、增速提不上去的问题,以及缺乏竞争力和债务水平过高等问题,日本、欧洲和许多新兴国家很难就必要的改革达成一致并付诸实施。美国容忍失败的能力至关重要。没有哪个国家认为破产是创业者或创新者进化过程中的正常步骤。

在 2004 年关于阿拉伯新闻频道半岛电视台的纪录片《控制室》中,一名记者对美国的外交政策以及美国的伦理道德提出了强烈批评。然而,他承认,如果他有机会去美国工作,肯定会去。

全球金融危机损害了美国的经济地位,但正如 2012 年美国"超级碗"期间播放的克莱斯勒汽车广告中,年事已高的克林特·伊斯特伍德低沉的话语一样,"美国,现在是半场时间。我们的下半场即将开始。"

***

2010 年,吉姆·奥尼尔为几个备受瞩目的市场取了个新的缩写词——CIVETS(意为麝猫)(哥伦比亚、印度尼西亚、越南、埃及、土耳其和南非)。一位竞争对手创造了 MIST(意为迷雾)(墨西哥、印度尼西亚、韩国和土耳其)这个说法。网络段子手们还为有吸引力的投资机会编造了其他缩写词:其中有一个是 ANARCHY(意为无政府主义)(阿尔巴尼亚、瑙鲁或朝鲜、阿富汗、罗马尼亚、乍得、海地和也门)。2011 年初,北非和中东因政治动乱而四分五裂,一位匿名博主写道,新兴市场投资者高举金砖 BRICS,在迷雾 MIST 中寻找麝猫 CIVETS。

尽管新兴市场具有长期潜力,但它们越来越徒有其表。2013 年,高盛建议客户减少在这些市场的投资,认为全球经济实力的转移被夸大了。回报率没有以前那么诱人,而风险却比之前认为的要高。

第八章

经济上的种族隔离

不平等加剧对经济增长的影响

第八章
经济上的种族隔离：不平等加剧对经济增长的影响

2014年，法国经济学教授托马斯·皮凯蒂的《21世纪资本论》英译本问世。这本出其不意的著作迅速成为畅销书。这本700页的著作，对收入和财富分配问题进行了深入分析，不由自主地让人联想到卡尔·马克思。就像电影《卡萨布兰卡》中的雷诺上尉惊讶地发现赌博就发生在自己眼皮底下一样，世界也惊讶地发现不平等加剧这一幕竟然在身边上演。随着时间的推移，资本主义将财富集中到了少数人手中。

并非所有人都认同这一结论。世界上最富有的夫妇——比尔·盖茨和梅琳达·盖茨认为，穷人的生活条件已经得到改善，因为他们最近去大城市时，基本见不到穷人的身影。[1]

***

皮凯蒂的《21世纪资本论》追溯了收入和财富分配的历史变化。这本著作指出，在18世纪和19世纪，西欧社会存在非常严重的不平等现象。在严格的社会阶级结构之内，私人财富集中在少数富裕家庭的手中。在接下来的一段时间里，不平等问题在税收、通货膨胀、福利国家的再分配以及世界大战和大萧条导致的破产过程中逐渐得到缓解。但近几十年来，这种趋势发生了逆转，导致世袭资本主义的回归。皮凯蒂从研究中总结出了资本主义的基本定律：当财富回报率（r）增长快于经济产出（$r > g$）时，就会导致财富的集中。

英国《金融时报》应声支援卡门·莱因哈特（Carmen Reinhart）和肯尼斯·罗格夫（Kenneth Rogoff）带头引发的争议，对皮凯蒂的数据提出了质疑，指出数据存在错误，论据的选择和分析也存在问题。他们认为，纠正了这些错误后，财富不平等加剧的结论是有缺陷的。但是，不管数据的准确性如何，在各个国家迥异的经济和社会结构中，从跨越几个世纪的信息中进行解释和推断，本质上确实是非常困难的。

$r > g$ 这一结论，非常简洁，但却经不起批判性的审视。《21世纪资本论》一书的内容，对于资本和回报率的定义很模糊。虽然有一些实证支持，但皮凯蒂教授关于税前资本年回报率始终保持在4%~5%的说法，确实是有问题的。资本积累的增加，会减少这种回报，因为可用资金会去寻找新的投资机会。2015年，26岁的研究生马修·罗格里（Matthew Rognlie）对皮凯蒂的分析提出了致命一击。假设中存在的回报稳定性，取决于用资本替代劳动力的能力——即替代弹性。如果工人可以很容易地被机器取代，那么资本回报率就会保持稳定。然而，如果可替代性难度增加，那么额外的资本就更难得到有效利用，从而导致回报下降。罗格里发现，皮凯蒂使用的可替代性概念是有缺陷的。他认为，如果计算正确，那么劳动力是不能在假设的范围内被资本所取代的。除了房地产以外，流向资本所有者的国民收入份额一直相对稳定，而不是像皮凯蒂的研究结论那样，呈上升趋势。而住房回报率的上升，可能并不会加剧不平等，因为拥有房产，比其他投资类别更普遍。

《21世纪资本论》没有讲到为什么不平等问题如此重要，也没有回答为什么减少不平等所形成的成本，可能会超出这样做能带来的好处。皮凯蒂教授提议，对高收入人群征收高达80%的税收。但他忽视了这样一个事实：20世纪60年代和70年代，也执行过类似的政策，但并没有纠正不平等问题。纳税人会搬家到税收较低的辖区，或者以其他方式来避税。

虽然这部作品确实下了心思寻经问典，引用了简·奥斯汀和巴尔扎克等名人名言，但获得如此畅销的成功还是令人非常费解。经济历史学家安格斯·麦迪森（Angus Maddison）、世界银行经济学家布兰科·米兰诺维奇（Branko Milanovic）、詹姆斯·加尔布雷斯（James Galbraith），以及得克萨斯大学的关于不平等问题的研究项目，还有理查德·威尔金森（Richard Wilkinson）和凯特·皮克特（Kate Pickett）在《不平等的痛

第八章
经济上的种族隔离：不平等加剧对经济增长的影响

苦：收入差距如何导致社会问题》一书中，都明确地指出过不平等加剧的问题。法国人对《21世纪资本论》一书的反应是克制的。这本书之所以在盎撒地区受到追捧，与其说是关于这本书内容本身，不如说是因为它唤起了盎撒人对不平等的深层担忧。这本书挑战了自由社会中以技能、勤奋、创业精神和竞争为基础的平等主义精英统治的核心神话。

＊＊＊

与GDP一样，对不平等进行衡量非常困难。意大利统计学家和社会学家科拉多·基尼（Corrado Gini）提出的基尼系数，是一个衡量标准。0代表完全平等，每个人的收入都一样；而100代表完全不平等，一个人获得所有的收入，其他所有人分文不取。另一个衡量指标是集中度，利用的是由最富有的1%人口控制的收入或财富所占百分比。从这两项指标来看，都表明不平等现象正在加剧。

全球基尼系数从1820年的49上升到2005年的68。根据最新数据，美国得分为41分。加拿大、澳大利亚和新西兰分别为34、31和36。英国、德国、法国和意大利得分分别为38、31、33和36。日本得分38。巴西、俄罗斯、印度、中国和南非的得分分别为53、40、34、37和65。[2]

收入集中化，也体现出了与基尼系数相似的不平等模式。2012年，美国收入最高的1%的家庭，获得了总收入的19%。加拿大、澳大利亚和新西兰的比例分别为12%、9%和8%。英国、德国、法国和意大利分别为13%、13%、8%和9%。日本为10%。

1980年至2002年间，不平等现象显著增加。在美国，自1977年以来，收入最高的1%人群获得了全部收入增长的47%。在加拿大，这一比例为37%。在澳大利亚和英国，收入最高的1%人群获得了全部收入增长的20%。在大多数发达国家，收入最高的人群，是自20世纪90年代以来收入份额上升的唯一群体。在美国，收入和财富的集中度，正处于20世纪早期（镀金时代）以来的最高水平。

富人利用离岸避税天堂或其他策略进行避税的能力，可能造成了人们对不平等真实程度的低估。富有的酒店巨头利昂娜·赫尔姆斯利（Leona Helmsley）被称为"吝啬女王"，她曾说过："只有小人物才纳税。"[3]

统计数据是衡量不平等的不那么完美的指南。"新富"指的是通过工作致富的人群——创业者、企业高管、银行家、律师和技术专家，而不是靠财富积累为生的乡绅后裔或吃息族。在天平的另一端，低收入家庭用现金支付维持基本生活的账单。从一个发薪日到另一个发薪日，他们过着战战兢兢的生活，几乎没有储蓄，在缺钱的日子里，只能依靠昂贵的借款来艰难度日。

20世纪80年代，剧作家阿瑟·米勒将获得普利策奖的戏剧《推销员之死》呈现给中国观众。中国当地的演员，怎么也想不通威利·洛曼不知足的原因。毕竟，他有工作、家庭、房子，以及普通中国人只能在梦想中见到的物质生活。今天，在发达国家，那些生活在官方贫困线以下的人们，不仅有基本的住房和食物，而且还有暖炉、冰箱、微波炉、汽车、电视、电话和互联网。他们的预期寿命、医疗条件、受教育水平以及在食物和娱乐上的选择，都远远超过了几个世纪前的富人。相比之下，在不发达国家，穷人仍然像古代时那样悲惨。

***

造成不平等的原因是多种多样的。传统观点认为，强劲的经济增长可以缓解贫困和不平等。从1959年到1973年，美国人均GDP增长了82%，使生活在贫困线以下的人口比例减半至11%。如果GDP增长和贫困减少的这种关系继续维持下去，那么理论上到20世纪80年代末美国就会消除贫困。相反，尽管人均GDP增长了147%，但贫困率随后却上升到12%~15%。全球的情况也差不多。收入停滞、劳动力市场变化、债务、经济流动性下降以及政府政策的变化，都限制了在减少不平等方面取得的进展。

平均工资涨幅很小。经通货膨胀调整后，美国的最低时薪（各州的最低时薪为5~11美元）在过去50年里下降了近一半。英国的工资水平

第八章
经济上的种族隔离：不平等加剧对经济增长的影响

也经历了类似的停滞。各地的实际收入增长缓慢。在美国等国家，收入的增加来自工作时间的增加，而不是工资水平的提高。全球金融危机之后，劳动力市场疲软，失去每小时 20 美元工作的工人，被迫同时打好几份每小时 7 美元的工作。

这一变化，反映了工资占企业利润比例的变化。在过去的 50 年里，发达国家的劳动力收入占 GDP 的比例从 60%~65% 下降到大约 50%~60%。全球化、技术变革和许多行业竞争的减少，帮助提高了企业收入所占份额。垄断创新、寡头垄断的市场结构以及行业对法规和公共政策的影响，使企业能够产生高于正常水平的利润，即所谓的经济租金。高度集中化的美国金融业，雇用了约 5% 的劳动力，却赚取了约 15% 的企业利润。

劳动力内部的收入分配也发生了变化。2007 年，美国劳动力中，收入最低的 80%，其收入占劳动力总收入的 50% 左右，而 1979 年这一比例为 60%。从全球范围来看，2007 年的收入分配不如 1979 年平均。在"赢者通吃"文化中，金字塔尖的一小撮超级明星艺人、运动员和名人，赚取的收入达到天文数字，还利用技术创新，令自身的影响力遍及全球。与此同时，明星经理人的收入也有所增加。从 1979 年到 2005 年，大约 70% 的收入增长都集中在 0.1% 的顶层劳动者身上。

20 世纪 50 年代，美国首席执行官的平均薪酬是普通员工的 20 倍左右。而现在，首席执行官与普通职员的工资比超过了 200 倍。2011 年，苹果公司的首席执行官蒂姆·库克的薪酬为 3.78 亿美元，包括工资、股票和其他福利在内，是苹果普通员工收入的 6 000 多倍。在沃尔玛，首席执行官的收入是普通员工的 900 倍。

管制宽松、激励性薪酬、股票期权的使用、经理人的议价能力，还有他们让薪酬委员会相信人才短缺的能力，都令薪酬方案越涨越高。相互关联、关系密切的董事会成员（通常是前任或现任首席执行官）、顾问，还有小圈子内的其他人物，互相批准对方的薪酬，由此来显示公司的团结一致。

高管的高薪逐渐向下渗透，薪酬过高的经理们也觉得有必要聘请同样薪酬过高的银行家、律师和顾问。在美国和英国，金融界人士的收入不断增长，尤其是在全球金融危机爆发前的那段时期，对最富有的10%劳动力收入份额的增长做出了重大贡献。金融部门员工的工资与技能相比，高出50%之多。这部分额外收入，与创造真正的价值或提高生产力毫不相关，而是政府承担更大风险的结果，因为政府认为，这些金融机构规模太大、地位太重要，不能倒闭。实际上，他们是来自社会其他部分的巨额隐性财富转移的受益者。

国际贸易增加、运输提速、信息技术发展，再加上全球供应链的日益发达，进一步改变了劳动力市场的结构，加剧了不平等。发达经济体的企业通过将劳动密集型生产活动外包到低成本地区，降低了成本，保留了需要更高技能才能实现的高利润业务。公司以牺牲工人为代价来增加收入。廉价的商品和服务，以及更多的消费选择，是以发达国家工人被取代为代价的。虽然这有助于提高新兴国家的生活水平，但全球经济中新增的15亿工人，降低了发达市场员工的议价能力，导致实际工资水平下降。耐人寻味的是，中国的新型社会主义并没有把全世界的工人团结起来，而是将人们分隔开来，引发了"自工业革命以来全球人民经济地位最深刻的大洗牌"。[4]

自动化增加了公司的利润和收入。苹果公司无处不在的电子设备，其零部件在多个国家完成制造，在中国进行组装，由苹果公司在美国进行供应链管理，并将最终价格的30%~50%作为利润收入囊中。这一过程对高技能工人有利，却降低了低技能工人所占的收入份额。类似复杂而分散的生产过程，也适用于其他占全球GDP约85%的产品。

这样的操作，使得高技能劳动力的工资溢价不断上涨，同时也催生了越来越多的低薪、不安全、低技能的工作职位。发达经济体从制造业向服务业的转变加剧了这一进程，而服务业目前更加难以迁移，不容易

第八章
经济上的种族隔离：不平等加剧对经济增长的影响

实现自动化。这就导致薪酬较高的制造业，中层管理人员和服务业工作机会大幅减少。2012年，在发达经济体中，美国的相对低收入职位占比最高，主要是在休闲、医疗和酒店业职位。近几十年来，上述趋势，再加上工会化和有组织劳工力量的日益减弱，进一步加剧了收入不平等。

*＊＊

财产、金融资产和投资的所有权的集中趋势，与不平等有关。相对于劳动收入，被动收入（诸如利息、股息、租金和利润等）的份额虽然不稳定，但随着时间的推移还是有所增加。2010年，美国最富有的10%的家庭拥有70%的财富，而最富有的1%拥有35%的财富。底层50%的家庭所拥有的财富仅占5%。世界上最富有的85个人，包括比尔·盖茨、沃伦·巴菲特、卡洛斯·斯利姆在内，比全世界最贫穷的35亿人还要富有。

正如《21世纪资本论》一书所指出的，与富人结婚或降生在富裕家庭并继承到一大笔遗产，由此得到的财富，比职业生涯中取得成功要多得多。在海明威与另一位作家菲茨杰拉德之间的（可能是虚构的）交流中，海明威对富人和穷人之间的差异进行了简明的阐述："没错，他们更有钱。"

金融化进一步加剧了不平等。利用金融工具进行的交易，让富人的财富规模进一步膨胀。高收入家庭拥有随时可用的抵押品，更容易借到债。自20世纪80年代中期以来，随着利率的逐步下降，富人开始利用债务，来提高股票、债券、房地产以及艺术品等收藏品的回报。在高通胀时期，当购买的资产不断升值，同时用购买力不断下降的货币来偿还固定金额的债务时，就会产生收益。在通胀率最低的时期，低利率提供了空间，让人们能利用金融投资来提高回报，在这种情况下，资产的收益大于借贷成本。

相比之下，不太富裕的家庭则用债务来维持生计，作为可支配收入的补充。记者罗伯特·弗兰克（Robert Frank）认为，消费存在效仿行为。媒体总是大肆宣传富人的购买力，展示他们的大豪宅、外国品牌汽车、电子设备、时尚服装、异国假期和娱乐方式，诱使那些没那么富裕的人也进行同样的消费，通常是通过借贷来进行融资。

不富裕人群较高的债务水平，以微妙的方式加剧了不平等。他们以高利率借款，增加了自身的风险。还债成了必选项，占据穷人收入的很大一部分。而还债中的利息部分，则将财富重新分配到富人囊中。债务增加了低收入家庭面对意外情况变化（如失去收入、突发疾病或家庭破裂）时的财务脆弱性。债务奴隶制，限制了不太富裕的人改善其财务状况的能力。这种趋势，随着人们在住房、汽车和教育方面借债的重要性越来越高，也进一步巩固了金融化，增强了金融部门和金融家的实力。这些人可以获得更高的收入，进一步实现财富累积。

***

医疗、教育和儿童保育，对于增加劳动力的参与程度、提高劳动力质量而言，至关重要。在发达国家，只有掌握了更高的技能水平，才能逃开低技能工作陷阱和实际工资的下降。目前来看，要求大学学历的职业所提供的薪水，比要求学历较低的职业高出两到三倍。

虽然汽车和电子产品等制造业产品的价格有所下降，但医疗、教育和儿童保育成本的涨幅超过了一般价格水平和收入水平。鲍默成本病（或称鲍默效应）指出，劳动密集型服务成本的增加，反映了生产力提高速度低于制造业等工业流程的发展速度。

近几十年来，在那些生产过程可以实现自动化或很容易外包给工资低廉的外国工人的行业，生产力大幅提高，成本也大幅降低。相比之下，许多服务只能在当地提供，无法实现全球交易。举个例子，如今学习演奏一段古典音乐所需要花费的时间，与几个世纪前这段音乐创作出来之时，人们学习演奏所需要花费的时间差不多。这就使得诸如医疗服务、儿童保育、老人照护、娱乐和休闲等新兴行业的生产力比其他行业更难实现提升，价格也居高不下。医疗保健和教育行业对政府政策的影响，

第八章
经济上的种族隔离：不平等加剧对经济增长的影响

还造成了不利于消费者的定价和监管结构，使许多人要么买不起，要么不够资格。许多国家的公共教育机构规模远远不够，迫使贫困学生不得不贷款上私校，导致家庭负债累累。

如果健康状况不佳或患有慢性疾病，就会影响到就业能力以及完成教育和培训课程的能力。儿童保育的缺乏，或儿童保育费用过于高昂，也阻碍了人们加入劳动力大军，没有时间用于提高技能。

数字化鸿沟进一步加剧了不平等。很多低收入家庭无法获得宽带连接，因此无法参与到知识经济的发展之中。这等同于剥夺了孩子们的基本学习工具。

从大学入学率和毕业率来衡量，高收入家庭和低收入家庭孩子在教育成就方面的差距已经扩大。这在一定程度上反映出一些国家公共教育质量较低。另一个因素是富裕家庭的孩子经常接受课外教育。据估计，在美国，平均每个孩子在小学和中学阶段接受的课外教育时间为 6 000 小时。

由于低收入群体的儿童在发展、健康和教育方面存在许多困难，因此经济流动性也随之下降。其结果就是，贫困家庭的孩子可能会继续贫穷，令劣势在世代中不断循环，逐渐固化。

***

政策转变也会影响不平等。虽然第二次世界大战之后，强劲的经济增长和对收入和财富再分配的重视提高了人们的生活水平，缓解了贫困，但对不平等的持久性影响是有限的。从 20 世纪 70 年代开始，税收制度的改变、对收入再分配的重视程度降低、公共企业私有化以及向市场驱动型经济的转变，都同时伴随着不平等的加剧。对社会福利计划支持的呼声越来越少，因为人们发现，这些计划也不能有效地减少不平等。

如今基本上没人会接受法学家奥利弗·温德尔·霍姆斯（Oliver Wendell Holmes）提出的观点，即社会通过税收购买文明。在人们看来，高税收会抑制全社会的奋发努力和创业精神。如今，为了提高竞争力，刺激经济活动，高税收已经被削减下去。还有一个压力，就是税基的不断缩小。

40%~50%的美国家庭不纳税,要么是因为收入低,要么是因为可以通过扣减免除缴税责任。1%的美国纳税人缴纳的税款,约占全部税收的45%~50%,而20年前这一比例约为20%。1%的英国纳税人缴纳了约30%的税收,比20年前增加了约10%。占美国公司总数1/3的5大产业,缴纳了大约80%的公司税。在英国,800多家企业贡献了全英国公司税收的50%左右。

纳税人数量的减少,推动了全球范围内从所得税转向间接税的大趋势。间接税包括销售税、增值税、商品与服务税等。这些税收是递减的,所有纳税人都适用相同的税率,无论其收入多少。因此穷人的负担比富人更重。

税收规则的异常和扭曲,对富人有利。根据美国国税局的数据,美国前400名纳税人2010年的平均税率为18%。资本收益和投资收益享受优惠待遇。财产和财富税要么已经减少要么取消,就算在某些地方依然存在,也能想办法避税。利息支付是免税的,因此也补贴了企业和投资者的债务融资。数量庞杂的减免税规定,令税收实现了最小化。通过密集的游说而获得的针对特定行业,尤其是石油和采矿、金融服务和房地产的税收特殊优惠,进一步加剧了这些问题。

税收规则的制定,没有跟上国际商业惯例的步伐。越来越多的公司利用注册专利、版权或商标许可,以及集团内部的融资安排,将利润从高税收地区转移到低税收地区。无国籍的、虚拟的、基于互联网的公司,充分利用信息技术,成为税收最小化的大师。政府利用税率和特别优惠,来吸引企业在特定的司法管辖区落户,令问题进一步复杂化。

如此一来,税务成本就不成比例地压在了不太富裕的人们身上。他们不能从税务减免或特殊津贴中获得那么多的好处。由于政府提供社会服务的能力有所下降,在不借款的前提下对居民收入进行补贴的能力也有所下降,因此不太富裕的人们首当其冲,受到了最严重的打击。

第八章
经济上的种族隔离：不平等加剧对经济增长的影响

放松对能源、水、电信、银行、保险、医疗和交通的监管，旨在提高灵活性，降低成本，鼓励创新。在这些方面，放松管制的措施确实取得了一定的成功，但也促进了行业内部的集中化，增加了个别企业的市场力量，减少了竞争。公共资产的私有化，假定国有体制在本质上是低效的，造成了竞争的扭曲。许多公共资产，如水、电、通信和交通，是自然垄断的。在私人手中，监管机构对被监管企业的掌控并不全面，影响程度也有限，所以新进入的从业者才能以牺牲消费者利益为代价去赚取超额利润。如果没有国有企业，那么政府影响竞争和纠正市场失灵的能力就会下降。

这些曾经属于所有人的公共资产，以低廉的价格转让到那些购买股票的高收入家庭手中。收入较低的家庭别无选择，只能支付更高的价格，或减少公共服务的使用量。

私有化带来的收益，是分配不均的。20世纪80年代，撒切尔政府以有利的价格将英国文化协会的房屋卖给租户。后来房价上涨，这些租户也从中受益。但那些没有资格购买地方政府房产的人，却错过了这笔意外之财。政府对公共住房和廉租房的投资越来越少，这也对低收入家庭不利。

战后，大多数国家的保守党和社会民主党的核心选区保持相对稳定。选举的成功，需要争取关键的中间选民群体。成熟的民意调查和营销手段，能将目标巧妙地瞄准这一群体，将中产阶级的福利、具体的举措和迎合他们固有偏见的言辞结合在一起。而解决不平等问题，并非各政党的当务之急。

在2012年美国总统竞选期间，落选的共和党候选人米特·罗姆尼称，47%的人永远不会投票给共和党。没想到这一言论被人偷偷录了下来。他还说，这些人都是吃福利的。他们不纳税，依靠政府提供的救济为生，包括住房、食物、教育和医疗。他认为，共和党人不应该为这些人伤脑筋，而应该集中精力去说服5%~10%的中间派。[5]

***

旨在应对全球金融危机的政策，比如为了确保金融机构的偿付能力而对其进行投资，削减利率，量化宽松，都进一步加剧了不平等。救助计划的成本，由低收入群体被迫承担了不成比例的很大一部分。因为一旦出现资不抵债的情况，就会给那些投资更大的富人造成严重损失，所以才有了救助计划。在有存款保险的地方，政府能保证银行存款在指定金额内的安全，普通老百姓可以得到保护。为这些救助计划融资而增加的政府债务，其偿还部分是由穷人支付的。财政紧缩减少了养老金、失业保障和残疾福利等款项，而这些福利对于低收入人群来说至关重要。

联合国儿童基金会在2014年的一份报告调查了全球金融危机在2008—2012年对儿童的影响。报告中总共提及41个国家，其中有23个国家的儿童福利因为经济衰退和财政紧缩而趋于恶化。受危机影响严重的国家——冰岛，其儿童贫困人数几乎增加了两倍，希腊和拉脱维亚的儿童贫困人数增加了一倍。希腊损失了相当于14年的收入增长；爱尔兰、卢森堡和西班牙损失了10年；冰岛损失了9年；意大利、匈牙利和葡萄牙损失了8年；英国损失了6年。

低利率和量化宽松让金融家大赚特赚。银行向央行免费借款，将资金投资到政府债券或进行放贷来提高利润。2013年，仅凭美国国债收益率和2%的存款利率之间的净差额，就让摩根大通从其1.3万亿美元的客户存款中赚到约260亿美元，大致相当于其实际税前利润。因此，实际来看，该行若想盈利，根本不需要从事任何银行活动，只需依赖政府政策提供的补贴。花旗银行、美国银行和富国银行2013年的税前利润中，分别有97%、138%和60%来自类似的收入。银行在发达国家的地位都一样。假设英国政府债券和存款利率之间存在类似的利差，那么巴克莱银行将从4 000多亿英镑的存款中获得约80亿英镑的收益，超过其2013年的实际收益。

央行的低利率和收购证券的政策，给金融机构提供了获得低风险交

第八章
经济上的种族隔离：不平等加剧对经济增长的影响

易利润的大好机会。债券发行和新股发行的增加，为银行和交易商带来了可观的费用收入。私人股本公司享受到了低成本借款，由此也挽救了许多从一开始就很不靠谱的生意。如果没有低成本借款的能力，这些生意很可能早就破产了。人为抬高的股市，也帮助私募基金向公众出售所持股份，为富有的投资者获得了巨额收益，为自己赚取了丰厚费用。对冲基金和投资经理也都从低利率和对回报的拼命追逐中获益。

央行间接地向银行家、交易员和基金经理支付了七位数以上的奖金。为了表达对拯救他们于水火的美国纳税老百姓的"感激之情"，华尔街在2009年和2010年给自己发放了创历史纪录的巨额奖金。

低利率使抵押贷款额度较高的借款人从中受益，这些人通常都是收入较高的家庭。对不太富裕的人来说，低利率能带来的好处是有限的，金融机构现在不太愿意为需要抵押贷款的低收入家庭或小企业提供融资。

2010年，美联储主席伯南克认为，量化宽松奏效了，因为"股价上涨，长期利率下降"。[6] 但房地产、股票和其他投资的价格上涨，主要惠及高收入家庭，而流入更广泛经济领域的资金非常有限，从而进一步加剧了不平等。英国央行的研究显示，收益偏重于最富有的5%家庭，他们持有40%的金融资产。

依赖于银行存款和债券利息的退休职工，他们的收入在低利率和量化宽松政策下越来越少。2014年10月，一名美国退休人员将100万美元投资于安全的两年期美国政府债券，每年仅能获得3 900美元的利息，比2007年的48 000美元少了92%。发达经济体的退休职工和储户被迫购买风险更高的证券或投资于派发股息的股票，以获得回报，而这种选择，往往发生在他们最不能承受资本损失的时间点。退休人员和低收入群体认为，后全球金融危机时代的政策，对于他们来说，就等同于大幅增税，而对富人、借款人和银行来说，则等同于减税。

对于当前政策正在加剧不平等的观点，政策制定者予以驳斥，认为强劲的复苏将惠及所有人。穷人已经成为富人的"人肉盾牌"，因为弱势群体若想提高生活质量，就必须让富人变得更加富有才行。[7] 前英国央行副行长保罗·塔克爵士（Paul Tucker）为此放下了央行领导一贯的沉着冷静作风，不耐烦地告诉英国国会议员，这是明知邪恶，但依然必须去做的事："如果我们现在没有，而且在过去三年时间里也没有执行宽松货币政策，那么英国经济早就是一片废墟了。"[8]

***

新兴市场的不平等更为复杂。经济的快速增长，提高了10多亿人的生活水平。每天生活水平在2美元以下（正式的贫困衡量标准）的人口数量，从1980年的70%下降到40%。约28亿人（占世界人口的40%），现在每天能赚到2~10美元，这样的生活条件就已经算得上是中等收入水平了。但是，这一群体中约有15亿人，属于"脆弱的中产阶级"，每天的收入为2~4美元。这样的生活条件，令他们非常容易受到经济形势意外逆转的不利影响。

国家之间的不平等系数，从1820年的16这个极低水平，增加到1950年的55，随后保持相对稳定。1820年，当时世界上最富裕的经济体——英国，其富裕程度是穷国平均水平的五倍左右。如今，美国的富裕程度约为穷国平均水平的20~25倍。个中原因，就在于发达经济体和新兴经济体之间的关系。

2013年4月，位于孟加拉国达卡附近的八层服装厂——拉纳广场（Rana Plaza）发生坍塌事故，造成1 100多人死亡。此前，达卡的塔姿琳时尚成衣厂发生火灾，造成100多人死亡。2010年，苹果公司的供应商富士康在中国的一家电子工厂，有多名工人自杀。这些灾难事件，只是新兴市场低成本制造业人力损失的一小部分。

拉纳广场倒塌的直接原因非常清楚。2006年最初批准的建筑层高是五层，设计和建造都没问题。随后，人们又在上面加盖了三层楼。据说批准文件是伪造的。楼体的增高，使建筑结构超过最大负荷。用于提供备用电力的重型发电机产生的振动，是导致坍塌的原因之一。在印度次

第八章
经济上的种族隔离：不平等加剧对经济增长的影响

大陆，电力短缺和频繁停电是经常发生的事件。之前也有人发出过警告，但当事人视而不见。他们不愿意付出停下生产的代价来避免损失。

但是，背后的根本原因其实更为复杂。在全球化的世界中，为了降低成本，提高盈利能力，为消费者提供更低廉的价格，企业不断去寻找有竞争力的原材料、劳动力和生产地点。就这样，生产转移到了新兴市场。这是一场在成本和工作条件上竞相往下比的内卷式竞争，因为制造商都想要争夺外国买家的业务。

成本之所以能降低，主要是因为工资低。孟加拉国的最低工资标准是每月38美元，平均实际工资约为65美元，是世界上工资水平最低的国家之一。休假、退休、医保等福利，即使存在，也非常少。除此之外，成本低还因为对工作场所安全、工业污染和废物处理的监管不到位。发达国家的做法，实际上就是将公平工资、工人权利、环境退化和生产等种种问题外包了出去。

对于新兴市场的工人来说，他们面临的选择，就是要么死于饥饿，要么死于不安全的工作方式和环境污染。他们常常面临营养不良的恶性循环，工作中消耗掉的卡路里超过了能用来补充热量的工资。在服装业工作的孟加拉国女性，会同意奥斯卡·王尔德的观点，即资本主义令一些人不得不"为了他人而生活在肮脏丑恶之中"。9

孟加拉国是世界上经济增长最快的经济体之一。该国依靠制衣业取得巨大成功。其制衣业的收入超过240亿美元，主要是外币；雇用了约350万人，其中大部分是年轻妇女。孟加拉国与越南、柬埔寨、老挝和缅甸竞相争夺外国客户。在过去的五年里，价格下降了约10%。服装贸易的投资回报已经从50%下降到20%，接近孟加拉国的债务成本。反过来，这种现状又会推动进一步的成本削减行动。

该国政府的软弱、腐败、寻租和管理不善，令问题日趋复杂化。孟加拉国的建筑法规得不到有效执行。工会受到强烈压制。拉纳广场的业主与孟加拉国一个主要政党有关联。据称，他利用自己的影响力获得了当局的批准，哪怕建筑扩建不符合标准，也无人过问。

同样的模式，在各个国家和行业中不断重复，是巴勒斯坦出生的作家爱德华·赛义德（Edward Said）1978年提出的"东方主义"的鲜明写照。这一概念，是指西方人对亚洲、中东和非洲社会的一种居高临下的态度。在西方人眼中，这些社会停滞不前、十分落后，而自居高人一等的西方人，在这里可以根据自身的要求进行随意压榨。乔治·奥威尔在1939年写下的一段话，承认了这种不人道的态度：

> 当你走进这样一个约有二十万名居民的小镇，其中至少有两万人，除了一身褴褛衣衫之外一无所有。当你看到他们的生活，看到死亡对他们而言是多么稀松平常，总是会很难相信，你竟然行走在人类之中。所有的殖民地帝国，实际上都是建立在这样的事实之上的……他们降临到世上，在短暂的生命中流汗、挨饿，随后又沉入坟墓中那些无名的土堆里，根本没人注意到他们已经不在人世。就连坟墓本身也很快又消失到泥土之中。[10]

***

俄罗斯、亚洲和拉丁美洲的私有化过程，充斥着腐败，允许外国人和有政治背景的本地人（有时是双方合伙）以低廉的价格和有利的条款对国有资产进行收购。记者克里斯蒂娅·弗里兰（Chrystia Freeland）在2000年出版《世纪大拍卖：俄罗斯转轨的内幕故事》，书中讲到了当时俄罗斯是如何将国家资产出售给一小群寡头，以换取政府的贷款。这些售价仅为真实市场价值一个零头的交易，让买家大发横财。虽然能因此获得空前的意外之财，但依然有寡头因为竞争对手得到了规模更大的公司而抱怨不迭。

向全球开放经济，可能会加剧当地固有的问题。在委内瑞拉的后查韦斯时代，一些妇女走投无路，被迫从事卖淫活动。来自外国客户的美

第八章
经济上的种族隔离：不平等加剧对经济增长的影响

元，可以在黑市上以官方汇率的十倍出售。一名堕落妇女可以从每位以美元支付的客户那里获得大约两倍的月工资收入，这样就能有钱去购买生活必需品，如大米、面粉、糖和食用油，而其他委内瑞拉人则必须排好几个小时的队，才能以规定的价格买到这些东西，有时还不一定买得到。

起初，新兴国家遵循自身的发展模式，人们的生活水平确实得到了提高，尤其是一小撮幸运人士和关系网发达的人士。但不平等现象开始加剧，因为对大多数人来说，生活的改善微乎其微。

小规模的中产阶级随之发展起来。随着资本被成功的故事所吸引，房地产和股票价格迅速上涨。少数地区的繁荣与普遍的贫困共存于同一个国家。不平等现象根本影响不到富人。他们生活在封闭的社区，享受着第一世界的优质服务和舒适便利。互联网和卫星电视的接入，加上定期的国际旅行，将当地存在的困难变成了偶尔才会出现的不便。

最后，当地的限制、成本上升以及弱势群体对更大份额发展收益的要求，改变了这样的动态关系。此时，成本已经上升到令当地经济失去竞争力的水平。资本主义商业队伍变得焦躁不安，开始寻找更新、更便宜的生产地点。当地人在鼓吹国家前景时，尤其是对外国人鼓吹自己国家的美好未来时，都会默默地将钱转移到瑞士、卢森堡、香港或新加坡。

各国政府奋勇直前，大声讨论着如何专注于更高质量或更先进技术的产品，让自身在"价值链"中往上游走。雄心勃勃的计划随即启动——世界上最高的建筑，内陆国家的新港口，在两个并不存在的城市之间搭建的河上桥梁，全新规划的整座城市。最终，国家陷入错综复杂的经济、金融和政治问题而无法自拔。在极端情况下，甚至可能全盘崩溃、完全失灵。

按照这种观点，新兴国家可以通过贸易和外国投资，实现发展并摆脱贫困。但绝大多数的国际贸易，都是为了利用当地的廉价资源和廉价劳动力，利用缺失的环境保护和工作场所保障，来赚取利润。

据估计，在未来几年，孟加拉国的制衣厂为改善安全所需投入的成本约为 30 亿美元。折合到每件衣服上，其实成本只有几美分。消费者、企业经理和股东都不愿意接受通过提高成本或降低利润的方式来改善工人的工作条件。媒体和西方买家的注意力持续时间非常短，而这就意味着，之前流行一时的道德采购运动，除了最铁杆的粉丝还在支持之外，现在已经过气了。

正如爱德华·赛义德所言，你不能将曼斯菲尔德庄园与作为其财富来源的奴隶贸易割裂开来看待。但是自从 19 世纪早期简·奥斯汀创作出这部作品（《曼斯菲尔德庄园》）以来，情况几乎没有什么变化。乔治·奥威尔很有先见之明，他写道："我们都靠掠夺亚洲苦力生存，我们这些'觉悟'的人都认为，这些苦力应该获得自由；但我们的生活水平，以及由此而来的'觉悟'，要求我们必须将抢劫继续下去。"[12]

***

经济上的种族隔离，以不平等作为表现形式，威胁着经济增长。[13]新近出现的对包容性资本主义的关注，更突显出很大一部分人根本无法享受到经济扩张带来好处的事实。

收入不平等的加剧，日益制约着本来就十分疲弱的经济复苏进程。实证研究表明，收入不平等程度每增加 1 个基尼系数点，人均 GDP 年增长率就会下降约 0.2%。

高收入家庭的边际消费倾向较低。也就是说，与低收入家庭相比，高收入家庭每增加一美元收入，那么这部分新收入里面的支出比例较低。同样是增加 1 美元的收入，年收入 3.5 万美元的美国家庭，其消费的数额大约是年收入 20 万美元家庭的 3 倍。因为消费占到了经济活动的 60%~70%，所以收入集中于一小撮顶端人群的现实情况，限制了需求的增长。

长期潜在增长率也受到了不平等的影响。健康状况不佳，降低了劳

第八章
经济上的种族隔离：不平等加剧对经济增长的影响

动力的参与率和生产力。而受教育程度较低、技能较低的劳动力，会降低竞争力、创新能力和未来的增长潜力。

收入水平差距的扩大也会带来直接成本。英国首相卡梅伦承认了二者的相关性："人均 GDP 对一个国家的预期寿命、犯罪率、识字率和健康的影响，远不如最富有和最贫穷人口之间的差距那么重要。"[14]

不平等加剧与犯罪率的上升有关，特别是暴力犯罪、财产犯罪，还与健康状况恶化以及家庭破裂和吸毒有关。不平等的社会，饱受到贫穷疾病的影响，如结核病、疟疾和胃肠道疾病，这些疾病是由营养和卫生条件差、住房不足、卫生设施缺乏和医疗不及时引发的。世界上近 1/3 的人口（主要在发达国家）超重，是营养不良人口的 2.5 倍。肥胖症和相关疾病，每年给全球经济造成约 2 万亿美元的损失。同时，不平等还会造成富人的心理问题，包括抑郁症、焦虑症和强迫症等心理疾病，其背后的原因，一部分在于他们害怕赶不上同龄人进步的速度，担心失去手中的财富和地位。

不平等造成了债务问题，因为不太富裕的家庭不断增加借贷，为消费融资，所以加剧了经济的繁荣和萧条周期。负债过高的消费者是导致 2008 年金融危机的一个重要因素，这些人的违约率大约是高收入家庭的三倍。

过度负债对经济增长，特别是对消费水平的恢复也存在长期影响。全球金融危机遗留了大量债务，迫使家庭为了还债而减少支出，低收入家庭减少支出的幅度是富裕家庭的两倍。债务积压和对借款的谨慎，减少了低利率对经济复苏的提振作用。家庭不愿借债，也没有能力继续增加债务。一些国家房价的下跌，以及由此造成的家庭财富缩水，使得借贷变得非常困难；以房屋净值为抵押的贷款已经减少。为了应对贷款损失，银行也收紧了贷款标准。这些因素意味着，如果不将收入重新分配给具有更高消费倾向的家庭，或者不找到新的需求来源，那么就不可能实现以消费为基础的经济复苏。

不平等也催生了拙劣的经济政策，阻碍了贸易、资本流动和灵活劳动力市场等有利于经济增长的举措。现任印度央行行长拉古拉迈·拉詹（Raghuram Rajan）在 2010 年出版的著作《断层线：全球经济的潜在危机》中指出，政府疏通面向较贫困家庭的信贷流动，希望通过这种方式来应对不平等，反而会增加金融危机爆发的风险。

任何社会都不能建立在英国诗人托马斯·格雷（Thomas Gray）的《墓畔哀歌》之上。[15] 严重的不平等对社会凝聚力和民主信念的打击是无法修复的。2014 年，一名英国银行家从修车厂喜提维修一新的保时捷，并在 Facebook 上发帖称，他因"摆脱公共交通的恶臭"而倍感欣慰。这一言论在新加坡引起了公愤。硅谷员工日益增长的财富在旧金山制造了紧张气氛。这些高收入群体的涌入，推高了房租和房价。谷歌等科技公司接送员工的通勤巴士经常随意使用公交站点，堵塞了城市公交系统。当地抗议者发起了活动，堵住了通勤巴士的去路。

财富集中，使得高收入群体掌握了权力和影响力。迈克尔·布隆伯格（Michael Bloomberg）净资产估计超过 300 亿美元，其中 2.6 亿美元用来竞选纽约市长。2009 年，每张选票的成本约为 180 美元。被截肢的亿万富翁彼得·刘易斯（Peter Lewis）自掏腰包，投入成百数千万美元支持大麻合法化，因为大麻帮助他缓解了病痛。不管某个候选人或某项政策的优缺点如何，利用私人财富去追求特定目标的做法，就是对民主的破坏。

但是，真正的平等，很可能是无法实现的。

在 1968 年出版的《历史的教训》一书中，历史学家威尔·杜兰特和阿里尔·杜兰特提出，收入和财富的日益集中，会加剧社会紧张，而这种紧张可以通过国家大幅削减财富的行动或对社会失调和贫困问题进行大洗牌的民众革命来得以解决。

***

皮凯蒂名声大噪之时，街头可以看到写着 $r > g$ 字样的 T 恤衫，还

第八章
经济上的种族隔离：不平等加剧对经济增长的影响

有人纷纷猜测，谁将在电影中扮演这个角色【很多人选择科林·费斯（Colin Firth）和斯蒂芬·弗莱（Stephen Fry）】。到2014年底，《21世纪资本论》的发展轨迹，紧随记者罗伯特·施里姆斯利（Robert Shrimsley）所描述的轨迹向前走。[16]

第一阶段，经济学家们对这套理念展开讨论，认为出于经济学家的本分，为了保住自己的地位和信誉，需要搞明白这是怎么回事。严肃媒体上的评论文章、读后感，以及相关博客内容迅速增多。第二阶段，越来越多的读者感觉有必要参与进来。政策制定者和政界人士纷纷利用书中观点来支持现有立场。还有人买下这本书，摆在显眼的位置，给他人一种读过此书的印象，同时希望能通过不费力气的方式了解到书的内容。（在《21世纪资本论》的成就巅峰，一本二手的、经常翻阅的旧书，比新书要价高得多。旧书在亚马逊上的价格是300多美元，而新书只有40美元。大概是因为，旧书能让人一眼相信，这本书的主人已经深入研究过其中的内容了。）

在第三阶段，反对者开始质疑书中的理念，对支持者的认可态度提出挑战。紧接着是第四阶段，支持者指责批评者没有读过这本书。第五阶段，批评者声称支持者也没有读过这本书。到了第六阶段，人们开始觉得无聊，就算说起这本书，也提不起打架的斗志。第七阶段，人们将自己与这套理念撇清关系，倘若有人直接提起，便会感到尴尬。第八阶段，承认自己从来没有读过这本书反而成了一种时尚。第九阶段，这本书从图书馆或客厅的显眼位置转移到了客用卫生间，加入其他名噪一时的作品行列，如《时间简史》《历史的终结》《黑天鹅》和《引爆点》。未来可能还有一个额外的阶段，等作者驾鹤西去，又会有人把这部作品拿出来讨论，经历短暂的复兴时期。

但是，不平等依然是严重的问题，制约着全球经济复苏和生活水平的提高。熟悉阿根廷贫困和不平等问题的弗朗西斯教皇（Pope Francis）在2013年11月的使徒训诫中，批评了"对金钱的盲目崇拜"："虽然少数人的收入呈指数级增长，但绝大多数人们与这少数幸运儿所享受到的繁荣之间存在的差距，也在呈指数级增长。这种不平等，其根源就在于对市场和金融投机绝对自主权的捍卫。"[17] 智利总统巴切莱特（Michelle Bachelet）抱怨说："到头来，总是同样的一群人遭遇失败，也是同样的一群人获得胜利。"

第九章

信任的终结

民主赤字对经济活动的危害

第九章
信任的终结：民主赤字对经济活动的危害

现代社会就是由各种直接和间接联系组成的巨大网络。包括货币在内的制度和机制，都依赖于信任，信任令陌生人能够在日益虚拟的世界中安全地进行互惠互利的交易。1939年在让·雷诺阿（Jean Renoir）的电影《游戏规则》中，一位人物因自己生活在人人都说谎的时代而感到惋惜。现在也是如此。如今，政策制定者拒绝向公众如实反映经济状况，而这种做法已经深深地伤害到了至关重要的信任。

1923年，阿道夫·希特勒看透了印钞这种大规模政府干预所产生的影响。这种干预对社会造成的破坏，最终令他大权在握。"相信我，我们的苦难还会增加。恶棍总会活得很好。而正派、可靠、不搞投机倒把的商人，将被彻底击垮；先是底层的小人物倒下，随后就会轮到顶层的大佬沦落。但是恶棍和骗子将会一直存在，无论底层还是顶层。原因：因为国家本身已经成为最大的恶棍和骗子。一个强盗国家！"[1]

如今，民主赤字和预算赤字、贸易赤字一样，都是很严重的问题。

***

为促进经济复苏而制定的政策，日益严重地惩罚着普通老百姓。过度负债的问题，只能通过经济增长、通胀、财政紧缩或债务违约来解决。危机后的经济增长一直处于低位。许多国家的通胀率低于目标水平。事实证明，财政紧缩政策是弄巧成拙。债务违约或债务重组会耗尽储蓄，引发另一场金融危机。由于政策选择空间不大，各国政府纷纷转而采取金融抑制措施：利用将储蓄和资金引导到公共部门的政策，降低借款成本，避免贷款违约。

金融抑制政策，要求提高税收，同时降低国家福利或公共服务的供应标准。很可能会重新开始征收财富税或遗产税。通过经济状况调查、共同支付计划、用户自付附加费和特别收费等措施,来减少政府开支。通过推迟领取养老金的年龄、降低福利水平、将支付与个人在其工作生涯中所做的贡献挂钩,以及推迟或取消生活成本的指数化,来降低退休福利。这些政策打出了经济必要性和社会责任的旗号。路易十四的财政大臣让－巴蒂斯特·科尔伯特(Jean-Baptiste Colbert)的做法是:"税收的艺术,在于拔鸡毛的手法,怎样才能在最少的鸡叫声中拔到最多的毛。"

政策制定者操纵利率,使利率低于真实通胀率,因为只有这样,才能让负债过高的借款人继续维持本就不可持续的高负债水平。零利率政策逐渐让位于负利率政策,这意味着财富正明目张胆地从储户向借款人转移。

2014年10月,恰逢世界储蓄周,一家德国银行宣布,储户必须向银行支付存款费用。德国储户称其为"惩罚性利率""德拉吉的愤怒"(德拉吉是欧洲央行行长),指的正是欧洲央行实施的负利率。丹麦等其他国家也纷纷效仿,对存款收取类似的费用。负利率贷款也紧随其后。借款人在申请贷款时就会得到一笔偿付款。截至2015年初,欧元区、瑞士和日本超过7万亿美元的政府债券收益率为负。

麦肯锡全球研究所在2013年的一项研究中发现,2007年至2012年间,通过降低偿债成本,增加央行利润,低利率和量化宽松政策给美国、英国和欧元区政府带来了1.6万亿美元的净转移。2014年,美国预算赤字降至GDP的2.8%。量化宽松相当于给美国政府的财政状况补贴了约800亿美元,相当于GDP的0.5%。美联储规模越来越庞大的资产负债表(从全球金融危机前的8 000亿美元增至约4.4万亿美元),提高了央行购买政府债券的利息收入。而央行向美国财政部的汇款,也从250亿美元增加到600亿美元。全球金融危机后,美联储为美国政府提供的汇款总额约为5 000亿美元。

承担损失的,是家庭、养老基金、保险公司和外国投资者。家庭的

第九章
信任的终结：民主赤字对经济活动的危害

净利息收入损失了 6 300 亿美元，其中损失最大的是年长家庭。这些国家的非金融企业，通过较低的利息成本获利 7 100 亿美元。

这样的政策，令货币贬值。政府债券曾经是一种毋庸置疑的财富储存方式，但现在却威胁着投资者，让他们面临主权违约或购买力受损的风险。美国经济评论员吉姆·格兰特（Jim Grant）开玩笑说，政府债券曾经提供无风险回报，如今却提供无回报风险。

低利率和量化宽松，令投资者走投无路，只能选择那些回报与风险不对等的投资产品；只能利用杠杆，或使用基于复杂金融产品的策略，才能放大回报。奥本海默基金（Oppenheimer Funds）首席投资官阿瑟·斯坦梅茨（Arthur Steinmetz）一声长叹："人们出于恐惧，正在慢慢走向贫穷。"[2]

目前，银行是政府债券的主要持有者，部分原因是贷款需求不足，但如果有需要，政府可以规定银行、养老基金和保险公司持有的政府债券必须达到某个最低限度。最新出台的规定，是为了确保银行和保险公司增持政府债券，作为流动性的缓冲，这样做有助于确保主权债务市场得到控制。

在冰岛和塞浦路斯，货币管制措施限制了人们将资金带出国的能力。在塞浦路斯和葡萄牙，监管机构强制减记存款价值，迫使客户去承担银行的损失。在希腊债务重组过程中，有追溯效力的立法优先考虑官方债权人，允许他们以牺牲其他债权人的利益为代价来避免自身的损失。

政府可以没收私人储蓄和养老基金资产。2013 年，西班牙迫于削减预算赤字的压力，从国家社会保障储备基金中提取了 50 亿欧元，该项基金是为了保证在困难时期的养老金支付。政府还让该基金持有的西班牙政府债券占其资产的比例从 5 年前的 55% 增加到 97%。阿根廷没收了养老基金和中央银行外汇储备，并将 YPF 石油公司重新收归国有，允许政府将 12 亿美元的年利润据为己有。玻利维亚将西班牙输电公司收归国有。印度当局用追溯的方式来明确税收法规，导致外国公司和投资者被迫承担了额外的税赋。

　　金融抑制政策还会建立更加明确的延期规则。许多陷入困境的政府都会推迟付款，或干脆拒绝向企业支付逾期账单。表面上这是在削减预算赤字和债务水平，实际上就是赤裸裸的骗局。

　　在一些国家，银行必须报告大额现金交易。有的国家还要求对取款资金的使用途径进行上报。各国政府都在想办法利用电子手段完全取代纸币。他们喊出了防止避税、抵制犯罪和恐怖主义，提高效率和降低成本等诸多口号，来证明这一举措的合理性。一位评论人士甚至认为，取缔纸币还将改善卫生状况，防止疾病传播。但是，取消了纸币，就相当于同时消除了纸币带来的自由、隐私和匿名性，将个人生活和个人储蓄完全敞开供他人控制。这一趋势，为将来执行空前规模的金融抑制政策提供了便利。

　　这些措施是对法治的伤害。2011年11月，德国央行行长延斯·魏德曼（Jens Weidmann）批评欧洲央行为违反欧盟条约的政府提供有效资金的决定："我搞不懂你怎么能通过违反法律条款来保证货币联盟的稳定。"[3]

　　这些政策还是对勤俭节约的惩罚，对借贷、挥霍、过度和浪费的奖励。债务货币化和储蓄购买力的萎缩，相当于对货币和主权债务持有人征税。在一段时间内对财富进行重新分配，将财富从储蓄者手中拿到借款人手中，再到货币发行者手中。

　　金融抑制所引发的政治和社会反应，目前尚不清楚。安倍经济学一经宣布，日本分析师武者陵司（Ryoji Musha）便开始高唱凯歌："悲观主义者和怀疑论者没有弹药。投降是他们唯一的选择。"[4] 而凯恩斯如果生活在这个时代，肯定会建议人们谨慎行事："我们想要推动的事态发展，应该比之前的状况更好，仅凭这一点是不够的；必须要好到能弥补过渡时期存在的弊端才行。"[5]

第九章
信任的终结：民主赤字对经济活动的危害

***

全球金融危机揭示了金融机构将自身利益置于客户利益之上的许多鲜活案例。

高盛是世界上最重要、最具影响力的投资银行之一。人称"高盛政府"，因为有几名前雇员后来坐上了政府高位。2012年3月14日，高盛前雇员格雷格·史密斯（Greg Smith）在《纽约时报》发表了一篇评论文章，详细讲述了他从公司辞职的原因。[6] 这封信批评了高盛"有毒的、破坏性的"一系列操作。客户在高盛内部被称为"提线木偶"。高盛会想方设法地去怂恿客户投资那些高盛希望出售并从中获利的证券或产品，而客户往往并不了解复杂交易的风险。

2010年召开的一次美国参议院听证会，专门讨论了导致全球金融危机的投资银行业务。高盛的高管们在会上引用了厄普顿·辛克莱（Upton Sinclair）的观点："当一个人的薪水取决于他对某件事的不理解时，我们很难让此人对这件事加以理解。"[7] 听证会期间进行了如下对话：

参议员莱文（Levin）："难道你没有义务向你的客户披露反向利益吗？你有这个义务吗？"

高盛抵押贷款交易负责人丹·斯帕克斯（Dan Sparks）："你指的是？"

参议员莱文："如果你所处的位置对你的客户会造成反向利益，你有义务向你的客户披露吗？"

丹·斯帕克斯："关于公司的位置还是办公桌的位置？"

参议员莱文："如果你在向客户销售产品时，会造成对客户的反向利益，你有责任告诉客户这种反向利益的存在吗？"

丹·斯帕克斯："主席先生，我只是想搞明白'反向利益'的意思……"[8]

《滚石》（*Rolling Stone*）杂志记者马特·泰比（Matt Taibbi）将高盛称为"缠绕在人类面孔上的吸血乌贼，无情地将其吸血漏斗插入任何闻起来像钱的东西"。[9] 但吸血的，远不止这一家美国投行。

2011年，英国最大的银行——汇丰银行，因出售长期投资债券而被罚款，这类债券的设计规则，让客户直到 93 岁高龄也领不到投资收益。全球咨询公司韬睿惠悦（Towers Watson）发现，基金经理关注的是短期收益，而对提高投资回报的关注有所欠缺。他们为自己和金融顾问等中介机构运营基金，而不是为那些将储蓄用于投资的客户运营基金。

2012 年，英国巴克莱银行因在数万亿美元的交易中对关键货币市场基准利率进行操纵而被罚款 4.5 亿美元。证据表明，银行之所以这样操作，是为了获得经济利益，也可能是因为担心自身在全球金融危机期间的声誉问题。时任英国央行行长默文·金谈起信任丧失这个话题时，表示十分遗憾："'言出必行，一句话敲定 Libor（伦敦同业拆借利率）'的时代，已经一去不返了。"[10]

金融界诸多大佬——摩根大通、花旗集团、瑞银集团、瑞士信贷、德意志银行、法国兴业银行、苏格兰皇家银行和许多经纪商，因操纵货币市场利率而被迫支付总计超过 20 亿美元的罚款。关于操纵货币、石油和黄金价格的证据不断涌现出来。2014 年 11 月，几家银行同意支付 40 多亿美元，就操纵汇率的指控达成和解。美国银行向几家联邦机构和六个州的总检察长支付了 160 亿美元，用来解决美国抵押贷款市场的违规行为。在英国，银行涉嫌不当销售支付保护保险，预计截至 2016 年底，将为此损失超过 400 亿美元。

2015 年，汇丰因协助客户逃税而被迫道歉。银行辩称，这样的管理标准过于严格，因为高管不可能对整个银行 25.7 万名员工所做的一切都全盘掌控。而汇丰银行的首席执行官因为通过汇丰的瑞士私人银行在一家巴拿马公司放了成百数千万美元用以避税，而遭到指控。[11] 这样的事实对事态的发展没有丝毫帮助。

截至 2014 年底，全球金融机构的罚款和赔偿总额已超过 2800 亿美元。

监管机构姗姗来迟地批评了这种不良行为以及对公众信任造成的损害。实际上，他们可能早就知道银行公布的是人为的，而非实际的利率，

第九章
信任的终结：民主赤字对经济活动的危害

但他们没有站出来反对，因为担心说出真相会对本已恐慌的市场造成进一步打击。如果他们什么都不知道，那么他们的能力就值得怀疑。如果他们知道，那他们就是同谋。

几名被控参与操纵利率的交易者，都是有影响力的央行委员会成员，而关于利率操纵的讨论，就是在央行委员会进行的。货币市场的价格操纵是公开的，自称"黑手党"的交易商利用电子信息，在一个名为"卡特尔"（Cartel）的互联网聊天室里进行。当这些聊天内容发表在英国《金融时报》上时，一位读者对其糟糕的标点断句、拙劣的语法和短信息式拼写感到震惊。他认为，除了操纵市场之外，有足够的证据可以给他们定下"反语言"的罪行。

法规的执行十分松懈。2014年，银行业审查员卡门·塞加拉（Carmen Segarra）起诉纽约联储不公平解雇。塞加拉之所以被解雇，是因为她拒绝修改自己得出的调查结果，即高盛在利益冲突方面的政策不符合监管要求。美联储监察长办公室2014年对摩根大通60亿美元交易损失的一份报告发现，监管机构发现了风险，但没有进行追究。调查发现，英国央行首席外汇交易员未能传递对外汇市场串通行为的担忧。2014年，英国央行启动了一项调查，想要查清楚其官员是否知晓或协助操纵了全球金融危机期间旨在向信贷市场注入资金的拍卖。

1932年，费迪南德·皮科拉（Ferdinand Pecora）领导的委员会，对1929年崩盘前华尔街的行为进行了调查。从那之后，情况似乎并没有发生什么变化。当年的观察至今仍然成立：法律欺诈、暗中行事，依然是银行家最惯用的伎俩。[12] 政府貌似没有能力管，也不愿意去控制银行，《金融时报》的马丁·沃尔夫（Martin Wolf）将银行业描述为"享受着公用事业的保障，玩着各种惊险刺激"。[13] 世界各地的金融机构，同样受到越来越多的唾骂和不信任，正派形象尽失。

***

为了解决国内问题，发达国家在降低利率的同时，增加货币供应，用这样的手段来达到货币贬值的目的。自 2009 年开始的大范围国家间冲突，就包含货币战争在内。

货币贬值，会侵蚀掉一些国家主权债券的价值，削弱全球的信任。贬值让发达经济体在全球贸易中占有更大份额，促进了它们自身的经济增长。但不稳定的资本流动和大幅汇率波动，却有可能破坏较小经济体的稳定，甚至导致发展脱轨。正如凯恩斯所言，当一个国家的资本发展成为赌场活动的副产品时，工作很可能做得不好。[14]

2014 年，印度央行行长拉古拉姆·拉詹警告称，国际社会在货币政策的协调上，可能会谈崩。他说，发达经济体忽视了其政策对世界其他地区造成的影响。美国、欧洲和英国的央行官员不承认这一点，认为自身政策不可能给任何国家带来不利的副作用，还说发达经济体的强劲复苏对全世界都有利。他们认为，不管怎样，这些政策都是指向国内的。因此，新兴市场的波动，也只会影响到它们自己的经济。

发达国家之间也存在分歧。2013 年，日本央行和欧洲央行开始想办法压低日元和欧元汇率，来应对日益加剧的国内经济困难。而当时，美联储也表示，担心美元的快速升值会危及美国的经济复苏进程，导致经济发展的不平衡。瑞士、丹麦和瑞典为了避免大量逃离疲弱货币的资金流入，只得实行负官方利率。资本管制限制了资金的流动。这与 20 世纪 30 年代的情况类似，但并不是表现为关税壁垒和贸易战的形式，而是不断加剧的货币战争、低利率、量化宽松和竞争性贬值。

德国哲学家康德认为，某个行为的道德性，可以通过这一行为成为普遍规律之后会发生什么来进行判断；也就是说，要看看是不是每个人都以同样的方式行事。为获得贸易优势而苦心经营的货币贬值政策，进一步加剧了国际信任的崩溃，通过贸易保护主义和国际争端淋漓尽致地体现了出来。

***

在国际货币基金组织和世界银行的运作问题上，因为美国和欧洲利用

第九章
信任的终结：民主赤字对经济活动的危害

份额过大的投票权来设定议程，所以发达国家和新兴国家之间矛盾频发。在 IMF 的新闻发布会上，巴西财政部长指出，阿根廷和南非的配额比卢森堡的还要少。比利时的份额超过了印度尼西亚，大约是尼日利亚的三倍。西班牙一个国家的配额比 44 个撒哈拉以南非洲国家的总和还要多。[15]

这种投票权的不平衡现象，属于历史遗留问题。当年 IMF 设立的初衷，是为了帮助陷入困境的第三世界国家。但如今，该组织的宗旨已经发生了变化。发达国家越来越需要新兴国家的储蓄来帮助解决当前所面临的债务问题，最典型的例子就是欧洲。当 IMF 同意参与 2010 年的欧洲救助计划时，中国、俄罗斯和巴西希望能看到欧元区得到妥善治理的证据。这种情况反映出，人们越来越担心，为维护发达国家不可持续的经济布局，人均收入远低于西方水平的国家将为此遭受巨大损失。

新兴市场国家，尤其是亚洲新兴市场国家，认为 IMF 对希腊、爱尔兰和葡萄牙的纾困条件，比以往危机中强加给亚洲各国的条件要更加宽松。这些亚洲国家并没有得到其他国家享受到的慷慨财政支持。在 1997—1998 年亚洲金融危机期间，韩国、泰国和印度尼西亚在严苛的财政紧缩政策下吃了不少苦头。韩国老百姓甚至发扬爱国牺牲精神，向政府捐赠黄金、珠宝和其他贵重物品，以缓解国家的财政压力。[16]

IMF 高级经济学家彼得·多伊尔（Peter Doyle）在 2012 年 7 月的辞职信中，对该机构进行了严厉的批评。他讲到，组织内部存在严重的欧洲偏见，而任命拉加德为总裁，是"污点，因为无论她的性别、诚信还有个性，都无法弥补选举过程固有的不合法性"。[17] 而且，否认新兴国家在国际事务中的合法角色，也会破坏国际信任关系。

解决气候变化、资源保护以及经济管理等全球性问题，需要在相互信任的基础上建立国际协议。但现在，国际合作就像尼斯湖水怪，讨论得很多，却没人能亲眼见到。

***

央行行长和经济学家在重要而复杂的议题上拥有超越公民理解能力

的巨大权力，这种主张如今受到了挑战。

拙劣的政策，造成了经济失衡，也为金融崩盘创造了条件，而承诺的经济增长和社会繁荣却遥遥无期。政策制定者没有预见到问题的发生，也没有采取必要的预防措施。在全球金融危机之后，他们在阻止衰退和促进经济复苏方面的无能，是显而易见的。而同样不言自明的，就是他们手中缺乏工具，他们鼓吹的信条也不起作用。但央行官员们依然逍遥度日，没有受到惩罚。2013 年，美国国会议员弗兰克·卢卡斯（Frank Lucas）向伯南克提问，美联储将如何决定，什么时间对低利率和前所未有的流动性政策进行扭转，从而避免资产价格泡沫和新的金融崩溃风险。伯南克依然秉承了往日的无所顾忌，回答说美联储到时候自会知道。

事实证明，央行对经济复苏的预测过于乐观，因此不得不频繁向下修正。IMF 启动了一项针对自身预测准确性的评估工作，负责此项评估的人员，都是隶属其他机构的经济学家。印度央行行长拉詹的说法，简直能与美国前国防部长拉姆斯菲尔德那句著名的"已知未知数（known unknowns）"相媲美："鉴于我们给你的只是个预测，所以不能预测我们是否会下调预测。"[18]

由于政策处方没有治好病，勇往直前的政策制定者现在又提出了新的倡议。一个是"直升机撒钱"，即央行大量印钞，向老百姓疯狂撒钱，以刺激经济。另一个是全国性寻宝活动，寻找隐藏在美国各地的百万美元宝藏。发现宝藏的人，必须马上把这笔钱花掉。还有人想给货币和储蓄设定有效期，如果不在某一特定日期之前使用，就会过期。为了增加经济活动，每个人都将被逼无奈地拿出储蓄来花掉，否则自己辛苦攒下的钱就会人间蒸发。

有人借鉴旧约《申命记》中的内容，发起了禧年债务运动（debt jubilee）。这一运动呼吁免除现有债务，允许政府、家庭和个人将目前用于偿还利息和本金的资金用于消费，来刺激经济活动。某人的债务，其实就是另一个人的储蓄，如果在全球范围内实行全面债务大赦，那么在

第九章

信任的终结：民主赤字对经济活动的危害

取消借款人债务的同时，也会凭空抹去大量储蓄，进而减少消费。禧年债务运动表面上的仁义道德和财富再分配，本身就是个伪命题。这一运动奖励那些贷款最多的人们，而不是通常需要福利接济的人们。

面对这些主张，花旗集团首席经济学家威廉姆·比特（Willem Buiter）称之为"由一堆虚构事实、不完整的理论，没有坚实理论基础、预感和直觉指导的经验规律，不成熟的见解知识组成的大杂烩"。[19] 对冲基金经理保罗·辛格（Paul Singer）认为，自全球金融危机以来的大部分经济进步，都是不存在的虚假招牌，完全基于"虚假的增长、虚假的货币、虚假的就业、虚假的金融稳定、虚假的通胀数据和虚假的收入增长"。他提出警告，称信任正在丧失，认为"当信心消磨殆尽时，损失可能会非常严重，问题突然爆发，并且同时在许多市场和行业中被引爆"。[20]

***

全球金融危机之后，面对棘手的问题和难以接受的选择，政客们放弃了经济领导权。没有经过选举、不值得信赖的央行行长们临危受命，只有责任，没有权力，英国讽刺电视剧《是，首相》中的汉弗莱·阿普尔比爵士，将央行行长所处的位置说成是"历代官员的特权"。[21] 由于政策选择十分有限、缺乏效力，央行行长们只得求助于"前瞻性指导"。这就是说了与没说没有区别的一堆赘言，因为这里的所谓指导，都必须是关于未来事件的。此后，他们将就未来利率、流动性供应或中长期量化宽松政策来下指标、做承诺。

美联储承诺，会一直保持低利率，直到失业率降至6%以下。2014年初，美联储将失业率目标改为一个不具约束力的指标。2014年5月，就业目标又进行了修订，将"弱势群体"涵盖在内，包括长期失业者和被迫从事兼职工作的劳动力。日本央行和欧洲央行将通胀目标定在2%，虽然实际通胀率接近于零，对传统刺激政策也基本毫无反应。

2014年3月，耶伦在她担任美联储主席的首次新闻发布会上表示，美联储在"相当长的一段时间"内不会加息。当被问及有美联储工作人员提出预测，认为利率上升将早于预期时，耶伦闪烁其词地说："我真的认为对此进行过多解读不太妥当。"[22] 还有人希望耶伦能更明确地对"相当长"这个说法给出定义，但并没有获得什么有用的信息。2014年12月，美联储宣布，他们会"保持耐心"，不再提"相当长的一段时间"这个说法，于是引发了坊间一轮全新的语义猜测热潮。2015年2月，耶伦又放弃了"耐心"一词，同时提醒称，这并不意味着美联储会失去耐心。

来自大西洋彼岸的前瞻性指导，证实了凯恩斯的担忧，即"将思想和情感混为一谈，会导致语言的混乱"。[23] 2013年7月4日，欧洲央行行长马里奥·德拉吉宣布："欧洲央行的关键利率（将）在相当长一段时间内维持不变，或降至更低水平"。2013年7月5日，芬兰央行行长埃尔基·利卡宁（Erkki Liikanen）表示："一切都取决于经济发展。"2013年7月6日，欧洲央行执委科雷（Benoît Cœuré）指出："（前瞻性指导）是沟通上的改变，而不是货币政策策略上的改变。"2013年7月8日，德拉吉澄清说："我们必须看看市场对这一声明的反应以前是什么样的，现在是什么样的，将来会是什么样的。"2013年7月9日，欧洲央行执委阿斯穆森（Jörg Asmussen）给出了具体的指导："（这段时期）不是6个月，也不是12个月，而是更长时间。"欧洲央行立即发表声明称，阿斯穆森并没有打算给出指导，不就欧洲央行预计将利率维持在创纪录低点的确切时间予以置评。2013年7月11日，德国央行行长延斯·魏德曼引经据典地说："这不是对利率发展路径做出的绝对的提前承诺。欧洲央行理事会没有像奥德修斯那样，单纯把自己绑在桅杆上。"

德拉吉在2012年7月发表声明称，欧洲央行将"不惜一切代价"稳定货币市场，并在不需要任何实际干预的情况下，降低欧元区国家的借贷成本。2013年10月，他已经准备好拿出一切能派得上用场的手段，并于2013年11月和12月重复传播同样的信息。2014年1月，他表示，如果需要，他将采取进一步的果断行动。2014年2月和3月，虽然并没有任何实际行动，但他还是再次承诺，如果需要，将采取进一步的果断

第九章
信任的终结：民主赤字对经济活动的危害

行动。2014年4月和5月，欧洲央行承诺，如有需要将迅速采取行动。2014年6月，德拉吉终于绷不住了，被迫宣布了具体的新措施，最后他言辞夸张地说："我们完蛋了吗？答案是否定的。"到2014年11月，他又开始重蹈2012年的覆辙："我们必须做我们必须做的事"。

2015年1月，在全球金融危机爆发六年后，欧洲债务危机爆发五年后，德拉吉在宣布欧元区版本的量化宽松政策时，并没有承认之前存在任何失误。而就在一年前，在达沃斯世界经济论坛上，他驳斥了通缩的警告，明确表示量化宽松是不可能的。此时，这位央行行长认为，执行量化宽松计划，显示了他个人和欧洲央行的优质信誉。2015年3月，甚至在量化宽松计划实际启动之前，德拉吉就急不可待地宣布量化宽松大获成功。

央行报表长度和复杂性的增加，与资产负债表规模的增加保持同步。由于财政政策受到限制，货币政策失去效力，前瞻性指导让人们发现，眼前的选择少得可怜。央行行长们日益急迫的言辞，听起来就像《绿野仙踪》中的巫师在宣称自己拥有神奇的超自然力量。但就像在电影中一样，央行行长们的表现，就像藏在窗帘后面的老人，疯狂地拉动杠杆来维持某种错觉。泄露给公众的一份美国前财长蒂姆·盖特纳（Tim Geithner）的私密采访记录显示，德拉吉根本没有实际的计划，只是边走边看，现学现卖。[24]

***

金融抑制政策的同时，出现了越来越多的政治抑制。各国政府不约而同地拒绝披露危机的严重性，避免公众对其行动进行监督，并隐瞒其政策措施的真实成本。欧盟委员会主席让–克洛德·容克（Jean-Claude Juncker）阐明的官方政策是，当形势日趋严重时，撒谎是完全有必要的。[25]

政治抑制在欧洲表现得最为明显，那里发生的对话一直是奥威尔式的。2011年4月，西班牙财政部长萨尔加多（Elena Salgado）在谈到人们对西班牙的担忧情绪时，表现得不屑一顾。她说："我没有看到任何危机蔓延的风险,我们完全摆脱了危机。"[26] 2012 年,她的继任者路易斯·德金多斯(Luis de Guindos)深信不疑地认为:"西班牙将不再是一个问题,尤其是对西班牙人来说是这样,而且对欧盟来说也是。"[27] 几天后,西班牙首相拉霍伊(Mariano Rajoy)也站出来维持公众信心:"西班牙用不着救助。拯救西班牙本身就是不可能的。没人打算救助西班牙,本来也没必要,因此不会有救助行动。"[28] 后来,当西班牙确实需要援助时,语言上的歧义,又被拿来在全新的高度上加以利用:"西班牙要求的是财政援助。这和救助搭不上关系。"[29]

后来,希腊、葡萄牙、爱尔兰、西班牙和塞浦路斯纷纷需要援助,恐慌情绪取代了否认态度。人们不愿意去处理根本不可能偿还的高债务水平,不愿意去面对某些欧元区成员国缺乏竞争力的现实,不愿意去解决不同经济体共同使用的缺乏弹性的单一货币和单一利率。德国等债权国不愿注销债务,担心引发银行业危机。没有人愿意支持欧元区和欧元的重组,因为欧元区和欧元在设计之时,就没有退出机制。欧洲央行执委、意大利人洛伦佐·比尼·斯马吉(Lorenzo Bini Smaghi)承认,欧元计划的初衷,就假定了不会出现危机。

缓慢、曲折的进程,造成了政策响应上的不充分。《稳定与增长公约》(*The Stability and Growth Pact*)激发了财政紧缩政策(将预算赤字削减至 GDP 的 3%),并强制实施了债务削减(降至 GDP 的 60%)。欧洲央行的行动,降低了外围国家的利率,推动了股市反弹,促使欧洲领导人宣布,经济复苏的大业已经取得完满成功。但实体经济并没有复苏。紧缩政策未能对公共财政和债务加以控制。税收的增加和政府开支的削减,导致了经济活动的急剧收缩,减少了政府收入,增加了福利和资助支出。预算赤字虽然比以前要少,但仍然无法消除,债务水平还在继续上升。

希腊、葡萄牙、爱尔兰、西班牙和塞浦路斯的经济收缩幅度高达 25%。失业率上升到 20%~25%,青年失业率超过 40%。消费的下降,反映出工资下降和转移支付的减少。社会排斥加剧,生活条件恶化,结核

第九章
信任的终结：民主赤字对经济活动的危害

病等疾病卷土重来就是明证。在西班牙，食品赈济处养活着许多失业者和那些收入不足以养家糊口的人们。社会工作者不禁感叹，他们的服务对象将在未来很长一段时间内和他们在一起。

情况没有得到改善，而各国也相继提出了特殊条件，获得更多的时间来实现赤字和债务削减目标。就算是这些新修订的，已经得到降低和延迟的门槛，也很难达到。德国虚伪地威胁说，要对其他欧元区成员国处以巨额罚款。回想2003年的时候，法国和德国的预算赤字超过了国内生产总值的3%，这也违反了欧盟条约，但两国都同意不支持向对方征收罚款，从而避免了制裁。

其他的措施，由于缺乏资金和支持而举步维艰。欧洲稳定机制（European Stability Mechanism）是一个备受吹捧的救助基金，其最大贷款能力为5000亿欧元，而依赖的正是那些可能需要拨款的国家的支持。2014年的基础设施基金，只不过是虚无缥缈的说辞，依赖于210亿欧盟资金，还要靠私人贷款加15倍杠杆。德国不同意将财政资源用于支持存款保险和中央化银行资本重组基金，这样的态度打击了旨在稳住欧洲各家银行的行动。最终，认为负债累累的各国政府能够互相纾困、拯救受损的银行体系和疲弱的经济，只停留在幻想阶段。

***

决策的方式，也加剧了政策的失败。在欧洲，在民主进程之外，在没有选举授权的情况下，一个自私自利的政治阶层和自己任命自己的官员体系，不断从自身利益触发去推动议程。2015年2月，法国总统奥朗德援引法国宪法中几乎无人问津的一项条款，在未经议会投票的情况下，直接立法。面对来自本政党成员的反抗，政府不确定是否有能力获得多数票，通过关键的改革。

之前许下的承诺一再被打破。2012年9月，西班牙首相拉霍伊声称，现实情况阻碍了他履行竞选承诺。他曾在上一年度的12月称，削减养老金的决定，是现实情况强加给他的任务。随后他又表示，现实情况要求他放慢财政整顿的步伐。

在欧洲危机的早期，重要的决定都是由"默科齐"私底下做出的。默科齐这个称谓，指的是德国总理默克尔和当时的法国总统萨科齐之间互相行方便的伙伴关系。萨科齐被赶下台后，主要的决定仍然是私底下定下来的，但这时变成了"奥默"，即德国总理默克尔和法国新总统奥朗德。这样的合作一直持续到法国也遭遇经济困难，两国找不到共同利益为止。

芬兰享受特殊条款的时间得到了延长，从而确保其在欧盟救助计划中做出的承诺能够得到执行。此前有传言称，政府曾想要抵押几座岛屿，但没有成功。芬兰作为欧元区为数不多的AAA评级国家之一，对救助计划的支持非常重要。

相比之下，希腊对其纾困方案的设计参与很少，对欧盟要求的严格紧缩措施的设计也没有过问。希腊总理乔治·帕潘德里欧（George Papandreou）曾想要就紧缩政策举行全民公投，但这个想法在较大的欧元区国家看来，"具有破坏性"。随后，欧盟精心安排了希腊和意大利的总理换届，让未经选举上台的技术官僚、布鲁塞尔所中意的人选——意大利的马里奥·蒙蒂（Mario Monti）和希腊的卢卡斯·帕帕季莫斯（Lucas Papademos）执掌了国家大权。

在其著作《压力测试：对金融危机的反思》（*Stress Test: Reflections on Financial crisis*）中，蒂莫西·盖特纳讲到，为了迫使意大利总理西尔维奥·贝卢斯科尼（Silvio Berlusconi）辞职，有人让他拒批IMF给意大利的贷款。这位意大利领导人威胁要退出欧元区。2011年欧洲债务危机爆发时，欧洲议会英国议员丹尼尔·汉南（Daniel Hannan）指出，欧洲项目的真实面目，此时才突然暴露在所有人面前。

2013年的意大利大选中，蒙蒂总理的支持率平平。意大利人开玩笑说，这次选举的竞争对手，一位是前共产主义者，一位是花花公子，一位是喜剧演员，还有一位是经济学家（蒙蒂）。笑点在于，"经济学家"

第九章

信任的终结：民主赤字对经济活动的危害

竟被排在了最后。一家德国报纸的头条宣称："德国在意大利大选中落败"。因为担心金融问题再次爆发，惊慌的德国和欧盟敦促意大利继续实施紧缩计划，抵制民粹主义。这些政策使意大利的 GDP 降到了 2001 年的水平之下，超过 50% 的意大利选民投了否决票。与 2012 年希腊大选后的情况一样，欧盟和德国想要在主要政党之间策划一个联盟，以便将批准的政策延续下去。

2014 年底，民调显示，希腊反对派——激进左翼联盟党处于领先位置。由于担心激进左翼联盟的反欧盟立场，接受不了该党关于免除希腊债务的呼吁，欧盟经济与金融事务专员皮埃尔·莫斯科维奇（Pierre Moscovici）亲赴雅典。他宣布，支持陷入困境的希腊总理安东尼斯·萨马拉斯（Antonis Samaras），称激进左翼联盟的立场无异于自杀。而萨马拉斯则心甘情愿地打算继续支持欧盟主导的政策。欧盟委员会主席容克呼吁希腊应该由"知名人士"来领导。2015 年初，激进左翼联盟击败了自 1974 年恢复民主以来统治希腊的两大政党——新民主党和泛希腊社会主义运动党，赢得了政府选举。德国财政部长沃尔夫冈·朔伊布勒（Wolfgang Schäuble）表示，选举结果并不会造成任何改变，并警告说，如果希腊选择另一条道路，就会面临很多困难。

这种逐步腐蚀的模式，让人想起 1953 年剧作家贝托尔特·布莱希特（Bertolt Brecht）对东柏林镇压工人抗议活动的观察："人民／已经失去了对政府的信心……／如果政府解散这批暴民／选举出另一批良民，不是更简单吗？"[30]

***

欧洲债务危机的规模、可用财政资源的不足以及政治局势的混乱，都意味着，如果不加强一体化措施，那么问题就会更加难以解决。但一体化要求更强大、更有信誉的成员国为较弱成员国的借款提供担保。外部平衡和债务水平，会令净财富从较富裕的成员国被迫转移到较贫穷的成员国。实力较强的国家对此类举措根本提不起兴趣，尤其是德国，因为如果真的这样做了，那么最后买单的，就会是德国公民。

在一体化进程中，欧盟会加强对成员国的权力，通过金融制裁来监督各国的预算，包括各国的税收、支出和政策。但很可能对大国执行一种规则，对其他国家执行另外一种规则。2014年，法国宣布，无法达到欧盟规定的预算目标，而在此之前，截止日期已经被推迟了两年。法国总理曼努埃尔·瓦尔斯（Manuel Valls）带着高卢人特有的"谦逊"，主张"大国应该受到尊重，允许其自行决定本国预算"。几乎与此同时，以德国为首的欧盟，正在抵制希腊的请求。希腊希望能对财政紧缩政策放松一些，因为这项政策正在摧毁希腊经济。听命于布鲁塞尔和柏林的欧洲央行，缩紧了对希腊银行的支持，继续向希腊施压，要求其遵守现有协议。

一体化战略还忽视了欧盟固有的缺陷和问题。经济危机暴露出欧盟内在的经济基础不稳定，透明度缺乏，选举规则不堪一击，尤其暴露出了选民对其不信任的问题。

欧盟政客们忽视了国家主权的丧失和社会进程的不民主。他们将战略制定大权拱手交给技术官僚，由这些人来制定中央集权式的政策，采取暗中行动，追求事实上的一体化战略。有人认为，欧盟设计师让·莫内（Jean Monnet）是这种隐蔽手法的始作俑者："欧洲各国应该在其人民不了解正在发生什么的情况下，走向超级大国之路。"[31] 容克给出了欧盟决策过程的细节："如果答案是肯定的，我们会说'接着来'；如果答案是否定的，我们会说'继续'。"[32] 矛盾之处在于，欧盟原本是"为了避免在战后回归法西斯主义而创立的，但后来却演变成为一种规避民主本身的途径"。[33]

在德国，强劲的出口、极低的失业率和不断上涨的工资，令选民非常满足。没人告诉他们欧洲救助计划会给他们造成什么损失，让他们承担什么风险。各种担保，再加上资产负债表之外的安排，避免了救助计划对德国财政立竿见影的影响。

第九章
信任的终结：民主赤字对经济活动的危害

他们选出的代表，貌似和选民一样不了解情况。在德国联邦议院投票通过欧洲救助计划后，当被问及德国将为谁提供多少资金和担保时，大多数议员都给不出正确答案。一些人认为，只有希腊得到了援助，而实际上爱尔兰和葡萄牙也得到了援助。没有人知道德国的担保总额究竟有多少。"几十亿？我猜想"是最典型的回答。承诺的总金额是 2 110 亿欧元，这是德国议会有史以来承诺出去的最大一笔资金。

与德国 GDP 和储蓄相比，这些担保的风险敞口规模很大。此外，德国自身的债务水平也很高（约占 GDP 的 81%）。担保承诺和债务水平的增加，将吸收德国的储蓄，严重损害到受增长放缓、投资不足和生产力低迷困扰的德国经济。

德国的人口结构，尤其是人口老龄化，使其问题更加复杂。但德国不可能轻易脱离欧洲。德国仍然非常依赖面向其他欧洲国家的出口，而且对欧元区成员国的金融敞口可能高达 1.5 万亿欧元，或超过 GDP 的 40%。

在欧洲政治进程的最后阶段，普通德国老百姓只得被迫为欧元付出三倍的代价。他们现在依然在为德国的统一买单。21 世纪初，德国人降低了实际工资和失业率，改革了劳动力市场，用这样的方式来帮政府付账单。而现在，德国纳税人还要被蒙在鼓里，莫名其妙地给政府承诺实施的救助计划买单。

***

信任的缺乏，表现在许多方面。人们对另类货币越来越感兴趣，比如巴伐利亚基姆高、英国的刘易斯英镑和马萨诸塞州的伯克希尔斯计划（BerkShares）。另类私营货币仅在小范围内为人们所接受，有的还有到期日限制。这类货币旨在鼓励当地商业，强调社区价值。比特币和其他数字加密货币的兴起，在一定程度上反映了人们对传统货币体系日益增加的担忧情绪。有些人使用比特币，是为了在线购买非法物品时能进行匿名支付。但同时，比特币也受到价格操纵和欺诈的影响。只有当比特币交易所倒闭后，想要拿回投资本钱的比特币持有者才恍然大悟地发现，政府监管的支付系统原来还是有存在的理由的。不管替代货币是成功还是失败，它们的流行，都证明了人们对政府、央行和金融体系日益增长的不信任，并代表着对国家权威和官方机构的挑战。

为了实现储蓄保值，投资者纷纷从金融工具转向实物资产——黄金、大宗商品、农田、艺术品和其他收藏品。

在美国，一位心怀不满的美国银行客户，发起"银行转账日"网上运动，号召银行客户将储蓄从传统银行取出，转移到非营利社区银行和互助团体。美国的繁荣市场（Prosper）和借贷俱乐部（Lending Club），以及英国的资金圈（Funding Circle）等个人对个人（Peer-to-peer）贷款组织，就是这种大趋势中的一股潮流，专为储户和借款者提供小规模消费者和企业贷款。利用众筹（通过互联网从大量人群中筹集资金）来为企业融资，也属于其中的一部分。

但资金转向替代货币、贵金属和非金融投资的趋势，会削弱经济增长和经济活动。储蓄被锁定在非生产性投资中，无法自由流通。绕过传统银行，可能会导致全球信贷供应的收缩。而且，P2P借贷和众筹投资者的资产保护，也尚未经过实践检验。

信任的丧失，也延伸到了央行之间的交易中。2013年初，德国央行宣布，将把674吨左右的金条从外国央行转移到法兰克福。官员们强调，此举只影响了德国央行大约一半的黄金储备，不存在"不信任"的问题。太平洋投资管理公司（Pimco）创始人格罗斯（Bill Gross）在推特上一语道破真相："央行之间是不是互相不信任？"

＊＊＊

信任的缺乏，也会导致政治关系的脱离。选民纷纷转而关注其他可能性，导致传统政党的支持率正在不断下降。这些新兴的政治力量，包括美国共和党中的茶党运动、英国独立党、德国的新选择党、法国的国民阵线、意大利的"五星运动"、西班牙的社会民主力量党以及希腊的激

第九章
信任的终结：民主赤字对经济活动的危害

进左翼联盟。

小党派的崛起，迫切需要建立执政联盟。由于这些政党很多都没有执政经验，因此联盟的组建过程就变得复杂起来。而且政党间的意识形态也十分复杂，互不相通。在央行、金本位制、货币、税收、财政紧缩、政府的规模和角色、自由贸易、全球化、移民、宗教、同性关系、堕胎、种族主义、歧视和犹太人问题上，这些政党提出的政策差异非常大。如果不建立执政联盟，就会陷入僵局，因为根深蒂固的党派立场会导致严重分歧。政治动荡的加剧，阻碍了政策问题的进展，激化了经济风险。

在2014年5月的欧洲议会选举中，许多小政党获得了大量席位。《费加罗报》(La Figaro)称，在一场政界"地震"(la séisme)中，马琳·勒庞（Marine Le Pen）的国民阵线赢得了73个选区的选票，而现任总统奥朗德的社会党只拿下了两个选区。选民们一边倒地反对财政紧缩和债务削减。欧洲理事会主席赫尔曼·范龙佩（Herman Van Rompuy）对批评之声予以反驳，称选举产生的议会和真正做决定的人，根本就是不同的两拨人。

漠视选民的现象非常普遍。2014年，马泰奥·伦齐（Matteo Renzi）成为意大利连续第三位不在大选中由民众选举而产生的总理。

美国全国广播公司财经频道电视评论员里克·桑特利（Rick Santelli）认为，选民正在退出这场选举游戏。在许多国家，选民的投票率和对当选代表的支持率都急剧下降。权威人物在人们心目中合法地位的丧失，意味着人们内心的怀疑情绪越来越浓烈，表现出来，就是对义务教育和疫苗接种计划等政策的抵制，对科学证据的反对。就连老百姓都知道"忧国忧民的人轻如鸿毛，而举足轻重的人却毫不在意"。[34]

***

信任的崩溃加剧了社会的混乱。在全球范围内掀起的占领华尔街运动，西班牙的愤怒运动，希腊的义愤运动，以及葡萄牙、爱尔兰和意大利的抗议者，都表现出日益激烈的不满情绪。

这里面还夹杂着个人的失意：失业、失业福利缺乏、养老金削减、抵押贷款丧失赎回权、无家可归、大学学费高昂、学生贷款不堪重负。但同时还有更广泛的问题：日益扩大的经济和社会差距、经济金融化、全球金融中心责任和负担的分配、选民权力的剥夺以及不平等问题。盖伊·福克斯面具和"我们是99%"的口号，回响在纽约的祖科蒂公园，这是一种道德抗议的象征。1%的人认为，这是暴力革命。占领华尔街运动的海报这样写道："只要我们发动反击，他们才会称之为阶级斗争。"

这1%的人认为，他们的财富是努力工作的结果。他们称，人与人的能力天生就是不平等的。一位金融家将那些拿最低工资的人称为智障。加拿大广播公司的主持人凯文·奥利里（Kevin O'leary）认为，世界上最富有的85个人拥有的资产超过了最贫穷的35亿人，这简直太美好了。他认为这样的现象可以激励人们努力工作、勤劳致富。

富豪们为自己的财富进行辩护，说财富可以为慈善项目提供资金，支持社会和文化发展。但慈善的悖论在于，对弱势群体的慷慨捐赠，其资金来源正是以受助对象为牺牲品。

慈善事业的资金来源不透明。在工资较低、工作条件较差、环境监管不足的司法管辖区，财富很可能来自剥削。富人总是会想方设法地减少纳税义务，更倾向于自发的"自我纳税"，即以捐赠的方式，将本应纳税的钱交给他们喜欢的慈善事业。沃伦·巴菲特因将数十亿美元资产的85%捐献给慈善事业而备受赞誉。这笔钱由他的好友、慈善家比尔·盖茨管理。但是，曾公开表示支持增税的巴菲特，在2014年的一笔交易中，利用美国税法的漏洞，为自己省下了约10亿美元的税费。

没有哪个人或公司真的会把钱捐出去。捐赠者会利用税收效率高的信托或基金会，并对资金的使用保留很大的控制权。捐赠一般情况下是可以免税的，或者能在捐赠的名义下，保护财富不受遗产税和继承税的影响。信托或基金会还令捐赠者拥有社会地位，并为他们的亲朋好友提供就业机会。捐赠和善举带来了商业上的优势，令捐赠者退休后依然可

第九章
信任的终结：民主赤字对经济活动的危害

以扮演令人尊重的社会角色，在他们所处的圈子中维持富有影响力的人脉网络。

捐赠者可以自由地将资金投向他们选择的事业，有些是崇高的，有些则是伪善的，还有些奇奇怪怪。投资银行家艾斯·格林伯格（Ace Greenberg）向一家医院捐赠了100万美元，让无家可归的人可以免费获得伟哥。慈善事业可能会破坏社会政策，因为它反映的是捐赠者和求助者的独特视角，而不是针对特定问题进行的严谨分析或给出的最佳行动方案。这种影响在民主体制内可能是不健康的。

维珍创始人理查德·布兰森和对冲基金经理、亿万富翁乔治·索罗斯，就突显出慈善事业的矛盾。布兰森以自己的社会良知为傲，却在内克尔岛过着纳税流亡人士的生活。索罗斯在1992年9月16日的黑色星期三声名鹊起，当时他大发横财，因为对英镑贬值的投机性押注，赚了大约11亿美元，却让英国纳税人损失了50亿美元。索罗斯通过他的基金会支持新兴国家的自由市场和民主倡议，尤其是东欧国家。斯洛文尼亚哲学家齐泽克（Slavoj Žižek）没有上当："（索罗斯）大半生都在从事最无情的金融剥削，毁掉了数十万甚至数百万人的生活。而在他的另一半人生中，只是还回了一小部分。"[35]

富人认为自己是迫害运动的受害者。他们认为，对他们的攻击是出于政治动机，迎合民粹主义情绪，煽动嫉妒情绪。风投人士托马斯·帕金斯（Thomas Perkins）认为，美国的阶级斗争和当年纳粹德国针对占人口1%的犹太人展开的战争，本质上是一样的。[36]

亿万富翁尼克·哈诺尔（Nick Hanauer）的家人，曾被迫逃离纳粹德国，他仿佛又听到囚车和断头台的声音："手拿干草叉的起义军又要来抓我们了。"没有哪个社会能够承受这种日益加剧的不平等。事实上，在人类历史上，没有哪个时代的财富像如今这样集中，而干草叉起义军还没有出现。随便举个例子，说出历史上出现过的高度不平等的社会，我就能证明给你看，那是个警察国家，要么就是发生过起义。没有反例。

一个也没有。所以，问题不在于是否发生，而在于何时发生。[37]

***

凯恩斯在1933年3月大萧条期间写道："我们已经到达了一个临界点……我们可以……清楚地看到目前这条道路通向的鸿沟。（如果政府不采取行动）我们必须预期，现有契约结构和债务工具将逐步崩溃，伴随而来的是金融和政府领导层彻底的名誉扫地，以及我们无法预测的最终后果。"[38]

民众与政治官僚阶层日益扩大的意见分歧和关注差距，威胁着现代社会的核心信任。尼采曾说过，信任一旦受到损害，就很难恢复："我不会因为你对我撒谎而难过，我难过的是，从今以后我再也不能相信你了。"[39]

第十章

无辜躺枪

对普通老百姓的伤害

第十章
无辜躺枪：对普通老百姓的伤害

海明威的小说《太阳照常升起》中，一个人物破产了。有人问他是怎么走到这一步的，他回答说，"两种方式。逐步的，然后突然的。"[1] 整个世界都面临着无法满足的金融、资源和环境需求。不出意外，普通老百姓都会逐渐地越来越穷。而一旦出现意外，一夜之间发生大崩溃的可能性永远都在。

那些专注于工作和家庭的人们，可能会感觉到周遭发生了一些重要的变化，但却无法完全理解这些变化的含义。经济学和金融学术语既复杂又模糊，大多数人都难以理解。这种让人看不透的状态，是预先就设计好的。1947年，一名美国士兵在战后的意大利发现一个让他感到不安的现象，意大利人对政治的兴趣，竟然比对消费品进行互相比较的兴趣还要大。生活水平的提高和消费主义的盛行，往往令人们将注意力放在物质繁荣上，忽略了可能对现有政治和经济秩序产生影响的参与精神和行动主义。[2]

目前来看，世界各地人们的生活都在继续，看起来很正常。用西班牙哲学家何塞·奥尔特加·伊·加塞特（José Ortega y Gasset）的话来说："每个人的生活方式，都好像未来的梦想已经成为现实。"[3] 但对许多人来说，成功、富裕、光鲜的外表之下，都隐藏着深切的不安全感和担忧情绪。

***

工作是使大多数人免于贫困的主要途径。但近年来，就业机会、工资水平和工作条件都发生了变化。

在发达国家，就业率已经下降。在美国，就业率已经降到总人口数量的59%，与20世纪70年代末至80年代初的水平相同，低于2000年超过 64% 的峰值。在许多经济体中，虽然统计数据并没有将实际情况记录下来，但类似或更大幅度的下降也是不言自明的。失业的定义，通常不包括那些因为找不到全职工作而被迫从事兼职工作的人，也不包括那些因为找不到工作而彻底放弃、再也不找工作的人。在美国，真正的失业率大概是劳动力的 12% 到 15%。还有就业不足的问题，许多毕业生找不到与他们学历相符的工作，只能从事低薪、无技能的工作。

在以往的经济衰退中，下岗工人通常能相对较快地找到新工作。在全球金融危机之后，长期失业（6 个月以上）的人数增加了。在美国，有 1/3 的长期失业者，失业超过两年。在欧洲、日本和其他发达国家也存在类似的趋势。失业的时间越长，就越难找到工作。年龄较大和技能较低的失业者，也不太可能再次找到工作。

自 20 世纪 70 年代中期以来，美国的实际收入中值没有增长，工资水平处于停滞状态，家庭收入下降到 1989 年的水平。十多年来，日本和德国的家庭平均实际收入一直停滞不前。经通胀调整后，英国工厂工人的收入只能达到甚至略低于 20 世纪 70 年代末的水平。

就业的下降反映了经济活动的减少。疲弱的公共财政减少了政府就业机会。全球供应链和外包，已经取代了发达国家成本高昂的人工。最初，离岸外包仅仅影响到低技能制造业。随着时间的推移，现在已经影响到技术领域。2004 年 2 月，《连线》杂志发表了一篇文章，讲到美国程序员对工作流失的抗议，为此还专门成立了 yourjobisgoingtoindia.com 和 nojobsfor-india.com 这样的网站。[4]

技术进步加剧了就业机会和收入水平的下降。某些岗位从此不复存在，有些工作不再依靠人的技能。计算机软件取代了记者，可以在没有人工干预的情况下，在线合成新闻条目。就连金融市场上的交易员，也正在被超高速的自动化算法所取代。

先进的通信技术，能实现廉价、实时的语音传输，以及即时的海量数据传输和清晰度越来越高的图像传输。这使得工程、建筑设计、会计、

第十章

无辜躺枪：对普通老百姓的伤害

法律工作甚至医疗手术等服务，都可以迁往远程。对 X 光、成像结果和细胞样本的分析，无须在现场进行，甚至绕到地球另一边进行都可以，由此也进一步降低了成本。与最初为军用无人机开发的远程指挥和控制技术相结合，现在人们可以远程管理高度自动化的生产线，甚至可以远程管理大型矿井。随着时间的推移，就连某些医疗手术，都可以利用远程控制的机器人来进行。

技术也改变了商业模式。原本每一千次浏览量需要 50 美元的广告成本，现在直接投放到计算机，成本仅需 4 美元，直接投放到智能手机，成本仅需 1 美元。业务收入下降，就会增加削减成本的压力，只能通过裁员、降薪和调整工作环境来实现。博客和免费访问的网站，是对传统媒体的蚕食，进一步减少了就业机会。

***

现代劳动力结构呈现出日益加剧的分层态势。一小部分人拥有关键技能，能找到报酬丰厚的工作。绝大多数刚刚进入社会的年轻人，只能从事收入较低的服务业，如零售、休闲、酒店、保安、老年护理和医疗保健。

工会努力争取到的慷慨条款，已经被稀释了。地位稳固的职工，可以享受到规定的薪酬和相关福利，不用担心丢工作；而越来越多的新员工，聘用方式非常随意，签订的也是固定期限合同，而且一般都是短期的。由于员工权利和劳动福利的减少，有效收入也随之降低。合同工在等待工作、请病假、接收培训、使用劳动工具等方面得不到报酬。人们在工作和收入上的安全保障越来越少。

青年失业率居高不下。就连那些可以找到工作的地方，起薪也比 2007 年低了 10%~12%。

剥削随处可见。人们终日淹没在对重组和解雇的恐惧中，互相拉踩、不断竞争，以证明自己才是那个能胜任本职工作的人选。尼科尔·格雷斯利（Nichole Gracely）有硕士学位，专业是美国研究。她是亚马逊最优秀的拣货员之一。2012 年，她因为对工作中一些日常操作进行抗议而被解雇，从那以后就失业了。她写道，她因无家可归和贫困而经历的最艰难的日子，也比她在这家电子零售商工作时最舒适的日子都要好过一些。[5]

即便是在不断增长、非常盈利的美国科技行业，也有人指责大公司互相串通来压低薪酬水平。外国员工受到的不公平待遇最为严重，比如持有临时 H-1B 签证的非移民计算机工程师，他们是通过中介招聘机构来聘用的。美国全国广播公司和调查报道中心联合进行的一项调查发现，这些招聘中介对待这些非移民劳动力的手段非常恶劣，在没有固定工作的情况下招来大批刚毕业的工科生，像奴隶一样扣押住，直到他们找到工作为止。就算找到了工作，这些人也不能换工作，因为一旦走人，雇主就会向中介机构收取罚金。

无论从事什么职业，拥有何种技能，工人现在都面临着凯恩斯所谓的"技术性失业"。很多人鼓吹技术性失业的好处，称这一进程减少了低技能的单调工作岗位，增加了就业流动性，为人们提供了更多的就业机会和生活方式选择。经济学家也对新知识、生物工程、清洁和绿色经济大加赞扬，认为被取代的工人，未来将成为受过高等教育、有技能的职业人士，找到全新的、具有智力挑战的高薪职位。而更谨慎的人则认为，之所以会这样，是因为人们别无选择。

英国经济地理学家约翰·洛夫林（John Lovering）称之为"知识分子和政策制定者的过度幻想"。[6] 许多"让位的"或"非自愿离开"的员工（卡夫卡式的失业术语），不太可能找到新工作。纺织厂和装配线工人，能否将自己重塑为知识工人、技术人员、生物工程师、金融家或其他专业人士，这也是值得怀疑的。劳动力的流动性受到自身技能和移民机会，以及家庭、社会和财务牵绊（比如买房）的限制。

在职业转型存在可能性的情况下，也需要配备足够资金支持的再培训机制。新经济的复杂性和动态性，意味着再培训人员的就业机会并不能得到保证。就算对于那些找到工作的人来说，就业不充分和失业的威

第十章
无辜躺枪：对普通老百姓的伤害

胁也始终存在，这就令他们很难制订出切实可行的长期计划，以获得财务和个人生活方面的安全保障。

支持灵活劳动力的经济观点，没有考虑到具有特定技能的工人可能不愿更换职业，也没有考虑到不断接受再教育和再培训的效率之低、成本之高，更没有考虑到在职场屡屡受挫的人们因此而产生的健康问题和社会成本。这套理念不愿承认，只有减少投入成本，包括通过降低雇佣人数和收入水平来降低劳动力成本，才能令价格更低廉的商品和服务成为可能。

具有讽刺意味的是，中产阶级和专业人士也曾是离岸外包的支持者。他们认为，离岸外包可以削弱工会的力量，可以更加方便地获得廉价商品和服务。而现在，他们自己也面临着流离失所的威胁："纳粹来打共产主义者时，我保持沉默，因为我不是共产主义者。纳粹把社会民主党人关起来时，我保持沉默，因为我不是社会民主党人。纳粹来抓工会成员时，我没有站出来，因为我不是工会的一分子。纳粹来抓犹太人时，我闭口不言，因为我不是犹太人。而纳粹来抓我的时候，也没剩下什么人能替我说话了。"[7]

***

技术和创新被人们吹捧上天，称其为未来就业的来源。共享经济（也被称为同侪经济、合作经济和零工经济）基于无处不在的互联网、速度越来越快的宽带连接、智能手机和应用程序。有空闲时间、住所、汽车的个人，可以利用这些东西作为工作和收入的来源。让所有人都能从中受益的经济模式，主要集中在交通（Uber、Lyft、Sidecar、GetTaxi、Hailo）、短期住宿（Airbnb、HomeAway）、跑腿代办等小任务（TaskRabbit、Fiverr）、超市代购（Instacart）、家庭烹饪服务（Feastly）、按需配送服务（Postmates、Favor）、宠物运输（DogVacay、Rover）、汽车租赁（RelayRides、Getaround）、船只租赁（Boatbound）和工具租赁（Zilok）。

共享经济的支持者，利用崇高的乌托邦式语言来描述这种商业模式。

说共享经济并不是做生意，而是一种社会运动，用一种全新的建立在互联网之上的亲密形式，来改变人与人之间的关系。顾客得到的并非廉价服务，而是来自充满意趣的新朋友的帮助。服务提供者本身的职业也是五花八门，通过共享经济获得了宝贵的独立性和灵活性。Lyft 的口号是"有车的朋友"。Airbnb 和 Feastly 鼓励房东和客人分享照片，多多交流，以建立彼此之间的信任。

有些东西依然保持不变。研究人员发现，在考虑到其他变量的情况下，Airbnb 房客支付给黑人房东的费用，要比给白人房东的低。[8]

实际上，共享经济依赖于现有企业的去中介化，还要将监管成本降至最低。业余司机、厨师和私人助理，现在能以较低的成本完成之前由全职专业人员来承担的工作。Airbnb、Lyft 和其他公司并不总是能按照规定，来确保服务提供者具备最低水平的技能、绩效标准、安全保障以及保险覆盖。出租车和租车司机对共享汽车提出抗议，认为这类服务压低了受监管的正规收费水平。坊间流传着一些传闻，比如 Airbnb 租来的房子里有人彻夜狂欢，还有拼车时发生的事故和袭击等。

这些服务的可靠性，依赖于交易各方对彼此的打分，用这样的方式来确保表现不好的买卖双方以后不再参与进来。像所有的在线评论和打分体系一样，这种做法并不能替代独立的评估与监督。有些人怀着不可告人的动机，蓄意发布不诚实、不公平的评价，就会让无辜的人失去未来的参与机会，遭到"封杀"。就像霍桑小说中的"红字"一样，每一条评价都有可能影响一个人的余生，而且没有可靠的补救机制。

共享经济这种 20 世纪 60 年代"和平、爱与鲜花"风格的背后，是达尔文进化论式的赤裸裸的资本主义。优步获得了超过 15 亿美元的融资，估值达到 400 亿美元，高于 Hertz 和 Avis 等传统租车公司，以及达美航空、美国航空和联合大陆等上市航空公司。Airbnb 的价值高于除了最大的连锁酒店之外的其他所有酒店。共享经济是个万众瞩目的吸金行业，因此竞争异常激烈，其中充斥着各种不道德而且令人厌恶的行径。

第十章
无辜躺枪：对普通老百姓的伤害

优步已承认，曾蓄意扰乱 Lyft 的融资规划。而且优步还不接受别人的批评，据说打算花 100 万美元聘请揭老底专家，去揭露那些对其发表批评意见的记者的个人生活，败坏他们的名誉。TaskRabbit 让使用者彼此之间很难沟通，用这种方式来防止他们团结起来，组建工会。

在最新的科技淘金热中，风险资本投资者纷纷把钱投给那些能有效撮合客户和工人直接合作的公司。他们认为，曾经只有富人才能享受到的服务，如今因为降低了价格门槛，所以能创造出巨大的大众市场。这种模式的核心是，新型公司给服务提供者支付的费用更少，同时还避免了高昂的监管费用。

人们高估了共享经济的潜力。和所有生意一样，这样的商业模式需要始终提供现成的产品和服务提供方。传统的 P2P 提供商，给出了这种业务的发展曲线。eBay（易贝）从一个偶尔出售二手货的网站，演变成由专业卖家组成的营销渠道。P2P 借贷平台，是为了让个人向其他个人和小企业进行贷款。这类公司对机构贷款人和对冲基金的吸引力越来越大，因为他们可以利用这些网站拿到丰厚的贷款收益率。优步现在变成了专业出租车和租车服务的预订代理。一小撮手握十几处甚至几十处房产的大业主，主导着 Airbnb 的短租业务。一位记者开玩笑说："谁能忍心阻止手里有 12 套房的包租婆，靠短租平台来养家糊口呢？"9

P2P 代理降低了成本，也减少了服务提供者的收入。共享经济需要大量廉价的临时合同工，客户只需在智能手机屏幕上进行一番简单操作，就能找到他们。如果是聘请享受正常福利的全职员工，那么这种模式就行不通了。将共享经济和维基百科与开源软件进行比较，是一种误导。对于维基百科和开源软件来说，为其提供贡献的人们，在其他地方是有正式工作的。他们是免费提供服务，享受着参与和贡献的乐趣，获得了作为社区成员的认可。而共享经济，是在疲弱的经济环境下对低薪工人的剥削。

虽然经济统计数据有所改善，但人们的实际生活条件明显走了下坡路。2013 年，美国零售商沃尔玛给员工举办了一场感恩节食品募捐活动。麦当劳帮助低薪全职员工制定个人预算，还是在假设他们有第二份工作的情况下，才能维持生活的基本开销。这种劳动力市场的低迷对共享经济的发展至关重要。如今，个人薪酬降低，被迫从事兼职工作或处于失业状态，正是这样一群人参与了共享经济，用这样的方式来弥补收入不足。把房子、汽车或劳动力出租出去的个人，从中获得的收入只是传统全职工作的一个零头，而且没有任何就业福利。在共享经济中，"资金充裕的科技初创企业里面，可能会有无家可归的人们在打工"。[10]

《纽约时报》专栏作家托马斯·弗里德曼凭借《世界是平的》一书，成为全球化浪潮的风云人物，现在也公开支持共享经济，对参与其中的微型创业者大加赞扬。但是，这些人并没有创业精神。美国前劳工部长罗伯特·赖克（Robert Reich）将其称为"分享残羹剩饭"经济。这让人回想起更早的时代，当时那些身无分文、没有受过教育的工人（其中很多是移民）为了生存而甘愿从事任何工作。如今，一个全新的底层阶级为共享经济中的科技企业家和投资者提供了粮食。这是陷入绝望、别无选择的计件劳动，是中产阶级梦想的终结。

* * *

战后社会是以优质、高薪的工作岗位为基础的："20 世纪底特律装配线上最重要的产物，是由蓝领工人组成的中产阶级。"[11] 现在，备受压力的中产阶级，早已沦为"岌岌可危阶级"（precariat）。这个说法最初是指没有工作保障的日本工人。随着日本企业逐步削减劳动力成本，这类工人现在占日本劳动力的 30% 以上。短期合同聘用的现象，是全球性的。自 2009 年以来，英国的就业率强劲增长，但工作的类型和质量都发生了变化。2007 年之前，个体经营者占新增就业岗位的 16%。到 2014 年，这一比例为 45%。外包和合同承包的威胁，创造了恩格斯所谓的"后备劳动力大军"，形成了对就业、工资和工作条件的永久性限制。如今看来，股市赌徒杰伊·古尔德（Jay Gould）的观点确实道出了真相：你可

第十章

无辜躺枪：对普通老百姓的伤害

以雇佣工人阶级中的一半，让他们去杀死另一半。

劳动力中的很大一部分已沦为新时代的穷人。美联储2014年发布的《美国家庭经济福祉报告》发现，在18~59岁的美国人中，只有1/3的人有足够的储蓄来支付三个月的开支；52%的美国人在没有借款或出售物品的情况下，无法在短时间内拿出400美元；45%的人没有对收入进行储蓄。目前美国约有4 600万人有资格领取食品券，远高于2000年的1 700万人。这就是英国哲学家托马斯·霍布斯（Thomas Hobbes）所谓的"所有人对所有人的战争"，在这场战争中，很多人的生活越来越穷困潦倒、越来越朝不保夕。

在新的经济环境中，岌岌可危阶级是在求生存，根本不敢想怎么能把日子过好。他们的生活就像大萧条时期流行的马拉松舞蹈的现代版本，当时一贫如洗的年轻夫妇为了争得奖金，有时一连跳舞几个星期不停，直到累到瘫倒为止。

***

住房拥有率是生活水平提高的另一个因素。这一数字在经历稳步上升之后，停滞了下来，有些地方开始下降。在美国，住房拥有率从2006年达到69%以上的峰值之后，又下降到2014年的65%，与20世纪90年代的水平相同。在意大利和西班牙，这一数字也出现大幅下降。在加拿大、英国和澳大利亚，相对保持不变。在44岁以下的人群中，这种下降趋势最为明显。

住房拥有率的下降，反映出了房价高企、经济萧条、收入疲弱，以及人们内心对工作的不安全感。在一些国家，这种现象反映了住房融资供应的下降，因为银行现有贷款得不到偿还，再加上资本短缺，都可能造成借贷规模的缩小。比如，英国政府就在压力下启动项目，增加住房融资力度。就算是有能力买房的人，也会因贷款金额不断上升，以及今后收入中的很大一部分用于偿还贷款而备受打击。在政府对住房大力支持的背景下，住房拥有率和购买力下降的现象，颇为矛盾。

以前,拥有土地或住房,都是富人的专属特权,就相当于获得了投票权。虽然这种情况早已不复存在,但许多国家依然在为购房者提供补贴,相信提高住房拥有率,可以让社会更稳定,政治参与程度更高。大多数国家都鼓励金融机构为住房进行贷款。按揭利息支付,在有些情况下还能免税。出售住宅的资本利得,无须纳税或税率很低。在房产税、房产转让税等方面的优惠政策,乃至于直接拨款,都十分常见。

在政府资助和补贴的鼓励下,住房投资出现过度现象。从20世纪50年代以来,房子建得越来越大,平均房屋面积翻了一番。在发达国家,富人的度假别墅,一年中大部分时间都是空置的,不太富裕的人蜗居在不合标准的陋室里,而穷人则根本没有房子住。

在房产上过度投资,资本效率很低。与商业组织不同,房屋一旦建成,所产生的收入、利润、就业机会和投资都是有限的。在房产上过度投资,还降低了劳动力的流动性,形成了缺乏弹性的劳动大军。人们寻找就业机会的空间,受制于房价波动,出售房产所需的时间,以及高昂的交易成本(买卖成本可能占房产价值的5%~15%)。过度投资也限制了工资支配的灵活性,因为人们必须要拿出一部分收入来支付抵押贷款。

较高的住房拥有率和国家财富之间的联系,是十分微弱的。美国、英国和澳大利亚的住房拥有率为65%~70%。但法国、德国和日本则要低得多。俄罗斯、东欧诸国、中国和墨西哥的住房拥有率都超过了80%。

***

人们买房,早已不再仅仅是为了有个遮风避雨的住所。而这样的心态,对房产市场的发展造成了扭曲。20世纪80年代由公司或政府资助的退休计划,如今被自筹资金的退休计划所取代,这就意味着,如今的房产已成为家庭积累和储存财富的主要途径。这种转变,将简单的消费品与金融资产或投资混为一谈。

但是,只要房主需要住在这里,那么住宅就不能成为金融资产。自住的房产不产生收入,还需要房主拿出现金来支付税费、物业费等费用。

第十章
无辜躺枪：对普通老百姓的伤害

就算房产价值上涨，也不能为房主提供收入或现金流来满足生活开支。

若将房产作为投资，那么其中的关键就在于净值，也就是房产价值与未偿还债务之间的差额。随着抵押贷款的偿还、房产价值的增加，净值也会上涨。以房产净值为抵押进行借款的实力，已成为家庭储蓄和财富的核心，还被人们用来为消费和退休生活提供资金。2000年到2008年间，美国人将房产当作自动取款机，从中获得了超过4万亿美元的房产净值贷款。另外一种操作，就是卖掉大房子，换成小房子，腾挪出现金来支付生活费用。

许多人借钱买房，用来出租，希望从租金收入和未来房价上涨中获利。从房地产中获得的收益，通常情况下不会高于其他类型的投资。如果用借来的钱买房，那么租金不一定能完全覆盖掉利息成本和其他支出，这就要求购房者还有其他收入来源，或者继续借款，才能保证这份投资的资金供应。依靠房产价格来获取回报，或是利用房产价格上涨来偿还融资债务，是有风险的。拥有既得利益的权威人士，以及有关房地产所有权的书籍和研讨会都认为，假设房价不可逆转且持续上涨，那么将住房作为一种投资是绝对正确的。

将房产作为金融工具，会导致投资组合缺乏多样化，储蓄集中在单一资产上，非常容易受到价格波动的影响。房价可能会受到一系列不利事件的影响，包括经济周期、信贷松紧和人口结构等，比如大批退休人员同时调整房产头寸，就会引起房价波动。这类资产的非流动性，也会加剧价格波动。

许多经济体，现在都过度依赖房地产市场。房地产市场受全球化的影响较小，对就业、收入和经济活动而言至关重要。房价上涨，会带来账面财富的增加，帮助掩盖了经济增长乏力、收入水平下降或就业机会不确定等问题。

房地产政策通常是自相矛盾的。如果政策取得成功，那么房价提升，导致许多人买不起房；如果政策遭遇失败，那么房地产泡沫会逐渐消退，造成管理困难。美国、爱尔兰和西班牙的房价下跌了60%的过程，就是明证。

随着个人和投资者的财富大幅缩水，经济活动放缓。而房地产投资的集中化本质，又令问题进一步恶化。如果个人将房产用作抵押品来申请借款，那么在房价下跌的情况下，借款人就可能需要继续提供额外的抵押品，由此造成流动性紧缩。对于政府来说，因房产税的缩水，收入也随之下降；与此同时，因为失去住所或房产贬值，有些房主被迫向政府申请福利，由此形成的支出可能还会增加。对于银行来说，借款人的偿付能力也会受到房价下跌的严重影响，因为他们拿来做担保的，是大量的抵押贷款和房产。银行的杠杆性质，以及对批发货币市场融资的依赖，都令问题进一步放大。政府对金融机构的支持，也令问题变得更加复杂。

政策制定者并没有从过去的危机中学到什么经验教训。自2009年以来，美国、英国、加拿大、法国、德国、澳大利亚、新西兰等国的政府和央行政策，尤其是低利率政策，人为地推高了房价，却没有大幅增加新房建设。投资者面对其他领域的低回报，再加上对金融工具安全性的担忧，纷纷选择大举购买住宅地产，进行出租，由此造成越来越多的打算买房自住的人们被挤出房地产市场。

麦肯锡全球研究所2014年的一份报告，指出了人们负担住房的能力越来越薄弱。报告发现，全球3.3亿城市家庭，住房条件不够安全，居住面积不够充裕，或因住房成本过高而承受着很大的经济压力。预计到2025年，这一数字将增至4.4亿。原因包括房地产价格、土地供应量、开发条件和租金管制等。即使在纽约和伦敦这样的富裕城市，许多低收入和中等收入家庭也负担不起基本住房，他们将收入的很大一部分（30%~50%）花在房租上，或用来偿还抵押贷款。廉价房的缺乏，限制了人们的经济活动，降低了劳动力流动性，增加了运输时间和成本，从而打击了生产力的发展。

第十章
无辜躺枪：对普通老百姓的伤害

买得起房，有个安全的住处，是人们的一项基本权利。房价上涨，令一部分人没办法拥有住房，也降低了他们以房屋净值形式积累储蓄的能力，而房屋净值将为就业不确定性和未来的退休收入发挥缓冲作用。但改变房产政策是非常困难的，因为买了房的人们，在高房价中能享受到既得利益。

＊＊＊

在20世纪六七十年代，社会规划人员预测，人们在未来的工作时间更少，休闲时间更多，能享受到充裕的个人、社会和文化满足感。美国休闲研究协会在2007年的会议上问道："休闲社会去哪了？"工作年限缩短，充裕财力支持下在合理年龄退休，这样的愿景，对大多数人来说越来越难以实现。

由政府和雇主承保的固定收益养老金计划，承诺员工的退休收入以最终工资为基础，与通胀挂钩。但这些养老金计划基本都得不到充裕的资金支持，而人口老龄化、劳动力萎缩、养老员工比例上升以及预期寿命延长，令这些计划与现实完全脱节。

退休计划还面临其他问题。2015年欧洲央行的量化宽松政策，导致欧盟企业养老金赤字增加了18%。世界各地的养老金计划，也都被迫进行风险更高的投资，才能抵消低利率的影响，由此也降低了可用于偿还未来债务的资金安全性。弹尽粮绝的希腊陷入绝望，颁布了一项立法，将本该为养老金预留的资金提前取出，才勉强保持国家机器的运转。公司倒闭时，员工也将失去他们的退休福利。1974年，美国成立了养老金保障公司，为养老金福利提供保险。但保费水平低得不现实，通过这类保险来满足所有养老权利的能力依然非常薄弱。2015年，这家公司报告称，如果遭遇破产，就只能依赖政府担保，那么超过一半的参保人员的福利可能会减少。

州政府、地方政府和公司，都在就退休福利问题进行重新谈判，提高退休年龄，减少或取消自动生活成本调整，降低福利水平。如果有必要，他们会利用破产法庭来促进养老福利的改革。他们认为，如果不改革，那么养老金会吃掉很大一部分预算，就像1958年恐怖电影《幽浮魔点》中的场景一样。

除了历史遗留的福利计划和政府养老金计划外，员工现在普遍选择的是固定缴款计划。这项计划是以员工储蓄为基础，再加上雇主资助和投资收益。退休后收入究竟有多少，这个风险现在由员工来承担。他们要对储蓄水平、投资回报、成本增加和自己的寿命长短负责。

2014年的一项全球调查发现，超过2/3的适龄劳动人口担心赚不到足够的钱来养家糊口，担心退休后没钱生活。但对于85%的劳动年龄人口来说，因为有抵押贷款等债务，再加上收入增长速度不如支出增长速度快，所以为退休进行储蓄并不是他们首要考虑的事情。大部分接受调查的退休员工，并没有为退休做好充分的准备，他们也不知道自己需要多少储蓄。[12]

绝大多数普通老百姓，现在都没办法存下足够多的钱去享受满意的退休生活。假设收入合计为8万美元的两名25岁劳动者，计划在65岁退休，预期寿命为85岁。为了达到发达国家建议的每对夫妇的退休储蓄水平，他们需要每年留出1万美元（税前收入的13%）。这些储蓄加上投资回报，将在他们退休时达到170万美元（相当于如今的75万美元），让他们可以不用工作，每年提出5万美元的生活费。这里的假设，是通货膨胀率为每年2%，投资回报率每年高于通货膨胀率3%（名义上为5%）。

实际上，退休储蓄远远低于这一水平。美国家庭的金融净值，中值约为1.1万美元，不包括住房和汽车。接近退休年龄（55~64岁）的家庭平均有约11万美元。美国收入最高的20%的家庭，退休储蓄约为30万美元，不包括政府养老金计划。约一半的美国家庭没有任何退休储蓄。在澳大利亚，这个拥有世界上最优秀的退休制度的国家之一，男性员工退休时平均拥有18万美元，女性员工退休时平均拥有10万美元。

第十章
无辜躺枪：对普通老百姓的伤害

投资回报、费用和成本对退休储蓄造成了影响。投资回报的变数太大。经合组织的一项研究，假设一位员工将收入的5%存起来，其中60%投资于股票，40%投资于政府债券。研究发现，退休储蓄的最终金额会因时间点的不同而产生很大的差异。如果日本员工在20世纪80年代末股市见顶时退休，他们将获得最终工资额度的70%左右，而如果他们在2012年退休，只能拿到最终工资额度的约10%。英国和美国工人的退休福利，也从2000年互联网繁荣时期占最终工资额度的50%~60%一路大幅下降。基金管理公司GMO计算，如果一位员工投资1美元，年平均回报率为5%，每年的平均变动幅度为上下14%，那么40年后，这位员工的退休账户里最高能有11美元，中位数是7美元，而可能性最大的结果，仅为3.4美元。平均水平因为在几年间存在异常高的回报而被扭曲了。

为退休生活积累充裕储蓄的能力，也受到工资水平的影响。实际收入早已停滞或出现下降；失业，特别是持续很长一段时间的失业；兼职工作增加；朝不保夕的短期雇佣合同，都降低了为退休账户持续存钱的能力。在美国等地，许多低工资职位或兼职工作根本不提供退休计划。

财政压力导致削减卫生、教育和儿童保育等公共服务，也降低了工人为退休储蓄的能力，因为家庭被迫承担这些费用。受影响最大的是作为福利事业主要受益者的中低收入家庭。

因为遭遇失业或罹患疾病，人们也越来越多地开始在退休之前就提前动用储蓄。全球金融危机之后，美国人从退休账户中提前取款的次数创下了纪录。

等到退休之时，很多退休员工可能早已背负大量债务，尤其是抵押贷款。这是高房价、低收入以及只付利息抵押贷款（无须定期偿还本金）等金融创新所造成的。人们需要拿出退休储蓄中的一部分，来偿还这些债务，由此也减少了为退休后生活提供资金的本钱。

医疗技术的进步，使得人们的预期寿命增加，再加上医疗和老年护理成本的急剧上升，都将给退休财政带来压力。

很大一部分家庭，将在人生尚未完结时就提前耗尽退休储蓄，不得不依赖国家的财政支持。但捉襟见肘的公共财政状况，只能为最贫困的人提供给养老支持，而且提供给他们福利也只能维持在最低生活水平。一些人将退休储蓄不足的问题看作商机。一家澳大利亚博彩集团推出了一款名为"一生富足"的新彩票，利用的就是人们不想工作、提前退休的愿望；奖金是在未来20年里每月颁发2万美元。

在如今的现实情况下，人们要么缩短寿命，要么节衣缩食，要么攒下更多的钱，要么延迟退休。因为人们普遍没有能力积攒下足够退休的储蓄，再加上社会保障体系不健全，所以往后退休将成为只有一小部分人能享受到的奢侈品。很多人只要身体条件允许，将一直工作下去，直到离开人世。西班牙养老金改革称之为"积极老龄化"。很多人都能从歌手安妮·伦诺克斯（Annie Lennox）的歌曲《冷》中找到共鸣。在歌中，她唱道，死亡很容易，但活着却把人吓得要死。

***

现有的经济模式，也造成了代际问题，因为这种模式依赖于将经济、资源和环境改革推迟到未来去进行。在每个领域，如今的人们都以风险和成本为代价，去追求短期收益，这就导致财富从未来转移到当下。

在全球金融危机爆发前的那段时期，风险，尤其是个人和企业在还贷方面所面临的风险，被大大低估了。环境污染和不可再生资源的消耗所造成的真正代价也被忽视了。收益被大规模私有化，而损失则被社会化。金融家们纷纷开始从事破坏性越来越强的交易，抽取了大量费用，让纳税人来承担经济损失的成本。一位监管机构的官员，将银行业与汽车业相提并论，因为两者都产生污染物：对汽车而言，污染物是废气；而对银行来说，污染物是系统性风险。[13]

最终为过去和现在的决定和不作为付出代价的，是我们的子孙后代。经济增长乏力，将导致生活水平下降。与此同时，高水平的债务和福利

第十章
无辜躺枪：对普通老百姓的伤害

政策所造成的财政负担，还需要有人来掏腰包。认为通过增长和通胀的手段可以实现经济复苏，并在不出现违约或破产的情况下减轻债务负担，这样的想法是有缺陷的："再多的经济增长，也无法消除全球债务。试图说服债权人、债务人和纳税人，让他们相信这条路可以走得通，是徒劳而危险的……既然欠了债，那么只有金钱或实物资产才能拿来偿还。"[14]

但政策制定者仍然在继续回避关键决策。就像格劳乔·马克思（Groucho Marx）一样，他们会问："我为什么要关心子孙后代？他们为我做过什么？"由此引发的代际矛盾，将影响就业、住房、社会服务和未来的退休福利。

除了一小部分人之外，人们的就业机会都将变得局限性更大。职场对学历的看重，学费的节节攀升，都意味着年轻人将背负着沉重的学生债务进入劳动力市场，除非他们成绩很好，能拿到奖学金，或是生得很好，有父母来掏钱。现在70%的美国学生毕业时都有贷款，而20年前这一比例仅为43%。平均学生贷款余额为33 000美元，是20年前的两倍。医生、工程师、律师和商科毕业生，贷款的比例要高得多。总体而言，美国学生贷款余额超过1.1万亿美元，自2003年以来几乎翻了两番。相比之下，同期抵押贷款债务仅增长了65%（超过8万亿美元），信用卡债务下降了约4%（6 600亿美元）。

就算获得了学历，也不一定能找到工作。年轻人为了获得工作经验，之前的带薪实习和培训，早已经被如今的无薪实习所取代。在全球范围内，25~34岁人群的就业比率，其下降幅度超过了年长员工。青年失业率在世界各地都很高，在一些发达国家甚至高达60%。

初入职场的年轻员工，面临着来自年长员工的日益激烈的竞争。由于退休储蓄不足和投资回报低，年长员工纷纷推迟退休，要么就是退休之后再重新进入劳动力市场。即使是快餐业这样的低薪服务性工作，竞争也在加剧。这类工作曾经由年轻人主导，他们通常在读书或接受培训时选择此类工作，毕业后就会转而去选择薪酬更高的工作。如今，大约

1/3 的快餐店员工年龄在 25~54 岁之间，其中很多人之前都曾从事过更加高薪的工作，但出于各种原因失业。高薪岗位，很多都是永久性的流失，而大多数新岗位，都是在低薪的服务业中创造出来的。这种趋势可能会一直持续下去。

在发达国家，已经形成了劳动力两极分化。年长员工享受相对较好的工资和工作条件。职场新人，聘用方式则很随意，签署的也是固定期限劳动合同，工资还比正式的全职员工低 30%，而且福利也更低。在 2005—2012 年，美国毕业生的年收入中位数下降了 2%，而学生贷款余额（经通胀调整后）却增长了 35%。

房价不断上涨，年轻人的收入水平普遍偏低，还不稳定，因此买房的比例大幅下降。对于那些职场新人来说，退休这件事，无论从时间上看，还是从经济上来看，都是十分遥远的。投资回报低迷，让人们很难存下足够的钱来养老。年轻一代将无法享受过去 20~30 年期间因为经济形势强劲而获得的高回报。

代际冲突会影响到经济发展。疲弱的就业市场和沉重的学生债务负担，让年轻人纷纷推迟成家生娃的时间。这就导致消费下降和房地产市场失衡，在大多数发达经济体，首次购房者的比例都在缩减。反过来，这一现象又会导致经济增长放缓，使得上述问题进一步加剧。

年轻人要承担双倍的负担。随着抚养比例的上升，为快速增长的医疗和养老福利支出提供资金的纳税员工会越来越少。预期寿命的延长，还会进一步加剧问题的严重程度。英国作家马丁·艾米斯（Martin Amis）在佛罗里达州这个著名的退休天堂——"老年人之州"逗留时，非常惊讶地发现，那里的老年人"沉迷于接受新挑战，尤其是与健康和长寿有关的新挑战"。[15] 面对十分有限的社会服务，受制于薄弱的公共财政，年轻人还需要从他们日益减少、随时都可能丢掉的饭碗中，拨出更多一部分，来满足教育、医疗和他们自己未来所需的老年护理费用。

2010 年，美国投资银行摩根士丹利进行了一项研究，对未来几代人

第十章
无辜躺枪：对普通老百姓的伤害

承受的财政负担进行了估算。相对于实际和未来的政府收入，这项研究重点关注了现有债务水平和对未来支出的承诺，如社会服务承诺等。[16] 这项分析计算了各个国家的净资产，以未来税收收入和支出的现值之差来进行估算，并考虑了预期的预算赤字和偿债成本。如果差额为正，那么这个国家是有偿付能力的，政府能够向公民提供承诺的服务，不会诉诸增加税收的方式，也不会出现无法履行其对债权人义务的情况。如果差额为负，那么这个国家就资不抵债了。

研究发现，美国的净资产是 GDP 的负 800%；也就是说，美国未来的税收收入低于承诺债务的数额（相当于美国一年生产的所有商品和服务价值的八倍）。欧洲国家的净资产大约为负 250%（意大利）到负 180%（希腊）。德国、法国和英国的净资产分别为负 500%、负 600% 和负 1000%。人们发现，许多发达国家的公共财政负担过重，甚至达到了可能在事实上破产的地步。这项分析实际上低估了问题的严重程度，因为没有将资源短缺造成环境破坏的代价和商品价格上涨考虑在内。

2011 年，关于未来几代人的负担问题，IMF 的两位经济学家也进行了一项研究。他们采用了终身净税收福利或代际核算的概念。通过对个人支付的所有税款与他们已收到和将要收到的来自政府的所有付款之间的差额，来衡量一个人一生中收到的福利。[17] 这一方法假设当代人在余生中的税收和福利不变。研究发现，在美国，所有年龄在 18 岁以上的人，都能享受终生税收优惠福利，其中 50 岁以上的人受益最大。这几代人缴纳的税款比他们从政府处获得的福利要少。相比之下，对于更年轻的一代和未来几代人来说，终生税收福利是负的，这就意味着他们将被迫支付比他们能获得的福利更多的税收，才能弥补不足。[18]

未来几代人背负的沉重财政负担，只能通过提高税收和降低政府服务水平来解决。否则，就只能是对部分或全部债务违约。

1819—1823 年间，西班牙艺术家弗朗西斯科·戈雅（Francisco Goya）在自家的墙上直接画了 14 幅被称为"黑画"的作品。最神奇的一幅，以希腊神话中的天神克罗诺斯为创作灵感，名为《神农吞噬其子》(Saturn Devouring His Son)。克罗诺斯（标题中的神农）害怕自己会被某个孩子推翻，于是他在每个孩子出生时就把他吃掉。艺术评论家罗伯特·休斯（Robert Hughes）指出，这幅画描绘了"无法控制的食欲和由此引发的巨大羞耻感的结合"。[19] 如今，长者们也正在吃掉他们的孩子。

现在和过去的几代人，都没有理解埃德蒙·柏克的观点："（社会）……不仅是那些活着的人们之间的伙伴关系，而且是那些活着的人、那些死去的人和那些将要出生的人之间的伙伴关系。"[20]

***

在发达经济体中，大多数人都越来越难以找到稳定的工作、获得合理的工资、选择稳妥的融资途径、居住在合适的住房，为退休后的生活积累足够的储蓄。子孙后代面临着日益惨淡的前景，被迫承担祖辈问题的代价。

2014年，荷兰平面设计专业学生希拉·范德伯恩（Zilla van den Born）以社交媒体上的假象为主题，完成了学士论文。这篇论文引起了人们的广泛关注。她利用社交媒体上的照片编辑软件，假装去了老挝、柬埔寨和泰国，进行了为期五周的旅行，但其实她一直都待在阿姆斯特丹的家里。她欺骗了家人、朋友，甚至她的学术导师，因为当时导师并不知道她选了这样一个论文主题。范德伯恩通过这样的表达方式，想要说明，我们信以为真的虚拟世界，实际上是被人为操纵的。

尾声

明日危机

尾声
明日危机

在人们心中，关于2008年的记忆，已慢慢褪去。但正如威廉·福克纳所言："过去永远不会消失，甚至永远不会过去。"[1]全球金融危机和大萧条，至今依然阴魂不散。

全世界依然深信不疑，认为经济活动水平注定增长，生活标准注定提升，信心满满地假定经济复苏是大势所趋。印度总理莫迪在2014年当选之后不久，就向800多万粉丝发推特称："好日子就要来了。"全世界各地的政府，都在不停地歌颂着经济神话，因为他们知道，老百姓更容易被磅礴壮丽的谎言所迷惑，小打小闹反而容易被揭穿。[2]

正如托马斯·霍布斯所言，贯穿人类历史，生命始终充斥着"孤独、贫困、肮脏、残忍、分离"。[3]工业革命后，特别是在第二次世界大战后的阶段，人类的生活水平出现了前所未有的提升，而促成这段提升的各种因素的碰撞与巧合，很可能是历史上独一无二的异常现象。现在，几股不同的影响力汇聚在一起，对人类社会进一步的发展与提升构成了威胁。往后，发展的步伐很可能会停滞下来，甚至出现倒退。

***

全球金融危机向人们证实，永不停歇的增长和进步，只是一个美好的幻想而已。危机暴露了过高的债务水平，由借贷驱动的消费，全球发展不平衡，过度金融化，资金不足的社会福利项目，以及不可持续的底层经济模式。金融危机的爆发时间点，正好赶上能源、食品和水资源的日益短缺，以及气候变化的日益突显。对廉价资源的过度使用，以及对环境破坏的错误定价，短期促进了经济增长，提高了生活水平。

全球金融危机所暴露出来的种种问题，如今依然存在。各国领导人害怕遭到选民的拒绝，不愿去挑战背景强大的说客集团，苟且偷安，见事就躲。他们没有发起变革,只是启用了曾经逆转过经济衰退的惯用策略。由政府债务或央行支持的公共支出刺激了需求。利率削减,向货币市场注入流动性,稳住了金融系统。一切希望都寄托在强劲的经济增长和提高的通胀率可以将问题自行化解。

这是一场苦心经营的骗局,是凭空画出来的一张大饼,看似美好,实则极难实现。在发达经济体,房价和股市节节攀升,但增长、就业、收入和投资,依然没有恢复到危机前的水平。

虽然美国和英国比其他一些受危机影响严重的国家要强一些,但经济增长水平却远远落后于大趋势。欧洲始终在衰退的边缘疯狂试探。自从 2008 年以来,日本在六年间已经发生了四次衰退。新兴市场并没有如人们所愿,成为全球繁荣的发展引擎。中国和印度的发展速度,虽然从发达国家的标准来看已经很高了,但也是放缓到了之前的一半。巴西和俄罗斯要么快要进入衰退,要么已经衰退。中国发展速度的减慢,影响到了其他市场,因为全球供应链早已将各个国家连为一体,一荣俱荣,一损皆损。来自中国和印度的高需求,将资源价格抬高,由此保护了澳大利亚、加拿大、南非和新西兰免受全球金融危机的打击。但新兴市场如今的放缓,却削弱了这些依赖于大宗商品的经济体的发展速度。虽然各国政府和央行都在拿出史无前例的手段和力度来促进增长,但现状依然疲弱无力。

***

以新债务的积累为基础来创造增长,难度很大。和人们普遍认为的情况不同,现在全世界并没有减少借贷规模,全球债务与 GDP 之比依然在增长,达到了全新的高度。国际货币与银行业研究中心于 2014 年召开会议,其中一份报告的标题为《去杠杆?哪有什么去杠杆?》。全球公共和私人债务的现有水平及预期水平,实在太高,无论将重点放在经济增长上,还是专注于勤俭节约,都很难应对。若想降低借贷水平,就需要将经济增长水平提高到难以置信的高度,大力削减政府开支,或者大幅

尾声
明日危机

增税,还要加上大批量的资产销售。

违约这条路,或是大批注销的债务重组这条路,特别是对于公共债务而言,在经济和政治上都是非常困难的。大幅减记将引发银行和养老基金的重大危机。储户由此所产生的损失,将导致经济活动的急剧收缩。各国政府需要向银行注入资金,才能维持住支付和金融体系的完整性。如今,无法收回的债务问题非但没有得到解决,反而通过更加大手笔的放贷、低利率和延长到期日以维持偿付能力的假象所掩盖。到2015年年中,希腊徘徊在违约的边缘,债台高筑、政策失败,很多棘手难题进一步突显出来。希腊的案例,是给其他国家的警示。

人口增长放缓、劳动力老龄化、创新力下降、生产力提高幅度缩水、全球贸易和跨境资本流动增长放缓、不平等加剧、信任崩溃,种种问题,都限制了增长。

存在低通胀或通缩的风险。金本位主义者对魏玛时代恶性通货膨胀的警告,后来事实证明是错误的。这些人认为,世界应该恢复到以贵金属作为货币支持的状态。一开始,作为通胀预期晴雨表的黄金价格出现上涨,原因是央行的大规模干预引发了人们对金价快速上涨的担忧。金价在2011年达到了每盎司1 800美元的峰值,随后下跌了大约30%,降至1 200美元。大宗商品价格下降、货币贬值、竞争、工业产能过剩,以及技术和商业模式的变化,正在全球范围内制造通缩压力。

低增长和低通胀通常不会成为问题,还能有助于解决其他紧迫问题,例如碳排放、食品和能源的供应等。但低增长、低通胀和高债务水平三者之间是不相容的。

地缘政治风险正在上升,甚至有可能打翻冷战结束后的和平红利。2014年,记者罗杰·科恩(Roger Cohen)将目前的状态称为"大解体"(the great unraveling)。这一说法,指的是当下社会中,政治上越来越软弱无力、缺乏控制,越来越难以预测当前和未来危机的发展轨迹和演变过程。这种状态,让人不禁联想起第一次世界大战之前的那个阶段。英国历史学家巴兹尔·里德尔·哈特爵士（Sir Basil Liddell Hart）在20世纪20年代撰文称，过去的半个世纪为冲突的发生创造了条件，而几天之内的一系列错误和误解，就引爆了一场大规模战争。[4]

***

发生历史性转变的可能性，并没有被人们纳入当下的思潮之中。政策制定者不断指责模型，批评数据，没有认识到"许多可以计算出来的东西其实并不作数，而许多你算不出来的东西才是举足轻重"。[5] 增长停滞、通胀低迷、金融体系的持续疲弱，以及新兴市场不断加剧的压力，都未能阻止政策制定者坚持执行那些根本无法取得成功的政策，要么就是去实施全新的政策，而没人打算彻底来一场结构性改革。

2015年，各国相继将官方利率降至远低于零的水平。其实，负利率就是政策失败的鲜明标志。负利率是对储户和投资者的惩罚，而且基本不可能有效地促进增长和通胀。负利率对社会和经济而言，有害无益。

负利率制度鼓励人们将钱从银行取出，囤积现金，或购买黄金、房地产乃至收藏品等资产。储户可以写一张签发给存款人的担保支票或银行支票，然后保留支票，这样就能避免因为把钱放在银行而产生的费用。这些操作，减少了银行存款，令资金流变得不稳定，削弱了放贷能力。人们的行为也发生了改变，希望能尽快付款，并采取收款日期可延迟的形式来收取款项。人们纷纷逃离电子转账，以现金或支票取而代之，因为这种形式的收款可以往后拖延。这些操作和无奈之举，都对经济毫无助益。在20世纪90年代的日本，因为零利率政策和人们对银行的担忧，促生了家用保险箱这一产业，而为了保证现金的实体存储而诞生的保险箱，是日本为数不多的增长行业之一。

央行行长们都知道，就算他们不愿公开承认，自己手头的工具也不够用，要么就是早就用光了。现在央行行长的各种动作，无异于萨满跳舞求雨。日本20多年来一直在尝试类似的措施，也没能逆转经济停滞的事实。

尾声
明日危机

当前的政策也会产生意想不到的后果。降低利率的同时，也削弱了减少债务、实施改革的动机。而改革虽然在政治上举步维艰，但却势在必行。2014年，意大利政府提议用节省下来的100亿欧元利息成本来增加政府支出。

低利率会在金融资产和房地产领域产生泡沫。2014年和2015年两年，股市几乎每天都创下新高。债券收益率跌至17世纪荷兰郁金香泡沫以来从未见过的水平。毫无盈利的新公司纷纷公开上市，规模达到了20世纪90年代末互联网泡沫时期的水平。用来购买股票的借款规模也达到了新高度。公司不断增加债务，不是为了投资，而是为了以创纪录的规模回购自己的股票。企业拿出天价进行并购，早已司空见惯。哪怕是信誉很差的借款人，都能以极低的利率获得贷款，而对贷款人的保护却微乎其微，整个局面就像全球金融危机爆发之前一样。

一位市场观察人士开玩笑说，他唯一担心的，就是现在没什么可担心的事。将金融市场的表现与实体经济持续存在的顽疾联系在一起，自圆其说，需要拿出有悖常理的推理思路："我已经悲观到乐观的状态……给自己提个醒：永远在数字为负（增长）时买股票、办贷款。"[6] 低利率、央行制造的流动性，再加上政府的支持，都创造出一幅稳定的表象。政策制定者的干预抑制了波动性，鼓励了杠杆累积、过度金融和冒险行为，为新的金融危机埋下了导火索。

伊莱克迪卡对冲基金创始人休·亨德利（Hugh Hendry）在2014年12月致投资者的信中，承认他别无选择，只能表现得好像他真正的信仰现在已无关紧要了。他用投资者的钱以水涨船高的价格购买高风险资产，很清楚这样的估值根本不可能得到支持，最终会以悲剧收场。他对人类和金融市场如此频繁、如此长时间地失去判断能力而感到惊讶。他的观点得到了许多金融家的认同。

休·亨德利以电影《黑客帝国》做比喻。墨菲斯（劳伦斯·菲什伯恩饰）让尼奥（基努·里维斯饰）在两种药丸中进行选择：蓝色药丸让他忘记黑客帝国并生活在虚幻的世界中；红色药丸让他生活在痛苦的现实世界中。世界上大多数国家，尤其是政策制定者，都在服用蓝色药丸。但就算服下红色药丸也无济于事。在大量廉价、宽松的资金驱动下，在虚拟繁荣渲染出的欢欣鼓舞中，现实本身已变得虚幻。

***

随着提高收入和生活水平的空头支票渐渐显露原形，政客们一直在想办法扰乱视听。2013 年，欧盟经济事务专员奥利·雷恩（Olli Rehn）对欧洲惨不忍睹的经济表现做出了如下解释："去年年底的硬数据令人失望，最近的软数据令人鼓舞，投资者对未来的信心不断增强。"[7] 日本首相安倍晋三的复苏计划举步维艰之际，日本经济大臣甘利明（Akira Amari）告诉记者，从疲弱的经济数据中能看出来，日本经济正在出现强劲复苏，虽然这种强劲复苏有点疲弱。2015 年初，盖洛普（Gallup）董事长兼首席执行官吉姆·克利夫顿（Jim Clifton）称，美国的失业统计数据就是一派谎言。

金融抑制是用来解决经济问题的。官方的政策就是蓄意操纵。公认的说法是改善现状，回归正常。政策制定者认为，"大众的接受能力非常有限，他们的智商很低，但遗忘能力十分强大……宣传若想奏效，就必须严格限制在少数几个重点上……直到智商最低的公众也能理解你希望他理解的东西。"[8]

虽然总有人说，危机到来之时，所有人都不能幸免，但老百姓心里知道，最终给危机买单的，就是他们自己。尽管如此，人们还是选择相信承诺，落入这场利用人们内心深处的贪婪、虚荣心和天真的信心骗局中。

经济顽疾，助长了社会问题和政治动荡，为极端主义开辟了道路。在大萧条时期，正是因为失去工作和储蓄的普通民众的恐惧心理和不满情绪，才催生了法西斯主义。历史学家 A. J. P. 泰勒（A.J.P Taylor）在讲到那段时期时指出："中产阶级，在任何地方都是稳定和体面的支柱……

尾声
明日危机

现在被彻底摧毁了……他们变得愤愤不平……暴力十足、不负责任……随时准备跟随第一个能蛊惑人心的救世主……"[9]

＊＊＊

自然界中，生物体在丰裕富饶的生存条件下，本能地过度繁殖，肆意放纵，最终自断前程。当生存条件发生变化时，种群在自然调节过程中迅速崩溃，甚至灭绝。人类也面临着类似的危险。

经济增长和繁荣昌盛，不过是消费、不可持续的资源开发和严重的环境破坏所产生过的副产品。如果在行为上不进行根本转变，不倡导更加节俭的生活方式，那么社会和个人都不可能将富足的生活水平保持下去。也许我们都应该遵循19世纪哲学家约翰·斯图尔特·密尔（John Stuart Mill）的建议，"若想获得幸福感，需要对欲望进行节制，而不是欲望的满足。"

我们姑且借用阿尔伯特·爱因斯坦很喜欢的思维实验，来对生活水平需要做出的调整进行诠释：

除非人们拥有足够多的储蓄来支持退休后的生活，否则就要一直工作至死，或工作到失去劳动能力为止。税收的水平，应设定在足够的高度，为公民提供他们认为必要的公共服务和基础设施。所有来自国家的福利和援助，都受到严格限制，并需要经过严格的经济状况调查。

高密度的居住条件成为常态，对个人空间面积加以限制。紧凑型住宅，对环境的影响可以降到最低，并减少能源消耗、个人消费和浪费。人口密度增大，就说明人们能生活在更靠近工作场所和便利设施的位置，降低了基础设施的成本，实现高效的公共交通。同时，这样的布局也减少了对私家车的需求，私家车将受到严格限制，并且成本极其高昂。

强制性执行普遍的素食主义。生产450克牛肉，需要大约9 600升水，5千克多谷物，16千克表土，以及相当于4升汽油的能量。供人类消费的牲畜养殖，并没有显著增加可用的食物蛋白质含量：动物食品中蛋白质的生物价值约为植物食物的1.4倍。但是，70%~80%的农田被用于畜牧养殖。畜牧业还占据了温室气体排放的 20%，尤其是甲烷排放。在 100 年的时间里，甲烷对气候的影响是二氧化碳的 20 倍。

只吃当地生产的时令食品，虽然目前这仅是一种时尚、奢侈的小众选择。而当这种做法得到推广，能最大限度地减少运输和储存过程中的能源消耗，保存了目前在运输到市场过程中损耗掉的 30%~40% 的食品。所有的水都是循环利用的，并对其消耗量加以限制。没有瓶装水可供人们饮用。

禁止使用空调，进一步降低能源消耗，消除英国经济学家格温·普林斯（Gwyn Prins）所谓的对身体舒适"成瘾"，以及"现代美国最普遍、最不引人注意的流行病"。[10]

杜绝一次性物品和多余包装，减少资源浪费。仅美国每年就使用 1 700 多万桶石油来制造聚对苯二甲酸乙二醇酯（PET），主要用于塑料瓶和包装袋。大约有 800 万吨塑料垃圾进入海洋，需要长达 500 年的时间才能实现生物降解。塑料垃圾已成为对海洋生物和环境构成为威胁的主要生态问题。剩下没有流入海洋的塑料垃圾，大部分被填埋，对土壤造成污染。全球只有 10% 的 PET 垃圾得到了回收。

非必要的航空旅行受到限制。民用航空旅行占所有温室气体排放的 2% 左右，由于成本逐步下降，随着休闲旅行的日益普及，这一排放数字正在迅速增长。

用电是限量供应的。现代数字世界，需要耗电量极大的数据中心和云端服务器农场。需要大量的电力来保持机器处于可用状态，保持工作温度，提供冗余和备份，而实际上只有一小部分机器真正在执行实际任务。

强制性的人口控制，执行独生子女政策，减少教育和医疗费用，提高劳动力的质量和生产力。每个公民在一生中用于医疗保健和老年护理的开支都设置既定上限。

节俭的生活方式，能解决经济和财政问题，也能节约资源，保持环

尾声
明日危机

境健康,为子孙后代留下宝贵资源和青山绿水。公共财政转变为可持续的发展方向。由于工作年限的延长,医疗和老年护理的负担减轻了。人们现在都生活在更大的家庭群体和社区之中,有福同享,有难同当,只有这样才能扛过艰难的日子。照顾病人和老人的责任,又回归到了家庭,减少了对公共服务的要求。住房价格变得更便宜;为住房融资所需的债务数额较低。减少消费,可以解决之前遗留的债务问题。

允许自愿安乐死。有了这个选择在手,对生活质量怀有某些期待的人,可能会更早地利用这一权利。

虽然节俭的生活方式会导致经济活动瞬间急剧收缩,但随着时间的推移,经济活动将稳定在较低水平。约翰·斯图尔特·密尔对这种类型的经济进行了预测:"财富的增长不是无限的。增长的终结,就是一种静止状态。资本和财富的稳定状态……会大大改善我们目前的状况。"[11]

这些变化并不像表面看来这样天翻地覆。很多人已经在这样生活了,而且上面讲到的生活条件,其实对老一辈人来说是非常熟悉的。

不采取行动所带来的风险非常巨大。经济活动已经停滞不前。金融危机的威胁正在增加。水资源和食物的短缺日益突显。根据发表在《自然》杂志上的研究,如果温室气体排放继续不减,那么气候的急剧变化将不可避免,首先将在 2038 年左右影响到热带国家。如果排放在未来几十年里稳定下来,那么气候灾难的发生可能会推迟 15~30 年。具体受灾情况,取决于国家所在的地理位置。

当然,上述措施是不可能被广泛采用的,至少在环境所迫、被逼无奈必须做出改变之前是不可能的。中国有句古话:"由俭入奢易,由奢入俭难。"在生活水平和生活方式的问题上,很多人都讲究 NIMBY("别在我家后院")、NIABY("别在你家后院")、BANANA("绝对不要在任何人家附近建任何东西")、NOPE("不在地球上")、CAVE("对所有东西唱反调")。民选领导人秉承的则是 NIMTO("别在我的任期内")原则。哲学家大卫·休谟深知:"所有以人类行为方式大变革为前提的政府计划，显然都是凭空想象出来的。"[12]

全世界都在象征性的姿态中寻求安慰，比如由世界野生动物基金会和一家广告公司构想并得到名人支持的"地球一小时"。每年熄灯一小时的象征性活动，被宣传成是世界上规模最大的群众参与活动。批评人士声称，"地球一小时"因为迅速降低电力输出，然后又再次增加所导致的复杂性，实际上对减少排放没有任何作用，甚至还可能会增加排放。这项活动没有考虑到宣传工作所造成的排放，也不能解决稀缺资源过度消耗和环境破坏的问题。这让人想起诗人萨罗吉尼·奈都（Sarojini Naidu）的观点：印度的禁欲主义领袖圣雄甘地（Mahatma Gandhi）一直处于贫困状态，让全世界了解这一点，需要花费大量资金。

在希腊神话中，有两个海怪，名叫斯库拉和卡律布狄斯。它们守卫着墨西拿海峡，对海员构成了严重的威胁。要避开斯库拉，就会离卡律布狄斯太近。若想避开卡律布狄斯，则会离斯库拉太近。荷马史诗中，奥德修斯在穿越海峡时，被迫在这两个怪物中选择要面对哪一个。如今，世界也被困在斯库拉和卡律布狄斯之间，前者是接纳发展停滞和缓慢衰退的现有政策，后者是导致生活水平立即大幅下降的果断行动。

***

2007年，在全球金融危机期间，冰岛经济崩溃。股市下跌了77%。货币也大幅贬值。银行资不抵债，储户不得不承受储蓄的损失。由于当地利率高达令人窒息的15.5%，普通冰岛人借入了日元、瑞士法郎或欧元等低息货币来购买房产，开办生意。目前，这些贷款的未偿还额已升至不可持续的水平。超过1/3的冰岛人考虑移民。甚至在eBay上还有人出售冰岛。

危机爆发前，冰岛通过债务和金融服务对经济进行了重塑。2003年，冰岛最大的三家银行的资产相当于该国每年的GDP。在随后的几年里，这些银行的资产增长到1 400亿美元，超过冰岛GDP的8倍。银行在海外筹集资金，并借出资金，用于购买股票和房地产。2003年至2007年间，

尾声
明日危机

冰岛股市上涨了约 900%，而雷克雅维克房价上涨了两倍。冰岛人的财富增长了约 3 倍，冰岛企业家在全球各地纷纷开始收购公司、大举投资。2002—2007 年，冰岛人拥有的外国资产增加了 50 倍。冰岛早已对新经济的内涵了如指掌：用借来的钱尽可能多地购买资产，因为资产价格只会上涨。

但是，冰岛从危机中走出来的复苏过程，比许多其他国家都要顺一些。冰岛政府听任本国银行倒闭，拒绝用纳税人的钱来支持破产机构。政府对本国储户进行保护，但拒绝偿付那些肆意放贷的外国债权人。如果抵押贷款大于房屋价值，那么就将贷款额度减记到可以合理偿还的水平，允许货币贬值，实施资本外流限制。

这些措施的执行过程极其痛苦。由于冰岛的大部分物资需求必须依靠进口，因此成本飞涨。生活水平急剧下降。大量的财富人间蒸发。冰岛人明白，现有的状况是不可持续的。他们着手让国家经济回归到农业、渔业、地热能和旅游业这些传统基础上来。

政治上也发生了变化。冰岛民众发动了一系列的草根抗议活动，迫使政府辞职。新议会着手解决政策问题，确保国家的重建成本在冰岛人民之间公平分担。新议会还对这场危机背后的原因展开了调查。这份内容翔实、掷地有声的调查报告，有着非同一般的重要性，旨在对未来几代人发出忠言逆耳的警告，告诉他们可能会在什么地方出问题。在这一全世界屈指可数的复苏过程中，企业高管、银行家、政界人士和政府领导纷纷遭到起诉，其中一些被定罪。

冰岛至今尚未完全从当初的遭遇中走出来，未来几代人依然将承受这场危机的代价。这是一个只有 30 万人口的小国，经济规模也不大。但这个国家拥有丰富的自然资源，管理得当，其地理位置、恶劣的自然环境、极端的天气和活跃的火山活动，培育了冰岛人民的合作精神。共同利益的理念是非常强大的。冰岛的案例表明，只要有承认问题和面对困难的意愿，改变还是有可能实现的。

***

但对于许多大国和大机构来说，应对变革所带来的挑战，其规模和复杂性都令人无力承受。全球经济中，驱动增长的诸多因素已经走上下坡路，因此无论是传统刺激政策还是非传统刺激政策，都无法唤醒疲弱的经济走势。德国央行行长延斯·魏德曼认为，不可能在一段持续的时间内人为地提高经济增长。他说，央行没有阿拉丁神灯，不可能摸一下就能让所有愿望成真。[13] 政策制定者不愿承认失败，因而在正确的解决方案上犹豫不决，反而把钱花在不太可能取得重大持久效果的虚假策略上。他们更愿意把错误的事情做对，而不是把正确的事情做错。[14]

可持续增长必须来自实体经济。目前的政策重点在金融领域。用 IMF 总裁克里斯蒂娜·拉加德的话来说，这些政策鼓励了在金融领域铤而走险，在经济领域胆小怕事。这些政策不能直接创造就业、提高工资、鼓励投资。不会提高劳动技能和生产力，而技能和生产力才是提高经济潜力的关键所在。这些政策不涉及不可再生自然资源的管理或环境破坏的治理。

为应对全球金融危机的影响而采取的措施，延缓了经济活动和财富水平的急剧下降。如果没有这些措施，很多人的生活很可能一夜回到解放前。西班牙独裁者佛朗哥将军认为，问题分成两类，一类是时间可以解决的问题，一类是时间解决不了的问题。当下的世界仍在赌博，认为自己的问题属于第一类。

但当局不可能永远拖延下去，不面对现实。把问题拖到未来，只会将处理问题的责任转移到别人身上，特别是未来几代人身上。将不可避免的经济调整拖延到日后，将会造成更大的痛苦，因为问题会变得更加严重。如果现在就对金融、经济、资源和环境方面的过度行为进行缓慢、有节制的纠正，那么的确会引发非常严重的反应，但却是在可控的范围之内。如果现在不做出改变，那么未来走投无路时的被迫调整，将是突然的和充满暴力的，后果不敢想象。

世界怀着非常乐观的情绪，来面对未来可能爆发的全新重大危机。

尾声
明日危机

在《华尔街日报》2015年4月的一篇评论文章中,美联储前副主席艾伦·布林德(Alan Blinder)提出了一个新颖的论点,说明了为什么当前政策几乎不构成风险。他声称,因为所有假设之中的金融风险都还没有浮出水面,所以这些风险不会出现。这就像是一位85岁的老人以自己至今还活着为基础,来论证永生不死的理由一样。但是,"没人要求你必须从经验中吸取教训,必须生存下去"。[15]

在过去的半个世纪里,每一场经济危机的严重性,都比之前有所增加,需要一步步采取规模更大的措施来缓解其所造成的影响。随着时间的推移,这些政策措施对经济造成了扭曲。现有工具的效力已经减弱。由于公共财政疲软,利率处于历史低点,几乎没有回旋的余地。新的危机就像恶性感染,随时准备攻击免疫系统已经受损的躯体。

***

大型的复杂系统,在有序与无序的边界上运转。可能看起来很稳定,但一个突然发生的小变化就可能会引发相变,继而造成大规模的故障。哪怕只加进去一小粒沙子,就能令一座大沙丘毫无征兆地瞬间崩塌。如今,全球经济和社会体系正处于这种混乱的边缘。[16]

贝托尔特·布莱希特提出观点认为,变革是必需的,"因为万事万物就是这样的,将来不会保持现在的样子"。[17] 但是,整个世界不惜冒着经济停滞甚至崩溃的风险,无限期地推迟了果断应对挑战的时机。任何质疑当前进程的人,都会被人嘲笑成不知悔改的悲观主义者,甚至更糟。这些人被认为是"基于现实团体"的成员,这个团体认为,解决问题的办法必须以事实为基础,而不能以一厢情愿的幻想为基础。[18]

世界坚信,经济增长和繁荣迟早会恢复,不可再生资源稀缺和不可逆转的环境破坏问题也会得以解决。但正如哲学家蒙田所问的那样:"有多少昔日被我们奉作坚定信仰的理念,如今看来恍如天方夜谭?"[19]

迟早,我们每个人都要坐下来,自食其果。[20]

后记
游戏的终结

后记
游戏的终结

这篇后记回顾了从 2015 年至今世界上发生的主要事件：气候灾难、资源短缺、经济停滞、政治僵局，以及相关解决办法的寻找。本部分对新冠肺炎疫情进行了分析，而疫情残酷地暴露了社会系统中的致命弱点，同时讨论了在前方的艰难道路上，我们的社会必须做出的抉择。

压力层叠

历史并非时间，不沿着线性发展。历史存在不连续性，也存在快速而意想不到的变化。临近 21 世纪 20 年代，一系列事件威胁着世界的平衡。瘟疫、灾难、饥荒、战争和社会动荡的频繁爆发，考验了人类系统对危机的应对能力。新闻报刊中老生常谈的遣词造句，经常用到"未知水域"这个说法，再要么就是频繁出现的夸张形容词——"前所未有的""无法想象的"，等等。而这些都没有充分地抓住事态发展的规模之大、覆盖面之广的要点。

2020 年 3 月，遍布世界的一扇又一扇大门轰然关闭。短短几周内，各国陆续封国，以此来抗击快速蔓延的新冠肺炎疫情。经济活动坠入冰点。新近失业的人们，在政府办公楼外的街道上排起了长队，等待登记领取福利。股票、房地产、货币和大宗商品价格大幅下跌（虽然暴跌的起点已经是膨胀后的水平）。

2020 年 3 月 21 日的《经济学人》杂志，封面展示了一张从太空俯瞰地球的照片，上面挂着一个"关门"的标志。

***

这不光是疫情的问题。还有其他来自各方面的压力，而且每一样都不是新近才出现的。世界赖以生存的各种体系中的某些部分正在分崩离析，因长期处于危机之中而摇摇欲坠。几十年来，人类始终在日益暴露的严重问题面前，保持着熟视无睹的态度。

还有气候灾难。极端天气事件的发生数量正在增加。食品和水资源储备的压力也在不断上涨。在非洲、亚洲和南美洲，发生了一百多场小规模战争和国内冲突。对于北美洲、欧洲或大洋洲发达经济体的人们来说，这些事件是他们看不见的，或者只是偶尔在新闻中了解到一点点。对于这些发达国家的人们来说，远在天边的战乱，对生活造成的唯一看得见摸得着的干扰，就是越来越多的难民和非法移民。

还有财富问题。经济活动的停滞，导致许多人的生活捉襟见肘。全球经济一直都没能从 2008 年危机中恢复过来。不可持续的极高债务水平，仍然严重拖累着经济活动。人口老龄化、贸易战和不平等加剧所造成的影响，导致经济复苏十分乏力。

政府的解决办法存在严重的副作用。低利率、零利率甚至负利率、大量货币涌入市场、政府赤字节节攀升，都没能创造出人们所期望的后危机时代的经济复兴。充其量，免费货币最多也就是在表面上描绘出了一种不稳定的稳定性。

唯一真正实现复苏的，是金融资产的价格。大多数国家的股价都有所回升，超过了 2008 年前的水平。在美国，股市从最低点上涨了两倍多。房产和其他投资也有所增值。

这些膨胀起来的价格，并不代表任何基本面因素。套用奥斯卡·王尔德的说法，现在每个人都知道所有东西的价格，但不一定知道这些东西的价值。价格膨胀，是央行和政府行动的副产品。资产价格的上涨使富人受益，因为他们本来就掌控着更多的金融资产；也让那些拥有房产或将退休储蓄投资于股票的人从中受益。除此之外，资产价格的上涨并没有帮助到其他人，反而进一步加剧了不平等。对社会上很大一部分人来说，过上更好生活的梦想，越来越遥不可及。

后记
游戏的终结

政治影响是不可避免的。其中最明显的表现,就是唐纳德·特朗普当选美国总统和英国脱欧。

在许多国家,极右翼势力纷纷崛起。传统社会主义在某些群体中很流行。杰里米·科尔宾(Jeremy Corbyn)在一个与古巴有深度关系的政治平台上,升至英国工党领袖。参议员兼总统候选人伯尼·桑德斯(Bernie Sanders)计划领导一场革命运动,将美国从自由市场和资本主义转变为社会主义国家。这位七十多岁的老人和许多美国人似乎都没有意识到,他们所提倡的政策,其实在大多数发达的资本主义国家早已是司空见惯的。

政治环境其实并没有变化。人们需要强有力的领导。民粹主义依靠简单易懂的解决方案和方便甩锅的替罪羊,将自身幻化为极具吸引力的诱惑。当人们发现这些解决方案都是浑水摸鱼时,对现有政治体系的幻想就会逐渐破灭,于是发起抗议,诉诸内乱来寻求改变。

***

2020年的全球疫情,令社会问题变得更加突出。人们从一开始对病毒的担忧,逐渐过渡到对响应措施后果的担忧。许多国家政府面对疫情所采取的金融政策,会令自身陷入债务缠身的困境。危机将进一步加剧不平等,较不富裕的人群将再次承担不成比例的危机成本。随着疫情的逐渐褪去,诸如气候灾难等新一轮危机,将竞相争夺人们的关注、资源、同情和怜悯。

这些压力彼此是相关的。而我们处理这些问题的方法存在很大的缺陷。

在一个共享有限资源的系统中,个体用户如果仅从自身利益出发独立行事,就会不可避免地将资源供应耗尽,进而损害到所有人的利益。这就是英国经济学家威廉·福斯特·劳埃德(William Forster Lloyd)在1833年提出的"公地悲剧"。各种自然体系和社会系统因过度开发而崩溃的背后,都潜藏着公地悲剧的道理。

公地悲剧也给出了对当下这些解决方案的解释。这些方案，只是把问题转移到社会中的另一个群体或另一个国家。决策时间被推迟到未来，将艰难的任务留给子孙后代。

人类无视这些问题的全球性本质，拒绝在管理人类生活所需的可用资源上达成合作。

屋漏偏逢连夜雨，各种事件汇集在一起，后果不堪设想。处理这些问题的每一个动作，都会产生后续影响，有些是积极的，有些是消极的。没有哪件事是独立存在、毫无牵连的。人们需要意识到问题所在、可能的解决方案以及每个问题会造成的后续影响和必然结果。面对我们自己一手酿成的困难挑战，整个社会需要直面残酷的事实，需要付出高昂的代价。

人类当前面临的问题，根本找不到大家喜闻乐见的"双赢"、零成本的解决方案。亚历山大·索尔仁尼琴指出，假定个体的先天能力注定各不相同，如果人们是自由的，那么他们就不平等，但如果他们是平等的，那么他们就不自由。

人们需要做出决定，看看究竟什么事情才更重要。人们需要决定，自己可以放弃多少物质上的需求，愿意接受多大程度的不适，以及如何在不同社会和国家之间分担这些不适。除此之外，没有更简便的解决办法了。如果人类和人类文明想要生存下去，那么我们必须迅速行动起来。地球，不是美国、英国、欧洲、日本、中国、印度或澳大利亚的星球，是我们所有人唯一的星球。

俄罗斯有一个民间传说，在其中描绘了宇宙间微妙的平衡关系。故事中，"北极星"是绑在"小熊星座"身上的疯狗，小熊的任务，就是看住这只疯狗。如果锁链断掉了，就到了世界末日。如今，这条锁链已经绷紧到极限，随时可能断裂。

后记
游戏的终结

环保焦虑

人们只会关注眼前的事情。气候变化是缓慢发展的，其影响并不总是立竿见影。美国遭遇寒流时，特朗普总统还开玩笑说，美国巴不得享受一下全球变暖。

如今，气候变化的趋势不容乐观。极端天气事件越来越频繁。

全球气温正在上升。2019年是有记录以来平均气温高度排名第二的一年，略低于2016年。21世纪10年代是有记录以来全球最热的十年。许多国家都遭遇了前所未有的热浪，造成了严重的公共卫生和农业问题。气象预报显示，到2030年，多达2亿印度人，每年有5%的概率会遭遇极端热浪，健康人即使在阴凉处也无法生存。到2050年，4.8亿人每年遭遇致命热浪的风险概率是14%。

然而，正是极端天气引发的致命自然灾害，更加猛烈的风暴、更加肆无忌惮的野火、更持久、更严重的洪涝，直接影响到了人们的生存和发展。地球上没有一个地方，没有一个人能幸免。

飓风多里安（Dorian），是有记录以破坏力排名第二的大西洋飓风。多里安途经巴哈马群岛，造成70人死亡，300人失踪。由此造成的损失，占该岛国120亿美元GDP的25%以上。倘若地震发生在佛罗里达州这样的人口稠密地区，那么就会造成后果不堪设想的毁灭性灾难。

台风海贝思（Hagibis），是在日本造成损失规模排名第二的台风。海贝斯导致98人死亡，150多亿美元的损失，成为2019年全球损失规模最大的气候灾难。海贝思的到来，仅距离日本史上第七大台风法茜（Faxai）不到两个月的时间，而法茜造成了70亿美元的损失。重创莫桑比克的气旋伊代（Idai），是南半球有记录以来致命程度排名第三的热带气旋。这场灾难袭击了世界上最贫穷的国家之一，由此造成的生命和生计损失，难以衡量。数千人被困在 45 千米宽的内陆海洋包围之中，景象惨不忍睹。

2019 年是美国历史上降雨量最大的一年，由此造成超过 150 亿美元的损失。从历史记录来看，只有 1993 年美国中西部大洪水造成了 370 亿美元（按 2019 年美元计算）的损失，比 2019 年更严重。同样是 2019 年，印度遭遇了 25 年来降雨量最大的季风，灾难性洪水造成已知 1 750 人死亡，这也是 2019 年全球最严重的一场气候灾难事件。暴雨还造成了 100 亿美元的损失，酿成印度历史上第三大洪灾，仅次于 2014 年 176 亿美元的损失和 1993 年 126 亿美元的损失。

澳大利亚、拉丁美洲、巴西和智利遭遇了严重干旱。老挝、菲律宾、泰国、越南、柬埔寨、印度尼西亚、马来西亚和缅甸的降雨量都远低于往年正常水平。朝鲜遭受了 37 年来最严重的干旱。巴拿马运河经历了有史以来最干旱的一年。位于津巴布韦和赞比亚边境的维多利亚瀑布，由于多年的干旱，已经变成了一条孱弱的溪流。加利福尼亚州有历史记录以来持续时间最长的旱灾于 2019 年结束。这场旱灾从 2011 年 12 月 20 日开始，到 2019 年 3 月 5 日结束，持续了 376 周。

亚马逊雨林、加利福尼亚地区和东南亚地区都发生了野火。2019—2020 年，澳大利亚经历了灾难性的山火季。此次火灾是创纪录的高温和干旱造成的，从早春就开始蔓延，而不是往常的夏季。火灾造成 21 人丧生，1 500 万英亩土地被烧毁，3 500 座建筑被夷为平地。生态系统受到的破坏更加惨烈，估计有 30 亿只动物因此丧生或被迫迁徙。由于栖息地遭到毁灭性破坏，野生动物遭遇的打击会随着时间的推移而越来越大，许多特有的物种将难逃灭顶之灾。

气候变化显然是这些天气事件的导火索，极大地提高了这类事件的发生频率、发生时间点、持续时长和强度。研究人员认为，2019 年发生的几场异常严重的暴雨事件，在很大程度上是因为阿拉伯海表面温度升高，还有 60 年来已知天气模式中最强的印度洋正偶极子（IOD）的推动。

后记
游戏的终结

2019年异常强烈的印度洋偶极子现象，导致该地区出现了有史以来最活跃的热带气旋。

由于天气规律发生了变化，暴雨和干旱交替出现，也增加了未来发生更严重森林大火的风险。澳大利亚的火灾虽然极其惨重，但还不是有史以来最严重的。发生在2009年2月7日黑色星期六的大火，曾造成173人死亡。在1974—1975年，整个澳大利亚大陆面积的15%（2.89亿英亩）被烧毁。之前几年的频繁降水，孕育出了异常繁茂的草原，而当夏季的高温令草原干燥不堪时，一点星星之火就能将大片地区尽数烧毁。

***

还有很多令人夜不能寐的大趋势。2019年是北极有史以来气温排名第二高的一年。那年夏末，海冰面积是自1979年开始卫星观测以来仅次于2012年的第二低。有记录的13个最低海冰面积，都发生在过去13年里。

长期以来人们始终在担心的因为永久冻土层融化所导致的全球变暖加速，很可能已经开始。永冻层的碳含量，是目前大气中二氧化碳和甲烷等温室气体的两倍多。甲烷的毒性是二氧化碳的30倍。虽然甲烷在大气中停留的时间不如二氧化碳时间长，但对气候的破坏更严重，因为甲烷在释放后最初的一段时间，吸热的能力更强。如果我们想要缓解气候变化造成的影响，就必须解决二氧化碳和甲烷的排放问题。据估计，2019年永冻层释放了3亿~6亿吨碳，约占人类燃烧化石燃料所释放碳量的3%~6%。如果不对气温上升采取行动，那么到21世纪末，碳排放量可能会扩大至如今的两到三倍。

仅凭格陵兰冰盖接近历史纪录的融化速度，就为全球海平面上升贡献了20%的力量。目前海平面每年上升3.3毫米，而格陵兰冰盖的融化提供了0.7毫米，相当于总量的约20%。自从1992年以来，格陵兰冰盖的融化，已经令全球海平面上升了1厘米。虽然1厘米这个数字看起来微不足道，但每上升1厘米，每年就会有大约600万人面临季节性洪水。自1992年以来，海平面总体上升了约8厘米。

现在海平面上升的速度，是20世纪90年代初的两倍，而且还在加速。科学家预计，到21世纪末，海平面将上升60~90厘米，甚至可能达到200~270厘米。到2050年，将有1.5亿人在涨潮时处于水线以下，3亿人将生活在每年都会发生洪水的地区。在高碳排放的场景下，涨潮时处于水线以下的人数将达到5.4亿，而每年遭遇洪涝灾害的人数将达到6.4亿。其中70%的人口在以下8个国家：中国、孟加拉国、印度、印度尼西亚、泰国、越南、日本和菲律宾。

各国将被迫花费数十亿美元，用以筹备应对沿海洪灾。旧金山正在机场周围建设防洪屏障。在伦敦，泰晤士河堤坝的高度也需要进一步提高。印度尼西亚正在建造海堤来保护雅加达，还有整体迁都的计划。到2100年，这些活动的经济成本，可能达到全球GDP的4%。

＊＊＊

2018年联合国政府间气候变化专门委员会（IPCC）的报告，描绘出了一幅惨淡景象，强调了采取紧急行动的必要性。根据6 000多项研究，IPCC得出结论认为，有必要将全球气温上升控制在1.5℃以内，这比之前提过的2℃安全水平低了25%。

即使控制在1.5℃以内，也会有大量的生态系统因为气温升高而发生重大变化——6%的昆虫、8%的植物和4%的脊椎动物物种将失去一半以上的栖息地。如果气温提升2℃，那么以上三组数字将分别高达18%、16%和8%。IPCC研究发现，几乎可以肯定，如果气温上升2℃，将摧毁全世界99%以上的珊瑚；如果气温上升1.5℃，也只能有10%到30%的珊瑚存活下来；就算是控制在1.5℃以下，如澳大利亚的大堡礁这样的标志性生态系统，也可能遭到无法逆转的破坏。

参加巴黎气候大会的一百多个国家，同意将全球气温升幅控制在比工业化之前的水平高2℃以内，并努力将升幅控制在1.5℃以内。但提出来的改进措施，却并不足以减少排放以达到控制在2℃以内的目标。如果保持现状，那么预计气温将上升2.7℃~3.5℃。1.5℃的目标，要求全

后记
游戏的终结

世界减少碳排放,并消除大气层中现有的温室气体。

2016 年 11 月,55 个国家共同批准了《巴黎协定》,令协定正式生效,具有约束力。这 55 个国家,至少占全球温室气体排放量的 55%。截至 2020 年 11 月,未参与《巴黎协定》①的国家,包括美国、土耳其、伊朗、伊拉克、安哥拉、利比亚、也门和南苏丹。在总统选举之后,美国很可能会重新加入协定。

该协定缺乏有效的制裁和执行机制,仅寄希望于各国遵守无法核实的承诺。会计规则、报告方式和实际减排的审查手段都含混不清。

气候变化带来的威胁,日益走向失控的边缘。

食品供应

超市货架总是琳琅满目,哪怕是以前只能在异国他乡品尝到的蔬果,如今也随处可见。人们沉浸在繁荣中,根本感受不到稀缺。而繁荣的表面之下,又是另一番截然不同的景象。

近年来,虽然美国、加拿大、俄罗斯和乌克兰的黑海地区等地喜获丰收,但全世界其他地方的粮食产量都在下降。因为旱灾,澳大利亚的粮食产量大幅下滑。不稳定的降雨量,也造成亚洲各地的水稻产量下降。巴西的大豆和玉米产量,因为降雨量不足而受到影响。东非地区农作物严重歉收。

2020 年,一场蝗灾(在阿拉伯语中,蝗虫意为"风的牙齿")迅速蔓延,席卷了非洲、中东和巴基斯坦的农作物。就算你能从新冠肺炎疫情中幸存下来,也很可能因为蝗灾而朝不保夕。这场蝗灾,是有史以来最严重的一次,原因在于阿拉伯半岛的大雨为蝗虫创造了理想的繁殖条

---

① 美国前总统特朗普 2017 年宣布,美国将退出《巴黎协定》。2020 年 11 月 4 日,美国正式退出该协定。拜登在 2021 年 1 月 20 日宣誓就任美国总统后,随即签署多项行政命令,宣布美国将重新加入《巴黎协定》。——译者注

件。气候规律的变化,意味着未来发生类似灾难的可能性越来越高。

关税战争和人们的恐慌性囤积,令问题进一步复杂化。俄罗斯因为对未来小麦产量的担忧,拒绝向全球市场供应小麦。俄罗斯放任国内面包价格下降,但世界其他地方的面包价格都在上涨。在地缘政治冲突中,粮食是一种战争武器。

援助组织警告称,随着贫困国家数百万人面临饥饿或严重粮食短缺的威胁,人道主义灾难即将来临。各国都依赖全球库存来满足本国需求。菲律宾无法在国际市场上购买大米,导致马尼拉发生骚乱。粮食短缺和食品价格高涨,在印度尼西亚、缅甸和其他地方引发了骚乱。在依赖进口小麦的埃及,由于政府补贴减少,面包成本随之上涨,引发了社会动荡。

联合国粮农组织报告称,饥饿和营养不良人口数量已不再呈下降趋势,而是开始上升,回到了10年前的水平。2018年,9.2%的世界人口(或略多于7亿人)面临严重的粮食短缺,其中大部分生活在非洲、亚洲和南美洲。另有17.2%(13亿人)处于中度粮食短缺的状态之中,也就是说,他们不能经常获得有营养的食物。中度和重度粮食短缺的人口数,合计占世界总人口的26.4%,约20亿人。

在许多经济繁荣的国家和中等收入国家,以营养不良为标准的饥饿比例正在出现上升势头。其背后的原因,在于发展放缓、经济衰退、贫困、不平等和边缘化现象。

与此同时,超重和肥胖在发达国家成为流行病。此外,每年生产的粮食中,约有1/3(16亿吨,价值约1.2万亿美元)被人们白白浪费掉。波士顿咨询集团估计,到2030年,每年的粮食损失将达到21亿吨,相当于1.5万亿美元。

***

在发达国家,随时获得清洁水,是一项基本权利。哪怕是在发达国家,人们也因为担心饮用水的质量和安全,转而选择瓶装水。虽然没有

后记
游戏的终结

证据表明瓶装水更安全,但消费者愿意支付比自来水高出数千倍的价格来购买瓶装水。废弃水瓶则是塑料污染的主要来源。

现在,专门有一个职业,叫作"品水师"。马丁·里瑟(Martin Riese)在自己的网站上称自己是全世界最牛的水专家,还推出了自己的矿泉水品牌:比弗利山庄90H2O。据他说,这是"世界上最好的矿泉水和气泡水",而我们尚不清楚这一说法的依据在哪里。一瓶奢华系列钻石版矿泉水的售价高达10万美元。瓶盖由白金制成,上面镶嵌着850多颗黑、白钻石。

许多国家现在面临水资源短缺的问题。截至2019年,17个国家的17亿人口(相当于世界人口的近1/4),其中70%以上在亚洲,面临着极其沉重的水资源压力。如果将那些每年至少一个月的时间面临水资源短缺的国家也包括在内,那么这个数字还要翻一番。这一问题不仅仅局限在发展中国家。澳大利亚、意大利、西班牙和美国等发达国家,同样面临着严重的水资源短缺。

开普敦和金奈这两座分别拥有近500万和700万人口的城市,近年来面临着供水枯竭的问题。南非冬日的连续降雨,推迟了人们认识到问题严重性的时间。印度25年来降水量最大的季风,也缓解了严重的水资源短缺。洪灾将水资源枯竭的暴发日期向后推迟。等到真正暴发之时,印度13亿人口中将有1亿多人处于无水可用的状态。四年前,巴西的圣保罗几乎断水,水库容量减少到仅剩5%。

目前人类对水资源的需求已达到最大限度,接近危险水平的边缘。面临缺水风险的国家,每年都要抽走80%的可用水资源,才能满足农业、工业和城市的用水需求。澳大利亚发生森林大火时,因为干旱造成的缺水,对消防工作造成了极大阻碍。

全球对水资源的需求,比20世纪增加了6倍。预计到2050年,还要增长50%。日益增长的人口数量和用水日益密集的生活方式,推动了水资源需求的不断上升。水源污染和气候变化对供水的影响日益深化。

随着世界上 1/3 的大型地下水系面临干涸的危险，生活在严重水资源压力下的人数不断上升，哪怕自然条件发生一点点微小变化，都将加剧粮食危机、国家冲突、大规模移民和金融风险。

中国和印度两个国家的人口，占世界总人口的 36%，但淡水资源只占全世界的 11% 左右。中国作为拥有 14 亿人口的国家，水资源仅与索马里相当。中国的许多河流、湖泊和地下蓄水层现在已不适合为人类所用。大型水坝、引水计划和西藏冰川的开采，都是为了解决水安全问题而设计的。

2020 年，埃塞俄比亚在青尼罗河上建设的大复兴大坝，引发了越来越多的争议。大坝的填筑，对大尼罗河周边的一些地区构成了威胁，包括 90% 埃及人居住的尼罗河谷。埃塞俄比亚、埃及和苏丹努力通过谈判的方式达成和解。但因此而爆发武装冲突的可能性依然随时存在。

基本资源的短缺，日益局限着人类的发展前景。世界正在堕落到《疯狂的麦克斯》(*Mad Max*) 所描绘的深渊之中，各个武装组织为了控制生存所需的基本资源，而不断爆发战斗，持续造成人员伤亡。

战争的代价

虽然有人认为 1989 年后的世界经济受益于和平红利，但整个世界是以接连不断的局部战争为代价，才确保了和平的大环境。柏林墙倒塌后，全球经济确实从国防开支削减、全球贸易经济的融合，以及安全状况的改善中获益。这些现象为全球化提供了动力。但近年来，全球化趋势已发生逆转。

如今，随着各国在经济和军事战场上展开竞争，新的冷战开始了。

热战争还在继续。"阿拉伯之春"遭遇失败之后，中东发生了多起区域冲突。"9·11"事件后，西方对阿富汗和伊拉克的干预，破坏了当地的稳定。在过去的 1/4 个世纪里，刚果经历了一连串的冲突，造成 500

后记
游戏的终结

多万人死亡,而确切的死亡人数还没有定论。非洲之角和东非大裂谷的部落战争,似乎完全没有办法达成和解。

在大国和地区势力的帮助下,这些战争采取了零星战斗的形式,直接的军事伤亡比较有限。但其造成的主要代价,是人们的流离失所、饥饿和疾病造成的大量平民死亡。在许多情况下,战斗人员甚至想不起来他们究竟为什么而打仗。

许多国家也存在内部冲突。缅甸军队为了回应一个小游击队对军事前哨的袭击,在占人口多数的佛教徒的支持下,攻打了位于偏僻西部的罗兴亚地区。昂山素季就种族灭绝指控在国际法院为她的祖国进行辩护。她否认了大规模枪击、割喉、将婴儿扔进燃烧的房屋以及对妇女实施轮奸或刺伤阴道等指控。1991年,诺贝尔和平奖被授予昂山素季时,颁奖委员会称她是"反抗压迫斗争的重要标志性人物",激励了那些"努力通过和平手段实现民主、人权和民族和解"的人们。

战争和冲突的代价是高昂的,需要大大增加国防和国家安全方面的开支。这会产生直接成本,如生命的丧失、财产的破坏以及发动战争的费用。还有间接的破坏、对正常商业和个人生活的限制以及对人们信心的打击,这些都会极大地影响到经济活动。即使是小规模的冲突,也会扰乱关键的资源供应,比如石油或重要矿产等,还会影响到贸易通路。

叙利亚内战,就鲜明地体现出了因战争而导致的高昂人道主义成本和经济成本。估计有650万人在叙利亚境内流离失所,300多万人逃往邻国。罗兴亚危机导致了近100万缅甸难民逃往相邻的孟加拉国。战争难民,以及为了逃离世界各地各种冲突的无辜平民,构成了大规模的非法移民,其影响已波及北美、欧洲和澳大利亚。

2019年3月,一名澳大利亚白人至上主义另类右翼分子,在周五祈祷期间对新西兰克赖斯特彻奇的努尔清真寺和林伍德伊斯兰中心发动了恐怖袭击。枪手在Facebook上直播了第一次枪击事件,杀死了50多人,受伤人数在50人左右。在中东、非洲、北美、欧洲和澳大利亚的其他地方，恐怖主义的随机行动仍在继续。反恐战争并没有消除极端主义行径，反而鼓励并助长了这样的做法。

对某些国家进行打击和控制，需要投入大量资源。不对称战争、网络攻击或孤立的恐怖袭击，造成了高昂的经济代价。一些经济学家认为，这类支出是对经济活动的促进。但是，这类支出形成的经济上涨，全都是人为的、暂时的。19世纪，法国经济学家巴斯夏（Frédéric Bastiat）认为，对生产性资产进行破坏，或在非生产性资产上进行支出，没有任何好处。因为如果不这样做，那么这些钱可以用于更有成效的用途，创造更大的财富。

从大衰退到大停滞

如果说气候问题、资源安全和军事冲突对许多人来说都是遥远和抽象的，那么经济问题则是直接和每个人息息相关的。

在2008—2009年全球经济急剧下跌，即大衰退之后，大多数国家走上了经济复苏之路。以实际GDP或人均经济产出增长衡量，复苏过程是缓慢、不平衡、乏力，且断断续续的。危机前地位较强、有能力让本币贬值的国家，受到的影响较小。而意大利和西班牙等国，却遭受了几乎达到1/5的长期经济产出损失。

在经济学中，滞后性是指当最初的事件发生的原因被消除后，仍然存在的影响。就像心脏病患者可能无法完全恢复肺功能一样，危机也会对经济造成长期或永久的损害。人们至今依然没有完全搞明白大规模冲击与经济系统之间的动态关系。研究表明，据估计，金融危机造成的最高产出损失可能接近8%，而在十年时间内，产出损失会长期持续保持在7%的水平。

滞后性的核心是财富的流失。全球金融危机中，各个国家的损失非常巨大，仅美国就失去了约10万亿美元的财富，主要原因是房产和投资的价值下跌。在接下来的十年里，股价和房价再次上涨，又令财富失而复得，当然，前提是你没有在最艰难的时刻被迫出售所持资产。对于不那么富有的人来说，危机造成的损失往往是无法挽回的。

主要问题还是在于债务。在全球金融危机爆发前的几年里，家庭债务大幅累积。由此可以看出，人们的收入不平等不断加剧，工资水平停滞不前。普通家庭只能通过增加债务的方式来维持理想的生活水平。房价的急剧下跌和经济的大幅衰退，迫使消费者在内外交困中继续还债。过度负债的企业也遭遇了同样的窘境。

将收入用于偿还债务，就减少了支出和投资。房地产业的反弹水平，远低于之前经济衰退的复苏力度，主要原因在于此次危机所造成损失的严重程度，以及信贷的收紧。危机过去十年后，美国和一些受影响比较严重的国家，仍有数百万房主的抵押贷款额度超过了房产价值。

政府通过巨额预算赤字来支撑经济活动，这就导致政府债务大幅增加。赤字还反映了为救助银行而付出的巨大成本，以及经济活动减少所导致的税收收入下降。额外的政府支出，根本不足以抵消私营部门的疲弱之势。

在欧洲，一些国家考虑不周全，实施了紧缩计划，进一步加剧了衰退的强度和持续时间。大衰退的后遗症，是英国2016年决定退出欧盟的因素之一。企业投资不足，劳动力、资本和全要素生产力提高水平较低，都阻碍了经济增长。

危机对劳动力市场会产生持续的负面影响。表面上，大多数受影响国家的就业都有所恢复，但实际失业率可能远高于官方估计。失业率的衡量越来越没有意义。如果你每周工作一小时或在eBay上卖小饰品，你就算是有工作。

在统计数据里面，并没有包括数百万已经离开劳动力市场的人。这些人根本不具备找到工作的现实条件。长期失业者由于工作技能跟不上时代发展，再次被聘用的可能性也越来越低。

未充分就业，指的是那些想要在工作中投入更多时间的人，或者那些想要找到全职工作的兼职人员。这部分人的比例依然居高不下。许多人很难找到和大衰退前一样薪水丰厚的工作。大部分新工作都是临时的、低薪的，而且没有假期、病假等福利，在一些国家，甚至连医保都没有。据估计，危机对劳动力市场造成的总体损失，平摊到每个美国人身上，高达7万美元。

对于那些有工作的人来说，工资增长和工作保障都低得可怜。放松对劳动力市场的管制，削弱工会的覆盖范围和权力，将工资谈判下放到企业或个人层面，再加上全球竞争，就意味着只有那些拥有特殊技能的人，才能免受现实情况的负面影响。就业上的损失普遍存在，但少数族裔和移民受到的打击最大。

人口结构是经济增长放缓的因素之一。人口老龄化趋势，以及因2008年金融危机而加剧的生育率降低，造成了劳动力规模的缩减。发达经济体净移民率的下降（走进本国的移民减去迁往他国的移民），加剧了这一问题的严重性。在危机导致严重产出和就业损失的国家，收入不平等的加剧，往往会强化当下的趋势。这就进一步减缓了经济增长，因为收入较低的人才会有更高的边际消费倾向。

滞后性也体现在人们的行为之中。危机改变了人们对消费和储蓄的态度。大萧条之后，人们变得更加节俭、更加谨慎，总是担心未来发生新的不测，会威胁到自身的生存。

**

技术和去全球化，也影响到了经济复苏。

从传统上来看，创新通过提高生产力，创造新行业，来促进经济增长，因为这些新出现的行业可以增加大量的高薪工作岗位。而如今流行的新技术，只是对现有概念的微调，而不是全新的理念，这对经济的影响是与传统创新完全不同的。

这个时代的核心，是互联网将大量的个人通信设备联结为一个整体，

后记
游戏的终结

如计算机、平板电脑和智能手机等。这种通信媒介，是由电报、电话、收音机、留声机、电影、电视、图书馆和印刷术演变而来的。互联网不过是将数字邮局、购物中心、图书馆、报摊、音像店、书店、赌场和游戏厅放在了一起。虽然效率更高，但并没有提高那么多。如今，全球十大最有价值的公司中，有七家是"平台"企业。他们创建电子市场，允许人们进行商品买卖，或提供留言板进行信息共享。他们成功的核心，是数字社区的创建。每一次点击、每一次购买以及与他人的每一次互动，都可以被存储下来，供人研究。由此产生的信息，可以用来精准地指向消费者，向他们推送各种需要或不需要的东西。购买数据的人，都是那些想要去影响你行为方式的人。

这些平台，包括Facebook、谷歌、亚马逊、阿里巴巴、Apple、优步、Airbnb等，都是在从现有企业手中夺取市场份额。在这一过程中，它们为股东创造了巨额利润，但并没有真正为经济增长做出任何实质性贡献。

机器人和人工智能等新技术，本质上就是想让几乎所有的经济活动和工作都实现自动化。随着时间的推移，自动化和电脑化的工作，可能会减少多达47%的美国就业。如果发生这种情况，那么少数掌握信息和通信技术的熟练工人的回报，将继续保持在很高的水平上，包括工资、福利和其他报酬。同时，这一趋势也会导致位于收入分配曲线中、底部的大量工作岗位流失。其中某些受到打击的工人可能会找到新的适应方式，但大量的人注定失业，或只能屈尊到低收入岗位。

虽然这一进程还处于萌芽阶段，但已经对许多职业造成了打击，对工作本质和就业水平形成了影响。由于全球经济对消费非常依赖，失业和收入的减少，无疑会拖累经济活动的整体水平。

***

自20世纪80年代初以来，全球贸易和资本流动一直是经济增长的重要催化剂。2008年之后，国际贸易水平急剧下降。目前来看，虽然有所恢复，但已失去势头，并日益面临着复杂的威胁。

2019年，美国贸易额增长了约1%，是自2012年美国发动贸易战以来的最低水平。在特朗普总统的领导下，美国背弃了在世界贸易组织支持下建立起来的基于规则的国际贸易体制。一开始，他对中国强加关税，随后就对包括所谓盟友在内的大量贸易伙伴征收关税。美国抛弃了公认的条约，要么就是打算在符合特朗普"美国第一"政策的条件下对现有条约进行重新谈判。这一转变背后，隐藏着几个深层次的担忧：美国的贸易逆差、知识产权盗窃，以及特朗普需要兑现竞选时做出的提振美国制造业的承诺。

为了实现这一目标，美国通过制裁手段将美元武器化。在战后的布雷顿森林体系下，美元是储备货币和跨境贸易的主要支付媒介。虽然美国仅占世界经济产出的20%左右，但超过一半的全球外汇储备和国际贸易是以美元计价的。

特朗普政府利用标题描述性极强的立法——《国际紧急经济权力法》《与敌国贸易法》《爱国者法》《建立红线威胁法》《保卫美国安全免受克里姆林宫侵略法》等，对国际经济活动施加前所未有的控制。制裁的目标，瞄准个人、实体、组织、政权或整个国家。二级限制是指限制外国公司、金融机构和个人与受制裁实体做生意。任何通过美国银行或美国支付系统进行的美元支付，都为美国起诉罪犯或对其拥有的美国资产采取行动提供了绝佳的把柄。这就让美国能把大手伸向境外，去控制那些与被制裁方进行贸易或为其提供融资的非美国人。仅仅是对这些人进行起诉的威胁，就可能破坏掉金融、贸易和外汇市场的稳定，极大地扰乱非美国人的活动。

贸易是互惠互利的。过去20年里，在贸易的助力下，中国成长为新兴市场的关键推动力，经济规模从原先占美国的1/10增长到如今占美国的2/3。中国被列入黑名单的华为技术有限公司，依赖美国设计的芯片，而发达经济体则受益于华为提供的更廉价、最前沿的5G技术。全球3/4

的智能手机，都是在新兴市场生产并出口到全球的。它们使用的是谷歌的安卓移动操作系统。

贸易限制对所有参与者造成了伤害。特朗普声称，中国正在支付关税，数十亿美元正在流入美国国库。而事实上，真正背负成本的，还是美国消费者自己。美国的贸易限制，既伤害了发展中国家，也伤害了发达国家。

在一个需求有限的世界里，无论领导人是谁，意识形态如何，各国政府都面临着日益强烈的反全球化趋势。民族主义议程和向自给自足的封闭经济的转变，将持续存在下去。国际贸易和跨境资本恢复当年的强劲增长势头，可能只是我们一厢情愿的空想。

气候变化、资源稀缺以及安全问题，都影响着经济增长。2019年，全球极端天气事件造成的经济损失，总额超过400亿美元。2019年至少15起造成10亿美元以上损失的事件，背后的主导因素就是气候。而其中一半以上的事件，每起造成的损失都超过了100亿美元。这些经济损失中的很大一部分，都以保费增加的形式，转嫁给了普通老百姓。

不断上涨的粮食价格，以及饥饿人口的援助成本，也影响了经济增长。不断上升的安全和防务成本，加剧了公共财政问题，导致债台高筑、税收上涨、政府服务流失。

在大衰退之后，全球经济进入了大停滞。

S.H.T.F.（出大事了！）

有关经济增长和劳动就业的经济统计数据，对老百姓而言毫无意义。人们关注的是能不能找到自己满意的工作，能不能领到支付生活必需品的工资，能不能买得起房，养得起娃，退得起休。经济不景气对社会各个阶层的影响，是各不相同的。

低收入群体，会遭遇"悲催生活综合征"。因为缺乏充分的教育和培训，这些人被迫从事低工资、没保障、没前途的工作。许多人年纪太大，病得太重，又缺乏经验，或者因为要照料一家老小而无法外出工作。他们只能靠那一点点社会福利赖以为生。低收入导致饮食不良、住宿条件差，获得医保的机会很小。他们别无选择，只能被困在贫穷的恶性循环中，勉强度日。

有些国家，整片整片的地区都笼罩着阴郁的氛围。在一篇获得2018年奥威尔奖的文章中，英国《金融时报》记者莎拉·奥康纳（Sarah O'connor）描绘了黑潭市那种狄更斯式的惨淡状况。她发现，健康的、有技能的人们，纷纷选择离开这座城镇，留下来的，都是没有技能的、失业的和身体不好的人。在看似繁荣的国家，总有一些被社会抛弃的人集中在这样的海滨小镇。这篇文章的标题是《遗弃：有人能拯救被经济遗忘的小城吗？》

人们的精神疾病或身体健康问题，与经济和情感问题密不可分，而社工对这类问题根本无从下手。预期寿命和社会福利都在下降。社交媒体无时无刻不在对遥不可及的梦幻生活方式进行轰炸式传播，许多人在现实的打击下，只能转而求助于酒精、抗抑郁药和阿片类药物来应对前景惨淡的人生。在经济或情感的双重压力下，许多人诉诸暴力，有人甚至走上了自杀的不归路，而这就是人们所说的"绝望之死"。

萎缩的中产阶级，面临着另外一类的压力。他们努力维持着自己那脆弱的尊严，而就连这点可怜的尊严，也随时可能会因失业、健康或家庭问题而被打击到尘埃里。中产阶级中的很多人都无异于负债的奴隶，教育成本、住房成本和预期生活方式所构成的成本不断节节攀升。在人前，中产阶级面相和蔼，充满自信，而独自一人时，他们却在咽下焦虑和自负的苦果。

新兴市场的人们，也面临类似的处境。政府表面上都在自圆其说，将贫困标准定为每天收入低于1.9美元，按这个标准宣布贫困人口正在逐步减少。但实际情况与这些说法并不相符，许多人终日为生计而奔波，

后记
游戏的终结

生活在赤贫的边缘。中低收入国家的中产阶级,每天收入为3~11美元,中高收入国家的中产阶级收入是中低收入国家的3倍。在发达经济体中,很少有人能真正享受到所谓的标准政府服务和福利安全网。与发达国家的中产阶级一样,发展中国家的中产阶级也面临着来自四面八方的威胁。

新兴市场的发展前景早已黯然失色。2019年,发展中国家的经济增长率降至3.7%,为2009年以来的最低水平。经济活动受到发达国家出口需求停滞的影响。许多国家因为成本逐渐上升而丧失了竞争力,而原本位于中国、越南、柬埔寨、缅甸、海地等国的产业,也相继转移到劳动力更加廉价的地方。诸多国家因为在劳动技能和基础设施上存在短板,而限制了自身的增长潜力。大宗商品出口商受到价格波动的极大影响,尤其是石油价格。地方腐败和体制上的弱点仍然存在。

新兴国家也越来越依赖于债务。这是发达国家2008年危机后实施的金融政策的副产品。追逐更高回报的大量流动性涌入新兴市场。由于新兴市场借款的很大一部分是外币,通常是美元,因此较高的美元利率和强势美元也增加了债务国的财政压力。

贸易冲突伤害到了新兴国家。2020年,仅中美贸易关系紧张就导致全球GDP水平下降0.8%。这种现象极大地影响了新兴国家的发展道路。历史上,低收入国家专注于以廉价劳动力为基础的出口导向型产业,如纺织业和制造业等。如今,疲弱的需求和贸易争端限制了这个方向的发展,阻碍了这些产业的增长。而高收入的发展中国家,则要面对技术转让方面的限制,这极大地阻碍了其经济增长的力度。

与此同时,自动化大潮削弱了低技能、廉价劳动力和离岸外包的优势。发达经济体鼓励企业回归本国市场。印度总理莫迪"印度制造"战略的失败,就反映出了这种转变。印度未能实现每月创造100万个新工作岗位的目标,无法充分吸收进入劳动力市场的新人。印度铁路在空缺90 000个职位的情况下,收到了2 300万份申请。合格的申请人,不乏拥有高等学位的高才生,而他们奋力争夺的也只是卑微的文书职位。缓慢的经济增长创造了一个危险的反馈循环。对经济状况的普遍不满，是骚乱的完美滋生地。

***

在资产价格上涨和几乎免费的资金助力下，有钱人和超级富豪更是赚得盆满钵满。据瑞士信贷《全球财富报告》记录，2019年全球财富总额增至360.6万亿美元。每位成年人的财富为70 850美元，但有一半人的净资产低于1万美元。最富有的10%拥有全球82%的财富，最富有的1%拥有45%的财富。

从公开市场转移开来，又给了富人财富累积的全新机会。

越来越多的公司通过私募方式筹集资金，包括股权和债务。这就实现了灵活性。私募的方式，避免了上市所需的、旨在保护投资者的烦冗披露要求，也避免了对其内部运作，尤其是关键员工薪酬的过度审查。家族理财室、富有的个人，以及为他们提供服务的基金，享有获得这些专属私人机会的特殊途径。

在这些私人交易中，早期投资者能在将投资价值转售给寻求进入金融圈的新投资者之前，通过对投资进行估值而获利。确定价格的流程非常主观，缺乏透明度和一致性，采用的也是外人看不透的操作模式：利用关联方之间的秘密交易。从WeWork和Uber的股票发行中就能看出来，私下交易中确定的估值与最终的公开交易价格之间，往往存在巨大差异。

现在，公开市场的设计只是为了让早期投资者将其持有的股票出售给更广泛的投资者群体，从而锁定收益。有钱人总能找到赚钱的方法。据说，石油大亨洛克菲勒曾声称，他有一些谁也不知道的赚钱途径。

***

富人和穷人的利益，存在一个令人意想不到的交叉点——为世界末日做准备。这两类人都对如今的大势所趋感到心灰意冷。

一些社会经济情况较差的人，早早地为SHTF做好了准备。SHTF直译过来，就是大便撞上了高速旋转的风扇，实际指的是毁灭性的天灾

后记
游戏的终结

人祸。他们终日忧心忡忡,担心政府干预他们的生活,担心精英手握大权,担心技术失控。这就是"末日预备队"的世界,这是一档真人秀节目,主角是一群留着大胡子、自给自足的美国人,他们都培养了靠天吃饭、靠双手过活的技能。节目的重点,是脱离电网生活所需要的一切东西,现在可以用上,等到文明结束之时也可以用上。同时存在一个庞大的支持行业,为人们提供相关末日用品和装备,以及自卫、枪支和农业方面的培训课程。这些生存主义者渴望一段怀旧的田园式过往,正在为科马克·麦卡锡(Cormac McCarthy)的《路》中描述的世界做好准备。

富人最害怕的,莫过于金融崩盘和社会动荡。由于担心纸币贬值,他们不断购买实物资产——农场、房地产、水电等基础设施,以及黄金和收藏品。一些人冒险进入比特币等加密货币领域,但其实就连他们自己也对加密货币知之甚少。

加密货币使用的是区块链,这是一种加密技术,可用于安全地存储数据。信息保存在开放的、分布式的网络中,交易或变更需要所有参与者的同意。在传统情况下,资产所有权的记录,如房产和资产变更登记,通常是政府认可的实体机构。而区块链则将这种权力分配给网络中的所有参与者。每个人都必须认可你对金钱或财产的所有权,认可这些转让。政府或央行的制裁,在这个世界中是行不通的。

一开始,比特币为暗网上的匿名非法交易提供了便利。随着时间的推移,人们对经济前景的质疑不断深化,于是比特币作为一种对冲工具,吸引了人们更广泛的兴趣。其理由很简单,因为比特币存在于传统金融体系之外,而传统金融体系的不确定因素太多。

还有一些有钱有势的人,这些人通常是火人节的常客,会去寻找安全的避难所,来防止未来的崩溃。新西兰成为世界末日后最受欢迎的避难所。新西兰是发达国家,人口比纽约市还少,在能源、水和食物方面基本自给自足。政府精明地明码标价,只要掏几百万美元,就能买到这个国家的公民权。

对每个人来说，经济前景都有极大的不确定性。

神奇的经济学

面对看似棘手的问题，如今占据上风的，是承诺简单、无成本解决方案的各种骗术，范围涉及经济、技术和社会各个方面。

政策制定者们赞同喜剧演员威尔·罗杰斯（Will Rogers）的观点：如果愚蠢让你陷入这片泥潭，那么愚蠢也肯定能让你摆脱困境。他们押注于大规模的政府支出、零利率甚至负利率、无限量的资金以及大把撒钱。政府领导认为，这些做法能恢复经济增长，形成通胀，以这样的方式相对轻松地降低高债务水平，而高债务水平是上次危机的主要诱发因素。

2008年之后，债务水平不降反升，在一定程度上是受到低利率和充裕流动性的鼓励。全球债务占GDP的比例从2007年的250%左右上升到了2019年的325%。自1999年以来，债务水平增加了两倍。各种形式的借贷都增加了，包括家庭、企业和政府在内。大衰退之后，由于救助行动耗费了大量资金，公共债务急剧增长。

由于经济增长和通货膨胀非常缓慢，此时减少债务的方案选择十分有限。借款人可以将收入用于偿还债务。这说起来容易做起来难，因为过去十年所承担的债务中，只有很少一部分被用于实际生产。因为工资水平停滞不前，所以家庭只能通过借贷来为消费进行融资。公司通过借贷，来进行股票回购和收购活动。政府借贷，是为了给经常性支出提供资金，而不是为基础设施建设或战略投资提供资金。此时，急剧的去杠杆化，可能会导致经济衰退，令还款难度更大。缩减公共债务，要求政府提高税收、削减开支，这也会抑制经济活动。

除此之外，降低债务水平的唯一途径，就是破产、注销或使用负利

后记
游戏的终结

率来降低债务的面值。在所有情况下,投资者、银行和储户都会失去储蓄和收入。金融机构和养老基金可能会破产。由家庭税收和个人缴纳作为来源而支付的退休收入和公共服务,将无法实现。反过来,还会减少消费、投资和信贷审批。从所需注销的规模来看,由此造成的经济和社会损失可能相当庞大。

***

如今这些政策不仅没有解决经济问题,还为未来的金融危机创造了条件。低利率和大量流动现金,令各种资产价格水涨船高,泡沫丰富,股票价格(尤其是美国的股票)以及全球房地产价格都在大幅上涨。

投资策略也变得非常离奇。投资者购买股票,眼里只有收益和股息,现在根本无视价格下跌的风险。与此同时,他们还购买无息或负息债券,期望从更低的利率中获得资本收益。

在金融顾问的建议下,再加上急功近利地赚取销售佣金的银行,投资者不明不白地承担了越来越大的风险。他们放弃了安全投资,转而购买企业债、高收益债和新兴市场债券,发放高风险贷款来支持私人股本交易。在 2008 年危机中出现问题的证券化和债务抵押债券(CDO),如今换了个新的标签重现江湖。甚至次级抵押贷款和汽车贷款也名正言顺地恢复了体面。

投资者购买了期限越来越长的固定利率债券,包括墨西哥、阿根廷和巴西国有石油公司 Petrobras 发行的百年债券。投资者甚至还不惜承担飓风、地震和疫情风险,去购买巨灾债券,如果特定的自然灾害发生,那么这些债券的利息或本金就会遭到损失。甚至还有一份说明书含糊其词地指出,此次债券发行"对还款具有不可忽视的风险"。

懒惰的投资者,不知道该买哪只股票,于是纷纷涌向交易所交易基金(ETF)。交易所交易基金以某个指数为基础,实际上是对一篮子股票的风险敞口。这类基金收费很低,有的还不收费。他们承诺投资者随时可以取出钱来。谁也不能保证在紧张的情况下,这种取钱机制是不是能奏效。很多基金都选择当下流行的股票和债券指数，令投资者被迫将资金送往这类产品。

投资者试图利用央行干预带来的人为稳定，在资产价格波动中寻求保险策略。他们通过基金进行量化投资，使用的策略包括智能贝塔、因子投资、风险平价、波动控制等。这些基金极易受高波动性时期的影响。

许多策略都是动量驱动和趋势跟随，价格上涨时买进，下跌时卖出。这就进一步加大了价格压力，尤其是在市场波动性较大的时候。

大多数策略都假设证券可以轻易实现交易。而问题在于，自动交易主导了交易活动，约占总交易活动的80%。自动交易使用的算法，是根据过去的数据进行校准的，根据近期人为原因形成的良性市场状况而放了很大的权重。在压力大的时候，算法交易员会停止交易，进一步放大冲击。这些永远自认为最聪明的一群人，似乎没有意识到，没有哪种投资产品会比其基础资产的流动性更强，而这些资产经常在市场错位时停止交易。

许多投资者和基金都通过借钱来提高回报。这些杠杆投资者如果遭遇重大回调，无论价格前景如何，都只能被迫出售流动资产，才能追加保证金或赎回筹集资金。没有人知道这些投资在动荡、下跌和缺乏流动性的市场中将如何表现。2018年初，波动市场中相对小规模的混乱局面，迅速蔓延到其他资产，导致全球损失约5万亿美元，让人们从中看清了真实存在的风险。

约翰·肯尼斯·加尔布雷斯（John Kenneth Galbraith）在《1929年大崩盘》中，讲到了"侵占资产收益"（bezzle）的概念。这是一种盗窃行为，只不过在犯罪和被发现之间有很长一段时间。窃贼在此期间占得收益，而没有意识到损失的主人，依然会认为自己很富有。这类新投资的一个共同特征，就是很高的当期回报，但这并不能弥补很久以后才会出现的真正风险。投资者因为担心购买力贬值，纷纷投资于各种不同类

后记
游戏的终结

型的 bezzle 产品。

阿根廷的世纪债券是这一时期的典型代表。阿根廷这个拉丁美洲国家自从 1816 年独立以来，至少 9 次拖欠债务，最近一次是在 2001 年。2017 年 6 月，阿根廷有了惊人壮举，以 7.9% 的利率发行 100 年到期的债券，筹资 27.5 亿美元。狂热的投资者无视其中的风险和不堪的历史，满心只想着高回报，超额认购了好几倍。

到 2019 年，因为阿根廷又再次陷入之前的债务问题，这些债券已经贬值了一半。到 2020 年年中，另一场经济危机和新冠肺炎疫情的结合，再次将该国推向违约。这个国家将在数年内无法支付其借款的任何利息或本金。该债券现在的交易价格，只是发行价格的 20%~30%，投资者的资本损失超过 70%。

赔钱的方式五花八门。价格上涨期间，你可能因为选择按兵不动而蒙受损失。当市场反转，价格下跌时，你可能因为在反弹时无脑买进而蒙受损失。无论如何，投资者都面临风险。

***

各国央行（至少有美国）开始后知后觉地想要将利率正常化，来遏制过度行为。从 2015 年底开始，美联储将其目标利率从 0~0.25% 提高到 2.5%，每次增加 0.25 个百分点，并开始关闭资金龙头。这一举措经过了谨慎的调整，来避免灾难性的"缩减恐慌"。美联储主席伯南克曾在 2013 年尝试过同样的做法，结果十分不堪。没想到，这一次又走上了伯南克的老路。

2018 年 12 月，一系列金融因素，包括股市下跌、借贷成本上升、波动性增加，以及经济活动（主要在欧洲和中国）明显减弱，迫使股市回落。各国央行共同注入多达 5 000 亿美元的流动性，以稳定经济状况。美联储暂停了加息，并考虑停止其资产负债表缩减计划。其他央行也采取了类似行动，随着市场从 2018 年 12 月的无脑抛售转向 2019 年 1 月的无脑买入，泡沫进入了一个全新的阶段。

常有人引用沃尔特·白芝浩（Walter Bagehot）的说法，即央行只应在金融危机时期作为救命稻草，充当最后贷款人。现在，央行行长是第一贷款人，一旦出现一点点问题迹象，他们就会立即介入。于是，央行行长们陷入了困境：无法使政策正常化，必须保持低利率和充足的流动性，才能避免破坏脆弱的资产市场的稳定，打破低增长和反通胀的状况。这就是无限量化宽松。正如现在流行的说法，央行发起了唯一的一场比赛。而事实上，这场比赛早就输了。

***

对实体经济而言，这种趋势意味着今后大家都会朝日本化的方向发展，面临着以经济增长乏力、通胀乏力甚至通缩为特征的长期停滞；意味着经济体系只有始终依靠低利率，以及政府和央行定期注资才能维持生存；意味着各国央行会购买政府债券、公司债券和股票，才能防止价格下跌。

日本在迷失中浑浑噩噩地度过了几十年，搭进去几代人的命运。在日本，没落的经济大环境创造了一种奇怪的"低欲望社会"文化——男人独自生活，很少外出，对结婚或找女朋友没有兴趣，和其他人毫无牵连地独立存在。

对金融市场而言，这种现象意味着价值概念失去了意义。虚幻的纸面财富价格上涨，与央行的行动密切相关。坏消息就是好消息。经济增长放缓和实体经济表现不佳，就能引发人们对央行增加货币、降低利率和政府支出的预期。就像巴甫洛夫的狗一样，金融市场对最轻微的一点点干预暗示，都会本能地垂涎三尺。

政策制定者想要营造一种控制感，坚称在重振增长和通胀方面还有更多措施可用。他们听起来就像巨蟒剧团的黑骑士，没有四肢，受了致命伤，威胁要把血撒在获胜的对手身上。事实是，政府和央行的武器早就所剩无几了。他们可能早已失去了恢复经济健康的任何一点点机会了。

伯南克的继任者耶伦认为，央行行长们做得非常好。确实，在这些央行行长们的带领下，确保了经济停滞，制造出了资产价格泡沫，放任了债务的大规模累积，欺压了储户，拯救了濒临破产的银行和低效企业，巩固了不平等。欧洲央行管理委员会成员维塔斯·瓦西里奥斯卡斯（Vitas Vasiliauskas）认为，央行行长们是"魔法师"。一位商界人士一语道破真相："（央行）就像木头上的一只蚂蚁。这只蚂蚁有一个方向盘，自认为可以驾驶着木头沿河顺流而下。其实，只是木头碰巧带着这只蚂蚁顺流而下而已。"

技术乐观主义

手拿锤子的人，看啥都像钉子。同样，技术人员觉得每件事都有技术解决方案。叶夫根尼·莫洛佐夫（Evgeny Morozov）是一位白俄罗斯知识分子，他的研究主题是技术对政治和社会造成的影响。他有一本著作，题目颇为讽刺，名为《若想拯救一切，请你点击这里》。

技术的不自量力，是建立在FAANGs的财务成功和达到天文数字的股市估值之上的。"FAANGs"是美国五大科技公司的英文缩写，这些公司分别为Facebook、Amazon、Apple、Netflix（奈飞）和Google（现在被称为Alphabet）。技术专家们赚得巨额财富，依然不满足，对一切都有自己的见解，还想要掌控世界。美国记者诺姆·科恩（Noam Cohen）称这些人为"万事通"。

Facebook创始人马克·扎克伯格在一次调查之旅中发现，美国两极分化严重、极为不平等，正遭受阿片类药物危机。随后，在一封写给女儿的公开信中，扎克伯格和他的妻子阐述了他们的世界观。技术进步和互联互通将解决一切问题。接入互联网，将促进教育、健康、金融服务和就业，即使你生活在一个经济状况不佳的地方也能受益于此。技术将开发人类潜力，倡导人人平等。就这么简单！

许多技术专家利用他们手中的财富来推动保守自由主义议程。他们提议建立漂浮在海上的社区，不受民族和国家的控制。他们不愿缴纳正常的税收，希望从垄断利润中拿出慈善捐款来资助政府。他们想要组建一个由技术官僚管理的可选择加入的社会。

这不是 C.P. 斯诺在 1959 年的演讲《两种文化》中指出的教育背景不同或科学与人文文化不同的问题。加尔布雷斯的看法是，手里攥着大把金钱，就会凭空产生自己极富智慧的幻觉，但也只是幻觉而已。

※ ※ ※

苹果公司至少制造了一些实在东西出来，但除了苹果之外，其他几家"FAANGs"公司，其实都不是真正意义的科技公司。亚马逊确实卖东西，但正在转变成为一家为第三方提供服务的虚拟交易平台。Facebook 和谷歌不过是广告平台而已。他们提取用户信息和数据线索，将这些打包卖给广告商，以便他们能向潜在客户进行精准的广告投放。肖莎娜·祖博夫（Shoshana Zuboff）是美国的一位作家兼学者，将这种商业模式称为"监控资本主义"。在这些平台上，人类体验不过是被记录下来的原始数据，随后还会被分析并转换为具体的行为信息，用来预测人们的商业决策和更加广泛的选择偏好。

技术专家们想要的是这样的世界：设备都要连接到互联网，通过云端来调节每一次人际互动和商业沟通。而吸引人们参与进来的诱饵，就是那些免费的、让人欲罢不能的服务。每个人都对数字时代的公理视而不见：如果某项服务是免费的，那么你本人就是产品。这些服务提供商经常在没有得到用户明确同意的情况下，对用户的行为进行电子监控，甚至以令人震惊的细节对用户的身体情况进行监控。这些公司通过培养用户的无知来掩盖他们真实的目的。而控制设备和访问入口的人，则掌握着巨大的权力。所有人，一切事，都是他们手中的人质。

由于这类服务刚刚出现时间不长，所以这些公司都处在监管不善的状态之中。比如说，谷歌想要将每一本出版过的图书都进行数字化处理并储存起来，无视知识产权的存在。谷歌还拍摄地球上的每条街道、每

后记
游戏的终结

幢房子，而不需要任何人的许可。Facebook 的 Beacon 对用户活动进行报告，并在未经同意的情况下将其发布到其他人的新闻推送中。即使在用户明确拒绝的情况下，这些公司也会利用秘密技术对数据进行提取和推断。技术人员的工作原则是，不会事先征求同意，宁愿事后及时道歉。

这些业务从本质上来讲，就是反竞争的。权力集中在互联网封建王朝之中，由少数公司（主要是美国公司）主导。这是由网络效应、规模经济和先发优势所推动的，是通过诉讼、收购竞争对手和无情地限制竞争来实现的。

近年来，仅谷歌一家就向欧盟支付了 82 亿欧元（合 93 亿美元）的反垄断罚款。

随着时间的推移，广告平台成了极具影响力的工具。在英国脱欧公投和 2016 年美国大选结果中就可以发现，其中扮演关键角色的，就是向目标人群传递意识形态和政治信息的能力。影响者不一定是本国政治家。俄罗斯就利用社交媒体这条途径试图影响美国政治格局。在赤裸裸的证据面前，人们忧心忡忡却无能为力。如今，社交媒体上的假新闻和政治宣传造成了知识的不对称，干扰了自由民主社会的正常运作。

随着互联网的阴暗面越来越明显，政府开始通过立法的方式来保护消费者和隐私。2019 年，Facebook 因侵犯消费者隐私权被美国联邦贸易委员会罚款 50 亿美元，并要求公司进行改变，采取新的隐私和安全措施。不出所料，这一行业果然开始大力抵制政府监管，声称自身业务太过复杂，只能实现自我监管。隐私规则、信息共享以及内容控制的限制，对这一行业的结构和盈利能力构成了严重威胁。

虽然科技巨头们不停歌颂让世界更美好的远大抱负，但他们越来越像洛克菲勒的标准石油信托公司。该公司控制了美国几乎全部的石油生产、加工、营销和运输。技术专家满眼都是未来，对历史毫无概念。他们似乎没有意识到，正是政府监管最终促成了标准石油信托公司的解体。

***

真正的科学家，拥护的是技术解决主义，他们热衷于解决当下的困难，尤其是气候变化和清洁能源。其中有一个关键要求，就是这个解决方案不应要求人类行为和目前所依据的前提假设发生任何实质性的改变。同时，这个解决方案如果放到凡尔纳的科幻小说中，也不会让人觉得格格不入。

太阳辐射管理可以通过对太阳光进行偏转，来限制气温的上升幅度。偏转的手段，包括向大气中注入粒子，在太空中悬挂巨大的镜子，或采用更温和的手段，将暴露在外的物体表面涂成白色等方式。这项技术尚未经过证实，而是基于不同于现实应用的理想场景所提出来的。无论如何，太阳辐射管理只能暂时性地掩盖全球变暖的真相。同时，还有可能会干扰天气系统，改变季风等全球水文循环。这种方法无法阻止、扭转或解决二氧化碳排放导致的海洋酸化问题。

碳捕捉技术曾经非常流行。通过生物工程或封存技术，将二氧化碳吸收起来，以固体形式储存在地下。这项技术所要求的产业规模，比目前国际石油工业的规模还要大。而且目前这项技术还不成熟，至少在规模上还不成熟。就算能达到一定规模，这项技术从经济角度来看也没有吸引力，除非能将这些封存的碳派上用场，比如用于维持油田和天然气田生产中的储层压力，或者将固体碳用作建筑材料。

***

在可再生能源领域，虽然不断扩大的规模和不断进步的技术将成本越拉越低，但依然存在很大的局限性和缺陷。间歇性、储能、偏僻的地理位置和较低的能量和功率密度等问题，都是需要人们去攻克的重要挑战。

能源经济学中的一个关键概念是"EROEI"，即能源投资的能源回报，也就是该项技术发出的可用能量（有效能）与用于获得该资源所投入能量的比率。当"EROEI"小于或等于1时，这种技术就是净能阱，

后记
游戏的终结

而非能量源。

我们人类最重要燃料的"EROEI"正在下降，因为廉价且容易提取的能源正在枯竭。和传统化石燃料相比，绝大多数可再生能源和替代能源的"EROEI"都要低很多。从太阳能或风能中产生相当于一桶石油的能量，需要很长时间。如果我们将所需的能量投入全部考虑在内，包括制造环节、发电环节和输送环节，那么可再生能源的减排潜力会比我们预想的潜力低很多。

可再生能源还会带来人们意想不到的新问题。风力发电的涡轮机叶片，其核心结构需要用到质地又强又轻的巴尔杉。这种木材以能制造模型飞机、乒乓球拍和冲浪板而闻名。不断增长的风力发电机需求，造成了巴尔杉供应短缺，于是厄瓜多尔、印度尼西亚和巴布亚新几内亚便开垦出更多的土地来建设新的种植园。除此之外，风力涡轮机的叶片，是为了承受飓风强度而建造的，非常不容易被压碎、回收或再利用。在美国和欧洲，每年大约有12 000个风力机叶片被淘汰，通常只能运往垃圾填埋场。随着风电装机数量的增加，这个问题的严重性也会日益提高。

电池对于可再生能源的储存而言至关重要。电池也是电动汽车的核心。但可惜的是，电池的效率很低。汽油每千克的焦耳能量是目前最优秀电池的6倍。这就限制了电网规模的储能和电动汽车的行驶范围。电池的成本也很高。电池的制造，会用上锂、钴和稀土。因为电池产业对锂的需求，南美洲安第斯山脉珍稀而脆弱的生态系统正在遭到破坏。对钴和稀土的需求，正在推动许多国家开展高风险采矿活动，也在为残酷的战争提供资金。

科学探索背后有一股力量，拒绝减少能源消耗。现代能源密集型生活方式，对许多人而言是神圣不可侵犯的。个人驾驶汽油、柴油或电动汽车，是一项不可剥夺的权利，在全球蔓延。空调的舒适凉爽是必不可少的。新型数字经济，包括比特币挖矿在内，都在消耗着越来越多的电力。全球能源需求正以每年2%~3%的速度增长，预计到2040年将增长约 50%，以亚洲的增幅为首。没有人去质疑这些永远无法满足的需求，而是将关注点放在寻找新能源或转而使用可再生能源上。

真正的能源议题，要求我们找到可用的能源类型，计算出其可持续性，然后根据这些限制因素来塑造出能源需求。而限制需求，就要求人们做出牺牲。可惜，个人主义至上、相信技术可以解决所有问题的社会，认为牺牲是无法忍受的。

***

对技术发明所引发的后果（包括副作用）进行完整的生命周期分析，这样的事几乎没人来做。内燃机以及随之而来的化石燃料的投资者和早期开拓者，根本从来没想过二氧化碳排放会造成什么影响，而是全身心地关注这项技术的革命性优势。

切尔诺贝利和福岛事件，说明一时之错会带来灾难性和长期的副作用。很多时候，技术不是解决方案，而是问题本身。

技术和科学的傲慢，早就是老生常谈了。之所以会这样，主要是因为技术人士和科学家存在一种基本需求，要尽可能不去面对进步固有的局限性和做出调整所需投入的成本，而如果没有这种信念，那么所有这些认识和成本就注定无法避免。这样的状态，越来越像饥寒交迫之人产生的对丰盛宴会的幻觉。

2020 年，我们亲眼见证了在新冠病毒的威胁面前，政府所采取的卫生应对措施，充其量只是中世纪措施的翻版。由此也凸显了现代技术的局限性。社会和国家采取的隔离措施，最开始是由意大利城邦在 14 世纪设计出来的。如今，依然是抗击病毒的第一道防线。

"隔离"这个词源自意大利语，指的是威尼斯要求船只在进入港口之前需要等待 40 天的时间。豪华游轮载着被感染的乘客在海上漂流，无异于过去的死亡之船。如今的人们，依然谨遵南丁格尔"保持健康勤洗手"的教诲。

由于智能手机应用程序存在缺陷，有关部门只得派人去挨家挨户收集信息，利用纸笔记录下个人去到各个公共场所的细节，用这样的方法对感染过程进行追踪溯源。

表演善念

面对日益增多的问题，人们找不到简单可行的解决方案。于是，普通老百姓，至少是参与其中的一小部分人，接受了躺平的姿态。他们开始做表面文章，表演出各种善行，比如废品回收、支持促进变革的运动等。

作为经济增长基础的"先消费后丢弃"模式，产生了大量的垃圾和废品。家庭和商业企业每年会产生超过 20 亿吨垃圾。工业产出的垃圾更多。虽然发达国家的人口只占世界的 16%，但却制造了约 35% 的垃圾。随着生活水平的提高和西方习惯的养成，发展中国家（亚洲和非洲的很大一部分地区）的垃圾量也将迅速增加。

垃圾量之大，甚至可以将整座城市掩埋其下。其中大部分垃圾被送往垃圾填埋场、露天垃圾场或垃圾焚烧厂。垃圾形成的有毒径流，对土壤、水道造成污染，最终污染地下水。垃圾还会造成空气污染，导致急性呼吸道感染。到 2025 年，垃圾中化学反应所产生的温室气体，可能占到总排放量的 10%。

还有一些垃圾进入了海洋。大太平洋垃圾带中可能存在约 8 万吨的塑料。大太平洋垃圾带位于太平洋北部，是与阿拉斯加面积相仿的海洋环流，洋流将漂浮的垃圾冲刷到这里，聚集在一起。不久的将来，全球海洋中的塑料质量将超过鱼类生物的总质量。

电子垃圾，包括一些剧毒金属在内，也在增加。根据联合国的数据，2019 年，为数字经济提供动力的电视、手机、电脑、打印机、电池和外围设备等废弃电子设备，达到约 5 400 万吨，相当于 350 艘玛丽女王 2 号邮轮。

※※※

在发达国家，垃圾管理越来越注重回收利用。市民及商户须将弃置的垃圾放入有整齐标志的容器内，以便重复使用。这些经过巧妙营销的举措，被包装成"拯救地球"这样的高尚标签。其理念就是将物品回收，以便从垃圾中提取有价值的材料并对其进行重复使用。垃圾量减少了，就能将省下来的成本投资于建设更好的垃圾填埋场，更低污染的焚化炉。可惜，垃圾回收根本解决不了问题。

在发达国家，并不是所有东西都能回收利用。在发展中国家，只有50%或更少的垃圾被收集起来，更不用说回收利用了。据估计，在低收入国家，可能有90%的垃圾是露天倾倒的。回收是一项非常复杂的流程，家庭和企业对垃圾的不当分类，令很大一部分垃圾无法经过处理和再利用。如果不小心将垃圾放入了错误的分类箱，就会污染整个过程，破坏掉回收的经济性。

发达经济体还要依赖发展中国家进行垃圾回收。在不安全的工作条件下，发展中国家的低薪工人对垃圾原材料进行分离和再加工。中国在垃圾贸易中占主导地位，尤其是塑料和废金属，比如城市电线或电子工业所需的铜。中国经济快速增长，对廉价资源有很大需求。垃圾贸易也是贸易流动的有力补充。那些将中国产品运往发达市场的集装箱船，转而在回程途中以较低的价格将可回收垃圾运回中国。

在这种模式下，中国从发达国家进口的废旧塑料、纸张和纸板，占全球总量的一半以上，每年约为3 200万吨。这些垃圾的进口总额约为每年240亿美元，占全球贸易总额的1/4。在过去的25年里，中国仅塑料一项，就回收了1.06亿吨。

2017年，中国开始禁止从国外进口24种固体垃圾，包括塑料、纸制品和纺织品。这一禁令反映出在经济上日益富裕起来的中国人对本国环境的担忧。其他欠发达国家也紧随其后，纷纷禁止对进口垃圾进行再加工。西方国家一夜之间突然发现，自家后院竟然有这么多没人要的垃圾。

后记
游戏的终结

***

为了减少破坏性足迹，消费者需要改变习惯，将垃圾的增加与不断提高的生活水平分离开来。这就要求我们重复使用某些物品，放弃一次性材料。"获取、制造、扔掉"的消费模式必须由"减少、再利用、回收"的循环过程所取代。

改变消费者的行为并不容易。一次性塑料袋的禁令，让那些每次都忘带包装袋的顾客，在超市买了更多更结实、更厚的塑料袋。这些袋子被丢弃时，其降解速度比一次性塑料袋还要慢。自己拿瓶子到超市买牛奶，自己带罐子到超市买坚果，没有塑料包装的蔬菜，这些对消费者来说都太过分了。

循环经济的经济学原理是复杂的。回收材料和原始材料竞争非常激烈。回收材料，会减少新原材料的工业生产量，降低经济增长。还可能会压低大宗商品价格，而许多新兴国家的经济都以大宗商品价格作为支撑。

对回收利用的长期投资也存在不少障碍。虽然收集、运输和加工垃圾的成本相对固定，但大宗商品的价格波动很大。当原材料价格下跌时，回收商很快就会失去竞争力。企业都需要可靠而稳定的原材料供应，可能不愿意从无法保证长期供应的回收商那里进行采购。

虽然金属、玻璃和纸大部分都能成功回收，但作为主要污染物的塑料，只有约10%被回收。这是因为从石油中提取的聚合物制造成本很低，而从废料中提取这种物质，成本很高。电子垃圾中含有大量的铜、金和其他贵金属。虽然价值很高，但其中只有约1/6被回收。其余价值约为570亿美元的电子垃圾，都无人问津。

回收行为，彰显了消费者的高尚道德情操，相当于环保奖状，但却不能解决迅速增加的大量垃圾所造成的根本性问题。

***

即使没有疫情所要求的预防手段，大多数人还是会生活在幻影中。

在信仰与自身利益相碰撞的这场冲突中,后者明显占据了主导地位。因此,问题的解决方案必须尊重人们自身利益这个优先级和便利性。很多人都认为,行动主义不过是对正义事业表示支持,或者给某个有影响力的人当粉丝,有时再捐点钱。格蕾塔·桑伯格(Greta Thunberg)是对问题表示关注人士用来彰显其社会意识的完美人选。如果她这个人不存在,那么也能被社会大潮人为打造出来另一个一模一样的人设。

这名16岁的女孩,坚持在瑞典议会门外呼吁对气候变化采取更强有力的行动。随着时间的推移,其他学生也加入了她的行列,开始在自己的社区进行类似的抗议活动。后来,在有组织的学校罢课运动"展望未来的星期五"中,这场运动达到了高潮。

利用社交媒体和青年活动人士的支持,桑伯格建立起了吸引媒体关注的形象。媒体的发声,引起了国际社会对气候变化和这位瑞典少女的关注。她日益为人所知的形象和越来越多的支持,造起了一股大势,在一系列公开露面、演讲和会议中走向了顶峰。其中包括2018年联合国气候变化大会,英国、欧洲和法国的议会,梵蒂冈,以及与美国总统特朗普共同主持的达沃斯世界经济论坛。

桑伯格的观点并非原创。她认为,全球变暖是一场生死攸关的危机;气候变化是由当下这代人和之前几代人共同造成的后果,将对年轻人和未来几代人产生不成比例的影响。这无疑是正确的。桑伯格还认为,整个世界的行动还不够迅速,《巴黎协定》做出的承诺也不够充分。

她为人们描绘出一幅幅生动的画面——"我们的房子着火了";用上了夸张而直率的语言——"你凭什么",这些都让媒体欲罢不能。但桑伯格的思路有些过于简单。除了愤怒之外,她给不出自圆其说的世界脱碳计划。真正的改变,需要新的法律、激励机制和执行机制,只有这样才能说服企业和个人改变现有的做法。

一些无视科学家类似建议的世界领导人,却温顺地听从了桑伯格的建议。还有一些人则持批评态度。有些人认为,她鼓励年轻人上街示威,而不是专心学习,这给年轻人带来了不必要的焦虑,磨败了他们的教育质量。而一些男性领导人秉承对妇女儿童根深蒂固的态度,对这位年轻勇敢的瑞典人报以轻率的评价。

俄罗斯总统普京提出了最客观的评价。桑伯格是善良和真诚的。她的努力引起了人们对一个重要问题的注意。她不明白为一个权力成瘾的世界进行能源的重新布局,这里面水有多深。节能减排,必须与大量非洲人、亚洲人和拉丁美洲人的需求相协调,这些人也渴望能达到瑞典的生活水平。普京总统担心桑伯格被人操纵,认为她实际上是在为他人的利益服务。

格雷塔·桑伯格,现在是全世界著名的人物之一,也是世界舆论领袖。对一个不愿做出重大牺牲的世界来说,对她这样的人物予以拥戴和支持,是在众人面前表演善举的一条捷径。

恶人政治

个人与国家及其政府机构之间,存在明确的关系。虽然关于这种关系究竟应该是什么样的,一直存在激烈的争论,但安全永远是最根本的基础。国家保证公民的安全,从而换取公民遵守法律、做出贡献(如服务或纳税)。公民保护、财产权、法治社会、不同程度的政治参与以及从事个人活动和商业活动的能力,都是这种关系的延伸。

随着时间的推移,国家本身,以及个人权利和福利都在不断演变,这种社会契约的覆盖范围也越来越大。人们希望通过教育和培训来胜任工作。人们需要稳定的就业,安全的工作环境,公平的工资福利,如带薪假期和病假,以及职业发展路径。继续发展下去,职位满意度和工作灵活性也会变得很重要。公民要求以负担得起的价格,获得优质的基本商品和服务。他们还希望有更多的选择。个人的收入水平,要能够积累起足够的退休储蓄,进行稳定和安全的投资,获取合理的财富回报。

随着时间的推移，这些公民权利早已经成为发达经济体的最低保障。而随着经济增长开始放缓，政府发现，想要满足这些期望，难度越来越大，于是引发了社会上的不安情绪。人们习惯了战后时期的相对稳定和富裕，非常重视未来的可预测性和确定性。2008年之后，不确定性的增加造成了社会不稳定，这在政治上表现得尤为突出。

***

英国首相卡梅伦呼吁就英国脱欧举行公投，从而缓解保守党内部的紧张关系，并保护该党免受奈杰尔·法拉奇（Nigel Farage）领导的反欧盟英国独立党的围攻。公投这一举措，在无意中释放了两股截然不同的力量。第一股力量，为鲍里斯·约翰逊提供了追求首相职位的机会，因为他认为这是他与生俱来的权利。第二股力量，充分展现了英国内部不同的阶级、财富水平、教育程度和地域之间的紧张关系。

受过良好教育、收入高、社会地位不断上升、家财万贯的这群人，尤其是在英格兰东南部，更倾向于留在欧盟。那些缺乏足够技能和教育水平，无法支撑社会流动性的人，是反欧盟的。其中很多人这辈子都困在死胡同里。"投票脱欧"表达了他们的不满。脱欧派沉浸在掌握主权、夺回控制权和恢复民族自豪感的承诺中无法自拔。他们想要相信，只要投反对票，一切问题都能解决。脱欧人士对由此造成的经济后果或此举的实用性根本不感兴趣。留欧派则被反对者称为"压箱底的抱怨派"，同样对脱欧派真正关切的问题不感兴趣。

特朗普成功当选美国总统，也依赖于脱欧派的支持。他聪明地将目标瞄准在那些弱势的、不被社会广泛认可和接受的群体，也就是那些被遗忘的人，尼克松所谓的"沉默的大多数"。他专注于白人身份政治，重复着简单的、分裂的、政治上不正确的主题，包括保护主义、孤立主义、反对移民等等。

他将自己定位为一位反政治的政治家，可以将整个国家从脱离老百姓的精英和政治走狗手中夺回来。这是针对他的对手希拉里·克林顿而

后记
游戏的终结

专门制定出来的绝妙策略,希拉里因自身的历史和丈夫总统任期的遗留问题而受到拖累。

和鲍里斯·约翰逊一样,特朗普利用了一部分心怀不满的民众的愤怒情绪,因为他们和他一样,都对移民和自由贸易持悲观态度和敌意。约翰逊和特朗普都刻意营造出局外人的虚假人设,以增加自身的吸引力。约翰逊精心安排的凌乱感,特朗普与生俱来的前后不一致,都增强了他们的吸引力。选民将他们视为自己人。事实上,这两位领导人对他们的支持者根本不感兴趣,一心想成为"世界之王",这就是鲍里斯童年时代的抱负。

英国和美国并不是特例。在欧洲,特别是前社会主义的东欧集团,民族主义领导人和他们发起的运动得到了民众的拥戴。类似的趋势在亚洲和拉丁美洲也十分壮大。马泰奥·萨尔维尼(Matteo Salvini)(意大利)、维克托·欧尔班(Viktor Orbán)(匈牙利)、雷杰普·塔伊普·埃尔多安(Recep Tayyip Erdoğan)(土耳其)、纳伦德拉·莫迪(Narendra Modi)(印度)、罗德里戈·杜特尔特(Rodrigo Duterte)(菲律宾)和雅伊尔·博尔索纳罗(Jair Bolsonaro)(巴西)的崛起,都是同一股力量推动起来的。民众渴望得到明确的承诺,于是众多国家纷纷选出了姿态强硬的领导人,他们的特点是掷地有声地给出解决方案的承诺,明确要带领国家回归确定性。即便是法国国民阵线(National Front,2018 年更名为国民联盟)和德国另类选择党(Alternative for Germany,AfD)等政治运动最后没有实际掌权,政治议程也是由他们塑造出来的。

***

其实,很多人更关心谁给他们最喜欢的球队当教练,才不在乎谁在治理国家。虽然这样的现实情况目前依然没有发生根本性的转变,但已经有一些人开始改变心态。

新近出现的民粹主义和愤怒政治,是建立在所有发达国家的边缘化民众的基础之上的。疲弱的经济摧毁了许多工业地区和城镇。因为无法与发展中国家的低成本企业相竞争，工人们失去了工作，其中最惨淡的就是制造业，由此导致这一社会阶层的下滑。于是，他们开始反全球化、反贸易、反移民、反技术，认为就是因为这些力量才让他们遭遇不幸。这些人一般都是社会保守派，觉得自己的文化、价值观、信仰和身份受到了冲击和威胁。在经济和社会分化日益严重的情况下，他们认为政治和制度上的精英不能明确地代表他们的需求和偏好。

战后阶段，大多数发达经济体发展成了两党政治或类似的制度，权力会随着时间的推移而在两党间进行交易。保守派或中右翼，代表着自由市场、商业、个人与财产权利，以及自由的价值观。他们追求成功的文化，认为财富可以像涓涓细流一般滋润整个社会。进步派或中左翼人士，相信政府应该加大干预的力度。他们对商业持谨慎态度，喜欢通过税收进行再分配，并支持国家资助的教育、医疗和福利安全网。

进步力量最初的支持者是工薪阶层。随着生活水平的提高，这类人的关注点转向了其他问题：种族和性别平等、少数群体、文化和环境等等。蓝领阶层、没受过大学教育的人们，以及农村选民，对富裕、自由的城市人所倡导的自命不凡的政治愿景不感兴趣。中左翼的支持率也出现了下降。

其实无论怎么看，两派提出的政策都不存在什么根本性的不同。中右翼向中左翼借鉴学习，来软化其自由市场政策。中左翼向中右翼借鉴学习，来创造财富，用于投入再分配或资助社会议程。政治选择的缺乏，意味着整个国家只能由难以分辨的、彼此交替的寡头来统治。这就令政治结构变得异常脆弱。

在过去的二十年里，选举的动态发生了变化。英国脱欧所暴露出的社会差异，远远超越了传统的阶级、职业、地域或左右差异。社会分裂成两派，一派支持留欧，一派支持脱欧。保守党和工党支持者投票脱欧。年龄较大的选民支持脱欧。年轻人压倒性地投票支持留下。新移民支持脱欧，因为这些移民都很诡异地持反移民倾向，担心比自己后来的移民

后记
游戏的终结

要么吸收掉稀缺的资源,要么威胁到自己的发展。特朗普的支持者包括传统共和党人、铁锈地带处于劣势的民主党选民、农村选民、西班牙裔,以及亚裔美国人。

手握大权的政治力量,试图用金钱这种万能解毒剂来对抗民粹主义。政治斗争的背后,是老百姓看不见的竞选力量和政党资金。在付费竞逐的政治中,既得利益集团试图通过把钱投给受青睐的候选人,来影响政策和选举结果。隐藏在充当宣传机器的众多令人眼花缭乱的智库和政策机构背后,大企业和大富豪都想将自己的手指按向选举的天平。

这倒也不是什么新鲜事。从传统上来看,整个体系是建构在相互制衡的力量基础之上的。也就是说,某个政体中,权力同时存在几个中心,彼此之间可以有效地形成相互平衡和对立。大企业和大富豪会遭遇劳工组织的反对。而由于经济和劳动力市场结构的变化,工会早已衰落。而这就意味着,之前所达成的那种稳定的平衡,早已不复存在。

***

总的来说,政客们本人并没有什么高明之处。道格拉斯·亚当斯(Douglas Adams)曾发出警告称,决心要统治人民的人,肯定是最不适合做国家领导的人。微薄的薪水,公众对个人生活的持续监督,以及为竞选活动筹集资金的需求,令许多真正有能力、有才干、有政治抱负的人士望而却步。除了极少数例外情况,这些政客对历史和传统的了解都非常浅薄。他们缺乏明确的意识形态或原则,追随的是潮流而不是信仰。他们在立法和制定政策时,并不了解其内容本身,也不了解其真正的经济、社会甚至政治影响。支撑他们继续往前走的,是自以为是的错觉和某种卑劣的狡诈心理。

他们都是以政治为职业的人,从小到大,一直在大学辩论社团、智库和政党政策立场中往返穿梭,还有人担任民选官员的顾问或助理。许多人与当权者有亲戚关系,或者本身就出身于显赫的政治王朝。这些人中的大多数都缺乏商场实战经验,也没有某个专业领域的特长。大卫·哈伯斯塔姆（David Halberstam）在《出类拔萃之辈》一书中写道，林登·约翰逊副总统在阅读肯尼迪内阁成员简历时评论说，但凡里面有人真的竞选过一些脚踏实地做事的职位，比如治安管理员之类的，他都会感觉心里踏实得多。与此同时，政治圈层里还存在近亲繁殖的现象。政治环境中的旋转门，指的就是被赶下台的政客会进入适合自己的政策研究所、基金会、游说团或律师事务所，随时等候着政府换届，再把他们提上去。

众所周知，现任官员所做的诸多决策，质量确实不行。一代又一代的政治家奉行"蛋糕主义"，让自己不必做出艰难的选择，依然可以将治理进行下去。英国首相鲍里斯对自己奉行的蛋糕主义进行了著名的总结：既要拿，也要吃。与之相伴的是"精神鼓励主义"，不花钱也要给自己拉选票。

***

加尔布雷斯认为，真正的领导力，需要敢于直面时代固有的主要焦虑和问题所在。如果拿出这个标准来，那么如今的政治家根本称不上是领导者。如今的政坛人物，只关注自己的人气，沉浸在对公众舆论的复杂分析中，总想着怎样暗中操作才能占得上风。

主要政党的执政态度都非常谨慎，毫无灵感，将关注点全部放在自己和本党的议程上，根本不考虑更广泛的利益群体。他们的首要任务，是维持一切正常的表面现象，以便让民众产生信心，相信当下的经济仍然十分强劲。而为了做到这一点，只需要继续借债，继续印钞，继续降低利率，继续货币贬值。无论是经济增长、资源紧缺、贫困问题，还是男性秃顶和双下巴的问题，都通通抛给技术和市场。再举办一场峰会，就能解决气候变化问题。遇到有争议的社会问题，政客们就会对其中的每一方都给予支持，要么就是因为害怕冒犯而对问题拿出完全回避的态度。

政治中心不出所料地崩溃了，其总选票份额稳步下降。左右两派的

后记
游戏的终结

敌对力量逐渐发展壮大。由老练的煽动家来领导，充分利用弱势群体和边缘人群心中那股强烈的怨恨情绪。他们迎合了民众立即彻底改变体制的要求，因为现有体制早已辜负了这些人。

正如历史学家亨利·亚当斯所理解的那样，政治就是仇恨组织。人们不是投票给他们喜欢的人或他们拥护的想法，而是选择不投票给他们不喜欢的候选人。政客们将愤怒指向任何一个可能的目标——精英、移民、欧盟、其他国家。技术的运用，让他们能够以极低的成本将信息传达给目标受众。

政治进程也失去了说服力和最基本的礼貌。政客将国家目标和国家利益汇编成一场精彩的表演。外表的重要性远大于内涵。特朗普总统的成功，很大程度上归功于他作为电视真人秀节目名人的地位。鲍里斯·约翰逊则利用自己的媒体生涯和精心设计的凌乱发型，打造出了自己独有的政治品牌。

推特上的口号，取代了深思熟虑的政策。领导人采取三角策略，选择最受欢迎和最受支持的立场。他们利用挑拨离间的政治手段来分裂对手和选民，利用种族、地区和其他人口统计数据对舆论进行分化，以便从中获取政治利益。

选举期间，政客们利用罗马诗人尤维纳利斯的"面包和马戏"策略来贿赂选民。面包就是减税、福利和食品券。这个马戏团不断通过平板电视、电脑屏幕和手机播放着各种新闻、恐怖主义和战争剧、名人花边和色情作品。选举过程和党派政治报道，也是马戏的一部分。约瑟夫·戈培尔（Joseph Goebbels）和爱德华·伯奈斯（Edward Bernays）表明，只要有正确的规划和有利的环境，人们什么东西都会接受。

＊＊＊

政治领导人不断更替。钟摆在不同的思想和力量之间不停摆动。但改变的希望依然存在。

2020年11月，经历了令人不快、脾气暴躁的竞选演说之后，特朗普最终被击败。他在普选中以大约600万张选票的差距落败，但选举人团对农村选民的偏重，使这场竞选在关键州势均力敌。

特朗普早就认识到，重要的不是投票的人，而是那些计算选票的人。选举结果对他不利，总统的反应也可想而知。

即使按照特朗普的标准，他随后说出的谎言也到达了令人震惊的高度。在美国国旗的背景衬托之下，特朗普单方面宣布胜选。还说有一群可怜虫在欺骗公众，阻止他获胜。他呼吁投票及早停止，因为他在关键州的领先地位是不可逾越的。直到现在，也没人清楚特朗普究竟说的是投票（当时已经停止）还是点票（当时仍在继续，因为点票需要花点时间，有时要几天才能完成）。

特朗普和他的支持者没有意识到，如果停止计票，就相当于把总统的宝座拱手让给他的对手。随后就是澄清。意思是说，在特朗普处于领先地位的州，计票工作要停下来，但仍有大量可能有利于对手的邮寄选票尚未得到清点。在特朗普落后的地方，投票应该继续，大概是要一直继续到他领先才能停止。

由于担心自己的选举结果，特朗普在选举前多次对邮寄选票的方式提出毫无根据的怀疑。此时他又在没有证据的情况下声称有人篡改选票。如果不宣布获胜，那么特朗普就将前往最高法院。他在那里亲自任命了三位大法官。而且，最高法院里保守派占多数。实际上，可用的法律途径非常有限，就算动用法律武器，也不太可能影响选举结果。

伴随这轮闹剧上演的信息轰炸，让公众感到非常困惑。特朗普把他的新闻发布会安排在电视网晚间新闻的黄金时间段，从而在最大程度上吸引观众。很能说明问题的是，很多电视台在总统讲完之前就匆匆更换节目，主播们也赶忙出来纠正他的谎言。就连一向热心为特朗普充当啦啦队角色的福克斯新闻频道，也对观众说，选举舞弊的证据并不存在。

特朗普之所以会讲出这些话，是出于自身的心理问题。自恋者根本无法接受有人对他的优越性发起挑战。失败对他们的自尊心会构成灾难

后记
游戏的终结

性的威胁。他，特朗普，竟然会输，这简直不可想象。所以总统需要让支持者相信他并没有输，他只是暗深势力集团发动政变的受害者。除此之外还有一些实际考虑。如果特朗普不再担任总统，就会失去法庭程序中的各项豁免权。

某电视频道将特朗普的行为比作不顾一切地将点燃的火柴扔进汽油桶。就在计票工作进行之时，支持特朗普和反对特朗普的示威者纷纷走上街头抗议，对决定投票结果的关键摇摆州继续计票这件事，表示反对或支持。暴力对抗事件随时可能爆发。有人担心，武装民兵在特朗普的"整装待命"的鼓励下，会用他们自己的方式来处理问题。

当拜登宣布获胜时，特朗普拒绝让步，重申了选举结果不实的指控，威胁马上就会有法律方面的挑战。他猛烈抨击那些为对手站台的媒体。信徒们懦弱地为总统辩护，用一位资深记者的话来说，他们表现出了保护独行侠的印第安人的独立劲头。在费城一家位于火葬场和成人用品店之间的园林用品商店之中，前纽约市市长鲁迪·朱利安尼（Rudy Giuliani）匆忙召开一场新闻发布会，对选举舞弊做出了毫无根据的指控。特朗普一如既往地以自我为中心，乐于通过摧毁美国来拯救自己的总统宝座。

无论结果如何，这场备受争议的选举，都破坏了政治体制和政府机构的可信度和有效性。法律诉讼可能会引发宪法危机，还有可能伤及法院至高无上的地位。如果总统在没有获得绝对多数选票的情况下，通过选举团赢得选举，那么这将是他第二次，也是自2000年以来共和党人在四次选举中获得多数选票的第三次。煽动人们对投票结果的怀疑，也损害了老百姓对选举和民主进程的信心。

有人觉得，如果特朗普输了，他可能不会离开白宫，但事实并非如此，虽然最后这场总统交接也并不怎么体面。在拜登正式就职之前，特朗普继续阻挠控制疫情的行动，对竞争对手进行报复，并对盟友进行一一赦免，给予最后时刻的支持。

有很多人纷纷猜测特朗普的未来。他曾表示，如果输给"瞌睡乔"，他可能会离开美国。"瞌睡乔"是特朗普给拜登起的外号。这位落选的总统可能会推出特朗普电视台，让自己成为明星。推特为他的媒体部落提供了一个长期平台。他影响新闻圈的能力依然存在。这场选举闹剧中，人们关注的焦点并不是当选总统拜登，而是落选总统特朗普。特朗普比拜登年轻，不排除他在2024年以共和党人或本党领袖的身份复出的可能性。特朗普家族成员也可能会在未来坐上高级公职的位置。

***

始终令人想不通的是，这场竞选结果为何会如此接近。几个月来，民意调查一直显示拜登和民主党明显领先。

凭借对大量数据进行密集分析而成为明星式人物的民意调查专家，给出了一堆借口，说抽样困难、误差容限、低回复率，以及特朗普选民的回避态度，都是原因所在。2016年的民调同样也出现了错误，当时也有人提出了同样的辩护。一位电视节目主持人建议民意调查人员去找找收入更高的工作，比如去工地搬砖或者卖苦力之类的。

牢骚满腹的专家学者，对民主党究竟为何没有获得令人信服的压倒性胜利而感到困惑不解。一位颇具幽默感的评论人士称，实在不行就再搞一场政治竞争，这样民主党就能想办法再输一场。

特朗普总统执政的时期，可谓动荡不堪。实际上他支持率并不高。众议院对他提起了弹劾。总统对公共卫生危机的处理十分不当。除了避免发起新的海外战争之外，他并没有兑现在2016年竞选时做出的承诺。他煽动种族主义、厌女倾向和恐同心态。他宣扬阴谋论，比如默许人们认为民主党人是崇拜魔鬼的恋童癖。他称副总统候选人卡玛拉·哈里斯（Kamala Harris）是"下流的""怪物"。

在民主党大会上，拜登引用了爱尔兰诗人谢默斯·希尼（Seamus Heaney）的作品。他想传达的信息，就是虽然历史上充满令人绝望的历史记录，但人们依然要坚持奇迹般的希望和正义感。拜登唤起了人们对治

后记
游戏的终结

愈的渴望。但希望并不能保证结果。特朗普的对手，还是无法说服半数选民。2020年的大选，只不过用事实证明了美国的分歧根深蒂固，难以逾越。

选民分成鲜明的两派，势均力敌。两派都被苦涩、怨恨的怒火所点燃。两派的生活和信仰圈子，彼此之间几乎没有关联，更没有重叠。每一派给自身的定义，首要的就是对另一派的否定。他们冲着对方大喊大叫。这是纯粹的对立政治。选举根本不能解决这些分歧。

拜登和近年来当选的其他几位美国总统一样，不可能始终获得参众两院的支持。拜登在经济、社会和公共卫生政策领域施展拳脚的范围非常有限。像环境、国际关系、种族、少数民族权利和不平等这样的分裂性问题，是不可能得到解决的。其结果只能是陷入僵局。美国可能就是无法得到治理的国家。如今，总统仅仅是这个国家的守护者，在这里，半数公民始终在质疑总统的合法性。

***

对立团体之间的分歧，不是意识形态上的，也不以政策问题为中心。

保守派的命运与特朗普密不可分，他们已经远离了自由市场、贸易、开放边境和审慎的财政。取而代之的是一堆所谓的能赢得选票的策略，目标是经济困难的白人男性和福音派。这些策略包括孤立主义、去全球化、保护主义、国家补贴、减税、任用富有同情心的法官、反对堕胎或性别权利、任人唯亲和本土主义。在2020年之后，一位共和党政客非常认真、毫不讽刺地宣称，共和党这个代表商业和财富的政党，现在是代表美国工人阶级的政党。

进步派认为，到2020年大选，只要是除特朗普之外的任何人就足够了。为了安抚党内的激进派，民主党出台了几个令人厌倦的方案，包括对气候变化的认可和文化战争的发动。核心原则上的内部分歧和党内不团结，就这样被掩盖住了。选举结束后，一位民主党人认为，民主党已经变成了沿海地区城市精英的政党，关心的是对文化问题进行管制，早就不再代表工薪阶层了。这一批评遭到了否认,但深层次的分歧仍在暗处发酵。

民主党拒绝承认选民基础分裂的事实。他们认为,民主党支持者在几十年的过程中逐渐叛变,这是不正常的。2020年,确实有一些白领工人重新回到了民主党行列。少数族裔,尤其是非洲裔美国人和西班牙裔选民,也对拜登的胜利发挥了关键作用。但他们把票投给这位前副总统的时候,丝毫没有表现出一点点热情。也许,他们之所以做出这样的选择,只是因为厌倦了混乱,担心自身的生存。

无论他有什么缺点,特朗普总统都牢牢抓住了支持者的软肋。他夸大自己的商业资历,声称自己一手打造了美国历史上最伟大的经济时代。疫情引发的经济衰退不是他的错。他能让经济再次繁荣起来。

虽然败选,但特朗普却获得了比2016年更多的选票,总票数位居第二。在"老大党"的历任候选人中,特朗普获得的少数族裔支持率算是很高的。民主党人也没有因为获胜而提高他们在国会的地位。如果没发生疫情,那么特朗普很可能会连任。

特朗普拒绝接受选举结果的做法,以及怂恿不实传言的行径,都迫使共和党人为特朗普进行辩护。这就进一步巩固了他在支持者群体及党内的权力。虽然特朗普为了个人荣耀而谋求高位,但在可预见的未来,他都会继续对亚伯拉罕·林肯的政党和保守派政治进行彻底的重塑。

特朗普的败选,并不意味着他崛起背后的因素消失了。有半数选民投出了七千多万张选票,他们并没有否定特朗普的民粹主义政纲。城市与农村的对立、全球布局与狭隘视角的对立、受过教育的人与未受过教育的人的对立、黑人、有色人种与白人的对立、宗教与世俗的对立,这诸多对立情绪将在长期的"内战"中愈演愈烈,而这场内战究竟会表现为何种强度、什么形式,我们不得而知。

***

美国的情况,在世界其他地方也同样存在。这股大潮,基本都倾向

后记
游戏的终结

于狭隘的统治、沙文主义、仇外心理,以及部落、种族或宗教沙文主义。

美国没有果断拒绝特朗普,这样的事实极大地助长了世界各地民粹主义者和民族主义者的气焰。特朗普粉丝群的庞大规模充分说明,反对多边主义、全球化、移民、精英、专家和机构的态度,在选举中仍然很受欢迎。巧合的是,在2020年美国大选结束之际,英国脱欧阵营的知名人物奈杰尔·法拉奇(Nigel Farage)宣布重返政坛。

美国的政治轨迹,严重削弱了国际合作的前景。特朗普在外交事务上恃强凌弱的作风,拿出做买卖的心态秉承"美国第一"的理念,会让其他国家对与美国结盟保持警惕。令人担心的是,拜登总统任期内发起的任何变革,都很可能被未来上台的政府再次逆转。这就使得应对需要全球协调行动才能解决的问题变得异常艰难,这类问题包括全球卫生紧急情况和气候变化等。

当今世界,在诸多基本问题上都存在不可调和的分歧。因为前辈留下的无法逃避的历史遗留问题,叠加不可控制的现实问题,如今的人们备受拖累。政客就算有心改变发展方向,也没有施展拳脚的空间。民粹主义对手步步紧逼。

政治进程的恶化,与经济、环境和资源前景的逐渐暗淡,是同时发生的。现代政治思想和争论,不能解决迫在眉睫的问题。随着时间的推移,失败的结局水落石出,很多社会走向狭隘的民族主义和流氓资本主义是注定不可避免的。

在这个结构日益复杂、联系深不可测、变化急速发生的世界中,再加上民众对简单解释和无痛答案的渴求,就注定了政治体系的无能为力。在谈到印度总理尼赫鲁时,漫画家R.K.拉克斯曼(R. K. Laxman)在半个多世纪前就总结出了这样的趋势:开始时,尼赫鲁对每一个困难都有一个解决办法,但到最后,每一个解决办法都面临困难。

守门人还是啦啦队

制度失灵，无异于给支离破碎的政治进程火上浇油。

在发达国家，这样的现实情况给说客和强大的势力联盟敞开了大门，任由他们来决定政府政策和立法草案。这样的做法，只会对某些选区有利，而将巨额费用留给其他地方的老百姓来承担。随着时间的推移，这些团体不断进行权力累积，最终给整个系统造成压力，直至瘫痪。这就是"恶人政治"，由国家中最不合适、最不称职的恶人组成的政府。

这类腐败早就是老生常谈了。那些手握权钱之人，经常利用贿赂、回扣和其他腐败行为来为自己谋求利益。腐败日益成为一种制度化的国家战略。

***

传统上的"制衡"，如今已黯然离场。

司法部门也曾试图制止政府的过分行为。但是，在政府任命的事实面前，司法部门的独立性大打折扣，尤其是在美国。判决越来越多地反映出法官个人的意识形态倾向。在特朗普总统任内，司法部日益陷入政治化的泥潭，检察官因对总统的盟友或利益相关方展开了几项调查而被解职。其中许多案件涉及美国纽约南区检察官办公室，这里以起诉知名白领罪犯、大型美国金融机构和国际腐败案而闻名。美国在哪里带头，其他国家就在哪里紧随其后。

高昂的法律诉讼费用，意味着普通诉讼当事人很难真正行使他们的权利或挑战裁决结果。政府和大企业使用拖延战术，令诉诸法律的成本高到只有那些手握最佳资源和万贯家财的人才能承担得起。他们要求出具大笔款项作为法律费用的担保，利用这样的方式来阻止诉讼当事人采取进一步行动。

后记
游戏的终结

很多人也认为警察和执法人员怀有偏见。1929年股市崩盘后，纽约证券交易所的负责人被判有罪并入狱。在20世纪80年代的美国储贷危机中，包括高级银行家在内的一千多人遭到起诉。互联网泡沫破灭后，世界通信（WorldCom）、安然（Enron）、奎斯特通信（Qwest）和泰科（Tyco）等公司的高管都先后进了班房。而2008年之后，除了冰岛这个引人注目的例外，基本没有哪位银行家或企业高管为自己的失败承担责任。这是赤裸裸的精英渎职行为：选择性的赦免，为达目的而毫无原则地掩盖事实真相。普通老百姓除了对缺乏问责制感到不满之外，束手无策。

2020年5月，明尼阿波利斯警察杀害乔治·弗洛伊德（George Floyd）的事件，被视频活生生地记录下来，在美国引发了强烈甚至暴力的抗议活动。这场骚乱，可能是自民权时代以来最严重的一次，暴露了人们对少数族裔根深蒂固的偏见。

***

新闻界，尤其是调查记者，历史上曾一度扮演过事实真相揭露者的角色。现在，他们主要提供娱乐信息。正如奥斯卡·王尔德曾说过的一样，除了真正值得了解的东西之外，公众对一切事物都怀着永不满足的好奇心。记者们现在都在争相满足人们的这种需求。

新闻界的没落，根本原因在于整个行业的钱袋子扁了。以前，新闻业依托以纸质文本和广告收入为基础的商业模式，而如今，这种盈利模式被数字化竞争对手削弱了。主流新闻媒体的广告商被在线渠道抢走了，因为在线渠道能更好地定位潜在客户。自由新闻和自媒体的泛滥，也对传统媒体构成了打击。削减成本，就意味着偷工减料。

剩下的高质量媒体，为了吸引眼球而对报道进行简化。实话实说的风格，让位给了耸人听闻的言论和专栏作家的观点文章，这些专栏作家总是声称自己对一切都了如指掌。发表意见比报道事实的成本更低，而且还能吸引到那些针对更具体的受众进行广告定制的广告商。记者终日混迹于政商两界，因为担心失去收入，想要牢牢抓住接近决策者的特权，所以在绝大多数情况下都会不加批判地去大力传播官方观点。反刍式的新闻稿和给自己行方便的采访，成了当下的常态。聋人记录了哑巴的讲话，哑巴传达了盲人目击者的描述。

这一空白，被专注于聚合信息而非原创报道的社交媒体所填补。他们的重点在于那些有可能成为热门、形成病毒式传播的话题，通过这样的方式来提高广告收入。因此，他们不关心信息的准确性或事实真相。合法化的谎言，也就是H.G.威尔斯（H.G.Wells）所谓的广告，现在正在为缺乏真相的新闻提供资金支持。

在监管极其有限的环境下，社交媒体有一套自创的现实。社会学家尼克拉斯·卢曼（Niklas Luhmann）指出了社交媒体想象出来的现实与生活中真实发生的现实之间的区别。哲学家沃尔特·本雅明（Walter Benjamin）曾经非常困惑，他不明白为什么每天早上都有全球新闻播报送到人们身边，但人们仍然对有价值的新闻一无所知。现在，他的困惑早已解开。原来，社交网站上的新闻比正规媒体报道的要多得多。

互联网的承诺，是以天真为基础的乌托邦式思想。其中充斥着许多彼此矛盾的论点。人们在属于自己的部落中将自己与世隔绝，除了自己的观点之外，其他一律谢绝。虚假信息在互联网中伪装成了真相。

＊＊＊

专业知识和批判性思维，是与权力形成对抗的重要壁垒，但如今，两者的实力却日渐衰竭。这种现象反映出了职业的变迁。人文学科，终日都在用深奥难懂的语言展开永无休止的辩论。这些争论难以解读，令人望而却步。过度的经验主义，与其说是阐明，不如说是混淆。

大学研究经费的实际价值不断下降，令改革迫在眉睫。STEM（科学、技术、工程和数学）研究如今越来越依赖企业投资和赞助。这就令天平不可避免地朝向应用研究的一侧倾斜，而非基础的、纯理论的研究工作，而这类基础理论研究才是创新背后真正的源动力。研究课题纷纷转向了可能获得资助的更安全的提案，而不是确定性不强，但可能获得重大理论突破的领域。关键的基础知识无人问津,取而代之的是可以迅速实现商业化的点子。学术成就也被纳入私人财富创造和消费主义的道路上。

专家需要在媒体上建立起公众形象,才能确保有人掏钱赞助研究经费。许多大学现在都有成熟发达的公关部门,专注于为学者争取媒体报道,将他们置于各种辩论的中心位置。研究人员接受了文盲名人的文化氛围,随意发表观点空洞的文章和讲话。深思熟虑的复杂批判性思维,被机械性的八股文和套话所取代。

还有反智主义。社交媒体令每个人都成了各个领域的专家。社交媒体传播着有害甚至致命的观点,比如以信仰为基础但缺乏科学证据支持的反疫苗运动。在脱欧辩论中,脱欧运动的领导人之一迈克尔·戈夫(Michael Gove)否认了脱欧对经济会造成影响的担忧,他说,"我们国家的人们已经受够了专家。"

就连信仰也陷入怀疑的情绪之中。关于堕胎、避孕、LGBTQI(性少数群体)权利、同性婚姻、女性神职、对现代社会的适应等老生常谈的争论,依然喋喋不休地进行着。许多教会都遭到指控,比如性侵未成年人,比如试图掩盖犯罪行为等。这幅场景令人似曾相识。彼得·达米安(Peter Damian)在11世纪时就写道:"教会陷入了道德沦丧的境地……主教辖区遭人买卖……腐败的教皇遭到鄙视……"时光转回当下,许多教会利用现代手法,通过银行家将他们的资产转移到潜在索赔人根本无法触及的地方。

2020年疫情将表明,我们的社会系统是脆弱而无效的;发达经济体这套失败的政治制度,已无力解决眼下一波未平一波又起的紧急情况。

极致破坏者

截至2020年11月,新冠肺炎报告的病例累计超过6000万例,死亡人数超过140万。实际上，由该病毒引起的感染和死亡人数要比报告人数多得多。在大多数国家，基本上没有迹象表明疫情正在好转或得到控制。

疫情的发生，是意料之外、情理之中的事。之前也有其他类型的冠状病毒暴发的案例，如SARS（非典）和MERS（中东呼吸综合征），以及H5N1禽流感、埃博拉、猪瘟和寨卡病毒。公共卫生专家曾多次发出警告，提示疫情发生的可能性。在2015年的TED演讲中，比尔·盖茨就公开主张要加强流行病防范。2019年10月，约翰·霍普金斯卫生安全中心进行了一场高级别疫情演习。

正如经济学家认为经济周期早已尽在掌控一样，科学家也认为医学的进步已经消除了疫情发生的可能性。1948年，美国国务卿乔治·马歇尔（George Marshall）满怀信心地预言，所有传染病都将被人类消灭。1969年，美国卫生局局长威廉·H·斯图尔特（William H. Stewart）告诉国会，是时候"结束对传染病的研究"，"宣布在与瘟疫的战争中取得胜利"了。发达社会里，小儿麻痹症、伤寒、霍乱和麻疹被成功消灭，由此极大地鼓舞了人们的信心。即使在2003年SARS暴发之后，各国政府也没有在研发冠状病毒疫苗上进行投资，不愿认真对待这种迫在眉睫的威胁。

***

新冠病毒是一种令人百思而不得其解的病原体，虽然通常情况下并不严重，但却会毫无征兆地夺人性命。患者报告的症状，从轻微（咳嗽和呼吸短促）到重症（肺炎甚至死亡）不等。大约20%的感染者没有任何症状，但却存在无症状传播的可能性；也就是说，即使感染者没有出现症状，也可能传播新冠病毒。随着研究的不断深入，人们发现，这种病毒的临床特征非常复杂险恶。与类似的呼吸道病原体不同，新冠病毒还会威胁到除肺以外的其他器官，造成心脏、肝脏、肾脏和大脑功能受损。在某些情况下，新冠病毒会引发自身免疫性疾病，导致血栓或缺

后记
游戏的终结

氧。就算感染患者康复，也会有人存在持续的长期症状，称为新冠后遗症（long COVID）。

新冠病毒传染性极强。诸如埃博拉病毒和艾滋病毒等感染，前提是长期暴露在或长时间接触到感染者的血液或体液。这就意味着，此类病毒对旅行者、没有照顾过感染者、没有与感染者密切接触过的普通公众构成的风险很小。相比之下，新冠病毒的传播，主要原因是人与人之间在两米以内的距离进行的接触。传播主要是通过接触感染者咳嗽或打喷嚏时产生的飞沫。一开始，研究人员避重就轻，淡化了新冠病毒出现空气传播的风险，而到了2020年7月，科学家们没有办法排除这种可能性，还找到了呼出的气溶胶传播感染的证据。其他可能的传播方式，还有接触受病毒感染的表面或物体。病毒在人体外存活的时间尚不清楚。病例的感染，可能是在几小时之前有过接触，也可能是在数天前有过接触。

***

疫情的肆虐程度，取决于病毒的繁殖率，也就是可能被一位病毒携带者感染的新病例数。如果繁殖率（R）较高，就会造成持续不断的疾病传播。一开始，人们估计新冠病毒的R值在2~2.5之间。第二个因素是代际间隔，即疾病的繁殖速度。假设繁殖率为2.3，代际间隔为7天，那么该病毒将在一周内感染约30万人。如果代际间隔为6天，则病例数会上升至150万例。第一批一百万名新冠病毒感染者患病，用了3个月的时间，而第二批一百万名感染者患病，只用了8天时间。

很快，老百姓人人都成了R值专家，坊间充斥着关于R值究竟为几的大讨论。正如传染病专家所警告的那样，关键问题在于，这种方法过于简化，而且只是疾病传播过程中的一个因素而已。疾病传播取决于许多因素，包括新的感染趋势、感染的地理扩散、死亡率、住院人数、当前感染和已经感染过该病毒的人口总数，以及一人传染一大批的超级传播者所造成的影响等等。R值是个平均值，掩盖了非常显著的地方差异。

虽然如此，但 R 值依然成了政策关注的中心焦点。当时的口号就是"让 R 低于 1"。

新冠病毒感染者之中，老年人和罹患免疫系统缺陷或呼吸道疾病等慢性病的患者，死亡率较高。卫生工作者和护理人员也属于高危人群。虽然各国之间存在显著差异，但死亡率普遍在 0.5%~1.0%。这样的水平，大约是季节性流感死亡率的 5 到 10 倍（季节性流感的死亡率低于 0.1%）。SARS 和 MERS 等其他冠状病毒的死亡率分别为 10% 左右和 30% 以上。埃博拉病毒的死亡率在 40%。

死亡率只能在事后确定，方法是从死者中随机抽取大量样本进行病原体检测。这种计算方法容易出现两个错误：分子（死亡人数）受到不确定死亡原因的影响，分母（受感染人数）受到确定感染方法的准确性的影响。

新冠患者中，很大一部分人需要住院治疗，其中还有一些患者需要重症监护，包括插管支持。重症监护期一般长达 20 天。如果没有护理到位，感染可能会趋于严重，甚至致命。为了对新冠形成更好的理解，我们还是要拿其他疾病来做比较。流感每年导致约 50 万人死亡，其中 2/3 的人年龄在 65 岁或 65 岁以上。死于疟疾的人数也差不多在这个水平，疟疾患者主要集中在非洲和印度。

问题是，关于新冠，研究人员几乎没拿到什么确凿的事实证据，都是根据已知的类似病毒和不断深入的研究推断出来的。

***

病毒传播，控制起来十分困难。通常情况下，病毒感染的治疗方法，除了缓解症状之外，很少有直接针对病毒的疗法。主要的防御体系，还是要依靠人体自身的免疫机制。作为一种新型病毒，人们对这种疾病完全没有免疫力。在疫苗研发出来，人群完成接种之前，预防疾病的唯一方法，就是避免感染。

公共卫生思路将两种策略结合为一体。第一种策略是达尔文主义，

后记
游戏的终结

允许感染自行传播，在人群中建立起免疫力。这是群体免疫的思路，当人群中相当高比例的个体（通常约为60%）对该疾病具有免疫力时，这种传染病在人群中的传播速度就会逐渐减缓。

第二种策略叫作"压平曲线"，也就是采取措施来延缓感染的发生或降低感染率。在新冠肺炎疫情面前，需要逐步加强控制，避免人们接触到病毒，需要保持社交距离，实施不同程度的隔离措施，禁止人们四处走动和旅行。最严格的管控，就是颁布居家隔离令，关闭国内和国际的进出港。

伦敦帝国理工学院的一项研究预测，在不采取任何措施的情况下，美国和英国将分别有220万人和50万人死亡。预测显示，新冠患者对医院和重症监护病房的需求，超出了最大承受力，由此进一步加剧了死亡人数的上升。这项研究结论对公共政策形成了一定程度的影响。

关于繁殖率、代际间隔、疾病进展和控制传播措施有效性等相关假设，上述模型对其中的微小变化非常敏感。对以往流行病的研究表明，即使在有了更明确的证据之后，也很难准确地评估某项策略的有效性。有意思的是，帝国理工学院的模型早前得出的结论是，仅需简单的预防措施，比如洗手，就足够了。

各国政府纷纷采取措施来压平曲线。其中一部分原因，也在于当局拒绝承认卫生系统的先天不足。

虽然疫情的出现，对当局的能力构成严峻考验，但卫生系统的财政紧缩、私有化和拙劣政策的结合，还是在疫情面前打得人措手不及。许多国家，重症监护床位的数量随着时间的推移而越来越少。在美国，按人口比例计算，重症床位的数量在过去几十年的过程中减少了一半。虽然纽约州州长安德鲁·库默（Andrew Cuomo）因处理危机的果敢手段而受到民众的赞扬，但在他的领导下，此前也大幅缩减了病床数量，关闭了医院，农村地区尤甚。此时采取的策略，就相当于承认，各国没有资源和架构来实施其他措施，无法对很大一部分人口进行快速检测，无法对已查明的病例进行隔离，无法对接触者进行追踪。

***

压平曲线这一策略，本身也有缺陷。目前还不清楚在压平曲线的策略指导下，感染人数和死亡人数是否会减少。目前也不清楚，将老人和体弱者保护起来的替代方案，能否发挥作用。由于病床、医生和设备（如检测材料、个人防护装备、呼吸机和药品）的短缺，对稀缺资源实施配给制的目的，也值得质疑。来自意大利、西班牙、法国和纽约医院的场景表明，卫生系统正处于崩溃的边缘。

目前很难确定，曲线是否正在变平。对感染率和死亡率等进展情况的衡量数据是不准确的。例如，新病例的数量，高度依赖于检测水平和进行检测的地点。死亡率的下降，很可能是因为最脆弱的一批人已经感染致死。

上述措施不允许在人群中自然形成免疫力。一切都以疫苗的研发和供应为前提。关于疫苗，目前最乐观的预测是 12~18 个月，比历史上开发疫苗所需的 4~5 年时间要短得多。

而且，没人能保证会找到一种有效的疫苗。从来没有过针对感冒的疫苗。流感疫苗在预防和减轻症状方面的效果为 60%~70%。

研发成功之后，疫苗的批量生产工作，也将对物流和后勤形成极大的挑战。疫苗接种计划，需要时间、金钱和技术资源的支持。某些群体对疫苗接种表示强烈反对，若想要覆盖全部人口，难度极大。

因为感染而产生的免疫力，或注射疫苗而形成的获得性免疫力，其持久性也不确定。英国早期的一项研究表明，新冠康复者可能会在几个月内失去对该病毒的免疫力。这种病毒可以年复一年地反复感染同一个人，就像普通感冒或流感一样。如果免疫力的保护是短期的，那么就需要定期接种疫苗，就像接种流感病毒一样。所有这一切的关键假设是，存在一个或几个密切相关的新冠病毒毒株。而如果病毒发生变异，那么研制出成功的疫苗，难度就会更大。

后记
游戏的终结

锤子与舞蹈

各国政府在别无选择的情况下，被迫采取一种走走停停的策略，叫作"锤子与舞蹈"。当病例减少时，就会放松管制，如果病例增加，又会重新实施严格管制。在这种策略的指导下，卫生系统的规模需要不断扩大才能满足需求，并制定出更有效的检测和接触者追踪方案。

这项政策忽视了其他领域的相关利益。过去，拦路强盗问你"要钱还是要命"。而新冠疫情面前，你同样面临着"要钱还是要命"的抉择，也可能最后两者皆空。

世界各国政府都实施了各种封锁措施。在发达国家，这些措施帮助减少了感染人数和死亡人数，减轻了卫生资源的压力。而在发展中国家，特别是南美和南亚，在控制病毒方面取得的进展，更是参差不齐。

许多国家的政府急于重启经济，一看到疫情得到控制的迹象，便立刻放松管制，将流行病学家的建议抛在脑后。2020年9月，感染人数再次抬头，在美国和欧洲地区尤甚。此后不久，便出现了创纪录的新感染病例数，令医疗卫生设施再次不堪重负。此时的死亡率已经降至较低水平，由此反映出诊断的改善、治疗的进步以及受感染人群与最初时有所不同。虽然如此，但人们还是担心1918年的"西班牙流感"会再次上演。当时，第二轮暴发的死亡人数是第一轮死亡人数的五倍。

感染人数激增的原因，可以归结为3C：封闭空间（closed spaces）、拥挤场所（crowded places）和密切接触（close contact）。旅行禁令的解除，会造成病毒传播。最初的疫情暴发阶段，欧洲的许多传播链都可以追溯到阿尔卑斯滑雪场。新出现的疫情可以追溯到欧洲大陆各地去到西班牙等地中海度假胜地的游客。

检测能力明显不足。检测结果的周转速度太慢，无法有效控制感染。

医疗资源和用品仍然短缺。感染链追踪系统就算有效，也会很快被庞大的病例数所淹没。而且，溯源体系不适用于不同的司法管辖区，对在跨境疫情传输前没有丝毫帮助。欧洲国家和美国各州之间缺乏统一的政策和协调，阻碍了控制疫情蔓延的能力。

随着感染水平上升，神情严肃的欧洲领导人又一次开始逐步加强疫情封控。美国的一些州重新开展限制行动。另一些州，选择了以经济和生计为重，将公共卫生问题的优先级放到了后面。面对疫情对经济的打击，发展中国家不可能不顾后果地承受新一轮限制措施。

中国、澳大利亚、新西兰和几个亚洲国家成功控制住了感染人数。这取决于严格的疫情封控，全民普遍使用口罩，旅行禁令等。而且还要具备一种服从精神和优先考虑集体利益的文化，许多亚洲国家都拥有这样的特质。而有些国家根本接受不了必要的限制。在他们看来，个人权利和自由是至高无上的。

就算在某些地方能成功执行疫情封控措施，控制病毒不向外扩散的策略也不堪一击。感染热点和突发事件随时可能出现。除非所有国家都能牢牢控制住这种疾病的蔓延，否则国家边界甚至州/省边界都必须持续处于关闭状态，因为一旦出现人员的自由流动，就有可能引发新的感染浪潮。

新冠肺炎疫情就像埋地雷一样，虽然没有造成大量人员死亡，但却困住了大量资源。若想控制病毒，就要以剥夺人们的行动自由、牺牲社会的经济活动为代价。

***

科学并不完美。科学家也不是永远正确的。从 20 世纪 90 年代末开始，医生给病人开止痛药的剂量越来越大，造成了美国的阿片类药物危机。到 2020 年 4 月，伦敦帝国理工学院的尼尔·弗格森（Neil Ferguson）教授也坦诚地表示，美国并没有明确的退出策略。

弗格森人称"封城教授"。他因个人私事被迫从英国政府紧急事件顾问团辞职后,也没有丝毫收敛。他的已婚情人违反疫情规定,到他家探望他。此事一出,在保持严格的社交距离方面,政府和科学权威的可信度遭到了沉重打击。

从流行病学的角度来看,当全社会新冠免疫的比例大到一定程度,足以防止广泛的、持续的传播(最有可能通过疫苗来达到这一目标),疫情就会结束。这样,人们就能恢复正常的社会和经济生活,而不必担心病毒感染以及由此导致的死亡或长期健康后果。在疫情结束之前,实现部分重新开放是有可能的。但需要对高危人群进行保护,配备快速准确的检测手段,以及严格的感染隔离和不断精进的治疗方法。

短期内,最可能出现的情况是打补丁式的重新开放:在国家层面放松一部分管制,但继续对特定活动进行限制,全面或部分关闭边境。如果出现新的疫情暴发和新的病毒变异,就立即重新实行严格的控制措施。在没有疫苗,不具备有效的治疗手段和抑制方法,病毒也不会自行消失的情况下,很可能会出现"封城、解封、封城、再重复"的循环。

公共卫生危机和管制措施,很可能会持续一段时间。人们越来越急切地希望能恢复正常,重新开始正常生活。而疫情的肆虐,会导致人们的失望情绪越来越强烈。

极大的不确定性

2020年暴发的疫情危机,无论从类型还是从规模来看,都是第二次世界大战以来经历过的所有危机无法相提并论的。近年来的一系列危机,除了20世纪70年代的石油危机之外,主要都是金融危机。而这场疫情危机,综合了公共卫生、经济和金融各方面的因素,每一个因素的成本都十分高昂。

卫生成本,包括在卫生资源、治疗和疫苗研发接种项目上的直接支出。重症监护病房的费用约为每人每天5 000美元。假设ICU收入

1 000名病人，平均治疗时间为20天，那么这一块的相关费用就是1亿美元。封城也形成了高昂的经济和金融成本。除此之外，还有支撑经济和社会度过危机及灾后复原的相关成本。

经济活动急剧放缓。全球贸易量暴跌32%，比2009年金融危机时骤降的12%还要严重得多。许多企业都面临着收入、收益和现金流的急剧下降。服务业受到的影响最为严重。旅行、旅游和任何涉及人与人直接接触的活动，都受到行动限制和社交距离的影响。非必需品零售商、餐馆和娱乐场所要么关门大吉，要么被迫转向外卖或在线销售。

非必要的建设项目，受到疫情封控政策的不利影响，投资和资金链也断掉了。疫情对制造业的影响较小，但汽车和航空航天等行业，受到了销量骤减的影响，也很难在疫情期间从其他国家的供应商那里获得关键的原材料。

一开始，食品零售商和生产商在疫情中是受益的，但随后，库存政策的规模逐渐放缓。随着时间的推移，食品供应链也受到工人患病、移民劳工短缺和交通限制等各方面因素的综合影响。

最终，各界资源纷纷转移用于抗击病毒，因收入下降而需求受限的现象，甚至会影响到一些原本很稳定的部门，如基本食物供应、公共事业、电信、在线媒体，甚至卫生部门。投资者认为，科技公司能够免受经济低迷的影响。他们并不理解，脸书和谷歌其实只是营销工具而已，它们的生存能力和增长潜力依赖于广告支出，而广告支出已经大幅下降。

商业萧条导致了失业率高企。国际劳工组织预测，全球的工作时间将会大幅下降，相当于3亿多全职工作岗位就此消失，规模等同于劳动力总数的10%以上。在劳动力市场最脆弱的群体中，预计将有近16亿非正式工作人员受到严重影响。随着疫情在全球肆虐，截至2020年7月，失业总人数超过3000万。过去20年创造的就业机会，在疫情面前毁于一旦，其中一些岗位可能就此消失。

没人能真正说明白情况究竟有多糟糕，因为目前的数据收集工作，根本不足以应对停工、辞职、政府支持计划，以及大量人口因为知道找不到工作而被迫离开劳动力市场。但情况的严重程度是显而易见的，远远超过了 2008 年危机之后的衰落局面。

家庭收入的减少，引发了致命的恶性循环。消费减少导致企业收入减少，迫使企业缩减规模，最终倒闭，造成更多的失业。全世界都是如此。

发达经济体的整体结构是围绕消费而展开的。消费通常占到整体经济活动的 50%~70%，因此 50%~100% 的产出下降，就意味着 20%~25% 的整体经济萎缩。据估计，疫情对经济增长的影响，每周达到 0.50%~0.75%。整体破坏性，取决于这场破坏持续的时间长短。

我们从冷冰冰的数字中，感觉不到人类遭受的苦难。2020 年 6 月，世界银行以每天收入 5.5 美元这条国际贫困线为标准，估计全球将有多达 2.2 亿人口因新冠肺炎疫情而陷入贫困。大型慈善机构更加悲观，他们预计这个数字将达到 4.2 亿，其中很大一部分人将陷入极度贫困。几十年的脱贫努力，如今前功尽弃。人们的收入出现了近一个世纪以来的最大降幅。

全球的整套体系，建立在人、生产者和消费者之间错综复杂的劳动分工基础之上，以及城市与农村，乃至国家之间的联系之上。而如今，这套体系的前景充满了极大的不确定性。

***

金融市场的反应是可以预见到的。最初有一段平静时期。随着公共卫生措施的影响变得越来越明显，资产价格开始下跌。全球股票市场损失了约 1/3 的价值。债券市场面临着各种相互矛盾的因素：政府债券提供的安全性、央行资产购买量增加、目标利率降低、流动性注入、债券发行增加以及通胀上升的可能性，等等。

大宗商品价格出现下跌。美元和黄金等传统的避险资产吸引了买家。借贷成本急剧上升。波动性高企。股价、利率、大宗商品和货币的每日起伏，都创下了历史新高。

推动资产价格的反馈过程开始反向运转。物价因经济放缓而出现调整。因为利润过低,监管缺乏,我们能从物价中能看出企业收益下降、房地产租金收入减少、股息和回购减少的现实情况。

杠杆投资者,包括对冲基金、私人投资者和以资产为抵押进行贷款的创业者,纷纷面临追加保证金的要求。由于无法出售流动性差的投资,许多基金暂停了赎回。投资者获得现金的途径是有限的。有人想要对冲后续的下跌,这种行为增加了价值和流动性的压力,并将压力传递到各个资产类别和各个市场。随着每一次迭代,这个过程会进一步加速。投资收入下降,投资无法兑现,这些都减少了家庭现金来源,限制了支出。

银行最初受益于较高的交易收入,而企业也急于获得紧急融资。这只是暂时现象,因为随后就出现了波动性下降,市场活动放缓。随着危机的加剧,借款人,包括家庭、企业和投资者在内,一开始违反了贷款条件,后来只得违约或进入债务重组。被迫出售抵押品,令资产价格承受巨大压力。储蓄减少,也影响到了银行的存款量。

坏账的增加,降低了银行放贷的意愿。在有资金的地方,借款成本要比以前高得多。依赖信贷的实体经济和投资市场受到的影响越来越大。资本重组,需要将银行发行的混合证券转换为股权,或减记纾困债券的资本价值,这些做法都会增加投资者的压力。

随后发生的金融危机,模式似曾相识。这样的情节在 2008 年就曾经上演过。但此时的重播,也带来了一些令人意想不到的新桥段。

沦陷在石油中

过去 10 年里,在页岩油行业的增长带动下,美国迅速提高了自身的能源产量。2014 年油价下跌后,页岩油气生产商提高了效率,降低了成本,但其复苏需要沙特—俄罗斯石油联盟保持稳定。自 2016 年以来,油价一直维持在页岩油行业得以生存的水平。

后记
游戏的终结

早在油价下跌之前，页岩油气行业就因自身存在的系统性缺陷而举步维艰。业内公司基本都无法实现盈利。这一行业烧掉的现金，比过去10年的收入还多出了2.5万亿美元。近年来，大型资源公司纷纷减记了对页岩油的投资。雪佛龙减记了110亿美元，这主要与阿巴拉契亚地区的页岩气田有关。

页岩油的商业模式，需要持续的现金注入，才能维持产出。页岩油行业是通过银行和公开市场来提供资金的，在油价高企时，银行和公开市场向小公司提供大量贷款，用来资助页岩气事业的发展。这是一个由债务支撑的巨大的钱坑。主要受益者是通过融资赚取费用的银行家。

据估计，新冠肺炎疫情危机将导致石油需求下降30%。而供应增加，油价下跌，会造成巨大的财务损失。石油进口国可以从较低的油价中受益。但是，由于新冠肺炎疫情的限制，燃料成本上的节约不太可能转化为支出的提升。如果油价持续低迷，依赖石油出口收入的国家就会特别脆弱。如果油价保持在低位，投资降幅可能高达70%。而收益下降，会令石油公司被迫削减股东派息。

在美国，整体来看，汽油价格下跌给消费者带来的好处，都会被页岩油行业受到的打击所抵消。页岩油行业只有在每桶达到100美元时才会盈利，在每桶50美元时可能盈亏相抵，在每桶25美元时则无力偿债。

保证石油价格往上走的套期一旦到期，页岩油气生产商就会很难弥补生产成本上的空缺。最先开始的就是减产和裁员。到2025年，整个行业必须偿还高达2 000亿美元的债务，其中包括2020年欠下的400亿美元。生产商的信用评级纷纷降至高收益债级或垃圾债级，到期偿还时对现有债务进行再融资的能力令人生疑。到2020年7月，许多页岩油气公司已经申请破产保护。未来还可能有更多的页岩油气公司走上破产之路。

这些问题，影响到了整体经济严重依赖页岩油气的地区。美国的能源独立和不断增长的能源出口格局，将会发生逆转。油价下跌也将损害沙特和俄罗斯的经济。如果新冠肺炎疫情危机持续下去，生产商还不削减产量，就会出现全盘皆输的局面。

＊＊＊

美国政府威胁要对沙特和俄罗斯出口到北美的石油征收关税，以保护国内生产商。白宫称，如果沙特不削减产量、推高油价，那么美国就有可能限制对沙特的武器销售。这背后的动机充满政治意味。油价下跌，破坏了特朗普政府的美国能源独立和主导战略。美国页岩油气行业直接或间接地在得克萨斯州、俄克拉何马州、北达科他州、路易斯安那州和科罗拉多州等重要的选举州雇用了 600 万名工人。

2020 年 4 月初，OPEC 和俄罗斯同意将石油日产量削减约 1000 万桶。有人建议，在美国和加拿大减少 500 万桶的石油日产量。二十国集团支持这一协议，而美国则表示，根据反垄断法，不能强制削减产量。此次减产规模低于此前公布的数字，而且无论如何，在因疫情导致的每日需求下降 3000 万桶的事实面前，这样的减产规模只是杯水车薪。人们对该协定的遵守情况和可持续性均表示怀疑。之后，油价非但没有上涨，反而进一步下跌。

2020 年 4 月 20 日，美国原油期货价格首次变成负数。交易价格为 –37.63 美元，比前一个交易日的 18.27 美元下跌了 300%。这一价格，反映出了创纪录的 10 亿桶库存、仓库设施的短缺以及减产的成本。生产商付钱给买家，让买家从他们手中拿走石油。价格随即在第二天恢复到正水平。随着时间的推移，油价升至每桶 40 美元左右，反映出需求企稳和对全球经济复苏的乐观情绪。到了 2020 年 7 月，石油生产商开始考虑扭转减产局面，增加供应。

低油价加剧了疫情造成的经济和金融问题。

溺水而不挥手

新兴市场国家，原本连常规的医疗需求都无法满足，此时面对疫情，

后记
游戏的终结

更是捉襟见肘。新兴市场人口约占全球人口的一半，但医疗支出仅占GDP的5%~6%，不及发达经济体14%的一半。按人均计算，新兴市场的医疗支出约为富裕国家的5%。

由于新兴市场国家人口密度较高，贫民窟和非正式居住区域尤甚，因此很难控制病毒的传播。人口的总体健康状况较差。很多人之前就罹患各种疾病，包括空气质量差而引起的呼吸道疾病，以及肺结核、艾滋病等等。改善卫生、加强隔离、保持社交距离和限制行动等预防措施，对这些地区的人们是行不通的。在印度，莫迪总理下令居家隔离，鼓励勤洗手，但大量印度人连基本住房都不具备，更无法获得清洁的自来水。

新兴国家中的很大一部分人口，面临感染和死亡的风险。当年的西班牙流感，就曾夺去5%~6%印度人的生命。

经济影响非常显著。在许多国家，非正规经济的规模很大，其中包括小微企业和各类小贩。在疫情封控的情况下，非正规经济无法运转，许多穷人的生计和收入都受到了极大打击。随着发达经济体增长放缓，出口需求大幅下降。旅游业顷刻崩溃。大宗商品（尤其是石油和金属）价格下跌，交易量下降，收入减少。

许多发展中国家，都依赖于海外务工人员对国内的汇款。这类现金流每年约5 000亿美元，超过了面向新兴市场的外国直接投资和援助的总和。汇款对国际收支的增长、储蓄和融资作出了重大贡献。菲律宾每年收到外汇340亿美元，将该国的经常账户赤字从占GDP的10%减少到1.5%左右。疫情期间，这类汇款随着富裕国家纷纷封控而大幅缩水。而富裕国家的外国劳工从事的工作，都是受疫情严重影响的部门，如酒店业，家政服务业和建筑行业等。

债务进一步加剧了压力。在过去的十年里，30个最大的新兴市场国家的官方债务增长到70万亿美元以上，增幅达到168%。收入下降、利息成本上升和资本外逃，使得这些国家的借款很难偿还，难以进行再融资，仅2020年3月，就有近1000亿美元的外国资本撤出。由于很大一部分债务是以外币计价的，新兴市场货币的贬值就令问题进一步加剧。

***

增长放缓、国际收支失衡、资本流入不足，限制了新兴市场国家对公共卫生危机的应对方式和对经济的支撑手段。由于这些地方缺乏必要的财政和社会基础设施，因此很难向有困难的人们提供援助。在秘鲁，政府不知道应该怎样才能给每个家庭发放380索尔（108美元）的补助。

卫生和经济的关注点，只能停留在国家层面，但疫情对新兴市场国家的影响，反过来也波及了发达经济体。除非所有国家在控制病毒方面统一取得一致进展，否则就不能重新开放边界，恢复旅行自由。贸易、旅行和旅游业将受到极大打击。

自2008年以来，新兴市场对全球经济成长的贡献为60%~70%。疫情危机将截断供应链，尤其是基本食品和原材料的供应。发达经济体制成品的出口市场也会萎缩。富裕国家作为新兴市场的主要债权人，由于借款人违约或债务重组等原因，投资者也面临着收入和资本损失的风险。

最棘手的问题是，发达国家不得不面对来自这些国家的非法移民、毒品走私和恐怖主义。

破窗之举

各国政府和央行跌跌撞撞地应对着这场危机。他们安于现状，仅仅采取了自己熟悉的刺激方案和宽松货币政策。

应对疫情的医疗服务，范围得到了扩大。对失业人员也提供了足够的支持与福利。政府向低收入家庭空投现金，还用代为支付薪酬的方式来扶持受疫情影响的企业，确保员工能继续就业。慷慨的贷款和政府担保，旨在确保各类企业不会倒闭。政府通过立法来推迟税收、租金、抵押贷款和债务支付，避免人们被驱逐或遭遇破产。甚至还放松了对破产企业交易行为的禁令，而新规定很快就有了"诚实的白痴豁免令"这个

后记
游戏的终结

雅号。

中央银行降低了利率，开辟了现成的资金渠道。央行还大举购买证券。量化宽松计划的范围，从政府债券和抵押贷款支持证券，进一步扩大到了公司债，甚至包括那些由低质量、非投资级发行人发行的公司债。为了缓解美元短缺，美联储还向其他央行提供美元。

截至2020年6月底，各国政府已承诺提供超过20万亿美元（约占全球GDP的24%）的财政和货币支持，用于抗击新冠肺炎疫情。抗疫计划的规模空前庞大，一般都能占到本国GDP的10%~30%。仅美国的一揽子计划，就高达9.5万亿美元，占美国GDP的44%。欧洲和日本各拨出约30%的GDP用于疫情援助。发展中国家只能提供较低水平的援助。总体而言，按占GDP的百分比计算，疫情行动的规模是2008年危机后政府援助规模的6倍多。

控制新冠疫情需要减缓传播速度。同样，政策制定者也想要阻止疫情引发的金融恶性循环。员工收入支持计划，租金和抵押贷款延期行动，都是为了给老百姓提供资金上的帮助。由于封控措施降低了人们的消费需求，政府便从补贴、租金和支付的角度下手，为企业贷款提供支持。央行支撑了房价和投资力度。在金融市场失灵之际，央行为交易提供了便利。央行向银行提供资金，放宽了不良资产的资本和会计规则。

2020年3月底，全球有一半人口处于居家令的管制状态。目前尚不清楚，这些干预措施能否遏制疫情，防止金融危机。提供工作岗位可不像印钱那么简单。

***

没有哪两场危机是相同的。每次遇到危机，人们的反应都是不一样的。但是，解决方案本身存在的问题却始终没有改变。

疫情之下，政府机构和银行在匆忙之中提出了诸多援助措施，而执行过程也是步履维艰。提交申请的合格标准和细节参数总是需要不断澄清。意想不到的后果比比皆是。许多受疫情严重影响的团体和企业不符合援助条件，而许多根本不需要援助的团体和企业却拿到了大笔资助。在美国，政府为了刺激消费，毫无原则地向已去世的人空投14亿美元。网站崩溃。呼叫中心忙不过来。延误和积压问题越来越严重，援助进展缓慢。获得援助资格所需的证明文件，手续非常烦琐。对许多人来说，申请援助现在成了需要终日奔波的全职工作。

援助措施的有效性尚不确定。一次性的直接补贴和失业救济金，相对于持续的生活费用而言，只能救一时之急，很快就会花光。

危机之中，我们又看到了似曾相识的偏见。面对社会福利的扩展，以及由此产生的对人们工作积极性的影响，保守派表示担忧。美国打着"第一女儿"人设的伊万卡·特朗普（Ivanka Trump），效仿法国最后一位女王玛丽·安托瓦内特（Marie Antoinette）那句著名的"让他们吃奶油蛋卷"（let them eat brioche），告诫全国3 000万失业者，让他们找点新事情做。总统的女儿曾公开炫耀自己的财富、特权、遗产和未经人民选举而轻松获得的影响力，她和丈夫贾里德·库什纳（Jared Kushner）是唐纳德·特朗普最亲密的顾问。

在谈到福利机构排长队的问题时，一位澳大利亚部长对脱口秀主持人说，眼前的一幕令人心碎，因为社会中的"好人"陷入困境，而这并不是他们自己的过错。这句话的引申含义非常清楚，那就是之前拿到援助的人，根本不配得到援助。对于家境还不错的人来说，危机就是不小心摔了一跤而已。

***

由于2/3的援助属于优惠贷款，目前还不清楚增加贷款这种手段，怎么能帮助到已经负债累累的企业和个人。就算有优惠贷款，也依然需要颁布延期支付租金和抵押贷款的新规。对许多人来说，这些措施只是将不可避免的结局向后推迟。发放贷款的银行也在担心，如果没有执行定义模糊的标准，就会产生不良贷款，如果没有按照规定来使用资金，那么预付款就不会得到免除。

后记
游戏的终结

暂停租金交付和贷款偿还的做法，让人想起2008—2009年美国抵押贷款修订计划。这套计划旨在帮助数百万人免于丧失抵押品赎回权的命运。计划以失败告终，整个计划始终伴随着无法解决的混乱局面和松散的规则。

实际操作过程中，存在浪费的重叠和冗余。如果收入补贴和失业救济够用的话，为什么还需要对企业单独提供支持？如果已经配备针对雇员和企业的援助，还有额外的贷款和政府贷款担保，那么为什么还要暂停租金和债务的收取？推迟还款给银行带来了问题，而银行又需要额外的支持才能维持运转。如果有普遍通用的商业基金和贷款支持计划，为什么还要为个别行业提供单独的一揽子计划？对小企业提供的福利，怎么能发给对冲基金？政策制定过程充满了混乱和恐慌。

疫情封城，对供需双方同时造成了冲击。企业面临收入下降和营运资金短缺的问题。大规模的财政和货币刺激，可能并非正确的对策。即使有了刺激政策，也不能保证这些措施能创造出需求。之前政府向家庭撒钱，都被人们拿来储蓄或用于偿还债务。这一回，只要封城令还在，这笔钱就无法正常消费出去。

更大的问题在于，全世界到目前为止还没有从2008年的危机中恢复过来。过去十年的种种行动，一步步削弱了当局在危机面前的应对能力。

税收的损失、卫生支出的增加、经济援助的成本，令政府的债台越筑越高。借款的增加，抵消掉了降息的努力。这就给货币带来了压力，使得资本输入国难以吸引外部投资者，在低利率或负利率的情况下更是如此。通过债务货币化来进行的替代融资，也有导致货币贬值的风险。

目前尚不清楚，在收入不断下降、债务负担过重的情况下，继续降低已经处于低位的利率，究竟是能抵消掉经济活动的下滑，还是能支撑资产价格。更加大手笔的量化宽松，可能不一定有效，因为这种手段已经用到了极限。

在遏制危机的过程中，发达国家政府承担了巨额债务。考虑到公共财政状况，如果封城持续一段时间，那么政府，尤其是负债累累的政府，不太可能继续维持目前的援助水平。

为了应对公共卫生危机造成的影响，各国政府都在向国库和央行求助。人们开玩笑说，如果外星人入侵，那么政策制定者要做的第一件事就是降息。没有哪位政策制定者或政治家会承认，低息贷款根本无法拯救正在衰退的经济。再刷多少层新漆也救不了一幢破房子。

***

这次的援助行动与 2008 年非常不同。当年的支持措施因偏袒银行和企业而饱受诟病，而这次的援助针对的是普通老百姓。让人没想到的是，过去的错误又再次上演。人们担心，就像上次一样，大企业能挺过危机，重整旗鼓，但普通人的生活水平却会从此走上下坡路。

大公司得到了充分的支持和援助。在美国，针对大企业的拨款超过 5 000 亿美元，而且美联储可以对这笔款项进行杠杆化，向企业提供 10 倍于此的贷款。援助需要的附加条件少得可怜。这笔钱只能用作国内业务，不允许用作股息和股票回购。对高管薪酬的限制要求，在 2019 年水平的基础之上做出了一点点让步，当年的高管薪酬已经接近甚至位于历史高点。现在还不清楚，美联储的援助款项是否有上述条件要求。

银行原本可以从某些援助项目中赚取数十亿美元的费用和利息。如果以 2008 年为前车之鉴，那么银行不太可能按要求提供债务减免并扩大贷款规模。相关的监管十分薄弱。公司受益人只需出示遵守条件的诚信证明。在美国，财政部长为了保护联邦政府，可以免除任何他认为有必要免除的要求。

世界的每一个角落，在政治圈层有人脉的内部人士，都能从政府援助中占尽便宜。致力于小政府、自由主义价值观和反对福利的智库和基金会，同样借机大捞特捞。

兰德研究所认为，接受政府资金并不是违反诚信。它给出的理由是，由于政府下令强制封城，因此政府对这些问题负有重大责任。兰德研究

后记
游戏的终结

所在一篇名为《拿或不拿》(*To Take Or Not To Take*)的文章中表示，会接受救济资金，将其视作对政府造成的损失的一部分补偿。接受救济是责任，因为让支持资本主义人士靠边站，将资金留给那些对此漠不关心或怀有敌意的人，是不公平的。

***

欧洲受新冠肺炎疫情影响非常严重，经济陷入深度衰退。援助方案的谈判，引发了似曾相识的紧张局势。实力较弱、负债较多的国家，仍在欧洲债务危机的影响中挣扎，现在更需要紧急资金用于公共卫生和经济扶持。

欧洲央行加大了购买政府债券和企业债券的力度，采取行动支持脆弱的银行业。IMF 总裁拉加德表示，缩小欧元区不同国家之间借贷成本的差异，并非央行的职责。这一言论引发了争议。

欧盟最终宣布组建 7 500 亿欧元的基金，用于成员国的援助工作。这一决定遭到了以荷兰为首的节俭国家的反对。这些国家坚持认为，大部分资金应该以贷款的形式发放，而不是直接捐赠，而且任何援助都必须有条件才行。以意大利为首的实力较弱的国家，一直哀怨地感叹，成员国缺乏团结，欧盟支持力度欠缺。这些国家对任何附加条件都不接受。提案本身也含糊不清。人们连对如何筹集到这笔资金都心存疑问。

似曾相识的分裂又再次出现。实力较弱的国家想要重启欧洲债券，现在冠上了"新冠债券"的别称，将由所有成员国联合支持。实力较强的国家，尤其是德国，实际上将为欧盟借款提供担保，并为实力较弱的成员国提供更廉价的融资渠道。这种债务共担的想法，被当机立断地拒绝了。受政治分歧的折磨，困在统一的贸易集团和政治实体之间无法自拔，典型的欧洲"空心汉堡"应运而生。

雪上加霜的是，德国宪法法院对欧洲央行购买政府和公司债券的计划提出了质疑。在回应由德国经济学家和法学教授牵头的约 1 750 名投诉人的请愿书时，该法院命令德国政府和议会确保欧洲央行对其大量购买的政府债务进行"比例评估",以确保经济和财政政策效果不会超过其政策目标。该法院威胁称,如不能在3个月内完成,便将出手阻止新的债券购买计划。

德国政府、央行和欧洲央行向所有人保证,可以证明购买行动的合理性和按比例进行。但是,不能排除未来不满的德国人对此发起挑战。

***

在全世界范围内,对抗危机造成的经济后果的绝望尝试,对激励机制产生了扭曲作用。央行购买公司债券和垃圾债券,构成了道德风险。那些为获得高额回报而购买了高风险证券的投资者,正在接受救助。央行购买公司债券的行为,帮助了私募基金,而这些基金经理和背后的老板根本不会受到任何薪酬限制。由于能源企业是垃圾债券的最大发行者之一,此次债券收购为陷入困境的能源企业提供了高达440亿美元的后门援助。

除了利用政治权力确保金融生存之外,能源生产商还利用此次危机撤销了安全和环境法规,包括某些减排法规在内。与此同时,能源和石化行业的污染,加剧了新冠肺炎感染的影响。对于受感染的人来说,长期接触损害肺部的有毒化学物质,会增加他们感染病毒后出现肺部问题的风险。

促进剂

新冠肺炎疫情只是一个火星,不小心点燃了整片干柴。疫情封控造成的收入锐减和现金流短缺,暴露出经济结构的不健全和金融体系的脆弱。

之前为突发事件准备的缓冲预案,效果微乎其微。各国政府和央行的资金和"弹药"越来越少,在应对重大混乱局面时有心无力。公司则认为,可以随意筹集到廉价资本,减少股东资金,回购自己的股票,通

后记
游戏的终结

过借款来支付高额股息。

家庭不断降低储蓄比例，借钱用来消费和购房。原本就经济窘迫的人们，此时更是捉襟见肘，因为工资增长幅度低，就业保障缺乏，社会不平等在加剧。在美国，美联储发现，许多人在遇到紧急情况时，哪怕连400美元都筹措不到。在澳大利亚，格拉坦研究所（Grattan Institute）发现，有10%的家庭，应对紧急事件的资金还不到90澳元（约合63美元）。大约50%的人，存款少于7 000澳元（约合4 900美元）。

对突发事件毫无准备的情况，并非普遍存在。欧洲债务危机后，德国因对待债务和支出的保守态度而受到严厉批评。如今，德国的情况有所好转，扩大了"缩短工时计划"（由国家来补偿因工时减少而蒙受的一部分工资损失），增加了贷款担保类别，甚至为企业的直接投资划拨了专项资金。一揽子计划的总金额约为7 500亿欧元，还有可能继续增加。由于重症监护设施非常充沛，因此德国能够更加游刃有余地应对这场卫生危机。

***

金融领域的脆弱之处，也由此暴露了出来。在没有债务的情况下，收入的下降是可控的。可问题在于，现在借款规模大得不可持续。在收入下降或没有收入的情况下，借贷水平较高的企业和家庭，现在都难以履行沉重的财务负担。贷款机构和政府提出"还款假期"，可以尽量缓解发生拖欠债务的情况。但这种措施之下，债务危机只是被推迟了，无法得到避免。

政策制定者人为地抬高了金融资产的价值。债务累积了一层又一层，严重暴露在收入大幅下滑的风险之下。人们对银行系统的脆弱之处熟视无睹。监管上的倒退，以及在游说压力下对大额股息和资本回购的容忍，极大地削弱了加强银行资本和流动性的措施。在欧洲和许多新兴市场，不良贷款没人查。金融系统与影子银行的相互关联，也没有得到遏制。

为了寻求回报，投资者纷纷购买风险更高、流动性较差的证券。投资基金提供的赎回条款，允许投资者在短时间内撤回资金，而他们持有的证券却不那么容易出手。大量投资集中于难以估值的非上市证券。在金融动荡过程中，只要出现无法交易证券的情况，哪怕只是少量的赎回受阻，都会造成问题。

所有这一切，都在傲慢的心态下进一步加剧。全球经济和金融体系的正常运转，是以完善为大前提的。新冠肺炎疫情触发的各种问题，本也不足为奇。如果不是因为病毒，也会出现别的导火索。

＊＊＊

这场危机，暴露了经济结构中的弱点。

与2011年泰国洪水和福岛核事故一样，新冠肺炎疫情也破坏了生产和运输链条。全球供应链非常复杂而脆弱，制造业哪怕出现一点点小故障，也会波及整体。很多国家对中间部件和制成品的需求，都依赖于进口，因此就面临着短缺的风险。很多地方公共卫生所需的医疗物资，都需要从中国进口。这些医疗物资往往体积小、价格便宜，但疫情阻碍了相关物资的生产和运输。

除了供应链之外，人员流动限制和边境关闭也影响了移民进程。美国和澳大利亚的经济增长非常依赖于移民的输入。移民是许多国家必不可少的劳动力来源。美国、欧洲和澳大利亚的农业，需要大量不断流动的外国季节性劳工。科技公司依赖来自印度和中国的熟练劳动力。还有一些国家和行业，收入依赖于外国留学生，依赖于旅游和赴外医疗。而现在，这些行业的生存都受到极大的挑战。

为节省成本而采用的适时制、低库存、频繁交付和物流整合等措施，很难在短时间内迅速重新布局。一点点轻微的干扰，都可能会导致生产中断。这种实践，也延伸到了关键的医疗领域，其中的一个前提假设，就是有能力在短时间内扩大规模来满足紧急情况下的应急能力。这个假设严重低估了紧急情况下获取资源所需的时间和费用。

服务外包也存在类似的风险。许多发展中国家在疫情之中采取了封

后记
游戏的终结

控措施，而设在这些国家的基本服务呼叫中心，要么被迫关闭，要么员工人数大幅缩减。

***

如今的经济结构，更倾向于个人服务、娱乐、艺术、体育、差旅和旅游观光，而这些消费类别，很容易受到社交距离和行动限制的影响。哪怕是在线服务，其内容的制作过程也需要密切的人际接触。

服务是无法储存的。如果在服务可用的时候没有将其消耗掉，那么这种供应就永远流失掉了，不会复返。如果一家餐厅关门一个月，那么就很难通过增加未来销售额的方式来弥补损失掉的收入。相比之下，对于有形商品而言，如果现在无法满足对制成品的需求，而买方愿意等待，则可以稍后供应。服务中断造成的收入损失是永久性的，给必须暂停运营的企业带来了更大的问题。发达经济体从制造业和生产转向服务业，使得这些国家更容易受到冲击。

在美国、英国、澳大利亚和新西兰，约40%的劳动力是临时工或合同工。在美国约3 000万家小企业中，80%或2 400万家是个体业主制，如理发师、私人教练、优步司机或零工经济中的计件工人。由于缺乏病假或假期等保护，这些人一旦因个人原因无法工作，就失去了收入来源。在一些国家，如果你是临时工，失去了工作，那么你可能连医疗保险都没有。临时工、合同工和个体经营者通常都缺乏资金或现金储备，更无法获得融资。这些人根本无法经受住冲击，哪怕是短暂的冲击都不行。一旦遇到危机，也很难向这些人群提供援助。

自20世纪80年代以来，医疗、电信、公用事业和紧急护理等许多基本服务，已转为私营体制。在危机中，私营企业对股东（有时是外国股东）的责任，可能会与国家利益相冲突。市场并不总是能在危机中发挥作用。在采购和分发呼吸机、个人防护装备甚至基本医疗消耗品方面存在的问题，令私营体制的弊端更加突出。国家与国家之间，甚至是州或市之间都在为必要的设备和物资进行无谓的竞标战。可以说，在应对新冠肺炎疫情危机时，中国之所以能够迅速果断地采取行动，就是因为经济系统中的很大一部分都是归政府所有或管理的。

＊＊＊

政策制定者们表示，他们应对新冠肺炎疫情的方法，是让经济进入冬眠或昏迷状态。冬眠的动物需要做好充裕储备才能过冬。如果没有足够的脂肪，就会在漫长的冬夜中死亡。在昏迷时，身体系统会停止运转，需要更多的人为辅助才能正常代谢。病人一旦被诱导进入昏迷状态，其预期寿命就会急剧下降，因为随时可能发生危险的继发感染。疫情后是否能恢复社会的正常运转，始终是衡量某项战略成功与否的真正标准。

与2008年之后一样，疫情后的复苏，将受到迟滞现象的影响。财富的毁灭、遗留的债务问题和就业影响，将阻碍复苏的进程。对企业，尤其是中小企业的影响，是一个非常值得关注的问题。

大多数小型企业都没有足够的储备金来应付一个月乃至一个季度的开支。许多受影响的企业会就此关门大吉，永远不可能重新开业。之前投入的资金，就这样打了水漂。客户可能会转而选择其他供应商。各种问题会破坏掉客户、员工、供应商和业务流程中的信任关系。扭转这种局面，需要很多时间。

继续运营的企业，将从根本上进行业务重组，比如缩小规模。英国航空、汉莎航空、阿联酋航空和美国各大航空公司都宣布关闭部分业务。他们让大批量的飞机退役，有效减少了未来的运力和航线。这些决定将沿着供应链向上回溯。运营将在数年内无法恢复到危机前的水平。

包括航空公司在内的许多旅游和酒店行业，将被危机债务所拖累。为了节省现金，这些行业不向客户退还被取消的预订金，而是改成之后使用的消费券。当业务恢复时，他们将在没有新收入的情况下，承担履行这些义务的成本。

消费需求的变化，可能会影响到普遍的活动水平，而对某些特定业务的影响会尤为突出。商务旅行在很大程度上被电话会议所取代。远程

后记
游戏的终结

工作、网上购物和娱乐的增长，可能会改变对房地产的需求。人们担心被困在漂浮的瘟疫船上，就相当于被困在滋生疾病的培养皿中，因此游轮的吸引力会下降。人们可能不愿出国旅行，因为担心未来会出现疫情封控、回国困难、无法给保险续费等问题。

人们的行为改变会非常明显。因为害怕与人接触而感染疾病，所以自动化的发展会继续加速，进一步威胁到工作职位的数量。危机留下的伤疤，将影响人们组建家庭和生育后代的计划，这将改变人口结构，加速人口老龄化的发展。就像大萧条和2008年全球金融危机一样，人们的消费和负债意愿，可能会在一代人或更长的时间内受到影响。

历史表明，政府的介入将很难逆转整体趋势。必要服务或战略上至关重要的服务，可能会归于某种形式的政府控制之下。当政府想要出手保护企业和就业时，救助行动可能会减少竞争，制造出被称为"行走的债务"的行业僵尸。撒钱式的收入支持，可能会降低人们找工作的动机。

***

大前研一1990年出版的《无国界的世界》一书，是全球化的蓝图。但新冠肺炎疫情的发生，以及之前就存在的2008年大衰退带来的压力，却倾向于国家认同感、去全球化、保护主义和对移民的严格限制。这种趋势，是支持建立起国界壁垒的。虽然最严格的旅行禁令，未来肯定会被取消，但全面修复是不太可能的。由于害怕对外国的依赖，各国开始专注于自给自足，向封闭经济的方向发展。这些国家可能限制战略物资和基本产品的出口，减少对进口和国际供应链的依赖。外国所有权和自由资本流动，面临更大的障碍。

本地生产成本高昂、规模有限、效率低下，还需要冗余产能。在国际供应链中纯粹依靠廉价劳动力进行竞争的发展中国家将失去优势，需要进行调整。另一种选择是增加库存，未来的主流思路将变成"以防万一"（just in case），而不是"适时"（just in time）。

按人均计算，瑞士是欧洲受影响最为严重的国家，因为这里靠近欧洲疫情暴发的最初地点——意大利北部。该国 40%~50% 的粮食依赖进口。虽然实施了封控措施，但供应链并没有受到太大影响，因为该国境内有可供 3~6 个月食用的基本食品和商品的战略储备。但是，缓冲库存的维护成本非常高昂。

这些变化，将影响经济增长，改变各经济体之间的资源配置，限制复苏的速度和力度。举例来说，政府可以通过促进投资和提供再培训设施，将一些迟滞因素的影响降至最低。但是，许多影响是政府无法控制的。随着时间的推移，破产、重组、规模缩减以及结构和行为的变化，将无情地耗尽就业和经济容量。

不要借债，也不要放贷

以化石燃料为基础的能源，尤其是煤炭和石油，推动了现代工业文明的崛起。自 20 世纪 80 年代以来，债务推动了经济增长。现在，正如 2008 年过后一样，全世界再次开始大肆借贷。这无异于将症结本身拿来用作治疗手段。这场疫情将要引发的重大后果，就是本已很高的全球债务水平继续出现显著增加。仅在经合组织国家，债务水平预计就将增加 17 万亿美元，债务与 GDP 之比从 109% 升至 137% 以上。在美国，预计到 2020 年底，政府债务将上升到 27 万亿美元左右，即债务与 GDP 之比为 135%。

公共部门债务的增加，反映了医疗支出的增加、为缓解疫情造成的经济影响而采取的援助行动、紧急贷款以及税收收入损失。家庭和企业也大幅增加了借款，来弥补收入不足。如果复苏的速度慢于预期，那么借款的增长幅度还将更大。

由此产生的债务，补充了现金流的损失，维系了企业的生存。借款没有投资于生产活动，但生产活动才是能产生未来收益的源泉，而只有未来收益才能用来偿还利息和本金。政府想要通过增税来降低公共债务

后记
游戏的终结

水平、增加收入，但却举步维艰，因为人们担心，本已疲弱的经济活动会在苛捐杂税中继续下降。在经济前景黯淡、通胀低迷的情况下，可用来减少债务的选择越来越有限。

我们面临的一个复杂问题是，经济增长和债务存在着盘根错节的紧密联系，仿佛一场旷日持久的致命拥抱。若想实现增长，就需要增加债务。在这种不可持续的关系中，债务的增长速度高于经济增长速度。由此一来，控制借贷就会打压经济增长，引发灾难性的恶性循环。另一种选择就是货币贬值，但在每个国家都希望降低本币价值以提高出口竞争力并减轻债务负担的情况下，货币贬值也很难操作。

***

历史上的先例也让人很难从中找到希望。1914 年至 1939 年期间，第一次世界大战、战后重建和大萧条的整个过程，极大地破坏了公共财政。第一次世界大战一结束，英国的债务就上升到 GDP 的 140%。通过财政紧缩来减少债务的努力，以失败告终。随着经济增速下降，1928 年的经济产出低于十年前的 1918 年，债务则上升到 GDP 的 170%。在承受战争损失和赔款的同时，德国经历了恶性通货膨胀和货币贬值，这使其债务负担减少量相当于 GDP 的 129%。20 世纪 30 年代，近一半的国家出现违约或债务重组，社会和经济代价相当严重。

第二次世界大战后，也有一些国家违约或经历了恶性通货膨胀时期。其他国家则利用金融抑制手段，如负实际利率、控制存贷款利率、资本管制，以及迫使机构和家庭以低于市场利率的价格为政府提供资金等方式，来管理债务。1945 年至 1980 年间，发达经济体的实际利率大约有一半时间为负。这些行动以及战后重建计划推动的强劲增长，帮助降低了债务水平。

政策制定者面前的选择十分有限，因此，如果想要目前的债务负担在短期内得到控制，就只能利用零利率或负利率，才能使借款压力变得可以承受。债务将合并到政府资产负债表上。在当前的疫情危机中，全球各国政府都扮演了企业和个人贷款人的角色。有些贷款只能转为拨款。学生贷款或一些拖欠的抵押贷款，要由政府承担或注销。在没有增长或通胀的情况下，违约是不可避免的，无论是显性违约，还是以货币贬值的形式来消除债务，结局都一样。

债务，就相当于飞机上的冰。飞机的设计初衷，是可以应对机翼上的适度结冰情况的。但是，大量的冰堆积起来，会导致升力丧失，造成飞行不稳定、高度下降，最终导致坠机。目前，全球债务水平就像全球经济机翼上的一大块冰，随时可能造成灾难性后果。

外星经济学家造访

自 2008 年以来，世界经济陷入了一场旷日持久的半衰退之中。不断走低的利率、一轮又一轮的量化宽松政策，以及一场又一场的财政刺激措施，都对这场衰退发挥了控制作用。而疫情造成的经济影响，特别是日益沉重的债务负担，促使人们不断去寻求创造性的解决办法。于是，就有了 MMT（现代货币理论）。

批评人士指出，这套理论既不现代，也不货币，更不理论。他们毫不客气地指出，MMT 这个首字母缩写可能代表的是"神奇摇钱树"（Magic Money Tree）。

这套理论的中心内容非常简单。支持者认为，一个国家的财政支出，不通过税收或借贷来实现，而是通过创造货币来实现。只要国家能印钱，就不会破产。因此，对于政府可以支出的金额，并没有真正的财政限制。在 MMT 模式下，使用本国货币的国家，根本不必担心积累太多债务，而且可以将赤字维持在他们认为必要的任何水平之上。国家总是可以印出更多的钱来支付利息和本金。这无异于美国前副总统迪克·切尼（Dick Cheney）提出的"赤字无关紧要"观点，只不过是个换汤不换药的复杂版本。

后记
游戏的终结

MMT 借鉴了几个经济学流派：阿巴·勒纳（Abba Lerner）的功能性金融理论、韦恩·戈德利（Wynne Godley）的行业平衡理论、海曼·明斯基的金融不稳定性假说、银行体系、中央银行和财政部之间的新国家货币主义关系，以及凯恩斯的政府利用预算来实现宏观经济目标的主张。

这一理论与伯尼·桑德斯（Bernie Sanders）2016 年和 2020 年竞选民主党总统提名失败有关。MMT 为一些大手笔政策的资金来源提供了理论支持，如免费的全民医疗、就业保障、免费的公立大学教育和企业的雇员所有制。

这一理论的吸引力显而易见。MMT 对政府来说，是解决高债务水平和巨额赤字的一劳永逸的简便方法。

***

在 MMT 经济学家看来，失业意味着需求不足。政府应该花钱来推动经济走向充分就业。要达到自然就业率，随着工人换工作或离开劳动力市场，总有一部分要面临失业。工作保障，意思就是每个愿意工作的人都有一份工作。MMT 将这个要求上升到了道德义务的高度。

另外一种实现工作保障的方式，是全民基本收入（UBI）。这个概念最早由托马斯·莫尔爵士（Sir Thomas More）在 16 世纪的著作《乌托邦》中提出。后来，弗里德里希·哈耶克（Friedrich Hayek）和米尔顿·弗里德曼（Milton Friedman）等自由市场经济学家也对这一理论表示支持。

UBI 为每个人都提供无条件的统一拨款，不考虑人们自身的生存情况如何。这种政策将解决传统福利制度中固有的贫困陷阱、流向劳动力的收入份额不断下降，以及自动化对就业的日益威胁等种种问题。UBI 可以通过最大限度地减少官僚主义、行政交付成本和通过政治剥削或利益欺诈而导致的资源流失，来提高政府援助计划的效率。

传统上反对 UBI 的理由，是因为直接货币成本和融资问题。在美国，每人每月1000美元相当于每年约4万亿美元的总成本，大约相当于疫情之前联邦预算的整体规模。经合组织发现，若想实现适度的UBI，就必须将所得税提高近30%。而MMT理论的提出，则消除了这一融资障碍。

一些MMT的支持者，并不认同UBI的理念。出于经济和社会方面的考虑，他们认为只有那些付出努力去工作的人，才能得到报酬，通过这种方式得到的工作保障是更优越的。

***

MMT提出了几个问题。政府创造货币、支出资金，并不会直接影响到生产实际商品、提供实际服务的实体部门。这套理论并没有解释清楚将如何创造出就业机会，也不清楚赤字支出是否需要看到具体成效。归根结底，所有的活动都必须获得超出初始成本的经济或社会回报。

MMT支持者认为，在这种模式之下，社会上会出现有价值的、报酬丰厚的工作机会。政府税收可用于控制行为、指导生产。中央计划经济的实践，证实了困难所在。由于管理不善，某些商品的供应在同一时刻既充裕又短缺的故事，堪称经典。

批评人士指出，过度的政府支出可能带来通胀风险。通过印钱支撑起来的巨额赤字，超越了经济的生产变化，有可能导致恶性通货膨胀，就像魏玛共和国和津巴布韦一样。MMT经济学家承认这种风险的存在，但只有在经济处于充分就业或没有过剩产能的情况下，这种风险才会存在。一旦出现这样的情况，政府就可以通过提高税收或减少支出，来缓解通胀压力。

还有实操上的一些相关挑战。除了创造合适的工作机会之外，还必须计算并确定自然就业率，以及UBI的水平和结构。正如疫情期间的情况一样，失业这件事是很难定义和衡量的。用于制定政策的指标，如NAIRU（非加速通胀失业率）、菲利普斯曲线（通胀与失业之间的关系）和货币供应统计数据，在实际操作中计算起来非常复杂。行为所造成的影响，在量子计算和时间节点上是不可预测的。如果MMT想要真正发

后记
游戏的终结

挥作用，那么上述这些细节必须都能做到才行。

根据定义，MMT这个想法只适用于能够发行本国法定货币的国家。它不适用于欧盟。在欧盟，各个国家都已经将货币主权拱手让给了欧洲央行。同样，MMT对私营企业和家庭而言也不适用。这就意味着，主权国家可能需要承担所有的私人债务，尤其是在危机发生时，才能确保债务的可持续性。

对MMT的一个比较大的顾虑就是，关于国家从海外投资者那里借入本国货币的行为。从理论上讲，现代央行可以无限量地发行货币。但也存在实际的限制。投资者必须对政府、货币当局和汇率的稳定有信心。过度的赤字和印钞可能会导致金融市场失去信心，迫使货币贬值，甚至使货币变成一张废纸，无人接受。企业可能无法以负担得起的成本来进口商品，偿还以外币计价的债务。汇率是MMT的一个非常重要的制约因素。

一旦启动MMT，政策制定者就无法对进程加以控制。在供应受到限制的地方，由赤字融资的过度支出，将导致通胀和货币贬值。数据都有滞后性，而且很多时候也是模糊不清的，这就令管理变得非常困难。公平点儿说，数据问题，是一个影响所有经济政策的问题。

***

支持者对MMT的执行监管问题总是含糊其词。他们反对未经选举产生的央行行长拥有过多的权力，更倾向于让民选的政治家来负责经济管理。

批评人士认为，当经济按照MMT的模板，处于满负荷运转或达到所需的赤字水平时，民选领袖并没有足够的能力来建立起有效的政府。因为此时，推动决策的是政治因素和任人唯亲，而非经济因素。两党在关键议题上遭遇僵局，始终是棘手的问题。美国国会上一次按时完成全部预算法案，还是在20多年前。因为僵局频繁发生，所以国会预算现在需要一笔一笔来拨款，持续不断地进行决议，而这一切仅仅是为了维持美国的正常运转。

MMT也存在相当大的风险。大银行家梅耶·阿姆斯切尔·罗斯柴尔德（Mayer Amschel Rothschild）曾经说过："如果让我发行并控制一个国家的货币，那我根本不会在乎由谁来制定法律！"MMT赋予的巨大权力，极有可能被滥用。

***

这次疫情为推进MMT的议程创造了得天独厚的大好机会。债务水平不断攀升，政府就算有心要解决这个问题，也无从下手。而MMT则为政府避开债务问题的行为提供了理论辩护。对于老百姓而言，不劳而获的承诺总是很诱人的。

MMT根本不是什么新鲜事。其中的大多数原则早就是众所周知的。政府通过支出来刺激经济活动和创造就业，这种做法自20世纪30年代以来一直是政策工具的一部分。自20世纪70年代以来，国家可以印刷本国货币的理念，也已经广泛为人们所接受。央行通过量化宽松为政府支出提供资金的做法，从2008年以来一直在实践。但是，MMT没有解决关键的结构性问题，如过度债务、部门和跨境失衡、产业结构、贸易政策、工资水平和人口统计学等。一旦采纳MMT，就意味着经济将完全依赖于政府干预，才能维持基本的经济活动。

MMT这个思路非常懒惰。这个理论巧妙地避免了处理复杂的、有争议的问题，比如收入和财富的合理分配问题，以及系统性的社会不平等问题等。这个理论忽略了财富是怎么创造出来的，只是一厢情愿地希望能消除资源稀缺、环境局限和增长限制，同时弱化国家与国家之间的经济关系。

MMT，无论是搞就业保障还是UBI，都可能会在老百姓中制造不安情绪。人们可能会对各国政府印钞票然后分发出去的做法质疑，而不是心安理得地花掉手中的钱。这样的操作可能会破坏经济和社会体系，而且一旦破坏就无法弥补。如果印钞是确保共同富裕的唯一手段，那么为什么历史上的印钞行为并没有受到热烈欢迎呢？

与凯恩斯主义、货币主义和马克思主义经济学一样，MMT理论也是一种政治纲领。就像绝症患者总是怀着绝望的心情想要努力活下去，每次发现一种实验性药物，一种神秘的信仰疗法，都会为之所动，虽然这些药物和疗法并未经过实践检验。在这种"魔法"经济学的另一章里，MMT为公共财政问题提供了一劳永逸的解决方案。理想中，一个无限借贷、持续预算赤字的世界，美好得简直令人难以置信。但是，过度负债的问题始终是不可避免的。迟早都要面对。

趁机抄底

疫情最初的剧烈波动之后，到2020年4月中旬，金融市场已经收复了大部分失地。股市崩得快，恢复得更快。许多市场的股票价格在几周内就从低点反弹了大约20%，比投资者苦苦经营多年获得的回报还要高。高风险债券和一些大宗商品的价格也有所回升。除豪宅之外，房地产价格基本保持不变。FOMO（害怕错过）的情绪，取代了FOGO（害怕跑得太慢）。

专业投资者认为，当下面临的问题都是暂时的——经济很快就会复苏；现在的下降全都能在随后的"追赶性"增长中得到弥补；央行将成功地缓冲掉任何可能发生的后果，就像他们自20世纪80年代以来一直在做的那样。当时的主流观点是，这一连串的泡沫，必须要继续存在下去，才能维持住全球金融体系的运转，避免彻底崩溃。

十分怪异的一点是，复苏过程中很可观的一部分力量，是实打实的赌徒。这些人由于赛事取消，没办法在职业体育赛事上进行押注，于是纷纷涌入股市，在网上券商开设账户，推动了股市上涨。戴夫·波特诺伊（Dave Portnoy）是一位十分活跃的体育博客写手，成了这场趋势的代言人。凭借以《星球大战》和《壮志雄心》为主题的视频，他向150万名推特粉丝大肆吹嘘自己的能力。于是，这位自诩为散户最高领袖的人，也开始频繁在金融媒体上露脸。

波特诺伊秉承股票交易的两条规则："股票只会上涨"，"当不确定是买进还是卖出时，请参阅第一条规则"。在视频中，他选股的方式，就是从包里随机摸出拼字游戏的字母。这种方法的好处是，比专业基金经理惯用的定量或分析型模型更加简单易行。

随着股市大幅上涨，这些人的成功也随即助长了他们的神秘感和自负情绪。这类成功，基本都与经营不良公司的低价股票有关。破产汽车租赁公司赫兹的股价上涨了1 500%。破产零售商JC Penney股价上涨超过500%。赫兹甚至还想利用股价上涨的机会进行公募，直到监管机构介入才收手。股市的投机性繁荣，被戏称为"奔向垃圾"，与危机期间正常情况下的"奔向质量"有着天壤之别。

***

这种投资文化，让人不禁回想起20世纪90年代互联网热潮鼎盛时期的日间交易员。他们不断指责那些嫉妒他们取得成功的人，尤其是基金经理、华尔街穿细条纹西装的专业人士，还有沃伦·巴菲特。其实，散户投资者在这个过程中并没有施加多少真正有意义的影响，因为他们的购买规模在庞大的市场中不过是沧海一粟。价格上涨，实际反映出的还是央行的大规模协同干预。

尽管市场出现了反弹，但依然脆弱。全球所有市场之中，只有一小部分出现了反弹，而大多数股价仍低于疫情暴发前的水平。股价上涨，主要是大型科技公司支撑起来的。

散户的行为，无异于助纣为虐，可能会带来悲剧性的后果。最近一位年仅20岁的年轻人在股市上赔掉了75万美元，绝望中走上了自杀的不归路。其实，他并没有真的赔掉这笔钱，因为当时的负余额只是暂时的，是在等待交易结算。他在遗书中提出质疑，为什么一个没有收入的年轻人，能掌握这么大的交易规模。央行撒钱的行为，使得人们能在赌

后记
游戏的终结

场般的股市中进行小额杠杆交易。

***

脱节现象非常普遍，并且不光存在于股票市场。企业能从贷款机构那里筹集到前所未有的大笔资金。2020年头几个月的全球发债规模，就相当于2019年全年的总发债规模，因为企业都在努力支撑自身的财务状况，以渡过经济放缓的难关。虽然这种生存策略对企业来说是合理的，但投资者提供资金的意愿，就不那么容易理解了。

投资者以低回报购买债券，担心利率会进一步下降，变成负值。由于投资组合与证券指数挂钩，基金经理只能拿着投资者给他们的钱来投资债券。他们把目光投向"山谷的另一边"，假设一切都会在不远的将来平息。

投资者没有意识到，这些借款只是在弥补收入损失，而不是为有效的新投资提供资金。他们还忽视了这些借款对企业信用价值的影响。延期还款、新发债券和收益下降，将进一步增加已经高度杠杆化的公司的债务股本比。其实，廉价的新贷款，只不过是将许多企业的清算日期向后推迟，这其中还包括一些疫情之前财务表现还不错的企业。

为当下支出而申请贷款，尤其是依赖于未来不确定甚至不存在的收入进行的贷款，在通常情况下都不会得到借款方的赞成。但在某些情况下，如在新型众筹平台上，借款人就是这样做的。可能他们的乐观态度是基于这样一个判断：目前正在积极购买公司债券的央行一旦出现问题，就会别无选择，只能将所有未偿付的公司债券包圆。

***

这一趋势经过十多年的酝酿，如今进入高潮阶段。各国央行和政府通过低利率、充裕资金和鼓励借贷的举措，来操纵价格、编造估值。这些政策已经实施了很长时间，以至于所有人都把这些操作当作常规，无视基本定价和市场机制已经被打破的事实。

这些行动并未提振实体经济、投资、就业和收入，只是推高了金融资产的价格，尤其是房地产和股票价格。政策制定者忽视了这些政策对不平等现象乃至于整个社会的影响，为分裂、动荡和民粹主义埋下了祸根。对此视而不见的人，正是那些薪水和财富依赖于永久泡沫的人。卷入其中的参与者，特别是金融市场的参与者，被一种集体幻觉所控制，他们还会继续参与其中，认为除此之外别无选择。

***

假设疫情能迅速结束，投资者预计将出现 V 型、U 型或 W 型复苏，整个社会经济迅速恢复正常。估值模型假设了短期的，大概 3 到 6 个月的波动，大致相当于十年投资期限内正常现金流出现一次小中断。根据模型，收益和股息在 2020 年会下降 25%~50%，但随即恢复正常。如果当时有人提出浴缸型或 L 型的前景预测，就会被认为是过于悲观。

一开始，股价下跌了 20%~30%。人们为下跌给出了合理化的解释，认为是必要的调整。在过去 10 年里，逢低买入始终是极其成功的投资策略，但如果疫情封控继续下去，那么经济中的许多部门都将面临收入枯竭，亏损和破产的威胁。坏账的大幅增加，并未计入估值。如果没有收入、股息和租金，那么股票、住宅、商业地产或基础设施等风险资产的价值就会低得多。投资者没有意识到，对于大多数企业来说，现在的重中之重是生存问题。他们将企业的偿付能力和央行人为注入流动性所产生的效果混为一谈。投资者也忽视了社会动荡和政治分裂的风险。

新冠肺炎疫情暴露出了经济结构的薄弱之处，而滞后效应则意味着复苏乏力。历史的进程会留下永久性的疤痕。经济活动可能在远远低于正常水平的层次上逐渐企稳。新冠肺炎疫情后的经济可能是"90% 的经济""空椅子经济""僵尸复苏"。全球经济很可能会落入一种中间状态，既需要政府支持来维持运转，又无法独立维持正常活动。当下的各类预测和资产定价，并没有将这种可能性计算在内。

在有关 1929 年美国股市崩盘的文章中，加尔布雷斯指出，投机狂潮之中，投资者总是对现实熟视无睹，不断找借口去拥抱幻想。因此，在实体经济消亡之际，华尔街却经历了有史以来最强劲的一次反弹。讽刺

后记
游戏的终结

的是，股票、信贷和大宗商品市场的复苏，使其更容易遭遇比预期时间还要长的危机，以及随之而来的深度衰退和漫长的复苏过程。此时，金融产品的定价，已经提前计入了疫苗有效、一切都很完美的场景。但到2020年底，还是看不到疫情迅速结束的迹象。

＊＊＊

经济与金融的关系从来都是不确切的。人类的行为也是不可预测的。还有不可知的二级、三级甚至四级效应。但在金融市场上，最困难的事情，却是承认你不知道。为了驾驭这个世界，投资者将他们的信心寄托在大量神秘的理论和模型上，这些理论和模型并不总是成立，因此它们有时有用，但危险永远挥之不去。

投资者对现象进行合理化解释的能力，近乎无穷大。在2020年11月美国大选的预备阶段，他们坚定地押注在蓝色浪潮之上，认为民主党会在总统、参众两院取得一系列压倒性胜利。所谓的通货再膨胀交易，是以大量的政府支出和不断上升的通货膨胀为前提的。这种情况进而将导致长期政府债务利率的上升，同时，美元走软也会压低股市。而实际情况与预期并不相符，于是股价大幅上涨，利率下降。

在大选之前，人们普遍认为，有争议的总统选举，以及行政和立法部门的分散控制，都是不好的结果。而结果一出来，人们便开始匆忙拼凑新故事，结论变成了这样很好。在这种模式下，税收和法规不太可能发生变化。政府很难为经济复苏做出贡献。美联储别无选择，只能介入。低利率将持续更长时间。政府将提供更多的资金。所有这些都会推高资产价格。

在疫情进程中，投资者被虚假的叙述所吸引。有吸引力的股票估值，是基于市盈率等指标，假定未来能获得客观的利润。如果假设收益大幅下降，那么最近的股价攀升，就意味着估值接近甚至高于2020年2月的历史高点。如果假设股票价格和收益挂钩，那么利润的大幅下降就应该与股价的大幅下跌挂钩，而不是近期出现的温和下跌。

这种情形与2001年"9·11"恐怖袭击事件有些相似之处。那次袭击事件同样扰乱了实体经济,影响了航空公司、旅游业和酒店业。但这种比较毫无助益,因为"9·11"事件后,经济活动迅速恢复,而且"9·11"事件是发生在局地的,而非全球性事件。当时的股市整体水平也要比现在低得多,因为在那之前不久刚刚发生了互联网泡沫破裂。当时,央行采取行动的空间也更大,因为当时利率更高,资产负债表压力较小。

投资者并没有注意到,政策制定者们的法律权力和资源正在走向枯竭。他们的行动目标是实现缓解,旨在防止更严重的衰退,而不是令经济和价格再度膨胀。无论如何,进一步为金融资产提供支持的行动,都可能会带来意想不到的后果。

如果疫情封控继续下去,而目前的措施经过实践检验后被证明是无效的,那么政府的最后选择,就是将大部分经济活动接管过来,实现部分或全部国有化,彻底改写经济关系。传统的自由市场会突变成为一种更接近苏联模式的指令性经济,从而改变金融资产的价值。

市场当时正在经历飞行员所谓的黑洞错觉。夜间飞行时,没有特征的地形会使飞行员误以为自己比实际高度高,导致飞行高度过低,并在试图降落时发生坠毁。如果新冠肺炎疫情不是短期事件,那么市场对由此造成的后果也会视而不见。

边洗手边唱"生日快乐"

在应对新冠肺炎疫情的过程中,政界和商界人士的行动都非常迟缓。骄傲自满的政府,从最一开始就没能迅速展开行动。有人说,一边洗手一边唱两次"生日快乐",疫情就能结束。而事态的严重性显露出来之后,这些人又开始表现夸张,对之前所说矢口否认。给出的解决方案与现实情况相距甚远,他们却厚颜无耻地一意孤行。

这些政策制定者不善于平衡彼此之间相互竞争的利益关系。丘吉尔

后记
游戏的终结

式的演讲再精彩，也无法掩盖准备不足，初期响应不力，面对病毒缴械投降背后的冷漠算计。各国都用"战争"这个比喻来形容与疫情的搏斗，而大多数国家其实对这类偶发事件都有更好的准备。

美国总统特朗普用一连串糟糕决策带着全世界走上不归路。他之前解散了美国疾病控制中心的流行病部门，一口否认疫情危机的严重性，拒绝采取专家建议的措施，也拒绝使用政府的紧急权力来确保所需的医疗设备和物资。行动开始时，可谓一片混乱。结果也是十分不堪。

***

除了几次非常高调的例外情况，几乎看不到领导力的存在。向民众传达的信息，不仅复杂，而且有时还自相矛盾。在许多国家，政客与公共卫生专家发生冲突，因为专家提供的建议不受政客欢迎，或是对专家提出的乐观发展预期提出质疑。知识界围绕疫情这个话题，展开了一场大型内卷。感染人数的上升，反映出的是检测样本的增加，而不是疾病的失控。一些无脑建议，包括在体内使用紫外线、注入抗菌液体等，都将宝贵的资源从真正能解决问题的任务中转移了出来。

党派分歧依然激烈。政客们甚至开始和自己党内的成员打了起来。在戴口罩和隔离措施等意见上或接纳或拒绝，竟然成了人们意识形态纯洁程度的标志。双方都不断向支持者投放攻击对方的材料，根本不管这场矛盾是否会给老百姓带来伤害。

无法控制疫情的特朗普总统，面对即将到来的选举和民调落后，决定对疫情采取无视态度。他希望迅速撤销疫情管控措施，让经济重回正轨，以此来提振他连任的可能性。有人开玩笑说，特朗普说不定会颁布一道行政令，用他偏爱的治理方式，禁止新冠病毒的传播，并对被感染者进行制裁。巴西总统博尔索纳罗在被问及他对此次危机的处理方式时，对记者说："那又怎样？……我很抱歉。你想让我做什么？"

伦敦咨询顾问乌马尔·哈克（Umair Haque）称，在阿片类药物危机的大背景下，美国在全世界所有富裕国家中首当其冲，一败涂地。英国等许多其他发达经济体也紧随其后。老百姓，尤其是那些受疫情影响最严重国家的普通民众，发现自己身边正在上演一部恐怖电影，里面的情节全部是关于疾病、死亡、不堪重负的医院和临时停尸房，救护车的鸣笛声不绝于耳。

***

疫情的全球化本质，迫切需要国际合作。结果各国之间不仅没有合作，反而爆发了冲突。联合国夹在中间犹豫不决。

包括美国和欧盟在内的许多国家和地区，都开始限制医疗用品的出口。美国利用紧急权力加威胁，迫使重要物资转向美国，导致德国怒斥美国为"海盗"。美国买断了全球大部分瑞德西韦（Remdesivir）的供应，引发其他国家的愤怒。这种药物对缩短新冠患者的住院时间有一点点帮助。更富裕、更强大的国家，只想把疫苗或治疗药品完全供应给本国公民。

而在较贫穷的国家，粮食安全问题日益令人关切。由于工人感染新冠病毒后工厂关闭、运输中断、民工短缺，供应链受到了极大影响。一些国家暂停了粮食出口。疫情不仅导致人们买不到粮食，还让许多人没有足够的收入来购买食物。二十国集团农业部长发表了一份蹩脚的联合声明，宣布共同防范不合理的限制性措施，呼吁合作，创新应对措施。

一边是冠冕堂皇的声明，而另一边则是赤裸裸的无情现实。许多国家的食品生产商开始倾倒牛奶，毁坏庄稼，用拖拉机将没有收割的粮食直接翻进田地，这不禁让人想起了大萧条时期的情景。随着餐厅、酒店和学校纷纷关闭，农民的作物失去了买家。由于餐饮商超的需求和家庭的需求有所不同，将原本供应给商户的食品临时转卖给面向居民的小菜铺，难度非常大。

发展中国家，特别是石油出口国和那些依赖旅游业和涉外劳工汇款的国家，都迫切需要资金。在IMF的成员国中，有100多个国家请求援助，这是有史以来最大的规模。IMF将其快速融资贷款额度增加了一倍，达到 1 000 亿美元。世界银行承诺提供 1 600 亿美元，用于支持各国预算和卫生基础设施建设。最贫穷国家的债务支付得到了暂缓。IMF 估计，总共需要 2.5 万亿美元的支持。发达经济体直接拿出利己主义的态度，声明对援助不感兴趣，理由是财政紧张，而且援助行为在选举中也不受欢迎。

其实世界卫生组织早在 2020 年 1 月 10 日就警告了所有国家有关风险，并敦促各国采取预防措施，但特朗普充耳不闻。

应对疫情的国际合作一旦破裂，后果非常危险。往远看，对于应对气候紧急状况等未来可能发生的全球议题来说，这并不是一个好兆头。

仓鼠式抢购

对于普通市民来说，疫情就意味着德语中的 hamsterkauf，意为"仓鼠式囤积，恐慌性购买"。人们纷纷在家中储备各类物资。超市货架被席卷一空，而空无一物的货架又刺激人们去购买更多的东西，形成绝望的恶性循环。现在，世界各地的超市都要满足相当于两个国家的需求，而不是一个。

由于担心疫情导致完全封锁，各家各户都囤积了大量令人眼花缭乱的物品。不管它们的用途如何，未来是不是能用上，人们都储存了大量的口罩、手套、消毒剂和止痛药。鸡蛋、意大利面、大米、早餐麦片、烤豆和其他易于烹饪的食品需求量很大。虽然电视名人烹饪节目和《厨艺大师》竞赛办得如火如荼，但许多人的做饭水平只能说非常初级。因此，对酒精的大量需求，这时也是可以理解的。

如果弗洛伊德在世，肯定会对囤积卫生纸这个现象感兴趣。由于新冠肺炎并不会引起明显的胃肠症状，因此囤积卫生纸的逻辑尚不明确。物资短缺，刺激人们在网上就哪些东西可以用作替代品而展开了大讨论。不知为何，人们对坐浴盆和具有自动清洗、烘干和擦净功能的时髦日本马桶兴趣陡增。

最主要的因素，还是恐惧。在发达国家，人们早就遗忘了风险为何物。相对的和平和富足，助长了一种错误的安全感。但是，任何事情，无论是做饭、过马路、开车，还是旅行，都有风险。这是不可能消除的。

人们忘记了不确定性才是人类存在的核心。他们不顾忌死亡的必然性。医学科学鼓励人们相信，我们可以预防疾病，延缓死亡，甚至可能实现永生。如今的人们大都缺乏直接的战争经验，甚至连工业事故都没见过，所以基本都没有经历过严重的创伤或死亡。医疗保健和药理学的进步，特别是抗生素和疫苗的进步，降低了儿童死亡率，延长了寿命。就在1950年，美国的预期寿命还只有68岁，而现在则高达79岁。在平均预期寿命远高于80岁的其他国家，这种改善更为显著。

***

新冠肺炎疫情唤醒了人们对困难和死亡的担忧。这种焦虑情绪在较富裕的人群中表现得最为明显。他们之前一度认为，财富能让他们远离人生的沧桑。他们的认知范围，仅停留在某个有限的层面上，比如夫妻关系不和、离婚、孩子不听话、偶尔投资失败、常见病（就算患病，他们也可以花钱买到最好的治疗和护理服务）。但是，哪怕是准备最充分的人，也在这场疫情面前无能为力。再富有的人家，也不可能拥有设备齐全的家庭医院。预期与现实之间的差距令人难以理解——这种倒霉事应该只发生在穷人身上的啊！

发达国家的富人，发现自己只能待在家里或酒店房间。一些人被困在海上或国外，乞求他们的政府安排撤离，甚至不得不支付巨额救援资金。他们以前对难民、非法移民和穷人漠不关心、怀有敌意，现在他们却声称自己受到虐待，公民权利受到侵犯。而不幸的人处境更糟，一想到这一事实，他们就能用幸灾乐祸的心态缓和一下情绪。他们挤在卫生条件有限的隔离设施里，等待着疫情的结束。

新冠肺炎疫情封控期间，爱尔兰导演罗根·芬尼根（Lorcan Finnegan）

后记
游戏的终结

的《生态箱》（*Vivarium*）上映，这是一部针对市郊家庭生活的讽刺影片。故事围绕一对普通的年轻夫妇展开，他们被困在一套房子里，而这里唯一的居民是他们被迫抚养的一个婴儿。对许多人来说，这部电影就是他们正在经历的活生生的一幕，体验着与直系亲属彼此隔离的恐怖。布莱斯·帕斯卡（Blaise Pascal）曾说过，人类不快乐的唯一原因，是他无法安静地待在自己的房间里。这句话再正确不过了。

＊＊＊

人们乐观地认为，新冠肺炎疫情可能会激发社区关系和民间社会的复兴。媒体关注的是积极的一面，传递的是正能量：黑暗中寻找希望，我们都在一起。甜腻的语言、对陌生人的友善行为，还有隔离过程中人们的坚强形象，都在网上广为流传。每一个振奋人心的英雄故事，都忽视了背后那千千万万负重前行的默默无闻的人们。这种共同努力才能获得的珍贵体验，被蓄意诱导多巴胺分泌的廉价号召冲淡了。随着全世界在疫情危机中越陷越深、经济崩溃、地缘政治紧张、国家监管不断加剧，记者们决定要努力传播积极乐观的舆论。而真正让人们拿出铤而走险的英雄主义精神，不顾生死迎难而上的根本原因，则被彻底忽视了。

短期内，人们还是表示支持和理解的。随着经济后果的逐渐显现，人们的利益逐渐分化，暴露出深刻的分歧。于是，重点就转移到维护寡头政治和现有利益上。

＊＊＊

世界末日的狂欢，变成了活生生的《蝇王》剧情[①]。恐慌性抢购、不顾后果地拒绝保持社交距离、抢掠医疗用品、似曾相识的偏见和骗子又活跃起来。

[①] 《蝇王》是英国现代作家、诺贝尔文学奖获得者威廉·戈尔丁创作的长篇小说代表作。故事发生于未来第三次世界大战中的一场核战争中，一群六岁至十二岁的儿童在撤退途中因飞机失事被困在一座荒岛上，起先尚能和睦相处，后来由于邪恶本性膨胀起来，便互相残杀，发生悲剧性的结果。——译者注

新冠患者为了避免遭到雇主和房东的歧视，开始隐瞒自己患病的事实。在印度，警察遭到袭击，一名警察在试图实施疫情封控措施时被砍掉了一只手。法国一名公交车司机要求乘客在车上戴口罩，结果被乘客袭击致死。在美国，一名男子因为没戴口罩，被超市拦在门外，于是拔出了手枪。在许多国家，都有人认为医护工作者是新冠病毒携带者，并对他们实施迫害。

在美国，自由主义者要求解封，为此与警察发生了身体对抗。示威者中，有一些人挥舞着自动武器，抗议封控造成的经济成本，并主张他们的公民自由。特朗普担心经济衰退会损害他取得的"有史以来最伟大的经济成就"，更担心会损害他连任的机会，因此对抗议活动大肆鼓励。在一连串全是大写字母的推文中，特朗普宣称："解放密歇根！""解放明尼苏达！"因为这两个州的民主党州长实施了严格的疫情管制。

特朗普总统彻底放弃了维持两党合作的表象，试图通过极力迎合自身政治基础来分裂这个国家。这并不是什么新策略。

***

中产阶级和富裕阶层习惯于过正常而富足的日子。而疫情暴露出了人们最原始的焦虑。在压力下，人类恢复了动物的本能。生存成了他们野心的极限。饿鬼偷窃饿鬼，弱者毁灭弱者。人们接受了这样的现实，即别人的痛苦和死亡是自身获得生存的代价。

无论富裕阶层和特权阶层是否理解，这都是一种让他们大受其益的深度剥削制度的自然发展轨迹。历史表明，这一过程通常以"消灭富人"的时刻宣告结束。贪婪无知的人类，总是会不可避免地伤害自己和他人。人们担心的，就是情况会变得更糟。随着社会动荡和暴力威胁的升级，富人纷纷聘请保镖来保证自身的安全。问题是，他们不能确定这些保镖会不会也是杀人的刽子手。

后记
游戏的终结

未来的变数更多

到了 2020 年 11 月，几种正在开发中的疫苗均取得了重大进展。在绝望政府的慷慨资助下，其中一些在临床试验中表现出色，未来很可能推广开来。但是，挑战仍然存在。

疫苗的生产设施，规模必须成倍扩大，才能生产足够的剂量，为数十亿人的接种做好准备。生产几千支用于临床试验的疫苗与大规模生产之间，存在本质上的不同，特别是在某些疫苗使用了新技术的情况下。大规模生产需要建立相应的供应链，提供充裕的原材料以及生物和化学制剂。

还有其他方面的瓶颈。疫苗注射还需要配备大量的药瓶和注射器。疫苗的分配和交付非常复杂。有些品牌的疫苗，保质期很短，要么就是需要在零下 70℃的低温环境中才能保存。哪怕在发达国家，冷链运输都不容易，更别提在欠发达地区了。疫苗注射，也需要大量经过培训的人员来操作。

大规模检测和病例溯源所遇到的困难表明，大规模疫苗接种计划不会像理想中那样简单而快速。全球根除天花行动所采取的一项战略，就是要达到每个国家 80% 的疫苗覆盖率。随后如果发现病例，就会对所有已知和可能的接触者都进行疫苗接种，以控制疫情。这场行动，从 1966 年一直持续到 1977 年。

疫苗可能无法终结这场疫情。由于人口规模、卫生基础设施和财政资源的不同，世界将分为有疫苗国家和没有疫苗的国家。要恢复疫情前的状况需要时间，因为全面解除封锁和重新开放边境，就需要为全球很大一部分人口接种疫苗。疫苗是隧道尽头的光芒，但我们要走的路还很长。

科学家警告称，新冠病毒及其变体可能无法在全球得到根除。如果不能普及疫苗接种，那么只有由病毒来决定疫情的持续时间和周期。疫情有可能一直继续下去，直到最后一个易感个体受到感染为止。这就像一场大火，只有当所有的燃料都烧光，才会熄灭。就目前而言，人类可能不得不将新冠病毒视作日常生活的一部分。新冠病毒，是大自然对"人类例外论"主张的完美回应。

在等待疫苗的过程中，各国政府一方面要应对公众对放松管制所造成的健康隐患的担忧，另一方面要解决严格管制可能造成的无法弥补的经济损失。从政治角度来看，重新实施封控措施或长期保持封控，都是非常困难的。没有严格的警察执法，人们不可能严格遵守。人们无视社交距离、拒绝戴口罩，草率行事的照片，更突显了局势的紧张与合作的困难。

关于戴口罩的争论并不是什么新鲜事。1918年流感疫情发生时，当局就曾鼓励使用口罩，但遭到了民众的反对。就像在2020年一样，反对者，尤其是美国的反对者，认为遮住面部的要求是政府的越权行为。反口罩联盟应运而生。反对者将口罩称为"辔头""细菌屏障"，说之所以有人戴口罩，是因为他们不想让别人看到自己脸上长着猪鼻子。对口罩的反抗，表现在具体行动上，包括为了方便抽烟而在口罩上打洞，给宠物狗戴口罩等。100年过去了，貌似一切都没有改变。只是如今这个年代，反对口罩的图片能通过Instagram（照片墙）和TikTok（海外版抖音）传播得更加广泛。

疫情的肆虐，最终的代价还要人们自己来承担。可能是死亡，也可能是对健康造成长期影响的严重疾病、大规模失业、经济崩溃。疫情会造成一些社会问题，如药物成瘾、家庭暴力、孤独和与世隔绝。所有的治疗手段都有副作用。控制新冠肺炎疫情的努力也不例外。

***

就算疫情最终会过去，问题也不会消失。新冠病毒只是众多病原体

后记
游戏的终结

中的一种。变异肯定会发生。实际上，疫苗的大规模应用，会进一步加快突变的速度。还有其他类型冠状病毒依然潜伏在自然界。流感也是一年比一年更严重。

大规模流行病变得越来越普遍。2020年6月，新加坡报告了创纪录的登革热病例。登革热也被称为"骨折热"，因为关节疼痛是其症状之一。雌性伊蚊叮咬，是这种疾病的主要传播渠道，在东南亚很常见。这种蚊子专门生活在住宅内外的积水中。科学家推测，由于新冠肺炎疫情限制了人们的出行，由此也创造出了一个环境，令蚊子与人群的互动变得更多。气候变化助长了登革热和其他疾病的传播。人们对其中的许多疾病知之甚少，也缺乏治疗方法。

抗生素耐药性问题日益严重。这种趋势持续下去，有朝一日可能连目前能治好的疾病都会变成致命疾病。哪怕是一个小伤口，如果感染，都有可能夺取我们的生命。常规的外科手术会变得极其危险。除非开发出新的治疗方法，否则根据联合国的数据，到2050年，抗微生物药物耐药性每年可能导致1 000万人死亡（目前这一数字为70万人），造成100万亿美元的损失。这里面最受追捧的解决方案，就是下大力气去研究新的抗生素。而真正的问题没人想去解决，这些问题包括对无须抗生素的疾病开出大剂量抗生素处方，以及在残酷而过度拥挤的工厂化养殖中过度使用抗生素等。

对流行病和其他疾病的公共卫生响应，成本非常高昂。社会中各个环节都在伸手要资源，而资源是有限的，总要权衡着去分配。疫情封控、为抗击新冠肺炎疫情提供资金，都把用于常规疫苗接种和其他疾病治疗的资源和注意力转移开来了。

***

疾病只是问题之一。气候变化导致的极端天气事件一直存在。疫情期间，风暴、龙卷风和洪水也异常肆虐，夺去了无数生命，造成了巨大的财产损失。美国西海岸经历了历史上规模最大的森林大火，被迫大规模疏散当地人口。肆虐的热带风暴袭击了美国大西洋和墨西哥湾沿岸，造成了严重的破坏。季风带来的暴雨导致南亚部分地区洪水泛滥。早些时候，澳大利亚部分地区遭受了火灾的严重破坏，后来这些地区又遭遇了大雨和洪水的袭击。气候变化给森林大火和暴风骤雨火上浇油。疫情又使得应急响应机制变得异常复杂。

北极经历了38℃（100℉）以上的创纪录高温。在南极，问题出在了思韦茨冰川上。思韦茨冰川像大坝一样保护着南极西部的其他冰川。随着思韦茨冰川的崩塌，影响将波及相邻的冰原，导致大量冰山流入海洋（仅这里的冰川就能使海平面上升65厘米）。随着冰川不断融化，最终将导致海平面上升高达3米，比之前模型预测的结果还糟糕两倍。对于大多数沿海城市来说，"世界末日冰川"的融化，将是灭顶之灾。

全球变暖的许多过程，比如夏季北极海冰的消失、永久冻土层的融化，以及南极冰盖的消失，都已经是注定的了，不可能停下来或得到逆转。现在科学所能做的，就是对这些过程进行研究。

粮食和水安全也在恶化。世界上只有1/3的人口能用半径100千米内的主要作物养活自己。而大部分人口依赖于越来越容易受到危机影响的进口粮食。如果各国政府在疫情之后通过限制出口来提高粮食主权，那么很多国家都将面临更大程度的粮食安全问题。

还有其他的自然风险。火山爆发是一种已知的危险。哪怕是一颗小行星撞击地球，也会造成危险。太阳的日冕物质抛射，实际上是大量带电粒子的放电，可能会对电力和通信网络造成破坏，甚至可能会使世界上大部分地区在数小时乃至数月的时间内断电、失去通信连接。

政府不可能保护人民免受威胁。整个人类社会，问题接踵而至，危机此起彼伏。

＊＊＊

新冠肺炎疫情是一扇窗，从中可以了解到人类活动与风险之间的相互联系。像SARS和埃博拉这样的病原体，在人类与动物的接触中，某

后记
游戏的终结

个病毒突变的驱动使之跨越了物种传播屏障,成了人畜共患病。这些疾病的肆虐,与人类对自然资源的开发有关。为了容纳越来越多的人口,获取更多的资源,人们不断砍伐森林,进而接触野生动物。外国船队在非洲水域的过度捕捞,导致非洲人不得不去丛林中捕猎动物,以获取蛋白质。在一些地方,生活水平的提高,也引发了人们对珍奇野生动物的口腹之欲。

经济学的本质,决定了人们会日益汇集到人口密集的大城市之中。再加上老百姓对休闲旅游的兴趣越来越浓厚,就进一步帮助了传染性病原体的迅速传播。自然屏障,如水体、山脉或沙漠,已不再能阻止许多疾病的传播。

禁止野生动物和生鲜市场交易,是远远不够的。主要问题在于工业化的畜牧业,正在为日益增长的人口提供必需的食物。在许多发展中国家,人为饲养的牲畜与野生动物混在一起的情况很常见。食品安全得不到保证,卫生条件不合格。动物粪便随时会流入水位接近地表的地下水。这是病原体跨越物种边界的理想地点。

人类自负地认为可以凌驾于自然之上,可以从自身利益出发来操纵地球。这种傲慢,赤裸裸地将地球上的物种暴露在气候变化、生物多样性丧失和全新病原体出现的威胁之下。

***

有人认为,新冠肺炎疫情的一个好处是碳排放下降。这纯属一厢情愿的幻想。2020年5月,在夏威夷的莫纳罗亚天文台,大气中二氧化碳的平均含量超过了417%,创下了新纪录。

垃圾处理和回收设施因疫情而停工,导致大量废弃口罩、手套和一次性卫生用品成了塑料垃圾,堆积起来无人问津。可以预见的是,随着正常活动的恢复,垃圾排放量还会继续攀升。到7月,由于交通拥堵加剧,一些主要城市的空气污染水平大幅反弹。由于人们担心感染,在公共交通工具上很难保持社交距离,于是小汽车的使用量增加,导致了排放量的上升。

长期来看,新冠肺炎疫情对气候造成了灾难性影响。人们在疫情面前,最最担心的就是医疗、失业和经济问题,而环境问题的优先级也随之往后退。各国领导人都不愿实施有可能阻碍经济复苏和生活水平恢复的环保措施。许多国家为了快速推进能创造就业机会的新项目,甚至大幅取缔环境保护法规。各国政府纷纷倾囊支持经济,缺乏资金来进行气候紧急状况的预防和救助。2020年6月,很多迹象表明,各国在经济发展上遭遇的压力都在进一步压制清洁能源计划的实施。

对于地球上现存的自然生态系统来说,这也是一场灾难。游客缺乏,旅游国家的人们无以谋生,只得深入自然保护区。饥饿和对收入的需求,逼迫人们以野生动物作为食物,偷猎的情况越来越多。当地居民没有动力去保护这些仅存的脆弱栖息地。很快,一切都将不复存在。

理想主义者所拥护的那种关于"改变行为方式"的道貌岸然的论战,事实证明大错特错。习惯并没有改变。随着疫情封城措施逐步放松,人们纷纷涌向海滩,忙不迭地郊游、野餐、聚会。在一个炎热的日子里,50万人不顾一切地涌向英国伯恩茅斯海滩,给环卫工人和志愿者留下了50吨垃圾。美国、欧洲和澳大利亚也出现了类似的情况。人们恢复到以往的常态,指望着总会有人来给他们收拾残局。之前关于合作、责任和可靠的说辞,都是一派胡言。

死胡同

人类面临的各种问题,都存在相似的模式。在每一种情况下,整个社会都在提前透支未来,并将问题推向未来。

气候变化的影响虽然难以逆转,但也不是马上就能显现出来。有限的自然资源价格过低,被肆意开采利用,而没有人认真地考虑过怎么对其进行保护,以便子孙后代将来也能使用。公共卫生投资的稀缺,对致

后记
游戏的终结

命病原体的忽视，都造成了长期风险。经济增长和财富是建立在借贷基础上的。债务允许整个社会从未来借钱到现在，加速消费。人们用借来的钱购买眼下的东西，不确定未来是否能偿还。不平等造成的社会问题，只有到了日后才会水落石出。

当前的经济增长、短期利润和一些人生活水平的提高，是以付出巨大成本为代价的，而这些成本不会马上显现，只有到了未来才能看到。很多人亲手造成的问题，终其一生也不会承担什么后果。这些问题不存在立竿见影的后果，于是造成了一种虚假的安全感，让人们忽略问题的严重性。

更深层次的、持久的解决方案，只要需要付出成本，就会遭到摒弃，取而代之的是临时的廉价补丁。

在斯坦福大学的棉花糖实验中，幼儿在现在吃一块棉花糖或几分钟后吃两块棉花糖之间做出选择。如今人们的做法，基本都是相当于选择马上吃一个。许多研究发现，当奖励物品直接摆在人们面前时，他们很难对食欲进行抗拒。整个世界对当下所面临的问题，包括疫情的处理方式，都反映出了即时满足的逻辑。

目前的基本策略是"拖延和假装"加上"缓兵之计"。相当于是将责任转移到其他人身上，尤其是转移到未来几代人身上。这些策略假定还有时间，于是将不可避免的后果的发生时间往后拖延。这个世界，就像狄更斯笔下的米考伯先生一样，等待着奇迹的出现。在一场浮士德式交易① 中，为了当前的繁荣，世界又再次将未来抵押了出去，以换取一种稍纵即逝的、短命的稳定感。

但时间已经所剩无几了。疫情的暴发，用事实表明，人类已经将命运的钟表尽可能地压制到了极限。各种事件——气候变化、病原体肆虐、

---

① 浮士德式交易指魔鬼交易，或称恶魔契约，是西方广泛流传的文化主题。浮士德是欧洲中世纪传说中一位著名人物。类似于巫师或占星师，他学识渊博，精通魔术，为了追求知识和权力，向魔鬼作出交易，出卖了自己的灵魂。——译者注

经济失败，都是由复合增长所驱动的。而现在，压力正以指数级速度增长。变化速度非常快，将会压倒一切遏制和缓解的努力。这是《马太福音》中的《智者与愚者的寓言》："他就像个蠢人，将房子盖在沙滩上；下雨了，涨水了，刮风了，冲撞着那房子……就这样轰然倒塌。"

***

现在需要做的，是进行根本性的调整，但由于早先的拖延，如今所需调整的规模要比先前大得多，过程也更加痛苦。人们的生活水平和期望值都需要降低。资源利用强度，特别是能源的使用水平，必须下调。虽然缩减债务、降低消费的做法，会导致增长放缓，但能确保经济发展的可持续性。

各种不平等现象需要得到解决。社会内部的不平等是解决许多问题的障碍。低收入是对可持续性的抑制，因为这种现象往往会让人们采取廉价但浪费的解决方案。比如，快餐比新鲜食品便宜，但吃快餐这种行为从消费者角度讲是草率之举，而快餐背后的农业操作、分销渠道和包装工艺也经不起推敲。快餐遗留下来的问题，是昂贵的医疗外部性，给整个社会带来沉重的负担。

疫情突出了不平等问题的严重程度。公共卫生资源的匮乏，对没有私人医疗服务的弱势群体造成了不成比例的影响。与城市中心相比，农村社区的资源严重不足。巴西等国的土著部落受到了严重影响。在美国，黑人和拉丁美洲人死于新冠的概率比白人高很多倍。

出身于底层社会的人们，往往在低收入行业工作，如家政、零售、快递、肉类加工厂、食品加工、老年护理和医疗保健。他们使用公共交通工具的频率更高。他们感染新冠病毒的风险更大。许多人是计件工人，如果他们停止工作或请病假，就会面临贫困。这就迫使他们继续工作，继而增加了他们和所在社区面临的风险。警察杀害乔治·弗洛伊德后发生的种族骚乱，在一定程度上是少数族裔社区对病毒暴露出的健康和经济不平等问题感到愤怒而引发的。

后记
游戏的终结

弱势群体得不到重要资源。苹果和谷歌推出的智能手机系统，用于追踪与受感染人群的接触情况。但低收入家庭没钱买智能数字设备，所以世界上多达 20 亿的手机用户无法享受到这项服务，其中许多人就是最容易感染新冠病毒的穷人和老年人。疫情期间学校停课，穷人的孩子也在教育上遭受了打击，与富裕的同龄人在知识上的差距越拉越大。

收入高低，决定了人们遭遇疫情后的命运。有钱有势的富豪可以轻而易举地保持社交距离。需要暴露在感染风险之下才能处理的外部事务，他们总能请人来打理。学校停课，富人就聘请私人教师，确保孩子在学习上不会落于人后。餐厅关门，富人就将厨师请到家中，足不出户享受美食。还有一些富豪买下私人岛屿来进行自我隔离。私人飞机，打破了航班局限性的问题。一些国家取消了对富人的隔离限制，允许他们在自己的豪宅中隔离，不用去政府分配的场所。有钱人还抱怨说，为了保持政治正确，他们现在连抱怨的资格都没有。对于富人来说，世上的一切，包括疫情在内，都是不同的。

性别平等至关重要。在发展中国家，让女性受教育，赋予女性权力，是生活水平提高和可持续发展的一种非常有效的方式。因为调动起女性的力量，就能更加充分地利用被忽视的人力资源，并推迟生育，减少儿童数量。

疫情的经济后果，对妇女的损害尤其严重。一项研究发现，女性占全球就业人数的 39%，但却占总失业人数的 54%。很多女性所从事的工作，都在受疫情影响最严重的行业，如酒店行业、兼职工作等。对女性来说，新冠肺炎疫情还大大增加了在家中为老人、孩子提供无偿照料的负担。如果这种性别倒退的趋势继续下去，那么到 2030 年，全球 GDP 将损失高达 1 万亿美元。虽然现实如此，但政策目标依然是为传统上由男性主导的部门提供援助，例如建筑行业和基础设施建设行业等等。

我们也需要在代与代之间建立平等关系。年轻人受到 2008 年金融危机的影响尤为严重。根据国际劳工组织的估计，疫情导致六分之一以上的年轻人失业。那些还保留工作的人们，工作时间也被削减了20%以上。这进一步推高了本已居高不下的青年失业率和就业不足率。

年轻人和女性一样，都在劳动力市场面临诸多窘境。年轻人缺乏工作经验，也更容易丢掉工作，在经济低迷时工作时间会减少。年轻女性比年轻男性受到的负面影响更大。如果没有大量的劳动力，年轻人将长期处于经济上的劣势，存在依赖福利为生的风险。

2017年，澳大利亚房地产开发商蒂姆·古纳（Tim Gurner）否认了经济困难对千禧一代不利的说法。他认为，年轻人普遍被一种浮华、挥霍的生活方式所困。虽然"牛油果吐司理论"①在老一辈人中很有市场，但几乎找不到证据来支持这种说法。而事实则是，从健康和财富的角度来看，整个社会以年轻人为牺牲品，来保护长者。

许多当前的实践和解决方案，都将成本和风险转移到未来。在代际间公平分配资源和财富，对可持续发展而言至关重要。"前人栽树，后人乘凉"，这句古老的谚语，至今仍然值得我们所有人谨记。

国家之间的不平等，也必须进行纠正。发展中国家不应再为减少气候变化而采取的修正行动承担不成比例的费用，因为主要责任在于发达经济体既往数百年工业化进程中造成的污染。

在抗击新冠肺炎疫情的过程中，不平等现象所引发的各种后果，很快就赤裸裸地暴露了出来。弱势群体工作的地方，新冠病毒感染风险高，即使生病，人们也缺乏隔离所需的资金，只能生活在拥挤不堪、卫生较差的条件下。而弱势群体普遍健康状况不太理想，更容易感染病毒。在弱势群体中暴发的聚集疫情，对广大民众构成了严重威胁。这就迫使整个社会执行长期的硬封锁和更加严格的限制，推迟重新开放的时

---

① 牛油果吐司理论，是指如果千禧一代停止将收入挥霍在"可以发朋友圈的早餐"上，那么他们买上房子的时间能提前很久。——译者注

后记
游戏的终结

间,影响到社会经济的方方面面。贫穷的新兴国家,因卫生服务不足导致疫情管理捉襟见肘,而问题又随着国际供应链回溯给发达经济体。新冠病毒的高感染率和传染风险,使得旅行持续受限,令危机时间越拉越长。

最后,也是最重要的一点,那就是地球总人口数量必须保持稳定,然后逐步减少,因为人口问题才是当下许多挑战的核心因素。如果全球人口都追求发达经济体的高质量生活水平,那么地球根本没有能力承载这么多的人类。

反生育主义哲学家大卫·贝纳塔尔(David Benatar)认为,从富有同情心的角度来考虑,人类最好停止生育。人们一边充满憧憬地希望未来孩子免受痛苦,一边用实际行动避开了达到这一目标的唯一方法,那就是从一开始就不能要孩子。在《定期退休》(*The Fixed Period*)一书中,安东尼·特罗洛普(Anthony Trollope)提出用安乐死来彻底解决老年人的问题。书中描述的不列颠王国,根据法律规定,所有不列颠人必须在 67 岁时退休,并开始用一年时间为死亡做准备。

***

反对者提出的批评论点主要有三个:这样做是不公平的,是对进步的扼杀,而且也是不必要的。

调整的负担,将主要落在发达国家身上。不公平这个说法有失偏颇,因为这些国家本来就在使用不成比例的资源,而且多年以来积累起来的财富,很大一部分是基于对较贫穷国家的自然资源和人民的剥削。这种剥削在殖民时期尤甚。

社会的进步,仅狭隘地以经济和卫生参数为基础指标。越来越多的所谓改善,只不过是对不必要物品的过度消费,和对人类福祉几乎没有明显益处的经济活动。这些好处不是在人口中平均分享的,也是不可持续的。

采取行动不仅是必要的,而且非常紧迫。如果不行动,那么后果就是大规模的社会崩溃和环境危机。

近年来，美国、英国、法国、西班牙、黎巴嫩、厄瓜多尔、阿根廷、巴西和智利等国家，都经历了严重的内乱。这些事件的共同点，就是社会不平等，官员腐败，公民缺乏自由和自决权。人们对财政紧缩、政府服务缩水，环境变化应对不力等现实情况感到不满。

在和平的大环境下发起变革，前景并不乐观。当系统本身根本不承认自身就是问题所在时，想要进行改变，简直是难上加难。当那些从不平等中获益的人们必须亲手对失败进行修正时，难度就更大了。如果无法和平变革，那就只能通过革命或暴政的手段来实现了。正如黑人民权活动家斯托克利·卡迈克尔（Stokely Carmichael）曾说过的一样，只有当你的对手有良知时，非暴力才会发挥作用。

在缺乏根本性变革的情况下，国家暴力会不可避免地遭遇反暴力。以"法律和秩序"为由进行的残酷镇压，助长了无法无天和混乱不堪的局面。催泪瓦斯、高压水枪、警棍、橡皮子弹，最终将街道变成战场。警察和军队对抗议者的虐待引发了全新一轮的抗议活动。暴政和崩溃的风险不断升级。这就像《饥饿游戏》里写的："如果大火将我们毁灭，你会与我们一同灭亡。"

***

最重要的一点就是，如果我们想在这颗星球的范围内生存，就必须做出改变。基本生态学规定了生物多样性、物种之间的相互联系，以及凭借有限资源实现生存的必要性。大自然给我们人类的教训，是值得赞颂的。如果一个物种的扩张超出了现有资源的范围，违反了基本规则，那么就只能对现有资源进行垄断，并捕食其他物种。这就降低了生物多样性。考虑到物种之间的相互依存关系，种群过剩和对生态系统的破坏迟早都会通过入侵群体的减少甚至灭绝而得到纠正。

南美洲巴塔哥尼亚发生的一切，就生动地阐明了这些规则。这是一个微缩的世界。一切都很小，比如世界上最小的鹿——普度鹿，就生活

后记
游戏的终结

在这里。之所以小,是为了适应一个资源稀缺的世界。个头往小里发展,就使得动物的资源需求尽量最小化。相比之下,人类社会则选择了一条不同的道路,不断发展壮大,不断索取越来越多的资源。往后,我们可能需要两到三个地球,才能维持人类社会的需求。

对现代技术怀有的准宗教信仰,并不能战胜资源匮乏的现实,也不能推翻科学的基本法则。我们这个物种,尽管傲慢自大,却也只是这趟生命之旅的过客。如果人类不能或不愿做出必要的改变,那么这些改变将被大自然强加到我们身上。人类这个先进的科技文明,如今却被一种原始生命所征服。整个社会的信心遭受了毁灭性的打击。新冠病毒比人类更有耐心,一手决定着事件的发展顺序和节奏。大自然总是掌握着最终的发言权。

时日无多

一切都有尽头。凡事都有限度。人类是 40 亿年进化的产物,并不是大自然的顶点。60 亿年后,当太阳坍缩,地球毁灭之时,人类不太可能仍然存在。相比之下,文明的寿命要短得多。野心勃勃的帝国如果不顾及自身疆界的局限性,就会面临灭亡的危险。

历史表明,经济衰退是由资源枯竭、环境破坏和创造财富能力下降等因素共同造成的。金融因素包括公共财政措施不力、货币贬值和金融欺诈。工作内容越来越退化,非生产性工作的复杂性增加,不平等和寡头政治激增,决策变得僵化,政府和机构腐败,自满情绪爆棚,人们也感觉到好日子所剩无几,于是放开手大肆洗劫。社会在战争、自然灾害、饥荒和瘟疫等冲击面前变得脆弱不堪。

20 世纪 70 年代,麻省理工学院开发了一个模型。它根据污染水平、人口增长、自然资源利用程度和整体生活质量,预测出了 2040 年人类文明的崩溃。目前来看,这项预测还是准确的。现代文明注定要被其基本结构和大自然的力量所毁灭。生态环境所承载的压力和社会经济的分层是致命的。技术提高了资源利用的效率，但也增加了资源的消耗和开采。由此带来的好处被系统的过度负担所抵消，使得崩溃发生的可能性越来越大。

如今，人们的安全感不是来自信念，而是基于习惯。乔治·艾略特（George Eliot）认为，某些事情永远不会发生的信念，是基于此事持续处于令人愉快的状态下的时间长短。不幸的是，随着时间的流逝，发生某些不好的事情的可能性越来越大。艾略特用衰老作类比：一个人越老，就越难以相信自己的死亡。

如今，这场博弈已经进入了最后阶段。新冠肺炎疫情是一场试验，也是随后许多试验之中的第一场。真正的考验，特别是气候变化和重要资源稀缺的问题，还在后面等着我们。如果不采取果断行动，人类将面临一系列不可逾越的挑战。

在2009年的一次采访中，美国生物学家威尔逊（E. O. Wilson）认为，眼下的根本问题，在于人类试图用旧石器时代的情感、中世纪的制度和像面对神灵一样的技术崇拜来解决当下的问题。解决社会面临的多重危机，需要人类智慧，但或许更重要的是诚实和谦逊的心态。威尔逊认为，我们确实处境艰难。

历史表明，社会拿出不破不立的精神来采取必要的纠正措施的可能性很低。从最好的情况看，人们将适应不断恶化的物质条件，在越来越严格的约束中苟且偷生。而未来某一天，很可能即使我们愿意隐忍，都不再有这个机会。

致　谢

在此向企鹅出版社澳大利亚分社的出版总监本·鲍尔（Ben Ball）致谢，感谢他从本书构思之始一直以来勇敢而热情的支持。

特别感谢我的编辑梅瑞狄斯·罗斯（Meredith Rose），始终耐心地与我通力合作，在紧握本书中心思想的同时不断加以提升。还要感谢企鹅出版社业务能力超群、勤奋进取的团队，包括细心审读、及时纠错的瑞贝卡·鲍尔特（Rebecca Bauert），约翰·坎迪（John Canty）（设计师）、约翰内斯·雅克布（Johannes Jakob）和伊莫金·杜伊（Imogen Dewey）（编辑助理）、特雷西·贾勒特（Tracy Jarrett）（生产控制）和珍妮·鲁德（Jeanne Rudd）（索引编纂）。

在此感谢责任编辑布兰顿·万诺弗（Brandon VanOver）对著作改编版的热情支持。还要感谢帕特里克·曼根（Patrick Mangan）、奈瑞丽·维尔（Nerrilee Weir）和艾米丽·库克（Emily Cook）对本书的帮助。

注 释

序言

1. Ayn Rand,《客观主义者的道德》这篇论文在 1961 年 2 月 9 日于美国威斯康星州麦迪逊举办的"威斯康星大学'我们时代的道德'研讨会"上发表。
2. C.S. Lewis,《返璞归真》,第一册,《作为宇宙意义线索的是非观》,第五部分,《我们有理由感到不安》,1943 年。

第一章

1. Harold Macmillan,1957 年 7 月 20 日在英国贝德福德的演讲。被引用于 1957 年 7 月 22 日《泰晤士报》的文章《通胀的"唯一答案"是扩大生产》。
2. Sloan Wilson,《一缕灰衣万缕情》,Da Capo Press,1955 年,p. 3.
3. Willy Brandt,《欧洲统一的梦想》,1991 年 12 月 22 日《Awake! 杂志》。
4. Robert Lucas,《宏观经济学的优先级》,《美国经济评论》,第 93 卷,第 1 期(2003 年),pp. 1–14.
5. Peter Schwartz 和 Peter Leyden,《长期荣景:关于未来的历史,1980—2020》,《连线》,1997 年 7 月。http://archive.wired.com/wired/archive/5.07/longboom.html.
6. Alan Greenspan,《动荡的世界:新世界冒险》,Allen Lane,2007 年,p. 230.

7. Joe Nocera,2008 年 10 月 1 日《纽约时报》,《随着信贷危机螺旋上升,警示引发行动》。
8. Youtube 视频《伯南克:为什么我们还要听这人说话?》,www.youtube.com/watch?v=HQ79Pt2GNJo.

第二章

1. 2008 年 1 月 23 日《金融时报》,乔治·索罗斯《60 年来最严重金融危机,标志着一个时代的终结》。
2. Richard Dobbs,Susan Lund,Jonathan Woetzel,Mina Mutafchieva,《债务与(不多的)去杠杆化》,麦肯锡全球研究所,2015 年。
3. 参见 Henry Hazlitt,《一课经济学》,1946 年,17 页。http://mises.org/books/eco-nomics_in_one_lesson_hazlitt.pdf.
4. 前英国官员 Adair Turner 爵士说过的一句话;参见 Gillian Tett,2013 年 9 月 20 日《金融时报》,《美联储 QE 策略背后的真实故事是西方的债务爆炸》。
5. 参见 Piergiorgio Alessandri 和 Andrew G. Haldane 的演讲《依靠国家》,基于 2009 年 9 月 25 日在芝加哥联储第十二届年度国际银行业大会发表的讲话《国际金融危机:金融规则是否已经改变?》www.bankofengland.co.uk/archive/Documents/historicpubs/speeches/2009/speech409.pdf.
6. Peter Drucker,《养老金的海市蜃楼》1950 年 2 月《哈珀斯月刊》。
7. Jagadeesh Gokhale,《欧洲国家无资金准备的责任评估》,国家政策研究中心,2009 年 1 月《政策报告第 319 号》。
8. 参见 Quentin Peel,《默克尔对福利成本发出警告》,2012 年 12 月 16 日《金融时报》。
9. 参见 AFP,《中国总理:美国金融危机的影响将波及全世界》,2008 年 9 月 28 日。
10. 参见 Martin Wolf,《英国银行业改革需要继续深化》,2013 年 6 月 20 日《金融时报》。
11. 英国银行 Andrew Haldane 说过的一句话。
12. 参见 Simon Schama,《美国的未来:从建国之父到奥巴马》,2010 年,311 页。
13. 参见《让-克洛德·容克访谈:魔鬼尚未驱逐》,《德国明镜周刊》,2013 年 3 月 11 日。www.spiegel.de/international/europe/spiegel-inter-view-with-luxembourg-prime-minister-juncker-a-888021.html.

第三章

1. Edward P. Lazear,《经济帝国主义》,哈佛大学胡佛研究所和商学院 1999 年 5 月。http://

facultygsb.stanford.edu/lazear/personal/pdfs/economic%20imperialism.pdf.

2. John Maynard Keynes,《就业、利率与货币通论》, Atlantic Publishers & Distributors,（1936）2006, p. 272.

3. Raghuram Rajan,《经济学的偏执风格》,《世界报业辛迪加》, 2013 年 8 月 8 日。www.project-syndicate.org/commentary/the-declining-quality-of-public-economic-debate-by-raghuram-rajan.

4. G.K. Chesterton,《正统》,第六章,1908 年。http://en.wikiquote.org/wiki/ G._K._Chesterton.

5. Carmen M. Reinhart 和 Kenneth Rogoff,《这次不同：八个世纪的金融愚蠢》, Princeton University Press, 2009 年。

6. 参见 Patrick Bernau,《"一场政治迫害"—Keneth Rogoff 关于他的错误》,《Fazit》, 2013 年 10 月 22 日。http://blogs.faz.net/fazit/2013/10/22/kenneth-rogoff-ueber-excel-fehler-hexenjagd-2818/.

7. Frederic Mishkin,《经济学家对职场阴谋的回复》,《金融时报》, 2010 年 10 月 8 日。

8. 引述自 Robert John,《贝尔福宣言幕后：英国对罗斯柴尔德爵士的战争誓言》,《历史评论杂志》第六卷第四期,（1985–6 冬季刊）, pp. 389–450.

9. 参见 Neil Irwin,《随着消费者支出放缓,企业雇佣也跟着放缓》,《华盛顿邮报》, 2010 年 8 月 21 日。

10. Tim Duy,《是的,我很乐观》, 2014 年 11 月 30 日。http://economistsview.typepad.com/timduy/2014/11/yes-i-am-optimistic-1.html.

11. Wynne Godley,《没有均衡或非均衡的宏观经济学》,《杰罗姆列维经济学会》, 工作论文第 205 期, 1997 年 8 月。www.levyinstitute.org/pubs/wp205.pdf.

12. Olivier Blanchard,《货币政策将永不回头》, IMF Direct, 2013 年 11 月 19 日。http://blog.imfdirect.imf.org/2013/11/19/monetary-policy-will–never-be-the-same/.

13. Fyodor Dostoyevsky, trans. Constance Garnett,《卡拉马佐夫兄弟》,第六部书,第三章：《佐西马神父的对话与劝诫：关于祈祷、爱、以及与其他世界的接触》,（1879）2009. http://www.gutenberg.org/files/28054/28054–h/28054– h.html#toc85.

14. Molière, Le Malade Imaginaire, 1673 年, Act III, sc. iii.

15. 参见 Eshe Nelson and Sharon Chen,《特纳称：解酒政策可能导致英国房产繁荣再次发生》,《彭博》, 2013 年 10 月 28 日。www.bloomberg.com/news/articles/2013-10-28/hair-of-dog-policy-risks-u-k-housing-boom-repeat-turner-says.

16. Milton and Rose Friedman,《现状的暴政》, Houghton Mifflin Harcourt, 1984 年, p. 115.

17. 参见 Chris Giles,《英国央行行动达到极限》,《金融时报》, 2012 年 10 月 24 日。

18. Jeff Frank,写给编辑的信《"大胆举动"是之后再将钱收回》,《金融时报》, 2015 年 1

月 26 日。

19. Simon Kennedy 和 Jennifer Ryan,《卡尼称：政策必须实现"逃逸速度"》,《彭博》,2013 年 1 月 28 日。www.bloomberg.com/news/arti-cles/2013-01-26/carney-says-flexible-central-banks-not-maxed-out-on-policy.

20. 参见 Michael Pascoe,《房价的 RBA 指南》,雅虎 7 金融,2013 年 1 月 23 日。http://au.pfinance.yahoo.com/our-experts/michael-pascoe/arti-cle/-/15932231/the-rba-guide-to-housing-prices/.

21. 参见《威廉·怀特：央行不是科学》'William White：Central Banking . . . Not a Science', www.youtube.com/ watch?v=tCx-lKdRrPs.

22. A.P. Chekhov, trans. Julius West,《樱桃园》,（1904）1916. www.eldritch-press.org/ac/chorch.htm.

23. Russell Brand,《致艾米》,2011 年 2 月 24 日。www.russellbrand.com/for-amy/.

第四章

1. Arthur Miller,《分裂的一年》,《纽约杂志》, 第 8 卷第 1 期（1974 年 12 月 30 日—1975 年 1 月 6 日）, p. 30.

2. 参见路透社,《高层领导：中国的 GDP 是"人造的",不可靠》,2010 年 12 月 6 日。www.reuters.com/article/2010/12/06/us-china-economy-wikileaks-idUS-TRE6B527D20101206.

3. Robert F. Kennedy, 在堪萨斯州劳伦斯的堪萨斯大学演讲,1968 年 3 月 18 日。www.jfklibrary.org/Research/Research-Aids/Ready-Reference/RFK-Speeches/Remarks-of-Robert-F-Kennedy-at-the-University-of-Kansas-March-18-1968.aspx.

4. Henry C. Wallich,《零增长》,《新闻周刊》,1972 年 1 月 24 日。

5. J.R. McNeill,《太阳下的新事物：二十世纪世界环境史》, W.W. Norton & Company, 2000 年。pp. 5–7.

6. Robert J. Gordon,《美国经济增长结束了吗？步履蹒跚的创新直面六大阻力》,经济政策研究中心,《政策洞察》, 第 63 期（2012 年 9 月）。

7. Justin McCurry,《日本首相称："让老年人赶快去死"》,《卫报》,2013 年 1 月 22 日。

8. Richard Dobbs, Jaana Remes 和 Jonathan Woetzel,《在哪里寻找全球增长：老龄化世界中,生产力提高能制造不同》,《麦肯锡季报》,2015 年 1 月。

9. Robert J. Gordon,《美国经济增长结束了吗？步履蹒跚的创新直面六大阻力》,经济政策研究中心,《政策洞察》, 第 63 期（2012 年 9 月）。

10. Robert Salow,《我们最好小心一点》,《纽约时报书评》, 1987 年 7 月 12 日。
11. 参见创始人基金,《未来会发生什么》。www.foundersfund.com/ the-future.
12. Andy Xie,《"新经济"的海市蜃楼》,《市场观察》, 2014 年 3 月 26 日。www.marketwatch.com/story/mirage-of-the-new-economy-2014-03-26.
13. Suzanne Woolley,《亚马逊可能刚刚打造出一种大规模消费武器》,《金融时报》, 2014 年 6 月 21 日。
14. Jill Lepore,《颠覆机器:创新信仰错在哪里》,《纽约客》, 2014 年 6 月 23 日。www.newyorker.com/reporting/2014/06/23/140623fa_fact_lepore?currentPage=all.
15. Alfred North Whitehead,《科学与现代世界》, Macmillan, 1925 年。p. 96.
16. Jonathan Huebner,《世界创新的下降趋势》,《技术预测与社会变化》, 2005 年第 72 卷第 8 期, pp. 980–986.
17. 1954 年 11 月 UAW-CIO 联合会举办的关于自动化的大会上有所提及 http://quoteinvestigator.com/2011/11/16/robots-buy-cars/.
18. John Steinbeck,《愤怒的葡萄》, Penguin,(1939)1992, p. 44.

第五章

1. John Hicks,《价值与资本》, 第二版, Clarendon, 1946 年。
2. Edward Abbey,《孤独的沙漠:荒野一季》, Touchstone, 1990 年, p. 113.
3. Graham Turner,《成长局限性与三十年现实的对比》,《社会经济学与环境讨论》, CSIRO 工作论文系列 2008–09, 2008 年 6 月。
4. Joseph Tainter,《复杂社会的崩塌》, Cambridge University Press, 2003 年。
5. Andrew Sheng,《大而不倒,大而不坐牢》'Too Big to Fail, Too Big to Jail', 在 INET 会议上关于主权和大型复杂金融机构的演讲 presentation at INET session on Sovereignty and LCFIs,于新罕布尔州布雷顿森林, 2011 年 4 月 9 日。www.youtube.com/watch?v=TdVc40Mc9cQ.
6. Jeremy Grantham,《欢迎来到反乌托邦!进入极具政治危险性的长期粮食危机》,《GMO 季度信》, 2012 年 7 月。
7. Roger Revelle and Hans E. Suess,《大气与海洋的二氧化碳交换,以及关于过去十年大气二氧化碳增加的问题》第 9 卷第 1 期(1957 年 2 月), pp. 18–27.
8. Joseph Conrad,《写给图西塔拉帆船船主与船员的信》, 1923 年 6 月 2 日。http://joandruett.blogspot.com.au/2011/05/joseph-conrad-letter-on-auction-block.html.
9. E.F. Schumacher, 源自 1954 年德国一次会议。引述自 Ramchandra Guha,《环境保护主

义：全球史》，Longman，2000 年，pp. 66–67.

10. Jared Diamond，《崩溃：社会如何选择成败兴亡》，Penguin，2006 年，p. 313.

第六章

1. John Maynard Keynes，《和平的经济后果》，Harcourt，Brace，and Howe，（1919）1920. www.econlib.org/library/YPDBooks/Keynes/kynsCP2. html.

2. Susan Lund 等，《金融全球化：倒退还是重置》，麦肯锡全球研究会，2013 年 3 月；James Manyika 等，《数字时代的全球流动趋势：世界经济中的贸易、金融、人员和数据连接》，麦肯锡全球研究会，2014 年 4 月。

3. 参见《老虎基金创始人朱立安·罗伯森与凯丽·埃文斯在 CNBC〈收市钟〉上的对谈》，2014 年 6 月 12 日。www.cnbc.com/id/101754198.

4. Pascal Lamy，印度工商联合会讲话（FICCI），新德里，2009 年 9 月 3 日。www.wto.org/english/ news_e/sppl_e/sppl133_e.htm.

5. Felipe Larrain，《QE 对新兴市场的打击》，《金融时报》，2013 年 2 月 4 日。

6. 《马里奥·德拉基称：关于货币战争的说法"过激"》，《每日邮报（英国）》，2013 年 2 月 13 日。

7. 参见 Linette Lopez，《你们这帮该死的美国人算哪根葱，竟敢跟我们和全世界说我们不能对付伊朗人》，《商业内幕》，2012 年 8 月 7 日。www.businessinsider.com.au/standard-chartered-complaint-quote-you-fcking-americans-2012-8.

8. William G. Hyland，华盛顿大学讲话，密苏里州圣路易斯，1987 年 3 月 15 日。www.nytimes.com/1987/05/17/us/commencements-washington-university. html.

9. Christopher Hibbert，《神龙初醒：中国与西方 1793—1911》，Penguin，1984 年，p. 32.

10. Michael Greenberg，《英国贸易与中国开放 1800—1842》，Cambridge University Press，1969 年，p. 5.

11. 参见 Tracy Withers，《新西兰不会拿玩具手枪进入货币战争》，《彭博》，2013 年 2 月 13 日。www.bloomberg.com/news/2013-02-12/english-says-n-z-won-t-enter-currency-war-zone-with-peashooter.html.

12. 美国国务卿玛德琳·奥尔布莱特在 1998 年 2 月 19 日 NBC 的《今日秀》上说过这句话。

13. "纠缠不清的联盟"这句话，是 1801 年 3 月 4 日美国总统托马斯·杰佛逊（Thomas Jefferson）在就职演讲中提到的说法，"为了毁灭而寻找怪兽"，是美国国务卿约翰·昆西·亚当斯（John Quincy Adams）在 1821 年 7 月 4 日发表演讲中提到的说法。

14. Winston Churchill，威斯敏斯特大学演讲，1946 年 3 月 5 日。www.fordham.edu/halsall/mod/churchill-iron.asp.

第七章

1. Alfred Russell Wallace，《奇妙的百年：成与败》，Swan Sonnenschein & Co.，1898 年。http://wallace-online.org/content/frameset?pagese– q=397&itemID=S726&viewtype=side.
2. Karl Marx，《英国统治印度的未来后果》，《纽约每日论坛报》，1853 年 8 月 8 日。
3. 参见 Michael F. Bishop，《暮光中的雄狮》，《国家评论》，2014 年 7 月 21 日。https://nationalreview.com/nrd/articles/381881/lion-twilight.
4. Peter Whitfield，《旅行：一段文字历史》，University of Oxford，2011 年，p. 46.
5. Jawaharlal Nehru，关于印度获得独立的演讲，新德里，1947 年 8 月 14 日。www.fordham.edu/halsall/mod/1947nehru1.html.
6. 可能源自德国首相赫尔穆特·施密特，英国首相玛格丽特·撒切尔和记者萨恩·斯迈利。
7. 引述自维克多·雨果，《一桩罪行的始末》，1852 年著，1877 年首次出版. 通常翻译为"人们能抵御住军队的入侵，却无法抵御思想的入侵。"
8. David Rothkopf，《金砖国家，没有中国的金砖国家是什么》，《外交政策》，2009 年 6 月 15 日。http://foreignpolicy.com/2009/06/15/the-brics-and-what-the-brics-would-be-without-china/.
9. 参见 Brett Logiurato，《约翰·麦凯恩：俄罗斯是假装成国家的加油站》，《商业内幕》，2014 年 3 月 17 日。www.businessinsider.com.au/mccain– russia-putin-gas-sanctions-ukraine-crimea-referendum-2014-3.
10. Henry Kissinger，引述自 1969 年 6 月 1 日《纽约时报杂志》。
11. Rudiger Dornbusch，《前线特别报道》专访，《谋杀、金钱、墨西哥》，PBS，1997 年。www.pbs.org/wgbh/pages/frontline/shows/mexico/interviews/dornbusch.html.
12. 参见 Tom Donilon，《我们是第一（还会继续保持第一）：为什么断言美国遭劫的预言家都是错误的》，《外交政策》，2014 年 7 月 3 日。http://foreignpolicy.com/2014/07/03/were-no–1–and-were-going-to-stay-that-way/.
13. Michael Beckley，《中国的世纪？为什么美国优势会持续存在》，《国际安防》，2011/12 冬季刊第 36 卷第 3 期，pp. 41–78.

第八章

1. Bill and Melinda Gates,《关于全世界穷人的三个误解》,《华尔街日报》,2014 年 1 月 17 日。www.wsj.com/articles/SB10001424052702304149404579324530112590864.
2. 这些数据源自世界银行 GINI 指标数据库。读者须考虑到,这是作者写作时查到的最新数字,但并不一定与读者读书时的年份相同。
3. 参见《前十大逃税人》,《时代》杂志。http://content.time.com/time/specials/packages/article/0,28804,1891335_1891333_1891317,00.html.
4. Branko Milanovic,《从数据来看全球收入不平等:历史与当下:概览》,《世界银行政策研究工作论文 6259》, 2012 年 11 月。http://elibrary.worldbank.org/doi/pdf/10.1596/1813-9450-6259.
5. 《米特·罗姆尼秘密视频全文》'Full Transcript of the Mitt Romney Secret Video',《琼斯夫人》, 2012 年 9 月 19 日。www.motherjones.com/politics/2012/09/full-transcript-mitt-romney-secret-video.
6. Ben S. Bernanke,《美联储做了什么,为什么这样做:支持经济复苏,维持价格稳定》,《华盛顿邮报》, 2010 年 11 月 4 日。www.washingtonpost.com/wp-dyn/content/article/2010/11/03/AR2010110307372.html.
7. 人肉盾牌这个说法,由 Steve Randy Waldman 提出,《关于 QE 的一些想法》, 2014 年 11 月 2 日。www.interfluidity.com/v2/5773.html.
8. 参见英国 2012 年预算:2010–12 年度第三十次报告,第 1 卷,p. 26;提交财政部委员会的口头证据,英国银行 2012 年 2 月通胀报告 HC(2010–12)1867, Q 84.
9. Oscar Wilde,《社会主义之下的人之灵魂》, 1891 年。www.gutenberg.org/files/1017/1017-h/1017-h.htm.
10. George Orwell,《马拉喀什》,《随笔》, Everyman's Library,(1939)2002, pp. 121–122.
11. George Orwell,《鲁德亚德·吉卜林》,《随笔》, Everyman's Library,(1942)2002, p. 400.
12. 经济种族隔离这个说法,由 Simon Kuper 首次提出,《经济种族隔离,只不过没那么黑白分明》,《金融时报》, 2014 年 4 月 25 日。
13. David Cameron,《大社会》,第六届年度休格·杨纪念演讲,伦敦, 2009 年 11 月 10 日。www.theguardian.com/politics/video/2009/nov/10/david-cameron-hugo-young-lecture.
14. Thomas Gray,《写在乡村教堂墓地的挽歌》, in Arthur Quiller-Couch(ed.),《牛津英语诗歌》, Oxford University Press,(1751)1919. www.bartleby.com/101/453.html.
15. Robert Shrimsley,《皮凯蒂泡沫的九个阶段》,《金融时报》, 2014 年 4 月 30 日。

16. Pope Francis,《福音的喜乐》,2013 年 11 月 24 日。http://w2.vatican.va/content/francesco/en/apost_exhortations/documents/papa– francesco_esortazione-ap_20131124_evangelii-gaudium.html.

17. 参见 Benedict Mander and John Paul Rathbone,《智利：增长的局限》,《金融时报》,2014 年 7 月 1 日。

第九章

1. Konrad Heiden, trans. Ralph Mannheim,《元首：希特勒的权力之路》,Houghton Mifflin,1944 年,节选自 Fritz Ringer,《1923 年德国通胀》,Oxford University Press,1969 年,p. 170.

2. 参见 Michael Mackenzie, Dan McCrum 和 Stephen Foley,《债券市场：错误的安全感》,《金融时报》,2012 年 11 月 18 日。

3. 参见 Ralph Atkins and Martin Sandbu,《金融时报采访实录：延斯·魏德曼》,《金融时报》,2011 年 11 月 13 日。

4. 参见 Ben McLannahan,《日本央行行动导致日本债市大幅波动》,《金融时报》,2013 年 4 月 5 日。

5. John Maynard Keynes,引述自 Robert Sidelsky,《约翰·梅纳德·凯恩斯：救世主般的经济学家 1920—1937》,Macmillan,1992 年,p. 62.

6. Greg Smith,《我为什么离开高盛》,《纽约时报》New York Times,2012 年 3 月 14 日。

7. Upton Sinclair,《我，州长候选人，是怎么被打败的》,University of California Press,(1935) 1994, p. 109.

8. 《华尔街与金融危机：投资银行的作用》,参议院听证会 2010 年 4 月 27 日,第 4 卷,111–674. www.gpo.gov/fdsys/pkg/CHRG– 111shrg57322/html/CHRG–111shrg57322.htm.

9. Matt Taibbi,《美国大泡沫制造器》,《滚石》,2010 年 4 月 5 日。

10. Liam Vaughan 和 Jesse Westbrook,《巴克莱大佬违规说明 Libor 改革不够充分》,《彭博》,2012 年 6 月 29 日。www.bloomberg.com/news/articles/2012-06-29/barclays-big-boy–breaches-mean-libor-fixes-not-enough.

11. Martin Arnold,《全年利润下跌后,HSBC 股价走低》,《金融时报》,2015 年 2 月 23 日。

12. Ferdinand Pecora,《誓言下的华尔街》,Simon & Schuster, 1939 年, p. 130. http://books.google.com.au/books?id=i2AUAQAAMAAJ&dq=Wall%20Street%20Under%20Oath.

13. Martin Wolf,《为什么银行业是一触即发的事故》,《金融时报》,2007 年 11 月 27 日。www.ft.com/intl/cms/s/0/3da550e8-9d0e-11dc-af03-0000779fd2ac.html#axzz3ZxuzhRuO.

14. John Maynard Keynes,《就业、利率与货币通论》,1936 年,第 12 章,第六部分。
15. 《巴西财政部长吉迪奥·曼特加先生陈述》,联合国货币与金融委员会,第二十五次会议,2012 年 4 月 21 日。www.imf.org/External/spring/2012/imfc/statement/eng/bra.pdf.
16. Jin Liqun and Keyu Jin,《欧洲应停止争吵,看向亚洲》,《金融时报》,2012 年 6 月 7 日。
17. AAP,《惭愧的 IMF 经济学家彼得·多伊尔辞职》,news.com. au,2012 年 7 月 21 日。www.news.com.au/world/ashamed-imf-economist-quits-organisation/story-fndir2ev-1226431366257.
18. Victor Mallet,《印度增长:乐观视角》,《金融时报》,2012 年 12 月 17 日。
19. Willem Buiter,《可惜,绝大多数"尖端"学术货币经济学都没用》,《沃克斯》,2009 年 3 月 6 日。www.voxeu.org/article/ macroeconomics-crisis-irrelevance.
20. Mark Melin,《保罗·辛格猛烈抨击经济学的"克鲁格曼化"》,《瓦列沃克》,2014 年 11 月 3 日。www.valuewalk.com/2014/11/paul-singer-paul-krugman/.
21. Jonathan Lynn 和 Anthony Jay,《是的,首相:詹姆斯·海克阁下日记》《MP》,BBC Books,1987 年,p. 218.
22. 《耶伦主席新闻发布会实录》,美联储,2014 年 3 月 19 日。www.federalreserve.gov/mediacenter/files/FOMCpresconf20140319.pdf.
23. John Maynard Keynes,《自由放任政策的终结》,Hogarth Press,1926 年。这篇文章,于 1926 年 7 月以小册子的形式出版,以凯恩斯于 1924 年 11 月在牛津大学的演讲和 1926 年 6 月在柏林大学的演讲为基础。www.panarchy.org/keynes/ laissezfaire.1926.html.
24. Peter Spiegel,《德拉吉的 ECB 管理:泄露的盖特纳文件》,《金融时报》,2014 年 11 月 11 日。
25. Bruno Waterfield,《让-克洛德·容克简介:"当问题严重时,你只能撒谎"》,《英国每日电讯报》,2014 年 11 月 12 日。
26. James G. Neuger 和 Mark Deen,《葡萄牙进一步削减赤字,以获得 1160 亿欧元救助资金》,《彭博》,2011 年 4 月 10 日。www.bloomberg.com/ news/2011-04-08/portugal-may-be-forced-to-make-deeper-cuts-than-ones-re-jected-by-lawmakers.html.
27. Miles Johnson,《西班牙宣布紧缩新措施》,《金融时报》,2012 年 3 月 30 日。
28. Louise Armitstead,《总理拉霍伊称,欧元区救助西班牙已成"不可能"之举》,《英国每日电讯报》,2012 年 4 月 12 日。
29. Peter Spiegel and Victor Mallet,《西班牙寻求欧元区救助》,《金融时报》,2012 年 6 月 10 日。
30. Bertolt Brecht,《解决方案》,as translated in George Tabori,《布莱希特在布莱希特:即兴表演》,法语,(1953)1967,p. 17.

31. 通常认为这段话出自1952年4月30日让·莫内《写给朋友的信》http://www.rense.com/general87/nationstates.htm. 但也有人说，这段话并非出自莫内，而是出自亚德里安·希尔顿的著作《欧洲的公国与权力》。

32. David Rennie,《左翼警告，给足投出否决票的压力》，《英国每日电讯报》，2005年5月26日。

33. Peter Oborne,《欧洲正在慢慢磨灭国家民主的生命力》，《英国每日电讯报》，2014年1月1日。

34. 这段话的来源说法有很多，但经常和金融家伯纳德·巴鲁克（Bernard Baruch）联系在一起。http://quoteinvestigator.com/2012/12/04/those-who- mind/.

35. Slavoj Žižek,《虚拟的现实》。www.izlese.org/slavoj-a-34-ia-34-ek-the-reality-of-the-virtual-1-7.html.

36. Tom Perkins,《来信：进步派的水晶之夜即将到来了吗？》，《华尔街日报》，2014年1月24日。www.wsj.com/articles/SB10001424052702304549504579316913982034286.

37. Nick Hanauer,《对于我们财阀来说……叉车要来了》，《政治》，2014年7/8月。www.politico.com/magazine/story/2014/06/the-pitchforks-are-coming-for-us-plutocrats-108014.html#ixzz3IuF76580.

38. John Maynard Keynes,《通向繁荣的途径》，Macmillan，1933，p. 37. www.gutenberg.ca/ebooks/keynes-means/keynes-means-00-h.html.

39. 这段话起源于尼采的《善恶的彼岸》。警句183："不在于你欺骗我，而在于我不再认为你能撼动我"。

第十章

1. Ernest Hemingway,《太阳照常升起》，Arrow，（1926）2004，p. 119.

2. Marshall McLuhan,《美国广告》，《地平线》，93–94（1947），pp. 132–141. www.unz.org/Pub/Horizon–1947oct–00132.

3. 引述自Kevin Foster,《垂死之国：奈保尔、阿根廷和英国》'A Country Dying on its Feet: Naipaul, Argentina, and Britain'，《现代小说研究》第48卷（2002年春季刊），pp. 169–193. http://muse.jhu.edu/journals/mfs/summary/v048/48.1foster.html.

4. Daniel H. Pink,《硅时代的新面孔》，《连线》，2004年2月。http://archive.wired.com/wired/archive/12.02/india.html.

5. Nichole Gracely,《无家可归也比给亚马逊打工强》，《卫报》The Guardian，2014年11月29日. www.theguardian.com/money/2014/nov/28/being-homeless-is-better-than-working-

for-amazon.

6. John Lovering，《创造长篇大论，而非工作机会：城市危机，以及知识分子和政策制定者的过渡幻想》, in Patsy Healey (ed.),《城市管理：新都市语境》, John Wiley, 1995 年。

7. 这一陈述有多个不同版本。最初版本可追溯到路德教牧师、纳粹迫害受害者马丁·尼莫勒的 1946 年 1 月 6 日法兰克福认信教会演讲。

8. 引述自 Jason Tanz,《Airbub 和 Lyft 最终是如何让美国人彼此信任的》,《连线》, 2014 年 4 月 23 日。www.wired.com/2014/04/trust-in-the-share-econ-omy.

9. William Alden,《Airbnb 的商业大亨》,《纽约时报杂志》, 2014 年 11 月 30 日。www.nytimes.com/2014/11/30/magazine/the-business-ty–coons-of-airbnb.html.

10. Kevin Roose,《硅谷是否有合同工问题？》,《纽约杂志》, 2014 年 9 月 18 日。http://nymag.com/daily/intelligencer/2014/09/ silicon-valleys-contract-worker-problem.html.

11. Harley Shaken, 加州大学伯克利分校的一位劳动经济学家, Louis Uchitelle 在文章中有所引述《意味着中产阶级的薪资》,《纽约时报》, 2008 年 4 月 20 日。

12.《退休的未来（2015）– 全球报告》, 汇丰控股。

13. Andrew Haldane,《价值 1000 亿美元的问题》, 在香港北亚监管与风险机构的演讲, 2010 年 3 月 30 日。www.bankofengland.co.uk/archive/Documents/historicpubs/news/2010/036.pdf.

14. Paul Brodsky,《塑料》, 2011 年 11 月 14 日。www.ritholtz.com/blog/2011/11/plastics/.

15. Martin Amis,《马丁·艾米斯谈关于上帝、货币和共和党的问题》,《新闻周刊》2012 年 9 月 10 日。www.newsweek.com/martin-amis-god-money-and-whats-wrong-gop-64629.

16. Arnaud Marès,《不要问政府将来是否会违约，而是问现在是否会违约》, 摩根士丹利, 2010 年 8 月 26 日。http://economics.uwo.ca/fubar_docs/july_dec10/morganstanleyreport_sept10.pdf.

17. Alan J. Auerbach, Jagadeesh Gokhale and Laurence J. Kotlikoff,《代际核算：评估财务政策的有意义方法》,《经济展望杂志》, 1994 年冬季刊第 8 卷第 1 期, pp. 73–94.

18. Nicoletta Batini and Giovanni Callegari,《平衡负担》,《金融与发展》, 2011 年 6 月, pp. 19–21.

19. Robert Hughes,《Goya》, Alfred A. Knopf, 2003, p. 383.

20. Edmund Burke,《法国革命反思》, Liberty Fund, 1790 年。www.econlib.org/library/LFBooks/Burke/brkSWv2c0.html.

注 释

尾声

1. William Faulkner,《修女安魂曲》, Random House, 1950 年, Act I, sc. 3.
2. Adolf Hitler, trans. James Murphy,《我的奋斗》,（1925）1939, 第 1 卷, 第五章。http://gutenberg.net.au/ebooks02/0200601.txt.
3. Thomas Hobbes,《利维坦》, 1651, 第 8 章。
4. B.H. Liddell Hart,《第一次世界大战史》, Macmillan, 1970 年, p. 1.
5. 这句话虽然竟然经常有人说源自爱因斯坦,但实际源自威廉·布鲁斯·卡梅隆,《非正式社会学：漫谈社会学思维》, Random House, 1963 年, p. 13. http://quoteinvestigator.com/2010/05/26/every–thing-counts-einstein/.
6. 参见 Wolf Richter,《事后来看,如果悲剧收场,那么这些报告将如何解读？愤怒？》,《沃夫街》, 2014 年 7 月 8 日。http://wolfstreet.com/2014/07/08/ bofa-conundrum-im-so–bearish-im-bullish/.
7. 参见 Peter Spiegel,《欧盟预测描绘惨淡经济图景》,《金融时报》, 2013 年 2 月 22 日。
8. Adolf Hitler, trans. James Murphy,《我的奋斗》,（1925）1939, 第 1 卷, 第 6 章。http://gutenberg.net.au/ebooks02/0200601.txt.
9. A.J.P. Taylor,《德国发展史：1815 年以来德国历史发展探索的调查》, Routledge, 1945 年, p. 228.
10. Gwyn Prins,《关于 Condis 系列产品与冷度》《能源与建筑》, 第 18 卷, issues 3–4（1992）. 引述自 Stan Cox,《丧失冷静：空调世界的不安事实（寻找度过夏季的新方法）》, The New Press, 2010 年, p. xii.
11. John Stuart Mill,《静止状态》,《政治经济学原理：在社会哲学中的一些应用》, J.W. Parker, 1948 年第 4 部书第 6 章。www.econlib.org/library/Mill/mlP61.html.
12. David Hume,《完美共和国之观念》, 1754 年。www.constitution.org/dh/perf-comw.txt.
13. 参见路透社,《欧洲央行魏德曼称：央行无法提升增长潜力》, 2014 年 11 月 28 日。
14. Russell Ackoff,《一生的系统思维》, Leverage Points, 1999 年, p. 115.
15. 这是戴明一句陈述的流行版本,由 Frank Voehl 在著作《戴明：我们了解他的方式》中引述, St. Lucie, 1995 年, p. 125. 实际陈述是："学习不是强制性的,而是自动自觉的。但为了生存,我们必须学习。"
16. Christopher G. Langton,《混乱边缘的计算》, Phyisca D, vol. 42（1990）, pp. 12–37.
17. Bertolt Brecht, 引述自 John Cook 著作,《积极名言》, Fairview Press, 2007 年, p. 390.
18. 这个说法源自小布什总统顾问卡尔·洛夫（Karl Rove）; Ron Suskind,《信仰、笃定,与小布什总统任期》,《纽约时报杂志》, 2004 年 10 月 17 日。

从大衰退到大停滞

19. Michel de Montaigne, trans. John Florio, "辨别自满的真伪是愚蠢的", in Robert Andrews (ed.),《哥伦比亚名言词典》, Columbia University Press, 1993 年。
20. 这一说法源自罗伯特·路易斯·史蒂文森, 基于著作《清教徒：……遮盖了我们所有人都要承担的后果的复杂性……》。

索引

(＊此为原版书中的索引)

Abbey, Edward 120
Abe, Shinzo 87, 171, 288
Abe-nomics 87, 234
accountability 358, 425
accounting
　creative 59–60
　generational 280
acquisitions 43, 70, 287
Adams, Douglas 346
Adenauer, Konrad 12
advertising platforms 331–3
Afghanistan 149, 171, 202, 312
Africa
　end of colonialism 13
　energy consumption 133
　food shortages 308–9
　locusts 308
　oil 132
　over-cultivation 128
　population growth 103
　relations with China 167–8
　wars and disputes 169–70, 177, 312
　water supply 123
aged care XIV, 59, 105–6, 108–9, 279
ageing populations
　baby boomers 104–5
　Britain 31–2
　China 104
　economic effects 37, 48, 52, 102, 105–6, 108–9
　employment, and 316
　France 31–2
　Germany 104
　health and care costs 105–6

Japan 31–2, 88, 104
Latin America 104
retirement age 48, 60–1, 106, 273
statistics 104
US 31–2, 104
Ahir, Hites 32
AIG 30
Airbnb 113, 263–5, 317
Al Jazeera 201
Al Noor Mosque shooting (Christchurch) 313
Alibaba 317
Allan, John Anthony 123
Alphabet 331, 405
Al-Qaeda 170
Alstom 159
alternative currencies 252–3
Amari, Akira 288
Amazon 112, 261, 317, 331, 405
Ambani, Dhirubhai 193
Amiel, Henri-Frédéric 149
Angell, Sir Norman 172
anthropocene 140
antibiotics 117–18, 130
　resistance to 422
anti-globalisation backlash 319, 345
anti-intellectualism 361–2
anti-microbial resistance 422
Apple 73, 113–14, 152, 208, 210, 317, 331, 428
Arab Spring 169–70, 312
arable land 128, 130
Aral Sea 127

Argentina 23, 233
　bonds, issuing 326, 328
　civil disorder 431
　debt, defaulting on 328
art as an investment 211
artificial intelligence 317
Ashley Madison 113
Asia
　capital suppliers 40
　COVID-19 362, 370
　farmland 128
　food shortages 308–9
　government bonds 183
　industry relocations 321
　population 103
　privatisations 222
　wars and disputes 177
Asian Tigers 200
Asia-Pacific Economic Cooperation (APEC) 193
Asmussen, Jörg 244
Aso, Taro 108
asset price
　boom 300
　bubbles 77, 84, 241, 407
　COVID-19, impact of 374–5
Atkinson, Tyler 31
Atlantic Charter 13
Aung San Suu Kyi 312
austerity measures
　Asian financial crisis 240
　dissatisfaction with austerity 431
　effects on children 217
　European Union 246

393

expansionary 90
fiscal multiplier effect 65
GFC 67, 69, 231
Greece 78, 248, 250
Italy 249
social welfare 216
Australia
　Aboriginals in custody 359
　bushfires 304–5, 310, 422
　COVID-19 370
　debt-to-GDP ratio 55
　drought 304, 308, 310
　financial weaknesses 390
　floods 422
　Gini coefficient 206
　home ownership 268–9
　house prices 78, 271
　household debt 56
　inequality 206
　mining exports to China 181, 284
　per capita GDP 180
　private debt 2000s 28
　raw material exports to China 168
　record temperatures 143
　retirement savings 52, 274
　social security system 52
　water shortages 310
autarky 149, 153–4, 160, 172–3, 319
　post-COVID-19 395
authoritarian leadership 356
automated trading 327
automation 317, 322, 400
automobile industry
　General Motors 49–51
　international competition 50
　Nader's critique 50
Ayn Rand Institute 387

Baader-Meinhof group 17
Bachelet, Michelle 229
bad debt 191, 196
Bahamas 303
bailouts 197, 240, 246–8, 251–2
Bangladesh 147, 181, 184, 219–21, 224
bank capital 72
bank fines 236–7
Bank for International Settlements (BIS) 81, 139, 156

Bank of America 217, 236
Bank of Canada 89
Bank of England (BoE) 42, 58, 80, 89, 179, 238
Bank of Japan (BoJ) 74–5, 80, 87, 197, 239, 243
bank regulations 58, 158–60, 237
Bank Transfer Day 253
bankers 41–3, 54, 209, 241
banking
　COVID-19, impact of 375, 382–9, 391
　fractional 34–6
　interest rates see interest rates
　leverage 36–7
　MMT, and 399
　reserve 34–5
　role of states 42
　shadow system 29, 35–6
　size of global system 58
bankruptcy
　COVID-19 responses, and 382, 396
　debt reduction, and 325
banks
　assets 40
　cross-border lending 156
　effects of 1980s deregulation 29
　government bond holdings 58, 233
　manipulation of rates 236
　profit from GFC 217
　share of US assets 4
　too-big-to-fail (TBTF) 58
　US prosecutions of UK and European banks 169
　see also central banks
Barclays 217, 236
Bastiat, Frédéric 313
Batista, Eike 187
Baumol's cost disease 212
Bear Stearns 30
Beckley, Michael 200
Bell Laboratories 116
Benatar, David 430
BerkShares program 252
Berkshire Hathaway 43
Berlin Wall 24, 172
Berlusconi, Silvio 249
Bernanke, Ben 25, 31, 70, 82, 90–1, 196, 241, 329, 330

Bernays, Edward 349
Beveridge Report 45, 54
Beveridge, Sir William 45
Beverly Hills 90H20 309–10
bezzle 328
Bhutan 98
Biden, Joe 351–3, 356
Big Data 117
BIITS (Brazil, India, Indonesia, Turkey, South Africa) 185
biodiversity 424, 432
bioengineering 334
Bismark, Otto von 45, 48
bitcoin 252, 324
BlackBerry 113
Blackrock 59
Blanchard, Oliver 65, 74
Blinder, Alan 296
blockchain 324
Bloomberg, Michael 227
BNDES bank 186
BNP Paribas 159
Bolivia 233–4
Bolsonaro, Jair 344, 381, 412
bond markets 26, 79
　COVID-19, impact of 374
bonds
　buying by central banks 71, 388–9
　Chinese investment 38
　COVID-19 responses, and 383, 388–9, 404
　European cross border holdings 157
　government 58, 61, 71, 74–5, 78–9, 81, 199, 217, 232–3
　interest rates 78–9
　post-Great Recession 326–7
　sovereign 78
　US Treasury bonds 57, 74, 82–3, 91, 162
　yields 287 see also junk bonds
boosterism 347
Borderless World, The (Ohmae) 395
bot fraud 117
BP 136
Brand, Russell 92
Brandt, Willy 24
Branson, Sir Richard 256

索　引

Brazil
　banks 186
　bond yields 184
　borrowings 23
　capital inflow controls 157
　civil disorder 431
　corruption 193
　COVID-19 381, 427
　credit culture 186
　crisis responses 2013 197
　debt levels 186
　debt-to-GDP ratio 55
　Gini coefficient 206
　mining exports to China 181
　nationalist politics 344
　near recession 283
　oil 134–5
　per capita GDP 180
　record temperatures 143
　reliance on overseas financing 188
　US-dollar loans 198
　water crisis 126 , 310
　see also BIITS; BRICS
Brecht, Bertolt 182, 250, 297
Bretton Woods Agreement 13–14, 18, 22
　system 318
Brexit 300, 343–4, 346, 362
　internet messaging, role of 333
BRIC (Brazil, Russia, India, China) 174, 180–1
BRICS (Brazil, Russia, India, China, South Africa) 175, 185, 200, 321
Britain
　social tensions 343
British East India Company 39, 176–7
Brown, Gordon 25
bubble economy 86–7, 93
Buckland, Robert 76
budget deficits
　China 183
　correcting 81, 163, 171, 234
　Europe 246
　France 30, 247
　Germany 247
　GFC 64, 66, 68–9
　Greece 30
　India 167, 188–9

Japan 30, 87
net worth 279
Portugal 30
Spain 233
UK 30
US 18, 30, 39, 83, 171, 232
Buffett, Warren 43, 256, 405
Buiter, William 242
Bundesbank 244, 253
Burke, Edmund 91, 281
Burning Man 324
bushfires see wildfires
business process outsourcing (BPO) 150

Caixa Econômica Federal 186
Cambodia 149, 181, 221
Cameron, David 225, 343
Canada
　debt-to-GDP ratio 55
　energy exporter to US 168
　exports to China and India 284
　Gini coefficient 206
　home ownership 268
　house prices 78, 271
　household debt 56
　inequality 206
　mining exports to China 181
　oil 132
　private debt 2000s 28
capital
　central bank capital levels 72, 75, 80
　controls 58, 165–6, 197, 239
　cost of 43
　effects of deregulation 29
　fixed 181
　foreign 82, 88, 183, 188, 192
　glut 94
　mobility 40, 395
　ratios 42
　reserves 60, 75, 80
　return on 204
　risk capital 44
　savings 105
　shareholders' 23, 36, 70, 75–7, 79
　venture 114, 116, 265
　withdrawals 185, 197
capital flows, cross border 23, 25, 39–41, 56, 149, 156–7

Capital in the Twenty-First Century (Picketty) 203–5, 211, 228
capitalism 51, 99, 154, 177, 204, 225
　gangster 356
carbon capture 334
carbon dioxide 128, 136, 141–2, 144–5, 305, 424
carbon pricing 139–40
carbon tax 140
Carney, Mark 89
cars see automobile industry
cash 234
catastrophe 299
Center for Disease Control (CDC) 411
central bankers 25, 243–5
central banking reserves 72, 80, 185
central banks
　assets 68, 80
　bond buying 71, 74–5, 78, 329
　control of money supply 22, 26
　COVID-19 investors 405
　COVID-19 responses 382–9
　debt monetisation 81
　financing of governments 74, 80
　Greenspan Put 26
　insolvency risks 80–1
　post-Great Recession 329–30
　power 84–5
　price manipulation 407
　profits from low interest rates 232
　qualitative and quantitative expansion (QQE) 74
　responses to GFC 32, 54, 60, 67–8
centre-left politics 345–6
centre-right politics 345–6
Cha, Laura 254
chauvinism 355
Cheney, Dick 399
Chernobyl 336
Chesterton, G. K. 63, 151
Chevron 377
chiemgauer 252

395

childcare 212–13
children, GFC effects 3, 217
Chile 155, 229, 431
China
  air pollution 193
  autarky 160, 165–6
  bond holdings 238
  civil disorder 431
  coal 131, 425
  consumption levels 195–6
  corporate debt 186
  COVID-19 362, 370, 393, 418
  credit gap 187
  currency devaluation 75, 155
  debt level 187–8, 198
  debt servicing ratio 187
  debt-to-GDP ratio 55–6, 185
  declining population 103
  energy consumption 133
  fixed investment 195
  food security concern 146
  foreign exchange reserves 38–9, 165, 181
  foreign interests 14–15, 167–8
  ghost cities 64, 189
  Gini coefficient 206
  growth post-GFC 97
  home ownership 269
  house prices 271
  household debt 186
  housing overcapacity 65
  incomes 195
  industrial overcapacity 190–1
  infrastructure investments 189–90
  international relations 166
  largest GDP 96
  living standards 179
  market-based reforms 24
  need for redirection 165–6
  one-child policy 192, 194
  per capita GDP 161, 180–1
  post-revolutionary financial markets 410
  recycling 339
  reintegration into world economy 24, 102, 150, 178–9
  relations with India 167
  relations with Japan 167, 171–2
  reliance on coal 147
  response to GFC 57, 183
  slow growth 283
  subsidiarisation 158
  territorial disputes 170–2
  trade expansion 38–9, 181–2
  trade surplus 57, 94
  trade with USA 165, 318–19
  trading history 39
  unrest in Tibet 170
  US-dollar loans 198
  waste 339
  water shortages 311
  see also BRICS
China Banking Regulatory Commission 122
Christensen, Clayton 113–14
churches 362
Churchill, Winston XVI, 54, 169, 172
Citibank/CitiGroup 23, 76, 85, 217, 236
CIVETS (Colombia, Indonesia, Vietnam, Egypt, Turkey and South Africa) 202
civilisation, collapse of 438–9
clean energy 333–4
Clifton, Jim 288
climate change XV, 120, 140–7, 298, 299, 341, 353, 356, 414, 424, 426, 427, 439
  COVID-19, impact of 424–5
  disease, and 421–2
  weather events 302–5, 422–3
  see also global warming
Clinton, Hillary 172, 344
closed economies 149, 152, 160, 163–7
Club of Rome 121
CO_2 see carbon dioxide
coal 123, 131–2, 137, 140, 396
cobalt 335
Coeuré, Benoit 244
Cohen, Noam 331
Cohen, Roger 285
cold chain delivery 419
Cold War
  alliances 15
  defence spending after 172
  détente 24
  end 24
  Iron Curtain 172
  military-industrial growth 14
  role of USA 171
Colombia 202
colonialism 176–7, 221–2
commodities
  COVID-19, impact of 375, 404
  prices 1980s 21
  prices post-GFC 4–5
  reserves 39
comparative advantage 150
complex systems 201, 296
complexity 42–3
computing 22, 110–11, 116–17, 133
conflicts
  geopolitical 169–72, 177
  resource 131, 170
Congo 312
consequences 302
conspiracy theories 434
consume-and-discard model 337, 339
consumer behaviour, changing 339–40
consumer credit 186
consumerism 258
consumption
  age effects 105
  Amazon 112
  attempts to stimulate 70–1
  conspicuous 99
  COVID-19, impact of 372–4, 392–3
  debt-fuelled 57, 101
  demand creation 99–100
  energy 132–3
  global imbalances 38
  household 390
  inequality effects 225
  meat 127
  reduced post-GFC 94
  water 123–4, 126–7
Control Room [documentary] 201
Cook, Tim 208
Corbyn, Jeremy 300
corn 129, 137
corporate restructurings 43

corruption 431, 438
  Bangladesh 221
  Brazil 193
  China 65, 194
  emerging nations 193–4, 321, 357
  Greece 30
  India 193–4
  institutional failures 357–8
  Soviet Union 178
  weaponised 358
cost-of-living adjustments (COLA) 273
Council of Foreign Relations (USA) 172
counterculture 16–17
COVID-19 XV, 298, 362–3
  anxiety 416–19
  behavioural change, and 395
  business restructuring 394–5
  celebrity health advice 434
  central bank and government responses 382–9
  community, revival of 417
  contact tracing 367, 369, 420, 428
  corporations, support for 386–7
  debt crisis 389–91
  economic impact 299, 366–7, 369–71, 372–6, 384–6, 389
  economic recovery forecasting 407–8
  emerging markets, and 380–2
  false financial narratives 409–10
  financial markets, and 374–6, 404–10
  'flattening the curve' 366–7, 638
  government responses 410–11, 414–15, 420
  healthcare costs 371, 382, 396
  herd immunity 366
  hibernating economies 393–4
  immigration, border closures and 392
  inequality, and 427–8, 430
  international cooperation, failure of 412–14
  investment culture 405
  limitations of technology, and 336–7
  lockdown 368–72, 380, 383, 385–7, 392, 396, 407, 410, 415–18, 420–2, 425, 428, 430, 436
  long COVID 363
  mask wearing 411, 418, 420–1
  misinformation 433–5
  mortality rates 365
  oil industry, impact on 376–80
  panic buying 415–16, 417
  reopening after lockdown 371–2
  supply chain disruptions 391
  symptoms 363–4, 365
  testing 367, 368, 369, 370, 371, 420
  transmission 363–5
  vaccine 368–9, 371–2, 419–22, 434
  violence and social unrest 418–19
  wealthy, impact on 328
  women, impact on 429
creative destruction 77
credit
  conditions 28–9, 35, 37, 41
  creation 72
  gap 187
  growth 69
  intensity 191
  margins 70
  ratings 38
  role of banks 40, 42
  supply 82
credit cards 100–1
Credit Suisse 236
  Global Wealth Report 322
crisis liabilities 394
critical thinking 361–2
cronyism 353, 402
crowdfunding 253, 406
crypto-currencies 324
Cuomo, Andrew 367
currency devaluation 15, 81, 84, 238, 397, 402
currency wars 76, 155–6, 238–9
current account
  balanced 163
  deficits 30, 197
  surpluses 56, 88, 188
cyber attacks 313
Cyclone Idai 303
Cyprus
  currency controls 233
  European loans 57
  financial crisis 246–7
  IMF bailout 246

da Gama, Vasco 176
Dali, Salvador 127
dams 124–5
dark web 324
Das Kapital (Marx) 99
Davos World Economic Forum 62, 245
de Guindos, Luis 245
de Montaigne, Michel 297
Death of a Salesman (Miller) 207
debt XIV
  appetite for 1980s 22
  corporate 55, 73, 198
  COVID-19, and 389–91, 396–8
  crisis 1970s-80s 23–4
  emerging world 321–2, 381
  financial sector 55–6
  financing 36, 40, 42, 165, 214
  forgiveness 24, 37, 57
  global 4, 33–5, 55, 82, 186, 284, 325, 396, 398
  government 23, 42, 54, 56, 66–9, 232, 315, 385, 396–7
  government spending, and 325
  growth, and 397
  household 27–8, 34, 55–6, 314–15
  impact of 28, 300
  inter-generational 279–81
  investment strategies, and 325–6, 406
  jubilee 242
  levels 2, 5, 33–6, 40, 53–5, 76, 90, 102, 232, 284
  monetisation 81, 88–9, 234, 386
  oil and gas industry 139, 377–8

397

restructuring 78, 233, 284
sovereign debt 30, 36, 66–7, 233–4
student loans 115, 162, 212, 277–8
sustainability 187
write-offs 23, 325–6
debt service ratios 56
debt-to-GDP ratios 55–6, 68, 72, 85, 99, 284, 396
debt-to-income ratios 56
Deepwater Horizon oil spill 135
default 37, 226, 231, 284
deficit-financed spending 399–402
defined benefit pension scheme (DB) 47, 51–2, 76, 272–3
defined contribution pension scheme (DC) 47, 51–2, 273
deflation 71–2, 74, 85, 89, 107, 191, 285
deforestation 128, 130, 141, 424
deglobalisation 316–17, 353
post-COVID-19 395
see also globalisation
degrowth 431–2
deleveraging 284
demand-and-supply shock 385
democracy 14, 26, 227, 231
deficit XIV, 231
demographics 102–7
Deng Xiaoping 24, 179, 182, 222–3
denial 433–5
Denmark 232, 239
deregulation
financial sector 22, 29, 100
labour markets 21, 209, 261
derivatives 35–6
Derman, Emanuel 25
Desai, Morarji 124
Deutsche Bank 236
developing economies 33, 55–6, 157–8, 160, 223–4
post-COVID-19 395–6
see also emerging markets
development banks 175, 186
development, economic 132, 151, 154, 156, 180, 222–3
Diamond, Jared 147
digital divide 213

Dilbert 43
diseases 45, 144, 225, 247
disinflation 5, 83, 85–6
disposability 100
Disruptive Growth Fund 114
disruptive technologies 113–14
dividends 34, 51, 60, 75–7, 210, 218
domino theory 14
Doomsday Preppers 323
Dornbusch, Rudiger 198
Dow Jones Industrial Average 15, 25
Doyle, Peter 240
Draghi, Mario 156, 232, 243–5
drought 304–5, 308, 310
Drucker, Peter 49
Durant, Ariel 227
Durant, Will 227
Duterte, Rodrigo 308, 344

Eastern Europe
debt increases 186
declining population 103
fall of communist governments 23
home ownership 269
privatisations 223
reintegration into world economy 24, 150
Easy Rider [film] 17
eBay 265
Ebola 363, 364, 365, 423
economic growth
BRICS 175
COVID-19, impact of 372–4
debt driven 2, 4, 28, 36, 57, 69, 85–6, 88–9, 101, 180, 191, 397
demographic effects 102–3
drivers 24, 71, 102, 124, 173
effects of inequality 225
emerging countries 157, 199–200
environmental constraints 4, 120–47
'escape velocity' 89
future, borrowing from the 426, 430
global 40, 85, 139, 156, 166, 175
history 99–102
lack of 91

levels 67, 121, 283
limits of innovation 118
post-GFC 93–5, 109, 231
preoccupation with 25–6, 99
severe weather events 142
slow 81, 85, 89–90, 95, 102, 119, 152, 185, 231, 285–6
see also post-World War II expansion
economic rents 208
economics 63, 68, 99, 147, 258
hysteresis 314, 316, 394, 396
economists 32, 35, 63, 66, 85, 99, 108, 121, 151, 198, 205, 280
see also individuals by name
Ecuador 431
education 115, 212–13, 277
disadvantaged groups 428
Egypt 125, 202
food shortages 308–9
Einstein, Albert 289
Eisenhower, Dwight D. 14
electoral dynamics
shifting 346
USA 353–5
embedded water 123
emerging markets 157, 175–200, 202, 219–25, 240, 321–2
COVID-19, and 380–2
emission reduction 138, 142, 144, 307
COVID-19 responses, and 389, 424
emissions 139–40, 144, 291–2
waste, from 337
employment
border closures and foreign seasonal work 392
casual and contract 393
effects of low interest rates 76
future prospects 277–8
Great Recession, effects 315–16
job security 315–16
levels 259–63, 315
remittances, international 381, 413
restructuring 278
short-term contracts 261, 267, 278
technology, impact of 317

索 引

employment *continued*
  temporary visas 261–2
  unionised labour 210, 221, 261, 263
  working remotely 394
end of days, preparation for 323–4
End of History and the Last Man, The (Fukuyama) 26
energy
  coal 123, 131–2, 137, 140
  consumption 132–3
  demand 335–6
  digital consumption 133
  electricity 110, 123, 131–3, 137
  ethanol 137
  fossil fuels 131, 133, 137, 144
  gas 123, 137, 140
  natural gas 132, 161
  nuclear 123, 147
  power density 137
  renewable 136–40, 144, 334–6
  shale 73, 123, 135, 138, 161, 377–9
  unconventional oil and gas 135–6
  usage, reducing 427
  see also oil
Energy Information Administration (US) 133
energy prices 19, 73
energy returned on energy invested (EROEI) 334–5
Engels, Friedrich 267
English, Bill 167
enhanced oil recovery (EOR) 135
entertainment 20, 22, 112–13, 162, 201, 211–12, 392
entitlement programs 45–54, 60–1, 273
  see also retirement
environment
  constraints on growth XIV, 120–47
  emerging nations 192
  plastic waste 290
  pollution costs 276
  waste dumping 182, 290
environmental problems XIV–XV

epidemics 421
  reproductive rate (R) 364–5
  see also COVID-19, pandemics
Erdoğan, Recep Tayyip 344
Erhard, Ludwig 12
Erickson, Erick 413
'escape velocity' 89
Essay on the Principle of Population, An (Malthus) 120
ethanol 137
Ethiopia
  Grand Renaissance Dam 311
euro 39, 59, 78, 83–4, 155, 157, 164, 239, 246, 252
euro market 23
Europe
  autarky 160
  bank cross-border claims 156
  bond investments 157
  capital suppliers 40
  corruption, institutional 357
  COVID-19 370, 383, 387–9
  currency devaluation 75
  debt crisis 244–52, 315
  debt level 79
  energy consumption 133
  government debt 232
  IMF bailout 2010 240
  junk bonds 78–9
  net worth 279
  see also European Union (EU)
European Central Bank (ECB) 74–5, 80, 82, 156, 232, 234, 239, 243–6, 250, 272, 388–9
European Coal and Steel Community (ECSC) 12
European Commission 245
European Economic Community (EEC) 18
European Parliament 254
European Union (EU)
  action against Google 160, 333
  autarky 163–4
  bailout fund 246–8
  capital reserves 60
  corporate pension deficits 273

  COVID-19 assistance fund 388
  European Coal and Steel Community 12
  European Stability Mechanism 247
  financial engineering 59–60
  flaws 250–1
  Germany's role 249–50
  government liabilities 53–4
  internal imbalances 164
  loans after FGC 57
  medical supplies 412
  MMT, and 401
  percentage of global GDP 163
  political manipulations 248–9, 251
  Stability and Growth Pact 246
  stagnation 164
  treaties breached 234, 247
e-waste 338, 340
exchange rates 13–14, 89, 95, 167, 198, 223
Exchange Traded Funds (ETFs) 326–7
executive remuneration 208–9
exit policies 246
exports/exporters
  Asian 19
  China 38–9, 56–7, 152–3, 181, 183, 188, 191
  effects of devaluation 75
  emerging economies 74, 180, 196, 199
  energy 172, 188
  European Union 163, 165
  Germany 56–7, 251–2
  Japan 56, 86–8, 167, 171
  oil 17, 23
  Russia 146, 172, 191
  Switzerland 83
  Thailand 146
  trade agreements 168
  US 12, 38, 155, 161–2
'extend and pretend' strategy 426–7
extreme weather see weather, extreme

FAAMG 405
FAANG 331, 405

Facebook 111, 113, 317, 331–2, 373, 405
faith 362
fake news 333, 356, 433–5
famine 299
FANGAM 405
Fannie Mae 30
far-right, rise of 300–1
Farage, Nigel 343, 356
Farriella, Nick 433
fascism 251, 289
Fatehpur Sikri 127
Fault Lines (Rajan) 226
Faustian bargains 427
fear 415
Federal Reserve Bank of Dallas 31
Federal Reserve System/ The Fed 21, 25–6, 62, 71, 74, 80, 82, 155, 184, 197, 232, 239, 243
Ferguson, Charles 66
Ferguson, Neil 371
fertility rates 104
Field, James Alex Jr. 418
finance economy 22, 41
financial centres 40, 158–9, 168
financial crises
    1929 238
    1987 26
    Asian 26, 38–9, 179, 197, 200, 240
    bond markets 26
    COVID-19 374–6
    dot-com crash 26
    emerging markets 197–9
    junk bonds 26
    Russian default 26, 179
    Tequila economic crisis 26
    see also Global Financial Crisis; Great Depression
financial engineering 40–3, 59–60
financial instability hypothesis 399
financial markets
    false narratives 409–10
    structurally unsound 389–90
    weaknesses 390–1, 408
financial repression 231–4, 245, 288, 398
Financial Stability Board 59

financial system/sector
    complexity 42
    conflicts of interest 235–8
    debt 34, 37
    fines and restitution payments 236–7
    network effects 29
    regulation 44, 58, 158–60, 233
    share of economy 40
financialisation 2, 21–2, 33, 40–4, 102, 211–12
Finland 248
fiscal multipliers 65
fiscal policy 64, 81–2, 90, 231, 245
fish/fishing 126–7, 130, 424
Fixed Period, The (Trollope) 431
fixed rate bonds 326
floating currencies 18
flooding 304, 306, 391
Floyd, George 359, 428
Fonda, Jane 17
food 127–31, 146, 308–9, 319
    security, COVID-19 and 412–13, 423
foreign direct investment (FDI) 149
foreign exchange 179, 188, 198
foreign exchange reserves
    China 38–9
    emerging markets 199
    Germany 39
    Japan 39
    South Korea 39
    Taiwan 39
foreign ownership post-COVID-19 395
'forward guidance' 243–5
Founders Fund 112
fracking 123, 135–6, 377
fractional banking 34, 36
'fragile five' 185, 196
France
    attempts to reduce entitlements 60
    budget deficit 247
    civil disorder 431
    colonialism 176
    COVID-19 368, 418
    debt-to-GDP ratio 55
    EEC veto of Britain 18
    EU budget targets 250

    finances 2000s 30
    German loans 39
    GFC exposure 57
    Gini coefficient 206
    home ownership 269
    house prices 271
    inequality 206
    Les Trente Glorieuses 10
    loans to Greece 57
    nationalist politics 344
    net worth 279
Frank, Jeff 85–6
Frank, Robert 211
Fraser, George MacDonald 177
Freddie Mac 30
free speech
    internet 361
Free to Choose [PBS series] 21
free trade 13, 25, 151, 154, 161, 254
freedom, redefining 435
Freeland, Chrystia 222–3
Friedman, Milton 21, 72, 81, 157, 400
Friedman, Thomas 266
Fries, James 106
Front National 254
frugal living 291
Fukushima 336, 391
Fukuyama, Francis 25–6
functional finance 399
fund managers
    GMO 275
    largest 58–9
    mutual 15
    personal tax rates 153
    salaries 218
    short-term focus 236
    too-big-to-fail 58
future, borrowing from the 426–7, 430

Galbraith, James 205
Galbraith, John Kenneth 328, 347, 408
gambling 404
Ganges River 125–6
garbage see waste
Gates, Bill 203, 256, 363
Gates, Melinda 203
gedanken 289
Geithner, Tim 245, 248–9

索引

gender equality 428–9
General Agreement on Tariffs and Trade (GATT) 14
General Electric 159
General Motors 49–51, 100
generational accounting 280
generational equality 429
genetic modification 129
geo-engineering 145
geopolitics 145–6, 169, 285
Germany
   attempts to reduce entitlements 60
   Baader-Meinhof group 17
   bank assets 40
   bond holdings 238
   budget deficit 247
   Cold War 15
   colonialism 176
   COVID-19 economic response 390
   debt-to-GDP ratio 55, 397
   declining population 103, 107
   EU's largest exporter 163
   EU response to COVID-19, and 388–9
   foreign exchange reserves 39
   GFC exposure 57
   Gini coefficient 206
   home ownership 269
   house prices 78, 271
   household incomes 260
   impact of bailouts 251–2
   inequality 206
   loans to Greece 57, 60
   Magisches Viereck 19
   nationalist politics 344
   Nazi period 149
   net worth 279
   payment for bank deposits 232
   per capita GDP 180
   post-WWI debt 397
   responses to climate change 146–7
   role in EU 249–50
   trade surplus 39, 57, 94
   unwilling to cancel European debts 246–7, 250
   Weimar period 68, 87, 285
   Wirtschaftswunder 12

Gerschenkron, Alexander 180
GI Bill (US) 11
Gini coefficient 205–6, 225
Gini, Corrado 205
Giuliani, Rudy 351, 437
Global Financial Crisis (GFC) 395
   beginnings 2, 31
   debt levels 226
   economic renaissance following 300
   effects in emerging countries 239
   effects on children 217
   global debts 33–5, 55, 186, 284
   Iceland's recovery measures 294–5
   losers 232
   ongoing problems 2–6, 283–9, 292, 314
   possible abatement measures 54
   private debts 34
   problems from GFC policies 81–8
   recovery 93
   recovery policy flaws 2, 231–5, 241–8, 277, 283–8, 295–7
   speculated solutions 91–2
   state interventions 42
   unemployment 31, 73, 154, 259
   unpredicted 32, 42
global imbalances 38, 57, 92
global warming 126, 135, 140–42, 143–5, 147, 303–7, 334, 341, 422–3
   see also climate change
globalisation 311, 395
   currency wars 155–6
   effects on wages 208
   inherent risks 220
   integrated financial markets 21, 40
   opposition to 355
   pre-GFC 149–51
   pre-WWI 148–9
   retreat from XIV
   reversal trends 149, 152–4, 156, 162–5, 168, 311
   supply chains 152

unequal benefits 152
   see also deglobalisation
go-fund-me markets 406
Godley, Wynne 399
Goebbels, Joseph 349
gold
   link to US dollar broken 18
   price 285
   US dollar price 14
Gold Standard 13–14
Goldman Sachs 25, 174–5, 202, 235–7
Google 113–14, 116, 160, 317, 331–3, 373, 405, 428
Gorbachev, Mikhail 178
Gordon, Robert 102, 109–10, 119
Gould, Jay 267
Gove, Michael 362
government
   COVID-19, economic responses to 382–9, 396
   COVID-19, legislative responses to 414–15
   debt 23, 42, 54, 56, 66–9, 232, 315, 385, 396–7
   institutional failures 357–8
   surveillance 415
Gracely, Nichole 261
grains 128–31, 137–8, 146, 161
Grant, Jim 233
Grapes of Wrath, The (Steinbeck) 119
Great Crash, 1929, The (Galbraith) 328
Great Depression 10, 12, 45, 257, 288, 395, 397, 413
Great Moderation 25–6, 91
Great Pacific Garbage Patch 338
Great Recession 2, 31, 313–20
Great Society 9, 18, 23
Greece
   Aganaktismenoi 255
   appropriation of pension funds 273
   child poverty 217
   debt restructuring 233
   declining population 103
   emigration 106
   entitlements reduced 60
   EU bailout 246
   European loans 57
   financial crisis 3, 246–7, 284

German loans 39
government bonds interest rates 78
IMF bailout 240
leadership 248
net worth 279
Syriza government elected 78, 249
Green Revolution 128–9
Greenberg, Ace 256
Greenspan, Alan 26–7, 62, 118, 197
Greenspan Put 26–7
Gross, Bill 253
Gross Domestic Product (GDP)
  bank assets 40
  climate change effects 144
  cross border trade 149
  debt-to-GDP ratios 55–6, 68, 72, 85, 99, 284
  demographic effects 109
  effects of bond buying 71
  effects of GFC 31
  global 58, 160, 210, 383
  global history 101–2
  government debt measure 68
  increase in debt required 37
  measuring 95–9
  oil price effect 139
  shadow banking system 35
  US government liabilities 53
  US 2000s 28
  see also productivity
Gross National Happiness (GNH) 98
gross value added (GVA) 41
Group of 7 77
Group of 20 89, 154–5, 166
Groupthink 434
Guha, Ramachandra 194
Gulf & Western 16
Gurner, Tim 429

H5N1 avian influenza 362–3
Habermas, Jürgen 359
Habibie, B.J. 182
habitat, loss of 304, 307, 425
habits, reversion to old 425
Halberstam, David 347
Haldane, Andrew 42

hamsterkauf 'panic buying' 415–16, 417
Hanauer, Nick 257
Hannan, Daniel 249
Hansen, Alvin 93–5
Haque, Umair 412
Harris, Kamala 352
Hart, Sir Basil Liddell 285
Hayden, Tom 16
Hayek, Friedrich 400
Hazlitt, Henry 35–6
healthcare XIV, 45–54, 144, 212, 279
  COVID-19 costs 371, 382, 396
  emerging markets 380–2
  inadequacies 367
  privatisation 393
  surge capacity, upscaling 392
Heath, Edward 19
hedge finance 37
hedge funds 26, 146, 218, 265
Heilbroner, Robert 147
helicopter money 241–2
Helmsley, Leona 206
Hemingway, Ernest 211, 258
Hendry, Hugh 287
Herrhausen, Alfred 17
Heyer, Heather 418
hibernation 393–4
Hicks, John 120
Hidden Persuaders, The (Packard) 99
high frequency trading (HFT) 44
history, nature of 299
Hitler, Adolf 230
Hobbes, Thomas 267, 282
Hoffman, Abbie 16
Hollande, François 248, 254
Holmes, Oliver Wendell 213–14
home equity 270
home ownership 268–70, 278–9
  see also housing
Hong Kong 19, 157, 170, 181, 254, 431
House of Debt (Mian & Sufi) 70
housing
  costs and GFC 34
  debt-fuelled housing investment 36

demand 70
dwelling sizes 268–9
effects of GFC 31
overinvestment 268–9
post-GFC prices 300
prices 56, 71, 77–8, 270–2
prices and consumption 70–1
see also home ownership
housing affordability 157, 215–16, 268, 271–2
HSBC 159, 236–7
Huawei Technologies Co. 319
Hubbard, L. Ron 354
Hubbert, Marion King 133–4
hubris 391
humanities 361
humanity, end of 438–9
Hume, David 292
Hungary 84, 186
  nationalist politics 344
Hurricane Dorian 303
hydrological cycle 122, 143
hydroxychloroquine 433–4
Hyland, William G. 163
hyperinflation 81, 285, 397–8
hysteresis 314, 316, 394, 396

Iceland 217, 233, 293–5
immediate gratification 426
immigration 106–8, 151, 162, 201
  anti-immigration politics 345
  COVID-19 border closures, and 392, 416
  illegal 299, 313
  net migration 316
  opposition to 355
  post-COVID-19 395
  racial profiling 359
Imperial College (London)
  COVID-19 response 366, 367, 369, 371
imports/importers
  China 38
  effects of GFC 153
  emerging nations 180, 189
  energy 57, 188
  Europe 39
  European Union 163
  food 19, 188
  Iceland 294
  oil 19, 23

imports/importers *continued*
    restrictions 154
    US 38, 57, 154, 161
income distribution 94, 101, 152, 203–29
incremental capital-output ratio (ICOR) 191
India
    capital inflow controls 157
    coal 131
    COVID-19 380
    crisis responses 2013 197
    debt levels 186
    debt-to-GDP ratio 55
    economic reforms 24
    energy consumption 133
    English colonialism 177
    floods 304
    food security concern 146
    GDP 96
    Gini coefficient 206
    Great Wall 147
    incomes 194
    literacy 192
    Make India strategy 322
    nationalist politics 344
    Naxalites insurgency 170
    per capita GDP 180
    public sector deficit 188–9
    record temperatures 143
    reintegration into world economy 24, 102, 150, 178–9
    relations with China 167
    reliance on coal 147
    reliance on overseas financing 188
    slow growth 283
    subsidiarisation 158
    tax regulations 234
    US-dollar loans 198
    water pollution 125–7
    water shortages 310
    see also BIITS; BRICS
Indian Ocean Dipole (IOD) 305
indigenous people
    racial profiling 359
Indonesia 183–6, 197–8, 202, 240
    food shortages 308
    see also BIITS
industrial agreements 49–50

Industrial Revolution 101, 103, 109–13, 118
inequality 407, 427–31
    constraint on recovery 229
    debt problems 226
    effects of GFC responses 216–19
    effects on consumption 225
    effects on crime rates 225
    effects on health 225–6
    emerging markets 219–25
    freedom, and 302
    Gini coefficient 206, 225
    history 206–14, 216, 219, 438
    increasing XIV, 5, 94, 101
    political effects 227
    privatisation 215
    protests against XV, 255, 257
    taxation 214–15
inflation
    debt levels, and 5, 71
    effect of low interest rates 68
    Federal Reserve System/ The Fed 21
    GDP, and 37, 69
    Great Moderation 25
    hyperinflation 285
    low 285–6
    money supply 72
    oil shocks 18
    US 1900-1970 20
    US 1970-1980s 20
    see also NAIRU; stagflation
information technology 19, 209, 215
infrastructure
    European Union 59
    government investment 11, 23, 34, 64
innovation
    computers and telecommunications 111–13, 116–17
    currently declining 90, 102–3, 109–10
    disruptive technologies 113–14
    education 115
    electricity 110
    financial 28, 41
    Industrial Revolution 109–11

    marketing and distribution 113
    post-WW2 20, 109–12
    research 115–16, 118
    transport 111
Innovator's Dilemma, The (Christensen) 113
Inside Job [film] 66
institutional failures 357–62, 438
insurance 41–3, 215–16, 233, 236, 247, 319
intellectual property 19, 152
    loss of 394
interest rates
    central bank profits 232
    continued need for low levels 85
    COVID-19, impact of 374, 375
    debt management, and 398
    economic activity 76–7
    effects on house prices 271
    effects on stock prices 16
    Federal Reserve System/ The Fed 21
    Greenspan Put 26
    investment effects 233
    lowered during GFC 54, 67–79, 84–9, 94, 155, 157, 162, 180–1, 184, 188, 199, 216–18, 243–4, 286–7
    negative 232, 286, 300
    normalisation 81–2, 328–9
    rises post-GFC 82
    US 1980s 21
    US 2005 27
    zero 60–1, 67–9, 72, 76, 80, 87–8, 232, 286
inter-generational conflict 276–81
Intergovernmental Panel on Climate Change 141
International Bank for Reconstruction and Development (IBRD) see World Bank
international cooperation 356
    COVID-19 failures 412–14
International Monetary Fund (IMF)
    assistance to India 179
    Bretton Woods Agreement 14

COVID-19 aid requests 413
criticisms of 240
cross border capital flows 157
estimate of GFC losses 31
European bailout 2010 240
loan to Britain 1976 19
support for globalisation 151
US and Europe dominance 239–40
international money markets 23, 29, 83
International Telephone & Telegraph 16
internet 316–17
  bubble 26, 112, 287
  crowdfunding 253
  disinformation 360–1
  history 22, 116
  misinformation 433–5
  power use 133
  regulation 332
  search engines 160
  sharing economy 263–4
  tax minimisation 215
  usage 111
  user data 332
investment
  caution 73
  COVID-19, impact of 375, 404–10
  decline during GFC 70
  emerging nations 189–92, 196
  housing 36
  incremental capital-output ratio (ICOR) 191
  infrastructure 11
  investor self-rationalisation 409–10
  managers 29, 183, 199, 218
  period 44
  post-Great Recession 326–7
  retirement savings 274
  return on 47, 190, 204, 221
  role of stock markets 44
  shadow banking system 29
  see also foreign direct investment
i-Phones 113–14, 152
Iran 356

Iraq 170, 312
Ireland
  bank assets 40
  debt-fuelled housing investment 36
  emigration 106
  entitlements reduced 60
  EU bailout 246
  European loans 57
  financial crisis 30, 246–7
  German loans 39
  government bonds interest rates 78
  house prices 271
  IMF bailout 240
  protest movements 255
ISIS 170
isolationism 163, 353
Israel 18, 146
Italy
  bank assets 40
  colonialism 176
  COVID-19 368, 388
  creative accounting 59
  debt-to-GDP ratio 55
  financial crisis 30, 314
  GDP 98–9
  German loans 39
  Gini coefficient 206
  home ownership 268
  inequality 206
  leadership 248–9, 254
  miracolo economico 13
  Mussolini 149
  nationalist politics 344
  net worth 279
  protest movements 255
  Red Brigades 17
  spending boost 286–7
  water shortages 310

Jacobs, Jane 115
Japan
  ageing population 88, 107–8
  automobile industry 50
  bank assets 40
  bond holdings 74–5, 238
  bubble economy 86–7, 89
  central bank assets 68
  COVID-19 response 383
  cross-border loans 156
  currency movements 75, 86, 155
  debt-to-GDP ratio 55–6

  declining population 103, 107
  demographics 107
  Edo period 149
  effects of Korean War 15
  expansion 1970s 19
  extreme weather 303
  finances 2000s 30
  fixed investment 195
  foreign exchange reserves 39
  former strengths 88
  GDP 86–7
  Gini coefficient 206
  government debt 56, 67, 87, 232
  home ownership 269
  household incomes 260
  interest rates 86–7
  lessons from 89
  loss of business to China 181
  model for world 86–9
  Nikkei index 86
  per capita GDP 180
  post-Great Recession 329–30
  post-WW2 expansion 13
  quantitative easing (QE) 87
  recent recessions 283
  recession 1989 26
  Red Army 17
  relations with China 167, 171
  retirement savings 274
Japan As Number One (Vogel) 200
Japanification 329
Jarry, Alfred 354
jingoism 355
job guarantee 400, 403
Johnson, Boris 343, 344, 347, 348
Johnson, Lyndon B. 9, 347
J.P. Morgan 4, 217, 236, 238
judiciary
  political interference 358
Juncker, Jean-Claude 61, 245, 249, 251, 414
Jungle, The (Sinclair) 130
junk bonds 26, 78–9

Kagan, Robert 27
kakistocracy 357

索 引

Kant, Immanuel 239
kayfabe 437
Kennedy, John F. 9
Kennedy, Robert 97–8
Kenya 184
Keynes, John Maynard 51, 63, 65, 74, 76, 95, 148, 234, 238, 243, 257
    government budgets 399
Khashoggi, Jamal 376
'kick the can down the road' strategy 426–7
King, Sir Mervyn 25, 58, 82, 90, 236
Kissinger, Henry 196, 200
Korean War 15
Kraus, Karl 54
Kurzarbeit scheme 390
Kushner, Jared 384
Kuwait 23, 134
Kuznets, Simon 97

labour costs
    Asia 19
    China 153
    colonialism 176
    emerging markets 24, 180–1, 192
    flexibility 263
    Japan 50, 267
    mechanisation 204
    Mexico 153
    skilled workers 210, 212
    see also outsourcing
labour markets
    Chinese workers on foreign projects 262, 392
    deregulation 21, 209, 261, 315
    mobility limitations 151, 262–3, 269, 272
    'precariat' 267
    sharing economy 266–7
Lagarde, Christine 94, 240, 295, 388
Lamy, Pascal 154
land
    arable 125, 128, 130, 138, 146
    clearing 138
    degradation 128
    use 137
    see also deforestation
Laos 221

Latin America 23–4, 104, 133, 146, 197, 222
    COVID-19, economic impact 381
Latvia 217
law enforcement 358–9
Le Pen, Marine 254
leadership 347–9
    COVID-19 responses 411–12
League of Nations 14
Lebanon 431
Lebenswirklichkeit 360
legal proceedings, cost of 358
legitimation crisis 359
Lehman Brothers 30
Leigh, Daniel 65
leisure 51, 272
Lepore, Jill 114
Lerner, Abba 399
less developed countries (LDCs) 174
Lessons of History (Durant & Durant) 227
Leung, C.Y. 254
leverage
    bank leverage rates 42, 73
    Berkshire Hathaway 43
    derivative contracts 35
    financial sector 56
    fractional banking 36–7
    US private debt 28
leveraged investors
    COVID-19, impact of 375
leveraged loans 79
Lewes Pound 252
Lewis, C. S. 7
Lewis, Peter 227
Li Keqiang 97
life expectancy 48, 103–4
lifetime net tax benefit 280
Liikanen, Erkki 244
limits of growth 102, 118, 121, 225
Limits to Growth, The (Club of Rome) 121
Ling-Temco-Vought 16
liquidity
    controls 58, 73, 158, 233
    crunch 271
    increase as GFC recovery policy 2, 4, 68, 72, 75, 83, 85, 241, 283, 287

insurance 42
loans to emerging markets 183
losses during GFC 29, 42
reduction 82, 197
taper 184
lithium 335
living standards
    China 24, 179
    economic growth 99, 101, 108, 110, 119–20, 122, 277, 282–3
    effects of climate change 145
    emerging nations 182, 209, 219, 222–3
    globalisation effects 151, 154
    history of growth 102, 110, 282
    post-WW2 9, 213
    required adjustments 5–6, 289–92
    resistance to change 292
    stagnant 3
    US 179
    water usage 123–4
    see also housing
Lloyd, William Forster 301
Lloyd George, David 48, 67
lobbyists 357
locusts 308
London 148, 159
Lonely Crowd, The (Riesman) 15
Long Boom 10
longevity 48, 52, 279
Long-Term Capital Management 26
Lord, James 185
Loungani, Prakash 32
Lovering, John 262
low income populations 320–2
Lucas, Frank 241
Lucas, Robert 25
Luhmann, Niklas 360
Luttrell, David 31

McDonald's 266
McKinsey Global Institute 77, 109, 232, 271
MacMillan, Harold 9
McNeill, J.R. 101–2
macroeconomics 25
Maddison, Angus 205

Magisches Viereck (the magic rectangle or the magic polygon) 19
Malaysia 185–6
　credit culture 186
　foreign investment in 198
　government debt 183
　household debt 56
Malta 106
Malthus, Reverend Thomas Robert 120–1, 130–1, 147
Man in the Gray Flannel Suit, The (Wilson, S.) 15
manipulation of rates 236
Mankind at the Turning Point: The Second Report to the Club of Rome (Pestel & Mesarovic) 121
Mantega, Guido 76
Mao Zedong 24
Marshall, George 363
Marshall Plan 12
marshmallow experiment 426
Marx, Karl 99, 177
meat
　consumption 127
　production 127–8, 130, 290
media
　decline of 359–60
　manipulation 434
Medicare/Medicaid 53
Medienwirklichkeit 360
mergers 43, 58–9
Merkel, Angela 54, 60, 248
Merrill Lynch 30
MERS 362, 365
Mesarovic, Mihajlo 121
methane 305
Mexico
　bonds, issuing 326
　borrowings 23
　competitive manufacturing 153
　crisis 1994 197–8
　Deepwater Horizon oil spill 135
　foreign investment in 198
　home ownership 269
　low-cost labour for US 168
　oil 132, 134
　Tequila economic crisis 26
　see also MIST
Mian, Atif 70

Microsoft 405
middle class 3, 11, 182, 216, 223, 267, 275, 321
Middle East
　capital suppliers 40
　energy consumption 133
　locusts 308
　oil 132
　overcultivation 128
　wars and disputes 169–70, 172, 177, 312
middle income economies 194–5
Milanovic, Branko 205
military-industrial complex 14
Mill, John Stuart 289, 291
Miller, Arthur 93, 207
Mills, C. Wright 15
mineral water 309–10
mining industry 19, 123
minorities, prejudice against 359
Minsky, Hyman 37, 399
Mishkin, Frederic 66
misinformation 433–5
MIST (Mexico, Indonesia, South Korea and Turkey) 202
models
　business 260, 265, 285
　central-planning 178
　development 180
　economic 63, 90, 113, 162, 276, 283
　forecasts 63
　mathematical 63
　mercantilist 165
　sharing economy 266
Modern Monetary Theory (MMT) 398–404
　administration 402
　elements 399, 403
　operational challenges 401–2
　problems associated with 403–4
　risks 401–2
　unemployment, and 399–400, 401
Modi, Narendra 171, 282, 322, 344, 380, 433
Mohammed bin Salman (MBS) 376–7
momentum trading 44

monetarism 72
monetary policy 64, 85, 90, 196–7, 219, 231–2, 244–5
money laundering 159
money markets
　Europe 254
　global 83
　international 23, 29
　manipulation 236
　professional 29
　responses to GFC 2, 197
　stabilisation 244, 283, 329
　US 38
　wholesale 271
Monnet, Jean 251
monocultures 129
Monti, Mario 248–9
More, Sir Thomas 400
Morgan Stanley 185, 279
Moro, Aldo 17
Morozov, Evgeny 330
mortgages 27–8, 56, 82, 268, 272, 275
　see also subprime mortgages
Moscovici, Pierre 249
Mozambique 184, 303
multilateralism, opposition to 355
Musha, Ryoji 234
Muslims
　racial profiling 359
Myanmar 149, 181, 221
　food shortages 308
　internal conflict 312

Nader, Ralph 50
Naidu, Sarojini 293
NAIRU (non-accelerating inflation rate of unemployment) 20, 401
narcissism 435, 437
Nasdaq 114
national identity 395
National Science Foundation 116
nationalism XIV, 156, 171–2, 319, 344, 356
nativism 353
natural disasters 142–3, 153
natural gas 132, 136, 140, 147, 161, 163
negative interest rate policy (NIRP) 155, 232

Nehru, Jawaharlal 124, 177–8, 356
net worth
  individual 3
  national 279
  US households 161, 274
Netflix 331, 405
Netherlands, the
  colonialism 176
  EU COVID-19 response 388
  GFC exposure 57
  household debt 56
  loans to Greece 57
New Deal 10, 45
New Mediocre 1, 94
New Zealand
  COVID-19 370
  exports to China and India 284
  Gini coefficient 206
  house prices 78, 271
  inequality 206
  mosque shooting 313
  raw material exports to China 168
  social security system 52
  survivalists 324
Niebuhr, Reinhold 99
Nietzsche, Friedrich 257
Nigeria 96, 184
Nikkei index 86
Nixon, Richard M. 18, 20, 23–4, 344, 359
non-accelerating inflation rate of unemployment (NAIRU) 20, 401
North American Free Trade Agreement (NAFTA) 161, 168
North Atlantic Treaty Organisation (NATO) 170
North Korea
  nuclear capabilities 312

Obama, Barack 192
Occupy Movement 255
O'Connor, Sarah 320
oil
  COVID-19, impact of 376–80
  Deepwater Horizon oil spill 135–6
  energy density 137

enhanced oil recovery (EOR) 135
exporters 23
extraction 123
Lula field 134–5, 193
peak oil 133–5
price 21–2, 73, 121, 138–40, 152, 161, 181, 198
production 131–2, 134
reserves 133–4, 140
Russia 376–7, 378–9
unconventional 135–6
USA 161
oil shocks 17–18, 23, 50
O'Leary, Kevin 255
O'Neill, Jim 174–5
opium wars 39, 166
Orbán, Viktor 344, 414–15
Organization Man, The (Whyte) 15
Organization of Petroleum Exporting Countries (OPEC) 17–18, 138, 376, 378–9
Orientalism 221
Ortega y Gasset, José 259
Orwell, George 221–2, 224
output gap 73
outsourcing 109, 150, 180, 209, 212, 220, 260, 263, 267
overcapacity 65, 94, 285

Packard, Vance 99–100
Pakistan 143, 146, 150
  locusts 308
Palestinians 18
pandemics 362–3
  COVID-19 see COVID-19
panic buying 415–16
Papademos, Lucas 248
Papandreou, George 248
Paranoiac-Astral Image (Dali) 127
PARC Laboratories 116
Paris Agreement 307, 341
Patagonia 432
pathogens 365, 424, 426, 427
  COVID-19 363, 423
Patrick, Stewart 172
pay-as-you-go (PAYG) 47, 51
peak oil 133–5
Pecora, Ferdinand 238
peer-to-peer lending 253, 265–6

Pension Benefit Guaranty Corporation 273
pension funds 47, 52–3, 61, 146, 183
  see also retirement
Perkins, Thomas 257
permafrost 305, 423
personality cults 354
Peru 197
  COVID-19, economic impact 381
Pestel, Eduard 121
pestilence 299
Petrobras 193, 326
petrodollars 23
Pew Research Center 3
philanthropy 255–7
Philippines 183
  food shortages 308
  nationalist politics 344
  remittances 381
Phillips curve 401
Pickett, Kate 205
PIIGS (Portugal, Ireland, Italy, Greece, Spain) 30, 57
Piketty, Thomas 203–5, 228
planned obsolescence 100
plastics
  recycling 339–40
  waste 338, 339, 424–5
'platform' businesses 317
Plaza Accord 86
plutocrats 203, 255
Poland 84, 186, 198
police 358–9
political disengagement 253–5
political repression 245
politicians 346–8
  building a brand 348
  COVID-19 responses 414–15
politics 348–9
  deterioration of 355–7
  oppositional 353–5
  paranoid 354
pollution
  air 192–3, 337
  emerging nations 192–3
  waste, from 337
  water 124–6, 338
Ponzi Scheme 37
population
  control 291, 430–1
  current world 103

407

energy consumption 132
fertility rates 104
forecast 103, 107, 124
growth levels 95, 103, 124, 162, 284
history of growth 101, 103
see also ageing populations; demographics
populism XV, 301, 344, 345–6, 355, 407
Portnoy, Dave 404
Portugal
  bank deposits written down 233
  colonialism 176
  debt-fuelled housing investment 36
  declining population 103
  emigration 106
  entitlements reduced 60
  EU bailout 246
  European loans 57
  financial crisis 30, 246–7
  German loans 39
  government bonds interest rates 78
  IMF bailout 240
  protest movements 255
post-World War II expansion
  Britain 12
  continuance into 1980s 25
  end of 33
  France 10
  Germany 12
  Italy 13
  Japan 13
  Marshall Plan 12
  strongest growth 102
  USA 11–12, 108
poverty 374
power density 137
power grid 137
Prins, Gwyn 290
printing money 68, 80–2, 230
privatisation 213, 215, 222–3, 393
productivity
  agricultural 129–31
  automation 212
  declining 30, 90, 108–9
  gains post-WW2 11–12, 19, 22, 49–50
  outsourcing 212
  US history 108

professional classes 210, 263
progress, calculating 431
property
  investments 30, 270–1
  prices 270, 272, 404
protectionism 154, 163, 239, 353
  post-COVID-19 395
Putin, Vladimir 171, 342, 377

qualitative and quantitative expansion (QQE) 74
quantitative easing (QE)
  central bank profits 232
  COVID-19 responses 382–3, 385
  criticisms 76
  currency devaluation 75
  European Central Bank 74, 244–5, 272–3
  exit from 81–6
  gains for high-income households 218
  government spending 403
  investment effects 233
  Japan 74, 87
  ongoing cycle 92
  reduced incomes for retirees 218
  response to GFC 68–9, 74, 91–2, 94, 155
  risks for banks 80
  USA 70–1, 75, 82–3, 87, 162, 232
quantity theory 72
quarantine 336–7, 428

racial profiling 359
racism 352, 359
  COVID-19-induced 418
radical activism 17
rage, politics of 345
rain 122–3, 143
Rajan, Raghuram 226, 238–9, 241
Rajoy, Mariano 32, 246, 248
Rana Plaza 219–21
Rand, Ayn 1
rate fixing 237
rating agencies 28–9, 42
RBS 236
Reagan, Ronald 20
reality 434, 437

recycling 338–40
  China 339
  economics of 340
Red Army 17
Red Brigades 17
reflation trade 409
refugees 299, 313, 416
  racial profiling 359
regulators 28–9, 41, 156, 158–9, 215, 233, 237
Rehn, Olli 288
Reich, Robert 266
Reinhart, Carmen 66, 225
Remdesivir 412
renewable energy 136–40, 144
  batteries 335
  limitations 334–6
Renzi, Matteo 254
research and development 115–16, 118
  corporate funding 361
  expertise and critical thought, decline of 361–2
resources
  constraints on XIV
  exploitation 423–4, 426
  finite, living within 432
  shifting resource allocation 396
  shortages XIV–XV, 299, 319, 438–9
retirement
  age 48, 60–1, 106, 273
  benefits 47–8, 52–3, 61, 76, 231, 272–3, 276
  income 218, 272–4
  savings 52–3, 58, 61, 106, 274–6
Return of History and the End of Dreams, The (Kagan) 27
return on energy invested 135
Reuther, Walter 49, 119
Revelle, Roger 142
Ricardo, David 150
Riese, Martin 309
Riesman, David 15
risk
  appetite for 1980s 22
  asset prices 85
  derivatives 35
  disconnection from 415–16

索 引

risk *continued*
　European bailouts 251–2
　leveraged loans 79
　measures 56
　momentum trading 44
　national debt servicing ratio 187
　post-Great Recession trading 326–7
　quantitative easing cycle 92
　reliance on central banks 26
　risky securities 391
　size of banking system 42
　sovereign default 233
　underpriced 28, 276
Road, The (McCarthy) 324
Robertson, Julian 151
robotics 116–17, 317
Rockerfeller, John D. 323
Rognlie, Matthew 204–5
Rogoff, Kenneth 66, 225
Rohingya 312, 313
Romney, Mitt 216
Roosevelt, Franklin D. 10, 45, 169
Rosenblum, Harvey 31
Rothkopf, David 181
Rove, Karl 343
Rowling, J. K. 434
Rubin, Jerry 16–17
Rumsfeld, Donald 241
Russia 356
　capital suppliers 40
　cyber interference 333
　debt default 26, 179
　debt-to-GDP ratio 55
　energy supplier 168, 172
　food security concern 146
　Gini coefficient 206
　home ownership 269
　involvement in Ukraine 146, 172
　mining exports to China 181
　near recession 283
　oil prices 376–7, 378–9
　per capita GDP 180
　post-revolutionary financial markets 410
　privatisations 222–3
　record temperatures 143
　reintegration into world economy 24, 102, 150, 178
　stockpiling 308
　see also BRICS
Rwanda 184

Sachs, Jeffrey 139
Said, Edward 221, 224
Sale of the Century (Freeland) 222
Salgado, Elena 245
Salman, King 376
Salvini, Matteo 344
Samaras, Antonis 249
sanctions 318–19, 379
Sanders, Bernie 300–1, 399
Santelli, Rick 254
Sarkozy, Nicolas 98, 248
SARS 362, 363, 365, 423
Saudi Arabia 23, 134, 138
　food security concern 146
　oil production and global pandemic 376–7
　succession issues 376
Say's Law 99
Schäuble, Wolfgang 249
Schiller, Karl 19
Schoenmaker, Dirk 160
Schumacher, E.F. 147
Schuman, Robert 12
science
　corporate funding 361
　pandemics, and 363
　technological solutionism, and 333–4
Scientific Advisory Group for Emergencies (SAGE) 371
Scramble 145
sea ice 305–6, 423
sea levels 141, 143, 305–6, 423
Sea of Japan 171
sectoral balances 399
secular stagnation 93, 95
Segarra, Carmen 237
self-interest 301, 435, 437
Sen, Amartya 98
September 11th 2001 terrorist attacks 26, 169
　COVID-19 financial market parallels 409–10
sequestration techniques 334
services
　income loss through disruption 392–3

shares
　post-Great Recession 326–7
sharing economy 263–6
Shell Oil 145
Sheng, Andrew 122
Shit Life Syndrome 320–1
Shrimsley, Robert 228
S.H.T.F. (when the shit hits the fan) 320–4
silent majority 344
Silk Road 324
Sinclair, Upton 130
Singapore
　dengue fever epidemic 421
　financial and trading centre 168
　investment haven 224
　loss of business to China 181
　prosperity 19
　subsidiarisation 158
Singer, Paul 242
Singh, Manmohan 179
singularity 116
Skunk Works 116
Sloan, Alfred P. 49, 100
Smaghi, Lorenzo Bini 246
Smith, Greg 235
Smoot-Hawley Act (USA) 154
social disorder 299
social media
　aggregating information 360
　misinformation 433–5
　new realities, defining 360–1
social wellbeing, declining 320–1
Société Générale 236
solar energy 136–7, 144–5, 147
solar radiation management 334
sole proprietorships 393
Solow, Robert 72, 111
Solzhenitsyn, Aleksandr 302, 435
Soros, George 33, 256–7
South Africa
　debt levels 186
　debt-to-GDP ratio 55
　exports to China and India 284

foreign investment in 198
Gini coefficient 206
industrial action 192
mining exports to China 181
reliance on overseas financing 188
water shortages 310
see also BIITS; BRICS; CIVETS
South China Sea 170
South Korea
  Asian financial crisis 240
  capital inflow controls 157
  debt-to-GDP ratio 55
  expansion 1970s 19
  fixed investment 195
  food security concern 146
  foreign exchange reserves 39
  IMF bailout 197
  loss of business to China 181
  see also MIST
Soviet Union 401
  closed economy 149
  collapse 24, 178
  expansion 14–15
  gold reserves 14
  military-industrial growth 14
  oil 132
  Virgin Lands project 128
Spain
  bank assets 40
  civil disorder 431
  colonialism 176–7
  COVID-19 368
  creative accounting 59–60
  debt-fuelled housing investment 36
  declining population 103
  denials of crisis 245–6
  drawing on pension funds 233
  emigration 106
  entitlements reduced 60
  EU bailout 246
  European loans 57
  financial crisis 30, 32, 246–7, 314
  German loans 39
  GFC exposure 57
  government bonds 78, 233
  home ownership 268
  house prices 271
  Indignados 255
  loans to Greece 57
  political failures 248
  water shortages 310
Sparks, Dan 235–6
speculation 5, 16–17, 26, 229
speculative finance 37
Speer, David 70
Spirit Level: Why Equality is Better for Everyone, The (Wilkinson & Pickett) 205
Sri Lanka 181, 184
stagflation 20, 121
stagnation XIV, 298
  Europe 164
  Japan 91, 171, 286
  1980s 178
  post-GFC 1, 3, 91–2, 152, 164, 207, 320, 329–30
  prewar 10
  secular 93, 95
Standard Chartered 159–60
state
  COVID-induced controls 395, 410, 414–15
  relationship of individuals to 342–3
Steinbeck, John 119
Steinmetz, Arthur 233
STEM funding 361
Stern Review 144
Stettinius, Edward 169
Stevens, Glen 90
Stevenson, Robert Louis XIV
Stewart, William H. 363
Stiglitz, Joseph 98
stock buybacks 34, 43, 56, 59, 70, 76, 287
stock market
  Europe 246
  high frequency trading (HFT) 44
  momentum trading 44
  post-GFC highs 287, 300
  real economy, and 44
  regulation 44
  US 15–16, 18, 77
stockpiling 308, 415–16
stocks (shares)
  COVID-19, impact of 374, 404–5
  effects of GFC 31
  effects of monetary policies 85, 211
  finance industry 41
  global financial assets 1990-2014 34
  interest rate effects 15
  long-dated options 43
  retirement savings 53
  technology and biotechnology 77
Stress Test: Reflections on Financial Crises (Geithner) 248–9
student loan debts 115, 162, 212, 277–8
subprime loans (non-housing) 79
subprime mortgages 27–8, 41, 326
Suess, Hans 142
Sufi, Amir 70
Summers, Lawrence (Larry) 93, 95
superannuation see retirement, savings
supply chains 152–3, 172, 210, 260
  COVID-19 disruptions 391–2, 393, 394, 396, 412–13
  post-COVID-19 395–6
  vaccine 419
survivalists 324
surveillance capitalism 332
Sweden 56, 239
swine fever 363
Swiss franc 83–5
Swiss National Bank (SNB) 83
Switzerland
  bank assets 40
  capital inflow controls 157
  COVID-19 396
  cross-border loans 156
  currency movements 75, 83–4
  financial and trading centre 168
  government debt 232
  housing prices 78
  negative interest rates 239
Syria 170
  war 313

索 引

Taibbi, Matt 236
Tainter, Joseph 122
Taiwan 19, 39, 170, 181
Tanzania 184
taper 82, 184, 196
TaskRabbit 264–5
tax
　age effects 105
　corporate 214–15
　deductions 214–15
　financial transactions 158
　globalisation effects on 153
　goods and services tax (GST) 214
　high level 205
　inequalities 214–15
　lifetime tax benefit 280
　minimisation and avoidance 214–15, 237, 256
　tax-deductible donations 256
　value added tax (VAT) 214
Taylor, A.J.P. 289
technological change 21–2, 111–18, 122, 260–1, 316–17, 438
　anti-technology politics 345
technological solutionism 330–7, 432–3
technological unemployment 260, 262
technologists 331–3
technology fraud 117
telecommunications
　privatisation 393
　technologies 22, 110–13, 133, 260, 263
terrorism 313, 409
Tetlock, Philip 32
Thailand
　Asian financial crisis 240
　credit culture 186
　crisis responses 2013 197
　debt levels 186
　extreme weather events 143
　food security concern 146
　household debt 56
　IMF bailout 197
　military coup 170
Thatcher, Margaret 20
3D manufacturing 116–17
Thunberg, Greta 340–2
Thwaites Glacier 422–3
To Save Everything, Click Here (Morozov) 330

toilet paper hoarding 415
too-big-to-fail (TBTF) 58
tourism
　COVID-19, impact of 372, 380, 382, 392, 413
　post-COVID liabilities/issues 394–5
Towers Watson 236
TPP (Trans-Pacific Partnership) 168
trade
　agreements 168
　anti-trade politics 345
　balance 19, 64
　blocs 167
　COVID-19, impact of 372, 382
　deficits 38–9, 57, 67, 94, 161
　international, growth and 317–18
　restrictions 151, 154, 163, 165
　surpluses 39, 41, 57, 188
　wars 318, 322
　see also free trade
training 106, 151, 262–3, 277
Transatlantic Trade and Investment Partnership (TTIP) 168
Trans-Pacific Partnership (TPP) 168
travel 424
　COVID-19, impact of 364, 366, 370, 372, 382
Treaty of Versailles 12
Trump, Donald 300, 303, 341
　COVID-19 response 411–12, 413, 418, 433–4, 435–7
　damage to democracy 355–6
　family as advisors 384
　Justice Department, politicisation of 358
　lockdown protests 418
　presidency 352
　racial protest riots 359
　Russia–Saudi oil conflict 378–9
　supporters 344, 346, 418
　trade wars and sanctions 318–19
　truth and denial 435–7
　2020 election 349–55, 259, 437

WHO, cancellation of funding for 413
Trump, Ivanka 384
trust 154, 230, 236, 240–2, 252–3, 255, 257
truth
　disinformation 361
　disregard for 433–5
　legitimacy, and 435
　media 359–60
　Trump, and 435–7
truthiness 435
TTIP (Transatlantic Trade and Investment Partnership) 168
TTP (Trans-Pacific Partnership) 168
Tucker, Sir Paul 219
Turkey 185
　crisis responses 2013 197
　foreign investment in 198
　nationalist politics 344
　reliance on overseas financing 188
　US-dollar loans 198
　see also BIITS (Brazil, India, Indonesia, Turkey, South Africa); CIVETS (Colombia, Indonesia, Vietnam, Egypt, Turkey and South Africa); MIST (Mexico, Indonesia, South Korea and Turkey)
Turner, Lord Adair 78
Twitter 112–13
Typhoon Faxai 303
Typhoon Hagibis 303

Uber 263, 265, 317, 323
UBS 236
Ukraine 172
unconventional oil and gas 135–6
underemployment 315
unemployment
　benefits 45, 49
　COVID-19, impact of 373
　Europe 246–7
　GFC 31, 73, 154, 246–7
　government spending and 399–400, 401
　Great Depression 45
　inflation, and 401

411

Japan 88
 levels 259, 262–3, 315
 post-WW2 20
 Spain 30, 32
 USA 162–3, 243
 youth 3, 247, 261, 278
United Arab Emirates 146
United Automobile Workers (UAW) 49, 119
United Kingdom
 civil disorder 431
 cross-border loans 156
 currency devaluation 75
 debt-to-GDP ratio 55, 397
 economic downturn 1970s 18–19
 English colonialism 176–7
 exclusion from European Economic Community 18
 finance industry 41
 finances 2000s 30
 GFC exposure 57
 Gini coefficient 206
 home ownership 268–9
 house prices 271
 inequality 206
 miners' strike 21
 net worth 279
 per capita GDP 180
 post-WW1 debt 397
 post-WW2 expansion 12
 private debt 2000s 28
 property prices recovery 77
 relationship with EU 169
 retirement savings 52, 274
 self-employment level 267
 slow growth 283
 social security system 52
 taxation 214
 workers' incomes 207, 260
United Nations (UN) 14
 COVID-19 response 412
United Nations Intergovernmental Panel on Climate Change (IPCC) 306–7
United States of America see USA
universal basic income (UBI) 400, 401, 403
universities 361
Unsafe At Any Speed (Nader) 50

Upham, Harris 15
urbanisation 124, 132, 180
US dollar
 depreciation 155
 emerging markets influence 199
 link to gold broken 18
 overseas holdings 23
 petrodollars 23
 reserve currency 14, 160–1, 200
 response to yen and euro changes 239
 strengthening of 198
 value increase 2014 155
 weak dollar effects 162–3
USA
 ageing population 31–2, 104
 air-traffic controllers' strike 21
 'America First' policies 318–19, 356
 autarky 160–1, 163, 319
 bank assets 40
 bank regulation 158–9
 budget deadlocks 402
 budget deficits 18, 30, 39, 83, 163, 171, 232
 civil disorder 431
 consumption levels 38, 57
 corporate cash balances 73
 corruption, institutional 357
 COVID-19, impact of 368, 370, 373, 418, 427
 COVID-19 responses 383–4, 385, 411–12
 cross-border loans 156
 currency devaluation 75
 current low growth rate 162
 debt level 53, 79, 163, 200
 debt-to-GDP ratio 55–6, 396
 debt-fuelled housing investment 36
 Department of Justice 159
 elections, role of internet in 333
 energy consumption 133
 executive salaries 208–9
 exports 12, 38, 155, 161–2
 extreme weather events 143, 304
 finance industry 41
 financial weaknesses 390
 freedom, redefining 435

GDP 96, 108, 207
GFC losses 31, 314
Gini coefficient 206
global capital flows 40
Great Society programs 18, 23
growth prediction 119
health care system 367
home ownership 268–9
house prices 271
household wealth 71
imports 38, 57, 154, 161
inequality 206, 331
interest rates 162, 328–9
judiciary 358
junk bonds 78
life expectancy 416
military-industrial growth 14
net worth 279
oil 132, 377–9
pension guarantees 273
per capita GDP 161, 180, 200
percentage of global GDP 160
polarisation 331
post-GFC 57, 161–2
post-WW2 expansion 11–12
predictions of decline 200
private debt 28, 34, 40
productivity history 108
property prices recovery 77
public debt 30
quantitative easing 70–1, 75, 82–3, 87, 162, 232
retirement savings 274–5
Russian interference 333
sanctions 318–19, 379
slow growth 283
social security 47–9, 52–3
stock market 15–16, 18, 77
strengths 200–1
student loans 277
taxation 214
trade deficit 161
trade wars 318–19
Treasury bonds 57, 74, 82–3, 91, 162
2020 presidential election 349–55, 359, 437
unemployment 162–3, 243, 259, 373
universal basic income, and 400

USA *continued*
   Vietnam War costs 18, 23
   water shortages 310
   wildfires 422
   workers' incomes 3, 195, 207–8, 259–60, 267
   see also Dow Jones Industrial Average; Federal Reserve System/ The Fed; US dollar
user data 332
utilities
   privatisation 393
Utopia (More) 400

vaccines 362
   COVID-19 368–9, 371–2, 419–22, 434
   opposition to 362, 368, 434
Valls, Manuel 250
Van Rompuy, Herman 254
Varadkar, Taoiseach Leo 434
Vasiliauskas, Vitas 330
Veblen, Thorstein 99
Venezuela 223
Vietnam 181, 202, 221
Vietnam War 15–16, 18, 20
violence and social unrest 431–2
   COVID-19 418–19
   racial protest riots 359, 428
virtue signalling 337–42
Vivarium (film) 417
volatility 22, 25, 39, 43–4, 85, 91, 108, 239, 287
Volcker, Paul 21
Vote Leave 343

Wallace, Alfred Russel 176
Wallich, Henry 101
Walmart 208, 266
war bonds 11
wars 299–300, 311–13
   internal conflicts 312–13
   Korean 15
   Vietnam 15–16, 18, 20, 23
   World War I 149, 172, 285

World War II 1, 10–13, 46, 88, 95, 102, 104, 108, 132, 148, 169, 171
Yom Kippur War 18
see also Cold War
Washington Consensus 222
waste 337–8, 424–5
   recycling 337, 338–9
Waste Makers, The (Packard) 100
water 122–7, 130, 143, 145–6, 309–11, 423
Watergate scandal 20
wealth
   accretion 322–3
   COVID-19 restrictions, impact of 328
   distribution 46, 101, 152, 203–4
   global 322
   see also inequality
weather, extreme XV, 142–4, 299, 303–5, 319, 422–3
   see also climate change
Weather Underground 17
Weidmann, Jens 234, 244, 295
welfare systems 36, 45–54, 60–1
   COVID-19 response 382–4
   universal basic income, and 400
Wells Fargo 217
Wen Jiabao 57
WeWork 323
White Collar: The American Middle Classes (Mills) 15
white identity politics 344, 418
white supremacists 313, 418
White, William 90
Whyte, William 15
Wikileaks 97
Wikipedia 113, 266
wildfires 304–5, 422
Wilkinson, Richard 205
Wilson, Charlie 'Engine' 49
Wilson, Harold 12

Wilson, Sloan 15
wind power 136–8, 147, 190
   limitations 335
Wired 25, 260
Wirtschaftswunder (Economic Miracle) 12
Wolf, Martin 238
Woodstock 16
World Bank
   Bretton Woods Agreement 14
   COVID-19 response 413
   study of USA 201
   support for globalisation 151
   US and Europe dominance 239
World Economic Forum (WEF) 62, 245
World Health Organization (WHO) 413
World is Flat, The (Friedman) 266
World Meteorological Organization 141
World Trade Organization (WTO) 14, 146, 151, 154, 168
Wriston, Walter 23
Wrongthink 434

xenophobia 355
Xi Jinping 194, 356

Yellen, Janet 90, 243, 330
yen 18, 86–7, 165, 239, 293
Yom Kippur War 18
Yu Yongding 165

Zambia 184
zero coupon bonds 76, 92
zika 363
Zimbabwe 81
ZIRP (zero interest rate policy) 67, 232
Žižek, Slavoj 256
zoonosis 423–4
Zuboff, Shoshana 332
Zuckerberg, Mark 331